MORAR em APARTAMENTO

Simone Barbosa Villa

Copyright © 2020 Oficina de Textos

Grafia atualizada conforme o Acordo Ortográfico da Língua Portuguesa de 1990, em vigor no Brasil desde 2009.

Conselho editorial Arthur Pinto Chaves; Cylon Gonçalves da Silva; Doris C. C. Kowaltowski; José Galizia Tundisi; Luis Enrique Sánchez; Paulo Helene; Rozely Ferreira dos Santos; Teresa Gallotti Florenzano.

Capa, projeto gráfico e diagramação Malu Vallim
Preparação de figuras Victor Azevedo
Preparação de textos Mariane Torres
Revisão de textos Natália Pinheiro Soares
Impressão e acabamento psi7

Dados Internacionais de Catalogação na Publicação (CIP)
(Câmara Brasileira do Livro, SP, Brasil)

Villa, Simone Barbosa
  Morar em apartamento / Simone Barbosa Villa. -- 1. ed. -- São Paulo : Oficina de Textos, 2020.

Bibliografia
ISBN 978-65-86235-08-1

1. Arquitetura 2. Habitação - Aspectos ambientais 3. Moradias - Brasil I. Título.

20-46963   CDD-720.981

Índices para catálogo sistemático:
1. Arquitetura : Brasil 720.981

Aline Graziele Benitez - Bibliotecária - CRB-1/3129

Todos os direitos reservados à Editora **Oficina de Textos**
Rua Cubatão, 798
CEP 04013-003 São Paulo SP
tel. (11) 3085 7933
www.ofitexto.com.br   atend@ofitexto.com.br

APRESENTAÇÃO

Apartar, habitar

O *Dicionário dos sinônimos, poético e de epítetos da língua portuguesa*, de Roquete & Fonseca, datável de 1848, esclarece os sentidos da palavra *apartamento* da seguinte maneira: "ausência, despedida – separação – afastamento, distância – ermo, retiro, solidão – desistência – divórcio – câmara, quarto".[1] A derivação etimológica do termo vem de "apartar", e apenas as últimas duas acepções apontam para dependências arquitetônicas.

Mais perto no tempo, o *Dicionário da arquitetura brasileira* de Corona & Lemos, publicado em 1972, define o *apartamento* como "as unidades de moradia em prédios de habitação coletiva". Com um adendo: "A lei prevê e permite a venda de apartamentos em condomínio, contanto que as unidades a serem vendidas tenham, pelo menos, três peças ou cômodos distintos e a cada unidade corresponda a 31 m² do terreno e que o edifício seja construído".[2] No limiar da terceira década do século XXI, soa estranha essa explicação suplementar.

O *apartamento*, tal como se entende hoje, estava ausente no vocabulário das legislações municipais do princípio do século passado. No Rio de Janeiro, o Decreto nº 762, de 1900, que "regula a construção ou reconstrução de prédios", dedica um capítulo inteiro a "habitações coletivas", que eram as que abrigavam "dentro da mesma propriedade indivíduos de famílias diversas com economias independentes".[3] Uma tentativa de normatizar prédios de uso coletivo, como hotéis e pensões,

---

[1] ROQUETE, J.-I.; FONSECA, J. *Diccionario dos synonymos, poetico e de epithetos da lingua portugueza*. Paris: Aillaud, Alves; Rio de Janeiro: Francisco Alves, [1848]. p. 28.

[2] CORONA, E.; LEMOS, C. A. C. *Dicionário da arquitetura brasileira*. São Paulo: Edart, 1972. p. 45.

[3] RIO DE JANEIRO (Prefeitura do Distrito Federal). Decreto nº 762, de 1 de junho de 1900. Regula a construção ou reconstrucção de predios. Capítulo VI.

e, sobretudo, o claro entendimento de que "habitações coletivas" conotavam cortiços, "divisão de casas [...] de modo a se estabelecerem sob o mesmo teto famílias diversas [...] por contrária à higiene das habitações".[4]

O adendo que Corona & Lemos evocam é uma tardia ressonância da memória de uma das atividades do personagem João Romão, criado por Aluísio Azevedo em O cortiço, publicado em 1890: "As casinhas do cortiço, à proporção que se atamancavam, enchiam-se logo, sem mesmo dar tempo a que as tintas secassem. Havia grande avidez em alugá-las; aquele era o melhor ponto do bairro para a gente do trabalho."[5]

O Dicionário da arquitetura brasileira registrava a determinação de padrões para apartamentos, como se áreas mínimas impedissem ou atribuíssem dignidade aos espaços – mesmo décadas depois do romance naturalista.

O edifício de apartamentos é indissociável da verticalização. Mas, no tempo de O cortiço, a legislação municipal da capital da República obrigava que "nenhum prédio terá altura superior a vez e meia a largura da rua onde for edificado, excetuando-se no centro da cidade os das ruas estreitas, que poderão ter dois andares e os das ruas mais largas, como Lavradio e outras, que poderão ter três andares".[6]

Esse singelo impedimento não fazia mais nenhum sentido a partir da segunda década do século XX, com a importação de insumos como o cimento e o ferro, que permitiram aos engenheiros e arquitetos experimentar o concreto armado. A palavra apartamento não comparecia no Decreto nº 2.087, de 1925, tratando das "construções, reconstruções, acréscimos e modificações de prédios no Distrito Federal" – promulgado em ano em que no Rio de Janeiro já havia arranha-céus despontando na paisagem urbana.

A verticalização foi fundamental para a consolidação do edifício de apartamentos como uma tipologia arquitetônica. Mas foi o Direito que definiu a noção de apartamento, a partir do Decreto nº 5.481, de 1928, que "dispõe sobre a alienação parcial dos edifícios de mais de cinco andares".[7] Como se pode deduzir, a matriz da lei tinha como pressuposto a questão da propriedade. No parecer da Comissão de Justiça e Legislação que embasou a aprovação da lei, compreende-se o processo:

> O projeto da Câmara dos Deputados [...] dispõe sobre a alienação parcial dos edifícios de mais de cinco andares, construídos de cimento armado ou material similar incombustível, sob a forma de apartamentos isolados, entre si, contendo cada um pelo menos três peças, e destinados a escritórios ou residência particular, e dá outras providências, que regulam o exercício das relações de direito, resultantes da nova situação, criada pelo projeto.
>
> O crescente movimento evolutivo, que se nota na Capital da República e em outras do país, em matéria de construção de grandes prédios, na qual enormes capitais são empregados, está a aconselhar medidas que regulem o uso e aproveitamento dos mesmos, desde que são feitos sob a forma de apartamentos isolados entre si.
>
> O regime das sublocações é oneroso para o locatário; ao proprietário pode não convir fazer locações parciais, cuja gerência lhes seria incômoda; tampouco não lhe seria fácil transferir por venda a propriedade integral do prédio, dado o elevado custo da sua construção.
>
> Daí a necessidade da subdivisão do domínio, o que por sua vez, satisfaz à grande procura de aposentos para fins diversos nos pontos mais centrais da cidade.[8]

São nos escritos do advogado José Candido Pimentel Duarte – o autor de talvez o único livro que comentou as causas e consequências do Decreto nº 5.481/1928 em seu tempo – que se pode aferir o contexto da valorização do edifício de apartamentos:

---

[4] Ibid.
[5] AZEVEDO, A. O cortiço. Brasília: Câmara dos Deputados; Edições Câmara, 2018. [edição eletrônica].
[6] RIO DE JANEIRO, op. cit., Capítulo III, §18.
[7] BRASIL. Decreto nº 5.481, de 25 de junho de 1928. Dispõe sobre a alienação parcial dos edifícios de mais de cinco andares e dá outras providências.
[8] DUARTE, J. C. P. Edifício de apartamentos: estudo e comentários sobre a propriedade do apartamento instituída entre nós, pelo decreto 5.481, de 25 de Junho de 1928, acompanhados de um formulario. Rio de Janeiro: Typ. do Jornal do Commercio, Rodrigues & C., 1935. p. 51.

A data, em que foi promulgado esse decreto, faz-nos recordar aquele período em que a crise de habitações assoberbou o Rio de Janeiro; apareceu, no final da crise, nas últimas prorrogações das chamadas leis de inquilinato e tivera, evidentemente, em vista facilitar a construção de edifícios de apartamentos, como um dos meios de resolver a falta de casas.[9]

O discurso de época, nas palavras de Pimentel Duarte, pode se traduzir como uma "vontade de modernização", o reconhecimento da metropolização das cidades:

> O Rio de Janeiro, que progride a olhos vistos, e cuja riqueza não periga, porque o seu progresso não provém do florescimento de um só produto, é hoje um centro de turismo, não só do estrangeiro, como nacional, a sede do Governo Federal, o escoadouro dos produtos múltiplos e variados do Centro do Brasil, um porto de primeira ordem; consequentemente, seguirá o exemplo das grandes cidades como Londres, Nova York, Paris, Berlim. E nestas, o progresso faz desaparecer do centro urbano, e de há muito, a casa de moradia única, para substituí-la pela coletiva. Destarte, não há que encarar a questão de apartamentos como uma especulação (que as há sempre quando algo de novo se constrói), como uma mania ou paixão pela novidade, mas sim como uma necessidade inelutável, nascida do alto valor do solo, que obriga o seu aproveitamento, no mais elevado grau.
> O ciclo do Rio-aldeia, onde os chefes de família, à volta do emprego, ficavam sentados em cadeiras de balanço, à porta de suas casas, passou e jamais voltará. Quanto maior o progresso, maior será o abandono desses resquícios de vida roceira, que ainda perduram.[10]

Na consolidação paulistana do Código de Obras Arthur Saboya, de 1934, identificava-se uma habitação de classe "apartamento", emparelhada com as demais classes: "popular", "residencial" e "hotel", como categorias habitacionais.[11] Uma diferenciação com conotações socioeconômicas ao definir três categorias – "popular", "residencial" e "apartamento", classificadas em função de "áreas mínimas", que se diluíram com o tempo.

O dimensionamento dessas habitações tinha uma razão de ser, na memória jurídica evocada por Pimentel Duarte:

> A limitação mínima de pavimentos e de peças de apartamento estabelecida pela lei é necessária, pois cumpre evitar os danosos resultados da aplicação desregrada do instituto, como, aliás, aconteceu na França, principalmente, nos departamentos de Grenoble, Auxerre e outros, onde o fracionamento, a pulverização, por assim dizer, da propriedade, em minúsculos quartinhos e águas furtadas, conquanto muito do agrado do temperamento gaulês, criou sérios problemas de higiene a resolver.[12]

As leis não impediram o pragmatismo que introduziu no Brasil o *kitchenette*, uma palavra que em sua origem norte-americana, datada de 1903, é "pequena cozinha ou alcova com instalações de cozinha",[13] que se abrasileirou como "apartamento composto de um único compartimento, para uso como sala e quarto, banheiro e kitchenette", conforme reza o *Dicionário ilustrado de arquitetura* de Albernaz & Lima.[14] "Quitinete" ou "kitnet" são corruptelas populares brasileiras de unidades habitacionais entre 20 m² e 30 m² que se construíram nas grandes cidades nos anos 1950, e que se proibiu no Rio de Janeiro na legislação de 1963.[15] O humor brasileiro inventou também o "JK", acrônimo de um popular presidente, e para designar unidade habitacional tão pequena porque se reduzia a apenas uma "janela e kitchenette".

---

[9] Ibid., p. 49.
[10] Ibid., p. 43-44.
[11] SÃO PAULO (Prefeitura Municipal). Ato nº 663, de 10 de agosto de 1934. Codigo de Obras "Arthur Saboya" – Consolidação. Art. 213.
[12] DUARTE, J. C. P., op. cit., p. 57.
[13] Tradução encontrada no *Houaiss Eletrônico*, definição em inglês constante no *Merriam-Webster* eletrônico, disponível em <https://www.merriam-webster.com/>.
[14] ALBERNAZ, M. P.; LIMA, C. M. *Dicionário ilustrado de arquitetura*. São Paulo: ProEditores, 1998, v. 2, p. 330.
[15] Ibid.

Hoje, no limiar da terceira década do terceiro milênio, palavras como *quitinete*, *kitnet* e *JK* são toleradas no mercado imobiliário porque compreensíveis para potenciais interessados, mas que nada inspiram usuários sofisticados, que buscam o *studio*, o *loft*, o *flat*. Todos, rebentos bastardos, ou não, dos cortiços, que se aprumaram com o tempo e com as mudanças dos padrões sociais e econômicos, do mercado de trabalho e do imobiliário.

Entretanto, com a pandemia provocada pela Covid-19, há de se conferir os sentidos que as vetustas legislações municipais de princípios do século XX trazem, preocupados que estamos com questões de salubridade – algo a se pensar neste princípio do século XXI. Da tipologia de moradia cuja etimologia, de "apartar", derivou paradoxalmente para uma forma de habitação coletiva. Do "ermo", "retiro", "solidão", acepções extraídas do léxico de meados do século XIX, ao "confinamento social", "distanciamento social", "isolamento social", termos com que nos habituamos por culpa de um misterioso coronavírus que nos aparta, que nos enluta, levando entes queridos e amigos.

Este livro de Simone Villa, *Morar em apartamento*, contemplando um século de transformações das maneiras de habitar as cidades, ajuda-nos a compreender esse complexo e diversificado microcosmo da arquitetura.

São Paulo, outubro de 2020, 7º mês após o registro da primeira morte por coronavírus no Brasil.

Hugo Segawa
Arquiteto, professor da Faculdade de Arquitetura e Urbanismo da Universidade de São Paulo (FAU-USP) e pesquisador PQ do Conselho Nacional de Desenvolvimento Científico e Tecnológico (CNPq)

RESUMO

Morar em apartamentos tem sido uma escolha frequente para os habitantes das metrópoles brasileiras. Entre os motivos dessa decisão, os mais frequentes apontam para a segurança, a localização, a praticidade e a concentração de serviços que aparecem associados a essa modalidade habitacional. Entretanto, poucos têm sido os estudos sobre a evolução de seus espaços internos. Esta obra pretende fornecer dados inéditos, oferecendo novos elementos ao discurso arquitetônico e relacionando esses espaços de habitação à evolução dos modos de vida da sociedade, principalmente ao longo do século XX. Serão apresentados princípios de organização do espaço doméstico de edifícios de apartamentos produzidos pelo mercado imobiliário na cidade de São Paulo durante cem anos, desde a década de 1910 até 2010. O trabalho versa, notadamente, sobre as características tipológicas dos apartamentos, entendidas como as respostas que ocorrem com uma frequência elevada num determinado universo. A análise foca nas unidades e edifícios e suas diferentes tipologias, avaliando as possibilidades de agenciamentos espaciais em função das solicitações emergentes de seus usuários e sua contextualização. Será feito um retrato analítico da evolução dessa modalidade habitacional de forma ilustrada, através da intersecção de conteúdos sobre modos de morar, transformações da sociedade e o desenvolvimento da arquitetura e das cidades.

Este livro foi baseado na dissertação de mestrado da autora, intitulada *Apartamento Metropolitano: habitações e modos de vida na cidade de São Paulo* (Villa, 2002) e nos trabalhos sobre edifícios de apartamentos produzidos no âmbito do [MORA], grupo de pesquisa em Habitação da Faculdade de Arquitetura e Urbanismo e Design da Universidade Federal de Uberlândia.

Dedico esse livro a Fernando, Lucca e Enzo: meus amores.

Este livro foi baseado na dissertação de mestrado *Apartamento metropolitano: habitações e modos de vida na cidade de São Paulo* de Simone Barbosa Villa, defendida em 2002 no Instituto de Arquitetura e Urbanismo de São Carlos – Universidade de São Paulo (IA/USP).

Autora
Simone Barbosa Villa

Equipe de desenvolvimento dos esquemas gráficos
Abrão Osório Júnior – FAUeD/UFU – Graduando em Design
Ana Carolina Souza – FAUeD/UFU – Graduanda em Arquitetura e Urbanismo
Caio Augusto Alves Silva – FAUeD/UFU – Graduando em Arquitetura e Urbanismo
Camila Garcia Cavesan – FAUeD/UFU – Graduanda em Arquitetura e Urbanismo
Julia Sprioli – Graduanda FAUeD/UFU – Graduanda em Arquitetura e Urbanismo
Larissa Carvalho Arantes – FAUeD/UFU – Graduanda em Arquitetura e Urbanismo
Lucas Eduardo Bueno Dantas – FAUeD/UFU – Graduando em Arquitetura e Urbanismo
Marina Almeida Borges – FAUeD/UFU – Graduanda em Arquitetura e Urbanismo
Marina Gonçalves da Rosa – FAUeD/UFU – Graduanda em Arquitetura e Urbanismo
Maycow Nathan Carvalho Gregório – FAUeD/UFU – Graduando em Arquitetura e Urbanismo
Melina Nunes Oliveira – FAUeD/UFU – Graduanda em Arquitetura e Urbanismo
Pedro Henrique Viana Silva – FAUeD/UFU – Graduando em Arquitetura e Urbanismo
Thamires Maitra Rodrigues dos Reis – FAUeD/UFU – Graduando em Design

INTRODUÇÃO

Em meio à revolução tecnológica desse início do século XXI e às transformações dos paradigmas culturais, sociais, políticos e econômicos, vemos como resultado uma cultura marcada pelo efêmero e transitório. Palavras como hiperconexão e ciberespaço encontram-se materializadas na imediata repercussão que acontecimentos – individuais e coletivos – terão em nossas vidas. Simultaneidade é outra palavra recorrente, que, de maneira simples, se traduz na grande combinação de atividades que somos impelidos a executar ao mesmo tempo.

Bem antes disso, na segunda década do século XX, o célebre arquiteto Mies van der Rohe já havia imaginado o impacto que as mudanças nos modos de vida deveriam ter sobre os espaços de habitar, sumarizando que "a habitação de nosso tempo não existe. Contudo, a transformação do modo de vida exige sua realização". A realização a que Mies se refere, no entanto, parece passar ao largo nesse século XXI, onde as alterações nos modos de vida decorrentes das novas tecnologias de informação, das novas formas de organização do trabalho e da sociabilidade, além dos novos formatos familiares, têm sido frequentemente atendidas por espaços cujos programas, em certa medida, baseiam-se ainda em necessidades identificadas na *Belle Époque* do século XIX. Esse será, portanto, o ponto de partida deste livro: a constatação de que há um descompasso entre a evolução dos modos de vida e a dos espaços de habitar. É fato que ambos evoluirão, mas as alterações do desenho dos espaços sempre acontecerá com bastante atraso.

Essa falta de sintonia se tornou mais evidente na medida em que se pôde traçar um panorama histórico da habitação. Inicialmente, observamos a multifuncionalidade da casa medieval, espaço por excelência de sobreposição de funções, no qual o grupo doméstico extenso realizava várias atividades em um único cômodo. Tal sobreposição pareceu estar fadada à extinção, devido ao início da funcionalização moderna expressa durante o Renascimento. A realização de algumas atividades em cômodos determinados concretizou-se na segunda metade do século XIX, com a consolidação da família nuclear como modelo de família moderna e a divisão da casa em zonas estanques e compartimentadas. Essa estanqueidade seria revista nas proposições de arquitetos modernistas do século XX, em que a funcionalidade foi levada ao extremo através da bipartição dos espaços em uso noturno e diurno. No entanto, tais experiências pioneiras não se difundiram com intensidade, verificando-se que no início do século XXI ainda havia ampla predominância do modelo tripartido oitocentista.

Partindo dessas leituras do espaço doméstico, o livro irá centrar-se na análise do apartamento na cidade de São Paulo e suas diferentes configurações ao longo do século XX e início do século XXI, com suas possibilidades de agenciamentos espaciais em função das solicitações emergentes e sua contextualização. Em relação ao recorte amostral, optamos por trabalhar com uma faixa típica representada pelos edifícios verticais de apartamentos produzidos pelo mercado imobiliário na cidade de São Paulo. Dessa forma, trabalhamos com características tipológicas dos apartamentos entendidas como as respostas que ocorrem com uma frequência elevada nesse universo. No entanto, a produção voltada à habitação de interesse social, por sua abrangência e especificidade, mereceria um trabalho específico e não foi incluída em nossas análises.

Para a realização das análises, buscamos combinar três tipos de dados: a produção da arquitetura comercial e também algumas considerações pertinentes das transformações urbanas, os modos de vida da sociedade e os indicadores gerais sobre apartamentos, incluindo sua legislação.

O trabalho envolveu pesquisa bibliográfica referente a cinco temas básicos: história e teoria da Arquitetura e do Urbanismo, modos de vida da sociedade brasileira e paulistana, dados estatísticos e índices sobre a modalidade, história da cidade de São Paulo e processo de verticalização na cidade. Já na revisão bibliográfica, nos vimos diante de alguns problemas. Se, por um lado, a quantidade de trabalhos, livros e publicações sobre a cidade de São Paulo era extensa, por outro, raros eram os casos de bibliografias que se referiam à produção de apartamentos, principalmente no que concerne à análise dos seus espaços internos.

Paralelamente à pesquisa bibliográfica, realizamos levantamentos de dados relativos à modalidade nos órgãos: IBGE (Instituto Brasileiro de Geografia e Estatística), Seade (Fundação Sistema Estadual de Análise de Dados), Embraesp (Empresa Brasileira de Estudos de Patrimônio), Emplasa (Empresa Paulista de Planejamento Metropolitano S.A) e Sempla (Secretaria Municipal de Planejamento).

Para a elaboração das análises dos apartamentos, utilizou-se banco de dados de três fontes distintas. Durante o período de 2000 a 2002, quando da realização do mestrado da autora no Instituto de Arquitetura e Urbanismo de São Carlos da Universidade de São Paulo (Villa, 2002), montou-se um banco de dados sobre exemplos da modalidade produzidos na cidade de São Paulo de 1910 a 2002, constituído de informações diversas e peças gráficas, contando com a colaboração de vários membros do Nomads/USP. Durante os anos de 2004 a 2008, quando da realização do doutoramento da autora na Faculdade de Arquitetura e Urbanismo da Universidade de São Paulo (Villa, 2008), esse banco foi complementado, notadamente sobre a produção de edifícios de apartamentos lançados em São Paulo de 2000 a 2010. Entretanto, foi a partir do ano de 2009 que o banco original de plantas de apartamentos foi ampliado significativamente através das pesquisas desenvolvidas e coordenadas por essa autora no âmbito das pesquisas do [MORA] Pesquisa em Habitação da Faculdade de Arquitetura e Urbanismo e Design da Universidade Federal de Uberlândia. Foi nesse ambiente também que todas as plantas originais foram redesenhadas e analisadas graficamente, resultando na forma final aqui apresentada.

Introdução

Durante todo esse período, sistematizou-se um grande número de unidades habitacionais com configurações bastante diversas. Num total de quase 850 projetos de edifícios de apartamentos, buscamos contemplar tanto a produção concebida por arquitetos renomados quanto os projetos desenvolvidos por profissionais do mercado imobiliário, ditos comerciais. Vale ressaltar que esse trabalho de busca, organização e sistematização das plantas de apartamentos traz à luz um material inédito, muitas vezes disperso em diferentes órgãos e fontes de difícil acesso e padronização.

O redesenho das plantas objetivou padronizar a linguagem gráfica para o livro, já que diversos padrões de representação foram obtidos na pesquisa documental, além de destacar aspectos importantes na análise espacial, apoiando as reflexões indicadas no texto. Buscou-se, na análise espacial dos apartamentos, destacar:

- a caracterização de ambientes multi e/ou monofuncionais (preenchimento cinza-claro e cinza-escuro): define-se os espaços/cômodos analisados apresentam sobreposição de usos ou não;
- a indicação dos acessos principais dos apartamentos (seta vermelha);
- a indicação dos tipos de circulações: verticais (seta azul-escuro), como escadas e elevadores, e horizontais (seta azul-claro), como corredores de acesso;
- a presença de eixo hidráulico (destaque amarelo);
- a presença de eixo de estocagem (destaque lilás).

As legendas apresentadas e as análises espaciais foram definidas com base: (i) nos *layouts* sugeridos nas plantas originais; (ii) na nomenclatura dos cômodos observada nas plantas originais; e (iii) na descrição dos projetos, quando existia.

Finalmente, ressalta-se que as reflexões aqui apresentadas, mesmo que com bases científicas e teóricas sólidas, expressam o olhar da autora frente ao tema "morar em apartamentos". Demonstra indagações e percepções construídas ao longo de anos de pesquisa e envolvimento com o tema, seja em sala de aula, nas discussões de ateliê junto aos alunos do curso de Arquitetura e Urbanismo, no âmbito das pesquisas realizadas no grupo [MORA] Pesquisa em Habitação sobre avaliação pós-ocupação desses espaços, ou no âmbito da Universidade de São Paulo, tanto em São Carlos, no IAU, como em São Paulo, na FAU/USP.

SUMÁRIO

1 **APARTAMENTOS: ORIGENS**..15
    1.1   Da Idade Média ao século XVII 15
    1.2   Casa de claras feições medievais 16
    1.3   Apartamento: origem do termo 18
    1.4   O *hotêl particulier* parisiense... 21
    1.5   O século XVIII 26
    1.6   Apartamento haussmanniano, modelo por excelência da tripartição do espaço interno 28
    1.7   O apartamento burguês 31

2 **APARTAMENTO DA *BELLE ÉPOQUE*: TRANSPOSIÇÕES DO MODELO DE MORAR** 47
    2.1   Um modelo a se propagar 47
    2.2   Modos de vida da *Belle Époque* tropical 52
    2.3   A pauliceia transformada 54
    2.4   A casa colonial 58
    2.5   Morar à europeia no planalto paulista 60
    2.6   Modos de vida na metrópole do café 63
    2.7   O apartamento paulistano nas décadas de 1910 e 1920 67

3 **APARTAMENTO MODERNISTA: EXPERIMENTAÇÕES EM MEIO À PRODUÇÃO COMERCIAL** 83
    3.1   A verticalização como símbolo da metropolização de São Paulo 83
    3.2   O *modern style* paulistano 91
    3.3   Apartamento modernista: modelo salubre de habitação............................102
    3.4   Os anos 1940 e a fase embrionária da tipologia..114
    3.5   A *cidade ideal*: São Paulo nos anos 1950 e 1960 132
    3.6   O *american way of life* chega (também) ao Brasil 133
    3.7   O *boom* imobiliário e a produção dos condomínios de apartamentos.......138

4 APARTAMENTO CONTEMPORÂNEO: A CONSOLIDAÇÃO DE TIPOLOGIAS DE MORAR 163

4.1 A década do milagre econômico 163
4.2 Rumo a megalópoles 164
4.3 A sólida modalidade! 165
4.4 Algumas referências da escola paulista? 177
4.5 A década do *terceiro reversível* 184
4.6 E os apartamentos não param de diminuir 191
4.7 Habitação e clube? 194
4.8 Novas configurações de apartamentos para novos perfis familiares 197
4.9 O palacete e a caixinha de fósforos: modelos de morar em alturas 204

5 DEPOIS DO TIPO: AINDA APARTAMENTO CONTEMPORÂNEO? 215

5.1 Produto imobiliário ∞ novas possibilidades programáticas 215
5.2 Uma sociedade em transformação 219
5.3 Novos padrões de renda e consumo 223
5.4 Apartamentos menores, com o mesmo programa 224
5.5 O que o mercado ofereceu na década dos anos 2000? 231
5.6 Publicidade × necessidades 247
5.7 Tipificação das formas e da inserção urbana 255
5.8 Ainda apartamentos contemporâneos? 258

GLOSSÁRIO 262

REFERÊNCIAS BIBLIOGRÁFICAS 265

1 APARTAMENTOS: ORIGENS

Espaços setorizados e compartimentados, que caracterizaram notadamente a residência burguesa europeia do século XIX, constituem ainda o cotidiano arquitetônico brasileiro, apesar de uma redução da quantidade e da área dos inúmeros cômodos das antigas casas. Entretanto, a tripartição da habitação em áreas social, íntima e de serviços tem suas bases no *hôtel particulier* francês do século XVI.

Por meio da leitura de projetos emblemáticos, pretende-se demonstrar a evolução da tripartição burguesa da habitação, desde a *villa* renascentista, passando pela tipologia habitacional do *hôtel particulier* francês do século XVI, até os apartamentos da Paris haussmanniana, na qual se consolida o modelo, encontrado com facilidade em todo o mundo ocidentalizado, e também em partes importantes do Oriente.

> "Evolução da chamada tripartição da habitação burguesa"

1.1 Da Idade Média ao século XVII

Durante a Idade Média, era comum que os camponeses pobres vivessem em casebres de apenas um cômodo, desprovidos de cuidados higiênicos elementares, com muitas de suas crianças não vivendo com os pais, mas trabalhando como aprendizes ou criados. Os nobres, por sua vez, viviam encastelados, enquanto os burgueses, em grandes casas. Todos eles mantinham, com suas habitações, relações distintas das atuais, já que as noções de privacidade e conforto, tão presentes no século XXI, não existiam naquele contexto tão diverso.

> "A casa era um lugar público, e não privado"

Até o século XVII, nos dizeres de Rybczynski (1996, p. 63), a casa era um lugar público, e não privado. Os cômodos eram multifuncionais, onde se misturavam trabalho e moradia. Acomodavam grandes grupos familiares que possuíam, às vezes, mais de duas dezenas de pessoas, entre parentes, agregados e empregados, que dividiam o mesmo espaço, muitas vezes a própria cama. Essa era uma situação corriqueira não apenas nos casebres mais pobres, mas também nos palácios dos nobres e na casa dos burgueses, o que demonstra a normalidade dos fatos. Os poucos móveis utilizados eram considerados apenas equipamentos, e não posses importantes. Um único móvel tinha várias funções (sentar, deitar, servir de apoio às refeições etc.) e, em razão dessa multiplicidade, precisava ser desmontável e portátil. As diferentes funções da casa eram conciliadas, deslocando-se os móveis conforme a necessidade.

Nos últimos séculos da Idade Média europeia, a palavra *conforto* ainda não tinha seu sentido atual. Segundo Rybczynski (1996, p. 35), sua raiz latina, *confortare*, significa fortalecer, consolar. Em inglês, *Comforter* representava o Espírito Santo. No século XVI, *comforter* era o cúmplice de um crime. Mais tarde, algo tolerável ou suficiente, por exemplo, *a comfortable income* (uma boa renda, suficiente). Foi apenas no século XVIII que *confortável* passou a significar bem-estar físico, prazer. Isso demonstra que o conforto era algo que não fazia falta nem tinha qualquer sentido para aquela sociedade, e o termo surge para expressar uma ideia nova que não existia ou não precisava ser expressa anteriormente.

Apesar desse incipiente requinte, a falta de comodidade persistia. A casa ainda era fria, com má

> "No final da Idade Média e durante todo o século XVI, as casas aumentaram de tamanho em toda a Europa, e passaram a apresentar um incipiente requinte, tanto nos materiais que a formavam, graças ao desenvolvimento tecnológico, como na maneira de organizar o espaço"

iluminação natural e artificial e desprovida de qualquer noção de higiene, o que contribuía para tornar as cidades ainda menos salubres, e seus habitantes, mais sujeitos a epidemias e pestes.

Acompanhados das alterações dos espaços domésticos, os modos e atitudes no século XVII sofreram grandes mudanças. As relações entre os membros da família, os processos migratórios em direção às cidades e o próprio desenvolvimento da noção de intimidade são alguns dos inúmeros e complexos fatores que influenciaram as transformações do espaço habitacional no decorrer dos séculos XVII e XVIII e no início do XIX.

1.2 Casa de claras feições medievais

A casa típica de Paris no século XVII abrigava, conforme Rybczynski (1996, p. 51), mais de uma família, assemelhando-se a um prédio de apartamentos. Paris era a principal cidade europeia da época, absorvendo toda uma população que já não conseguia viver no campo e, ao mesmo tempo, expelindo aqueles que, sem ilusão sobre ela, não se integravam. A composição socioprofissional dos imigrantes era aquela das camadas desfavorecidas que, separada de alguns familiares, formava um grupo doméstico mais reduzido. "A família de fato existe, talvez não reunida na íntegra, com todas as suas gerações – dos avós aos netos –; sem dúvida fragmentada, mas sempre presente", explica Farge (1991, p. 583).

Esse afluxo de camponeses à cidade vai intensificar-se durante todo o século XVIII e tornar-se vertiginoso no século XIX. O proprietário da casa urbana típica, morador do térreo, começou a ver vantagens financeiras em alugar os andares superiores. O conjunto *chambres, cabinet* e *garde-robes* era

1 Apartamentos: origens

alugado em separado, já que esses compartimentos não eram projetados como apartamentos independentes. Alugavam-se tantos quantos fossem os cômodos, na maioria grandes – em torno de 50 m² –, que pudessem justificar um aluguel. Considerando que muitos cômodos tinham lareira e como, em caso de locação, era comum utilizá-la como fogão, cada cômodo se tornava uma unidade residencial independente.

> "Nesse primeiro prédio de apartamentos parisiense, considerado um "teatro coletivo" (Farge, 1991, p. 585), misturavam-se povo e burgueses que não se isolavam em palacetes – eles habitavam os andares nobres, em geral os apartamentos dos quatro primeiros andares. Acima viviam os assalariados, no térreo havia uma oficina ou loja e, em muitos casos, morava o proprietário"

Nada era secreto ou escondido, às vezes os quartos se comunicavam entre si e as portas dos cômodos alugáveis geralmente ficavam abertas para as escadas de acesso, tornando o prédio, acima de tudo, uma cena pública. Os diversos cômodos ocupados por um grande grupo doméstico situavam-se, com frequência, em pisos diferentes, fazendo com que as pessoas circulassem no prédio.

A existência de acomodações de aluguel ressalta uma mudança que vinha ocorrendo desde o final da Idade Média: muitas pessoas não mais viviam e trabalhavam no mesmo local. "A casa estava se tornando um lugar mais privado. Junto com esta privatização da casa surgiu um maior senso de intimidade, que identificava a casa exclusivamente com a vida familiar" (Rybczynski, 1996, p. 51).

Alguns acontecimentos, detalhados por Ariès e Chartier (1991) em sua obra *História da vida privada*, modificaram ao longo dos séculos as mentalidades e a ideia do indivíduo e de seu papel na vida cotidiana da sociedade. O Estado, que a partir do século XV, em seu novo papel, não parou de se impor por meios diferentes, estimulava o desenvolvimento da alfabetização e a difusão da leitura e das formas novas de religião que se estabeleceram nos séculos XVI e XVII, contribuindo para a construção de uma devoção interior. Esses aspectos e também, sem dúvida, a vontade de se isolar, o gosto pela solidão, a amizade etc. foram os indícios da privatização (Ariès; Chartier, 1991). Todas essas maneiras de viver contribuíram para uma nova forma de conceber e viver a vida cotidiana, na qual o gosto tornou-se um autêntico valor. Não se trata apenas de um sentimento ou do nascimento da privacidade, mas da transformação das instituições – começava a existir realmente um poder público – e do espaço urbano, com a chegada de migrantes vindos do campo. São esses acontecimentos, associados à concentração de poder econômico nas mãos da burguesia e à consequente perda de poder por parte dos nobres, que levarão os burgueses a murar seus *hôtels particuliers*, uma forma de habitação recorrente entre a nobreza e alta burguesia nos séculos XVIII e XIX, explicitando definitivamente a fronteira entre público e privado no espaço doméstico.

Sobre o habitar em Paris, no início do século XIX, o professor Marcelo Tramontano (1998b, p. 63) escreve que "se morava em três tipos principais de habitação, todos eles com raízes claramente fincadas da Idade Média", em um quadro habitacional basicamente dividido em: o *hôtel particulier* e a casa remanescente do período medieval, que por sua vez era ocupada diferentemente por ricos ou pobres, de acordo com o que a condição econômica permitisse. "Nada, portanto, de cômodos monofuncionais. E nem de privacidade" (Tramontano, 1998b, p. 63).

Muitas casas parisienses ainda não possuíam espaços específicos para as latrinas nem corredores, sendo ocupadas por artesãos ou negociantes autônomos, com esposa, filhos, parentes próximos, aprendizes e empregados. No entanto, diferentemente da Idade Média, o número de ocupantes de uma mesma casa foi reduzido no início do século XX, passando de mais de 20 para sete ou oito pessoas (D'Haucourt, 1994, p. 100).

Apesar disso, essas casas ainda exibiam grandes cômodos quase sem móveis, como na época medieval, aos quais eram atribuídas diversas funções sobrepostas e alternadas. Agora esses espaços abrigavam grupos familiares menores que, segundo Tramontano (1998b, p. 65), podiam alugar partes da própria residência a terceiros, obedecendo ao notório princípio "quanto mais pobre se é, mais alto se mora", residindo o proprietário, em geral, no térreo. Seus cômodos eram divididos por tabiques ou apenas por cortinas, acrescentando-se, em certos casos, ainda mais pavimentos, transformando-os em "desajeitados edifícios coletivos de habitação".

Os apartamentos de aluguel geralmente eram compostos de um, dois ou três cômodos, onde se dormia e se cozinhava, sempre ligados por uma escada em espiral, pequena demais para o número de moradores, já que a casa havia sido projetada para apenas uma família. A menor face da casa era a voltada para a rua e os poucos cômodos eram grandes. Às vezes, os cômodos alugados por um mesmo inquilino ficavam em diferentes pavimentos, o que piorava as condições de vida.

Ainda assim, esse tipo de apartamento possibilitava condições de habitabilidade bastante razoáveis se comparadas às disponíveis à população mais pobre, configuradas pela divisão intensiva das habitações medievais, resultando em cômodos minúsculos e praticamente desequipados, que se destacavam ainda por propiciarem uma ventilação e iluminação precárias. Neles, podiam assentar-se famílias numerosas sem a menor condição de salubridade (Perrot, 1991a, p. 319). As casas de percevejo, como eram chamados esses apartamentos, podem ser comparadas a uma tipologia bastante conhecida no Brasil: o cortiço. Os quartos de percevejo, conforme define Tramontano (1998b, p. 66), eram diferentes da modalidade típica das classes médias. Eram resultantes de espaços intensivamente subdivididos por especuladores que só tinham o lucro por objetivo, enquanto aquelas voltadas aos moradores remediados geralmente eram caracterizadas pela sublocação da casa de um proprietário residente no térreo.

Embora essa configuração parisiense oitocentista possa estar relacionada à difusão da tipologia de apartamentos durante o século XX, as origens do termo e suas configurações iniciais remetem aos grandes palácios italianos e franceses dos séculos XV e XVI, que passaremos a investigar a seguir.

1.3 Apartamento: origem do termo

"Repartição regular do espaço"

"Sequência de cômodos necessários para tornar uma habitação completa"

A origem do termo *apartamento* aparece em um trabalho de Montclos (1994, p. 235), no qual ele observa que a palavra, no século XVI, referia-se à repartição regular do espaço, a qual não mantinha necessariamente relação com a habitação: era comum deparar-se com termos como *apartamentos do zodíaco* ou *apartamento da terra*. Até o século XVI, a palavra *apartamento* não era utilizada regularmente para designar a distribuição das habitações. Montclos afirma que o termo teria aparecido pela primeira vez no vocabulário francês de Arquitetura a partir da tradução do Livro III de Serlio, de 1550, designando um conjunto coordenado de cômodos formando uma unidade – o apartamento.

> No fim do século, D'Aviler dá uma definição que é próxima da que nós daríamos hoje: sequência de cômodos necessários para tornar uma habitação completa, que deve ser composta de, pelo menos, uma "ante-câmera", um quarto, um gabinete e um quarto de vestir. (Serlio, 1971 apud Montclos, 1994, p. 236).

Vale lembrar que não havia banheiros nessa época. O termo *gabinete* é tão amplo em francês como em português, podendo significar escritório, local de trabalho, sanitário etc. Porém, na época também designava um espaço de isolamento do dono da casa para leitura e meditação.

A literatura indica que a partir do século XVI o termo *apartamento* passou a ter relação com o espaço doméstico, estabelecido pelo conjunto de *antichambre*, *chambre*, *cabinet* e *garde-robe* (Fig. 1.1). Além disso, a soma de vários conjuntos ou repartições do espaço – apartamentos – era chamada de "conjunto" funcional de peças que formavam uma unidade – o próprio palácio. É preciso lembrar, no entanto, que em algumas plantas medievais de edifícios – por exemplo, a da Abadia de Cluny, em Paris – os aposentos do senhor do lugar são designados como *apartamento*, por situar-se à parte das demais áreas do edifício, que eram de uso público. O mesmo ocorre em edifícios da família real e da nobreza (Montclos, 1994) (Fig. 1.2).

Porém, interessa-nos o momento da história da habitação em que se adequaram os dois sentidos da palavra *apartamento*, passando a designar a união do *conjunto* com a *repartição*. Como se observa, essa denominação somente passa a ocorrer a partir do final do século XVI, quando grandes palácios e castelos, por diversos motivos, começaram a apresentar uma organização espacial diferente: a segmentação do espaço total em várias células, ou apartamentos. De acordo com Waddy (1983), essa adequação conjunto/repartição foi de origem italiana. Todavia, o ajuntamento das várias unidades funcionais da habitação, aposentos ou apartamentos, era uma prática rara na arquitetura francesa, caracterizada, nesse período, pela presença de um apartamento único ou principal. No final do século XVIII podem ser vistos exemplos de *hôtels* franceses que apresentavam uma junção de várias peças, chamada de *conjuntos multipartidos*.

Na Itália, o *palazzo* romano dos séculos XVI e XVII ilustra essa organização espacial multipartida. Waddy (1983, p. 156) escreve que a unidade básica da planta do *palazzo* romano era o apartamento, um conjunto de salas para uso de um único e importante residente. Nesses apartamentos, a quantidade de cômodos variava conforme a importância de seus moradores. Em suma, a arquitetura do apartamento provia não somente acomodações para comer e dormir, mas também um espaço onde aconteciam as recepções dos convidados.

Nesses apartamentos, assim como em todo o espaço, eram recepcionadas pessoas mais ou menos ilustres, que podiam ou não penetrar em determinados cômodos. Quanto mais ilustre seu morador, maior o número de cômodos que podiam

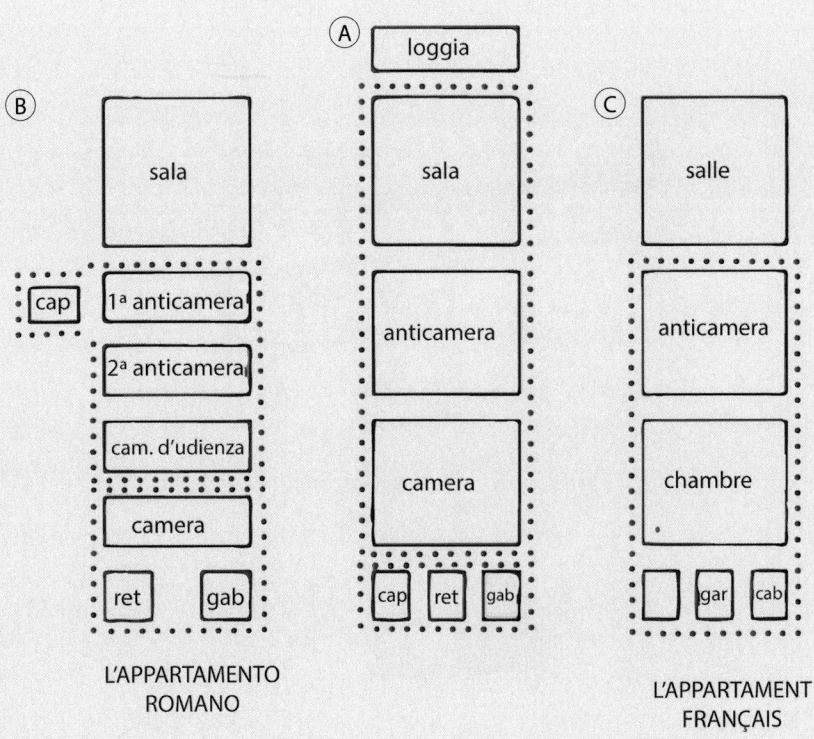

Fig. 1.1 (A) Esquema funcional do apartamento do Cardeal Barberini no Palácio Arquiepiscopal em Paris, 1625, comparado com (B) o apartamento nobre romano e (C) o apartamento francês

Fonte: baseado em Chastel e Guillaume (1994).

morar em apartamento

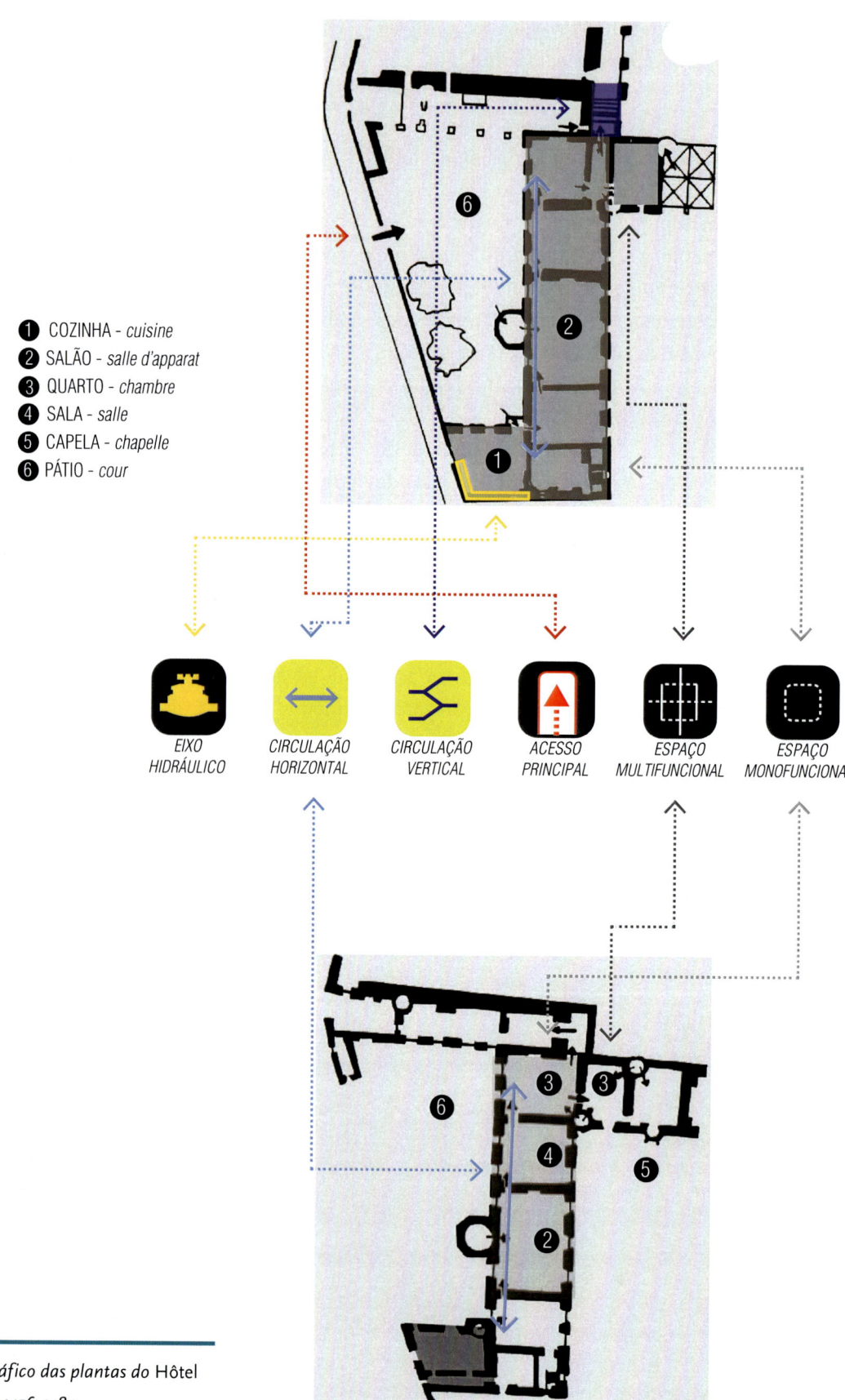

Fig. 1.2 *Esquema gráfico das plantas do* Hôtel de Cluny, *em Paris, 1456-1484*
Fonte: baseado em Chastel e Guillaume (1994).

1 Apartamentos: origens

ser percorridos. A permanência e a localização dos convidados eram proporcionais à sua importância social e financeira: quanto maior a importância do convidado, mais próximo do apartamento íntimo do proprietário se poderia chegar.

A passagem do convidado era linear e sequencial, sendo claramente marcados os pontos de referência nos degraus das escadas, nas salas e em suas passagens. Algumas salas (*sala, antecamere, camera da audienza, camera*) tinham características distintas, sendo frequentadas e servindo a membros específicos da família. A sala de audiência, por exemplo, era um espaço neutro em que móveis e pessoas podiam ser arranjados de acordo com seu único ponto fixo: a porta.

Os dois sistemas interdependentes de etiqueta e arquitetura estavam completamente desenvolvidos já nas primeiras décadas do século XVII. Livros publicados naquela época descreviam todos a mesma etiqueta, assumindo uma sequência arquitetural de: escada, sala, duas antessalas, sala de audiência e um quarto privado acima (Montclos, 1994).

A unidade básica da planta do apartamento foi multiplicada no desenho dos *palazzos* romanos. Cada residência importante do *palazzo* precisava ter seu próprio apartamento; se dois irmãos dividissem um palácio, cada um deveria ter seu próprio, separado e completo estabelecimento. Da mesma forma, no caso dos nobres casados, deveriam ser configurados apartamentos separados para o marido e para a esposa. Além disso, cada um deles faria jus a um apartamento para o inverno e outro para o verão, ou ainda a salas separadas dentro do mesmo apartamento (Waddy, 1983; Montclos, 1994) (Fig. 1.3).

Na França do século XVII, era comum o *conjunto de dois*, caracterizado pela presença de dois aposentos ou apartamentos em uma mesma morada. Poderia ser um conjunto de aposentos novos e antigos, de inverno e verão, feminino e masculino. Porém, o que mais se destaca é a *junção de mais de dois* conjuntos multipartidos, caracterizada pela presença de vários aposentos em uma mesma morada, como nos *palazzos* romanos, italianos e franceses. A maior parte das moradas, e até das casas urbanas do século XVII, continham várias habitações e eram usualmente chamadas de *hôtels*.

Nessa tipologia embrionária de apartamento já é possível perceber um desejo de privacidade, demonstrado pela segregação do apartamento em relação ao espaço geral nos *palazzos*, comum até o século XVII, mesmo que esse desejo se mostre ainda incipiente, pois nesses apartamentos ainda era comum a sobreposição de funções e das esferas pública e privada. No entanto, o desejo por mais privacidade ficou explícito com a separação entre os senhores e seus criados, que, junto com as crianças, passaram a ter camas em pequenos quartos adjacentes. Em Paris, crianças, criados e animais eram alojados em ala diferente da dos senhores, em geral, junto às cozinhas (Waddy, 1983; Montclos, 1994) (Fig. 1.4).

A redução em tamanho dos antigos *palazzos*, porém com a manutenção da ideia de separação em agrupamentos de cômodos, seria a origem de uma nova tipologia nascente na França por volta do século XVII: o *hotêl particulier*.

1.4 O *hotêl particulier* parisiense

O *hôtel* era uma forma de habitação recorrente entre os séculos XVII e XIX, onde viviam a nobreza e a alta burguesia. Mas foi nele que surgiu uma nova proposta para a forma de se habitar, sendo copiada por pequenos e grandes burgueses, a fim de afirmar suas posições sociais. Até a denominação de seus cômodos foi utilizada nas residências burguesas da *Belle Époque* do século XIX. Nos *hôtels* também nota-se o desejo de privacidade: os primeiros exemplares, que datavam do século XVII, ficavam escondidos atrás de casas comuns, não tinham aparência suntuosa e seus jardins e pátios não poderiam ser vistos da rua. No entanto, cruzando-se seus limites externos, era visível a ostentação.

Em geral, no interior de um *hôtel* dos séculos XVII e XVIII não havia corredores, sendo os cômodos ligados diretamente uns aos outros. Os arquitetos se orgulhavam de alinhar as portas *en enfilade* para que se pudesse ter uma visão perspectiva ininter-

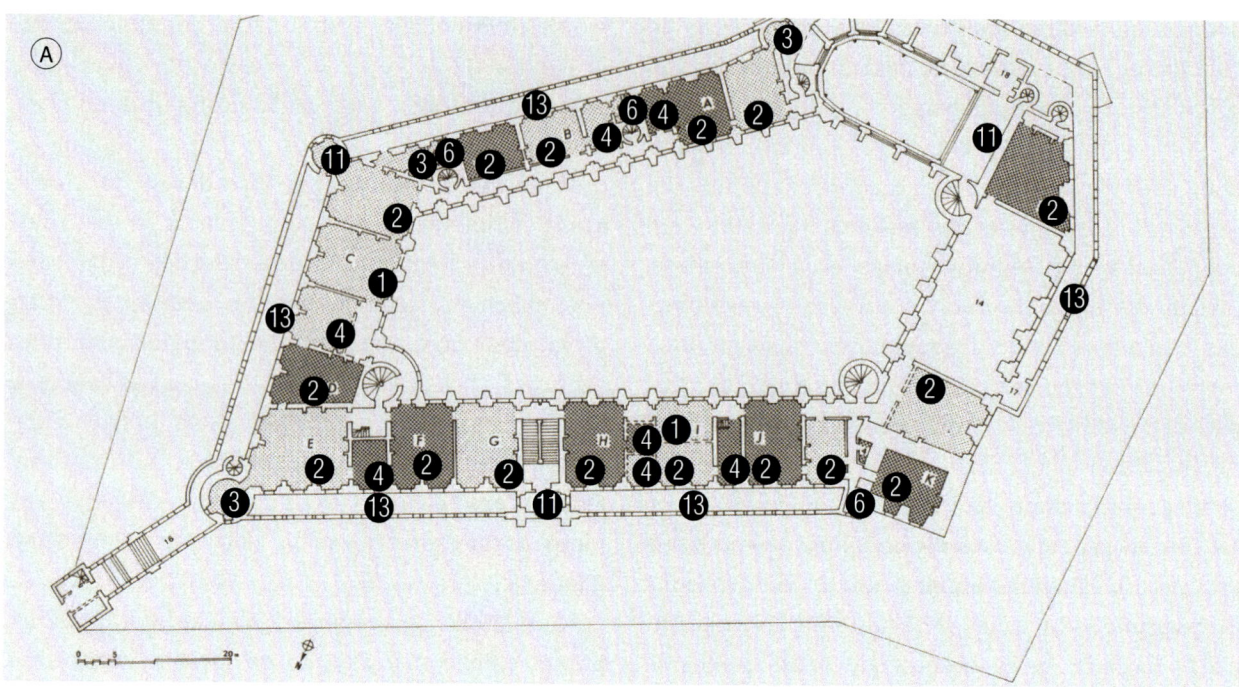

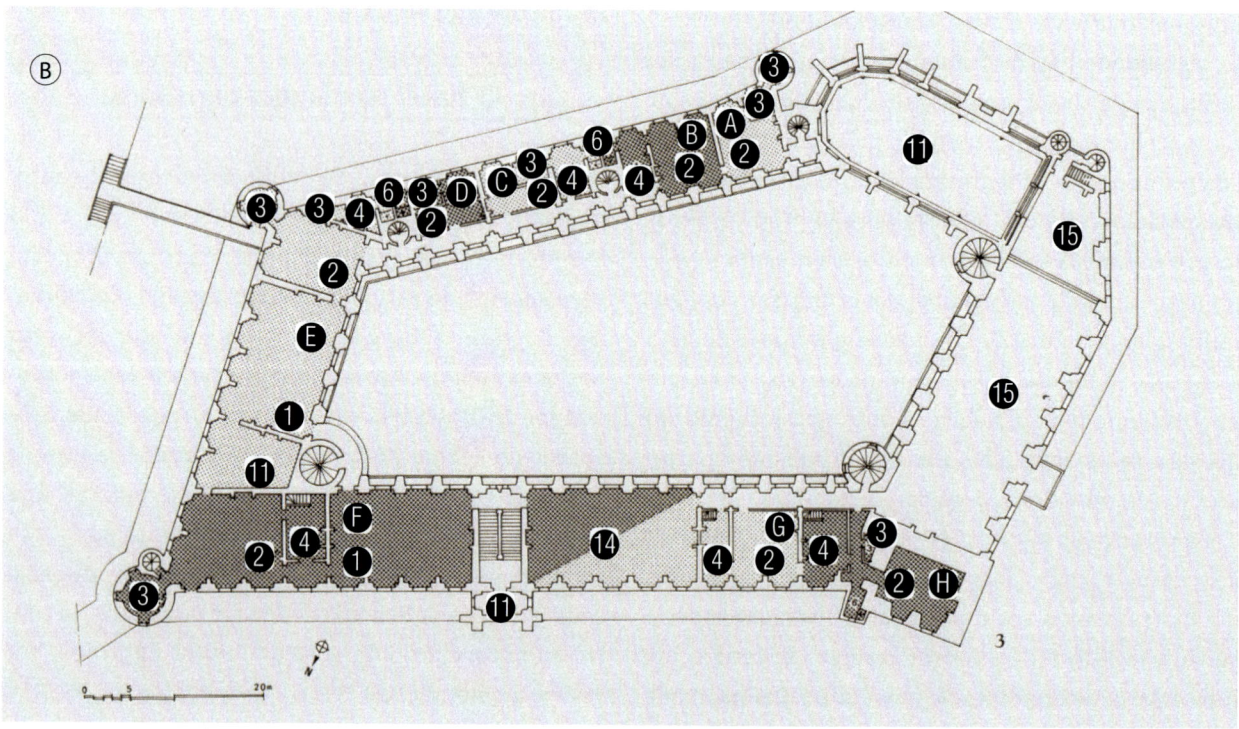

Fig. 1.3 Saint-Germain-en-Laye: *esquema gráfico da distribuição (A) do primeiro andar e (B) do segundo andar*
Fonte: *baseado em Chastel e Guillaume (1994).*

1 Apartamentos: origens

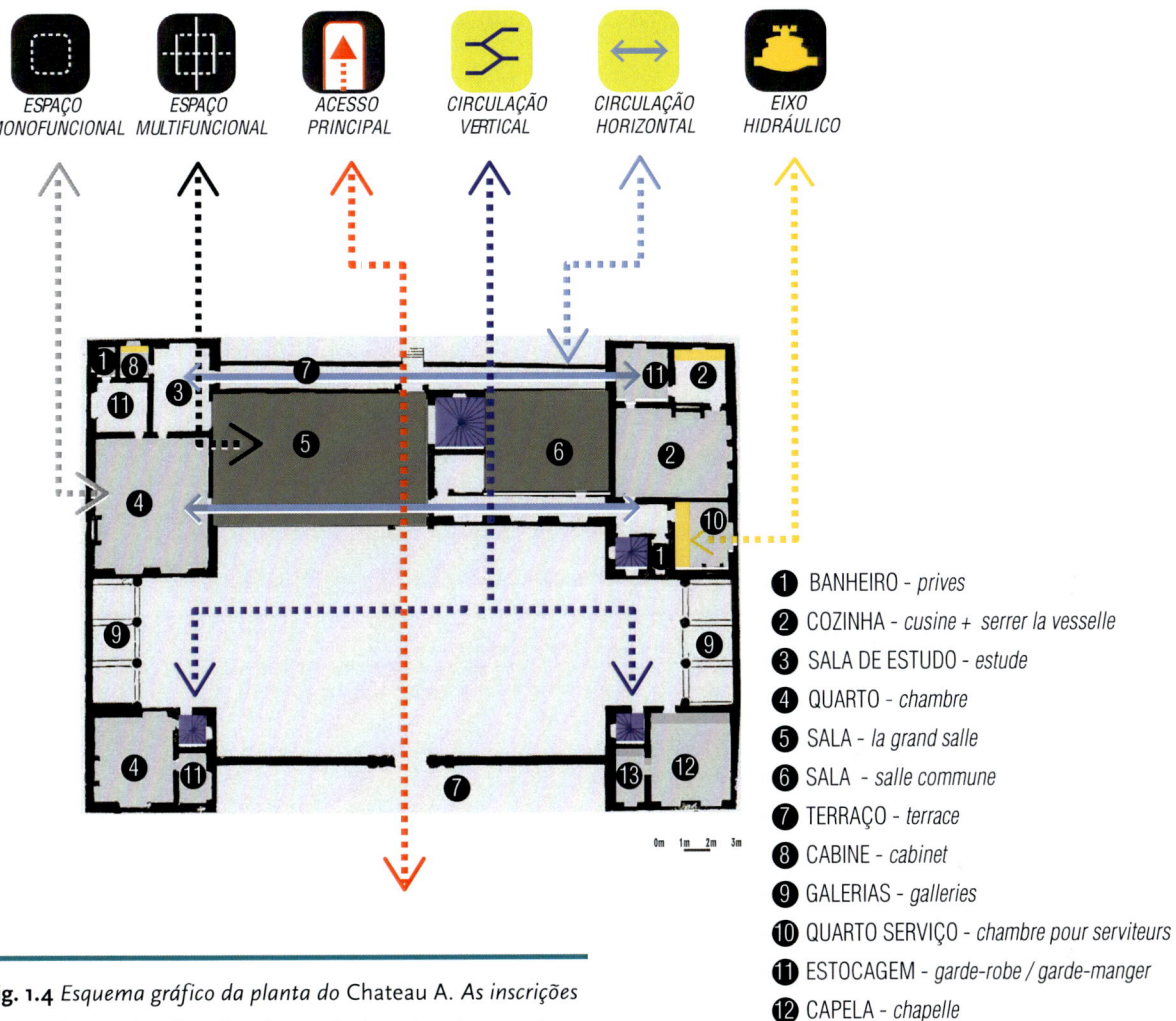

Fig. 1.4 *Esquema gráfico da planta do* Chateau A. *As inscrições do interior:* garde-robe, chambre, galleries, chambre, garde-robe, prives, cabinet, estude, la grand salle, salle commune, garde-manger, a serrer la vesselle, cuisine, chambre pour serviteurs, prives communes, galleries, oratoire, pour le service. *As inscrições do exterior:* terrace, terrace sur le derrie[re] du logis, desserte de la terrasse au jardin
Fonte: baseado em Chastel e Guillaume (1994).

rupta de um lado ao outro da residência, numa clara confirmação de que, nesse momento, as aparências ainda eram mais importantes do que a privacidade. Em relação ao saneamento, por exemplo, pessoas de nível social elevado rejeitavam o uso da latrina, preferindo as cadeiras de *retraite* – cadeiras acolchoadas, com uma abertura central e uma gaveta embaixo, onde era guardado um urinol. Essas cadeiras eram carregadas pelos criados pelos diversos cômodos da habitação, segundo a vontade dos senhores (Rybczynski, 1996).

Os *hôtels* não precisavam ter banheiros, pois, além do fato de o banho frequente não ser comum, naqueles séculos ainda não se tinha a ideia de associar funções específicas a cômodos. O ato de comer, por exemplo, ainda não era feito em salas próprias para esse fim. Em vez disso, as mesas eram montadas na *salle*, na *antichambre* ou na *chambre*, onde as pessoas costumavam comer, ou até mesmo no vestíbulo de entrada de grandes castelos. A *chambre* continuou sendo local de encontros sociais (Tramontano, 1998b, p. 64). Segundo Rybczynski (1996), o termo *salle à manger* – equivalente ao brasileiro *sala de jantar* – foi usado pela primeira vez em 1634, mas apenas no século seguinte essa sala seria utilizada para atividades específicas, em substituição à *salle* tradicional.

"Durante o século XVII", escreve Rybczynski (1996, p. 54), "ocorreram pequenas mudanças na divisão interna do *hôtel* que indicavam uma maior consciência da intimidade". O *cabinet*, antes só usado por criados, era muitas vezes convertido em um quarto mais íntimo para atividades privadas, como escrever.

Durante o século XVII e o início do século XVIII, os *hôtels* vão definitivamente modernizar-se. Em alguns cômodos, ocorre uma certa privatização (Figs. 1.5 e 1.6). O sistema multifuncional *en enfilade*,

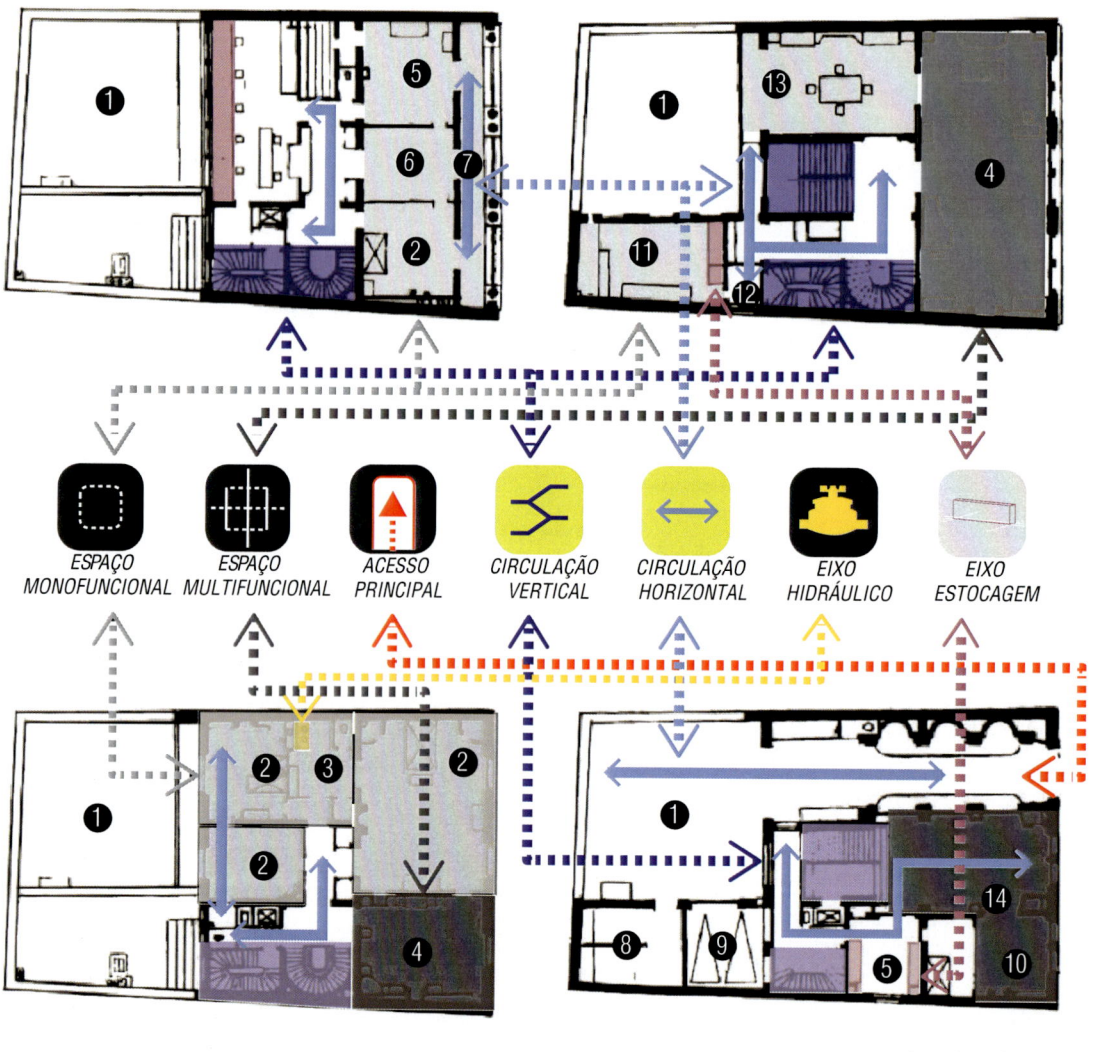

Fig. 1.5 *Esquema gráfico das plantas do* hôtel particulier *da 8* rue de Lota. *Arquiteto R. Bouwens van der Boijen, 1899*

Fonte: baseado em Eleb-Vidal (1995).

❶ PÁTIO - *cour*
❷ QUARTO - *chambre*
❸ BANHEIRO - *toilette*
❹ SALÃO - *salon*
❺ ESTOCAGEM - *cabinet*
❻ ESTUDO - *salle d'etude*
❼ CIRCULAÇÃO - *loggia*
❽ ESTÁBULO - *ecurie*
❾ COCHEIRA - *kemise*
❿ RECEPÇÃO - *concierge*
⓫ COZINHA - *cuisine*
⓬ COPA - *office*
⓭ SALA DE JANTAR - *salle a manger*
⓮ HALL - *vestibule*

1 Apartamentos: origens

Fig. 1.6 Hôtel *da* rue Octave-Feuillet, *em Paris. Arquiteto Ch. Plumet, 1908*
Fonte: *Eleb-Vidal (1995).*

que se refere tanto à localização dos cômodos enfileirados ao longo de um dos lados do pátio principal quanto à circulação entre eles (Tramontano, 1998b, p. 64), continua a existir, porém, pouco a pouco esses cômodos vão recebendo nomes e funções específicas – *chambre, cabinet, salle* – e, ainda, espaços cujos nomes deixam supor um uso mais público – *antichambre, anticabinet, antisalle* (Roux, 1976, p. 220; Tramontano, 1998b, p. 64). Os *hôtels* ainda não possuem corredores internos e tampouco espaços específicos destinados às latrinas, usadas pelos ricos diferentemente dos pobres, que, por exigência das leis, deveriam reservar um espaço, ainda que mínimo, para a instalação desse equipamento (Rybczynski, 1996).

Tramontano (1998b) escreve que a primeira ideia de tripartição da casa dos abastados será esboçada a partir da incorporação das dependências de serviços – cozinha e seus anexos, anteriormente alojados em edifício à parte – ao edifício principal. Com serviços no subsolo ou nas alas laterais, recepção no andar nobre, e quartos e suas dependências no andar superior, o modelo da *villa palladiana* ganha terreno e instala-se em toda a Europa como a grande referência de habitação das elites. No andar nobre situava-se o acesso principal diretamente a partir do térreo, por meio do *grand escalier*, uma escada pomposa com tratamento especial. Começa a surgir, ainda que timidamente, uma distinção entre o que é público – o espaço da rua – e o espaço vagamente privado da habitação, pela progressiva atitude de esconder, atrás dos muros altos, os jardins dos olhos públicos.

> O *hôtel* parisiense oitocentista é, obviamente, minoritário no conjunto das moradias da cidade. No entanto, ele preconiza uma habitação moderna de elite, difundindo "toda uma cultura, uma maneira de construir e de morar, proposta a toda a população urbana beneficiada pelo progresso", como nota a historiadora Simone Roux. Características que grandes e pequenos burgueses trataram rapidamente de incluir em sua própria habitação, fosse ela qual fosse, no afã de afirmar publicamente sua posição social. Os novos nomes dos cômodos do *hôtel* serão transpostos para os apartamentos burgueses que, poucas décadas mais tarde, já se terão afirmado no cenário habitacional da cidade. (Tramontano, 1998b, p. 64-65).

Veremos, a seguir, como os sentimentos de privacidade e de domesticidade da burguesia pós-Revolução Francesa, de fins do século XVIII, acabaram por modificar o espaço da habitação, criando um novo conceito a ser experimentado na moradia: a noção de conforto. Desenvolvendo esse assunto, acompanhamos a consolidação de uma maneira burguesa de morar, tipicamente parisiense, cuja materialização se traduz na origem do *hôtel particulier* (Fig. 1.7). Vale lembrar que a Revolução Industrial forneceu todos os pressupostos técnicos e culturais para que a noção de conforto material fosse aceita e difundida no mundo.

1.5 O século XVIII

O século XVIII havia acentuado a distinção entre o público – que se desprivatizou até certo ponto, tornando-se de âmbito estatal – e o privado – que se revalorizou, passando de insignificante e negativo a sinônimo de felicidade, nos dizeres de Perrot (1991b, p. 17-18). A incipiente noção de privacidade e a domesticidade dos séculos anteriores, que foram as duas grandes descobertas da Era Burguesa, também se espalharam pelo oeste europeu, que incluía Inglaterra, França e Alemanha, até o século XVIII (Rybczynski, 1996, p. 87). Esses acontecimentos acabaram por influenciar a estrutura da casa, tornando-a menor e menos pública, e a estrutura da família, também menor e atenta a novos valores da sociedade. A mudança de comportamento e a noção de intimidade foram reforçadas por um novo, porém não único fator: as crianças permaneciam mais tempo em casa, transformando o local no abrigo da família. Uma nova forma social e compacta surgia. Com esses conceitos de uma nova família vieram as ideias de isolamento, domesticidade e vida familiar e, consequentemente, a noção de conforto.

Ao analisarmos a história do mobiliário, podemos observar a diversidade de usos e formas que ele apresenta no decorrer do tempo. Nesse mesmo texto, já explicitamos um determinado momento da história da habitação em que o mobiliário certamente tinha significados e funções diferentes em relação ao período que abordamos agora. Nesse momento, onde conceitos como privacidade, domesticidade e conforto estão sendo aplicados no espaço habitacional, os mobiliários ganham destaque. Os franceses começam a produzir móveis confortáveis sem perder a formalidade da época de Luís XIV

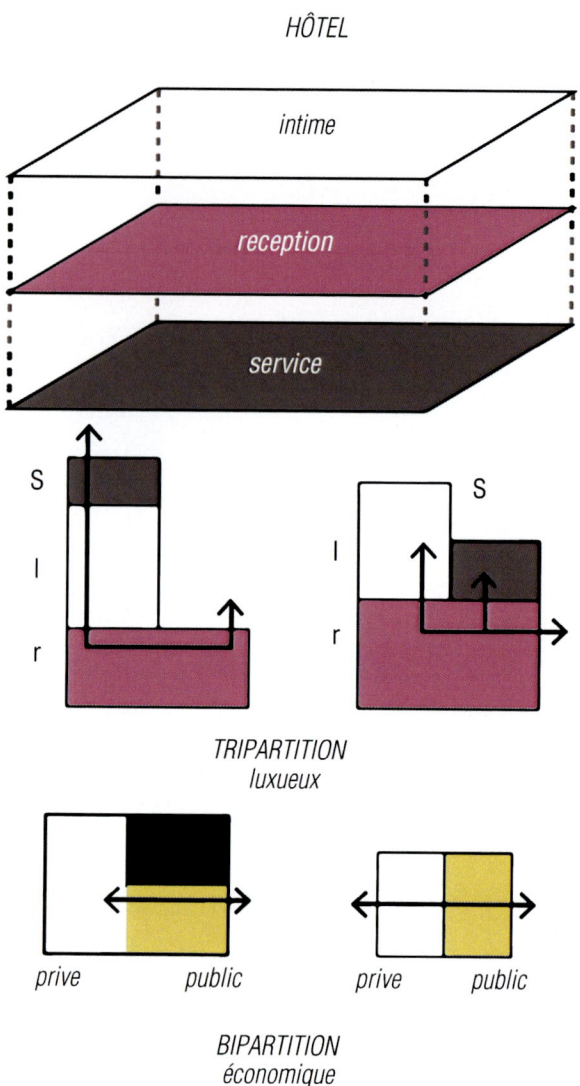

Fig. 1.7 *Esquemas da setorização espacial do* hôtel particulier
Fonte: baseado em Eleb-Vidal (1995).

nem se prender estritamente aos padrões estéticos, constituindo outra categoria que surgia agora. Os assentos se dividiam em dois tipos: *sièges meublants* – apenas decorativos – e *sièges courants* – móveis e cotidianos, como já diz o termo francês (Rybczynski, 1996, p. 94). Os primeiros, também chamados de *móveis arquitetônicos*, faziam parte da decoração, sendo seu lugar, geralmente junto à parede, predeterminado pelo arquiteto, para que se integrassem perfeitamente ao ambiente. Já os segundos eram leves, podendo ser movidos conforme a necessidade, e projetados para o uso cotidiano, e, ao contrário das cadeiras para decoração – sempre retilíneas –, tinham formas modeladas que buscavam proporcionar mais conforto ao sentar. Também as mesas tinham características mais decorativas ou mais funcionais de acordo com seu uso: secretárias e mesas com tampos de mármore eram peças mais decorativas, enquanto havia mesas mais utilitárias para leitura, jogos, desjejum, chá, ou escrivaninhas (Rybczynski, 1996, p. 94). Essa grande variedade de tipos de móveis demonstra que, também nessa época, começavam a surgir cômodos novos para diferentes funções.

Ariès faz uma leitura das alterações no espaço doméstico face aos avanços da noção de privacidade.

> Desde o século XVIII, a família começa a guardar suas distâncias em relação à sociedade, limitando-a além de uma zona de vida privada cada vez mais extensa. A organização da casa responde a esta nova inquietação de defesa contra o mundo. Já é a casa moderna que assegura independência aos cômodos, abrindo-os a um corredor de acesso. Mesmo que eles se comuniquem entre si, não se é mais obrigado a atravessá-los todos para passar de um ao outro. Diz-se que o conforto data desta época. Ele nasceu ao mesmo tempo que a intimidade, a discrição, o isolamento, e é uma de suas manifestações. (Ariès, 1973, p. 299-300 apud Tramontano, 1998b, p. 64).

Nota-se também que as camas não se espalham mais pela casa toda, concentrando-se no novo quarto de dormir, equipado de armários e de pequenos nichos ao lado das alcovas.

Já não se come mais na antecâmara, mas na sala de jantar, devidamente decorada. As damas passam a receber as amigas em seus *boudoirs*, enquanto os cavalheiros passam a receber os amigos nos *fumoirs*. Os cômodos não são mais *en enfilade*. As casas têm, agora, zonas íntimas e públicas devidamente demarcadas, que recebem novas denominações. Em inglês, o quarto não é mais *room*, e sim *chamber*; na França, as *salles* tiveram mais um nome incorporado, como *salle* à *manger* (Tramontano, 1998b).

Durante o século XVIII, os criados começam a ser vistos como intrusos na vida familiar, o que aumenta o desejo de privacidade tanto na casa burguesa quanto nos palácios da nobreza. Eles eram mantidos o mais distante possível e, quando necessários, eram chamados por uma sineta comandada por uma corda. O alojamento dos criados situava-se em uma ala separada, em pequenos quartos localizados em entressolos quando o teto era rebaixado. Também foram inventados pequenos monta-cargas chamados de *dumb-waiters* (criados-mudos), que conduziam a comida entre dois andares quando se desejava um pouco mais de privacidade. Nesses espaços domésticos, assistimos à especialização e à setorização das circulações de empregados e de patrões. Na intenção de ocultá-la, a circulação dos empregados, diferente da dos patrões, ocorria nos desvãos da decoração dos cômodos, com portas dissimuladas nas *boiseries* e escadas que ligavam aos demais pisos, conformando um verdadeiro sistema paralelo de circulação (Rybczynski, 1996).

Ainda segundo Rybczynski (1996), as casas burguesas parisienses do século XVIII tinham mais subdivisões. Os apartamentos possuíam cinco ou seis cômodos principais, em vez de apenas dois ou três, com uma nova disposição: a porta da entrada conduzia a uma escada que levava a uma antecâmara de acesso aos demais cômodos. Havia uma cozinha, uma sala de jantar e um salão. Os demais cômodos eram quartos de dormir privados, um *boudoir* e quartos de estocagem ou de criados. Esses cômodos eram em estilo rococó, decorados com folhas, flores, conchas e volutas, com um acabamento frequentemente dourado e uma ornamentação tão exagerada que podia, às vezes, não ser muito agradável. Raramente esse estilo era aplicado a exteriores, o que demonstra que os franceses se preocupavam mais com o interior e com distingui-lo do exterior.

Jacques-François Blondel, arquiteto de Luís XV e fundador da primeira escola de Arquitetura em tempo integral na Europa, dividia os cômodos em três categorias: *appartements de parade* (cômodos de cerimônia), *appartements de societé* (cômodos de recepção formal) e *appartements de commodité* (cômodos de uso privado) (Rybczynski, 1996, p. 100). Estes últimos tinham a mobília leve, sem a ornamentação rococó ou a formalidade dos móveis dos demais cômodos, sendo também chamados de quartos de inverno, talvez por serem menores e mais aquecidos. Como os demais cômodos eram grandes, era difícil aquecê-los o suficiente. As lareiras no palácio de Versalhes eram mais decorativas que funcionais, enquanto nas casas burguesas eram utilizadas para cozinhar e secundariamente para aquecimento, não sendo muito eficazes. Somente em 1720 é que se descobriu como construir lareiras e chaminés eficientes, que pudessem eliminar a fumaça e também aquecer melhor o ambiente. Agora também existiam fornos de porcelana, mais limpos e eficazes que as lareiras, sendo bastante utilizados a partir de 1750 também nos cômodos mais importantes. Mas estes não eram considerados tão bonitos quanto as lareiras e tinham de ser disfarçados com urnas ou aparadores.

Também nessa época surge o *quarto de banheiras*, com duas banheiras: uma para se lavar e outra para se enxaguar. Os banheiros geralmente tinham bidês, mas não privadas. Havia outro cômodo, chamado de *compartimento inglês*, onde ficava a privada. Em certos casos, em uma antecâmara próxima ao quarto, ficava a *retraite*. Para os franceses do século XVIII, o banho era considerado mais um passatempo prazeroso e elegante do que um hábito higiênico. Esses cômodos possuíam grande apuro na decoração, o que demonstra que o banho não era algo sem importância nessa época. Apenas as pessoas prósperas possuíam banheiras e a maioria usava bacias de cobre ou porcelana para tomar banho (Rybczynski, 1996).

A França foi o país onde a moda, a decoração e até mesmo o projeto das casas sofreram a maior influência feminina. Havia móveis projetados especialmente para as mulheres, muitos deles planejados de forma a acomodar as saias e os penteados. As cadeiras do Rococó, além de serem belas, também eram bastante confortáveis, o que em grande parte era devido ao estofamento de seus assentos, encostos e braços. Os marceneiros do século XVIII possuíam vários estudos sobre como a postura pode causar conforto ou desconforto. Com esses estudos, eles puderam projetar cadeiras melhores tanto no estofamento quanto no seu revestimento e dimensões, para assim atender às posturas e vestimentas da época. Os largos sofás, além de acomodarem várias pessoas, também se adequavam aos gestos e posturas daqueles que os utilizavam e às suas roupas volumosas. As pessoas gostavam da proximidade e costumavam juntar as cadeiras para conversarem com maior intimidade (Rybczynski, 1996).

1.6 Apartamento haussmanniano, modelo por excelência da tripartição do espaço interno

> "Em decorrência do processo de industrialização, as famílias extensas cedem lugar à família nuclear"

> "A ideia do *boulevard planté* se configurava como uma forma de solucionar os problemas existentes, cuja lógica influenciou tremendamente o desenho do espaço doméstico burguês parisiense nesse momento"

A partir do fim do século XVIII, em decorrência da Revolução Industrial, a população de Paris aumentou sem que se construíssem novas moradias. A densidade populacional passou a girar em torno de 400 habitantes por hectare, podendo ter chegado a 500 em alguns setores. O número de habitações permaneceu praticamente o mesmo, e seus pátios internos receberam novas e precárias construções, feitas com tábuas e refugos, com latrinas coletivas e nenhuma privacidade (Tramontano, 1998b, p. 67).

Até o início do século XX, no cenário habitacional parisiense, observa-se que apenas os *hôtels particuliers* exibiam algum grau de modernização, restando ao proletariado uma habitação que se aproximava da medieval. Não havia nenhum controle municipal em relação às formas precárias de habitação, nas quais se utilizavam materiais de péssima qualidade, pior que em outras grandes cidades da Europa (Tramontano, 1998b, p. 67).

Somado às péssimas condições de vida dos pobres, ficaria evidente, a partir da metade do século XIX, um amplo processo de segregação socioespacial, como nota Guerrand (1992), pela constituição de uma sociedade baseada na separação das pessoas a partir do grau de riqueza. Dessa forma, conclui o autor, as discordâncias sociais daí oriundas tornariam muito difícil que classes sociais distintas convivessem em um mesmo edifício, fato bastante comum até então. A face visível desse fenômeno será notada com o processo de reformas urbanas adotadas em Paris a partir da segunda metade do século XIX.

No ano de 1852, após um conturbado processo, Luís Napoleão Bonaparte foi proclamado o Imperador Napoleão III. A partir daí, passa a planejar uma transformação radical na cidade de Paris, a fim de transformá-la em uma moderna e bela capital, presumidamente de toda a Europa. A intervenção de Haussmann implicava a remodelação de sistemas de infraestrutura urbana, como vias de circulação, abastecimento de água e coleta de esgoto. Também fez parte da missão o saneamento de áreas habitacionais insalubres, o que incluía a abertura de áreas verdes coletivas.

Essas intervenções se basearam em indicações precisas deixadas por Napoleão Bonaparte sobre como deveriam ser as ruas da *Capital da Europa*, a exemplo da *rue de Rivoli*, aberta sob seu reinado, com arcadas, lojas e edifícios de apartamentos. Seguindo tais instruções, a nova estrutura urbana foi sobreposta à medieval através de eixos abertos, rasgando o tecido urbano existente, do qual os mais pobres seriam expulsos e conduzidos à periferia extramuros. Embasada pelo discurso *saint-simonista*, no qual a livre circulação de capitais e de produtos é condição indispensável para o progresso da sociedade industrial e de sua economia, a importância dos meios de comunicação rápidos e eficazes demonstra que a intenção era a construção de uma Paris francamente moderna e saneada.

Para isso também, as inovações ocorreram no sentido de melhorar as condições do transporte suburbano de massas – o trem, o *tramway*, o metrô e o sistema de ônibus de tração animal –, o que acabou por favorecer o surgimento de novos bairros em torno das novas estações (Tramontano, 1998b, p. 72).

Haussmann criou diversos *boulevards* como forma de solucionar os problemas existentes, cuja lógica influenciou tremendamente o desenho do espaço doméstico burguês parisiense nesse momento e se configurou como modelo para as reestruturações urbanas que surgiram em outras cidades pelo mundo. Segundo Landau, a ideia do *boulevard planté* se configurava como:

> Avenida larga, cujas calçadas, igualmente largas e destinadas ao passeio, são sombreadas por uma fileira de árvores e contêm diversas peças de mobiliário urbano. Inicialmente, o termo reserva-se apenas às avenidas construídas sobre o terreno ocupado pelas antigas muralhas da cidade, justificando a etimologia do seu nome. Uma das principais inovações do Segundo Império foi a extensão desta nomenclatura e das características do espaço que ela define às novas avenidas, estruturando regiões mais centrais da cidade. (Landau, 1992, p. 57-58 apud Tramontano, 1998b, p. 72).

No entanto, em decorrência da construção dos *boulevards*, milhares de pessoas se viram expulsas de suas casas. Bairros inteiros foram destruídos, cedendo lugar aos novos e ricos apartamentos burgueses que seriam construídos ao longo das avenidas. Segundo Argan (1993, p. 186 apud Tramontano, 1998b, p. 72), "os *boulevards* apenas isolavam os antigos e insalubres bairros populares, que permaneceram essencialmente intocados. Em compensação, facilitava-se às tropas a repressão dos movimentos operários e aos proprietários de imóveis a especulação dos terrenos". Nessa configuração, o proletariado acaba impelido a habitar as zonas periféricas ao tecido urbano que havia sido renovado. Nessas localizações mais distantes das zonas centrais, o preço da terra era mais barato e a legislação edilícia mais branda, o que contribuiu para a constituição de moradias tão ou mais precárias do que os antigos cortiços antes habitados pelos mais pobres nas zonas centrais. Esse processo de segregação, no entanto, não parece ter incomodado a burguesia dominante, como escreve o professor Marcelo Tramontano:

> A costumeira ambiguidade burguesa apoia o barão em sua ação saneadora e modernizante, que vai valorizar propriedades privadas, ao mesmo tempo em que defende os direitos dos proprietários, procurando limitar ou até impedir a intervenção do Estado. Terminados, os edifícios da Paris haussmanniana são o vistoso estandarte da vitória da sociedade burguesa mecanizada da época. (Tramontano, 1998b, p. 73).

Nesse momento, a França entra definitivamente na Era Industrial, conhecendo um enriquecimento em todos os setores – econômico, social, cultural.

> Graças aos novos meios de comunicação, novos modos de vida, originários de outras culturas, chegam à França pelos trens e navios, mas também pelo correio, pelo telégrafo, pelos jornais. O hábito de ver e dar-se a ser visto nos cafés, já bastante disseminado no século XVIII nos clubes restritos à nobreza e à grande burguesia, ganha novo *glamour* com a extensão do hábito à média e à pequena burguesia ascendente e aos estrangeiros ricos que cada vez mais visitam Paris. (Tramontano, 1998b, p. 69-70).

Esse processo, no entanto, é uma via de mão dupla, em que tanto os estrangeiros trazem modos de vida diversos como levam de volta a seus lugares de origem um conjunto de hábitos que compõem a vida cotidiana, disseminando-os ao redor do mundo. Nesse movimento, emerge um modo de vida metropolitano marcado pela concentração da informação. A partir daí, a conjunção entre a emergente indústria e a ascensão da burguesia passa a colocar em xeque os valores tradicionais.

Outra alteração fundamental nesse contexto, correlata ao processo de industrialização, ocorreu com o porte e a estrutura dos grupos domésticos. Em decorrência do processo de industrialização, a família diminuiu gradualmente de tamanho, reflexo sentido também nas cidades, já que o grande afluxo de pessoas para as áreas urbanas se dava geralmente por famílias menores, formadas por três ou quatro membros. Dessa forma, esses formatos cederam lugar à família nuclear. Essas mudanças graduais no formato familiar abriram espaço para um novo sistema produtivo fabril, em que, como escreve Tramontano (1998b, p. 71),

> [...] tanto o patrão como o operário vão morar, via de regra, apenas com a esposa e os filhos, ambos por questões econômicas: o primeiro, para limitar subdivisões de patrimônio no momento de sua morte; o segundo, por absoluta falta de meios para escolher outra coisa.

Por sua vez, a burguesia, grande vitoriosa desse cenário de Revoluções, acabou por gerar também um novo modo de vida, da *Belle Époque*, baseado na ampla circulação monetária, no divertimento – através dos espetáculos de ópera –, nos exageros, num mundo onde *ser moderno* significava consumir uma gama variada de produtos industrializados. Roupas, cosméticos e adornos simbolizariam o poder, e a habitação seria o elemento mais representativo dessa sociedade (Hobsbawm, 1985).

O estandarte dessa burguesia triunfante incluía também os novos materiais e componentes frutos do processo de industrialização, que passam a ser comercializados a partir de catálogos como uma nova vitrine da sociedade, um modo a ser difundido mundialmente. Entre esses componentes, Tramontano (1998b, p. 73) destaca as colunas metálicas, guarda-corpos, janelas e perfis metálicos que poderiam ser encomendados por arquitetos e construtores de Paris, e também de outros lugares mais distantes do mundo.

1.7 O apartamento burguês

> "Nos *boulevards*, a configuração dos apartamentos inscreve-se no processo de evolução do espaço doméstico dos franceses ricos, herdando certas características dos *hôtels* renascentistas – constituindo uma versão reduzida dos palácios de períodos anteriores"

Associadas a esse novo modo de vida industrializado, as reformas de Haussmann acabaram por consagrar o apartamento como modelo de habitação a ser difundido. Sobre essa tipologia, Guerrand (1992, p. 326) escreve que a formatação do modelo de apartamento haussmanniano se iniciou com o estabelecimento de normas urbanísticas, que relacionam a altura da cornija do edifício à largura da via. Ou seja: a altura máxima do prédio não poderia ultrapassar a largura da via. Haussmann inseriu ainda um outro limitador, que condicionava o número máximo de pavimentos a cinco.

Do ponto de vista urbanístico, as restrições dadas pelo plano e, naturalmente, a tendência do setor imobiliário em proceder à maior utilização possível do solo legaram aos *boulevards* parisienses uma uniformização volumétrica baseada em cinco pavimentos. Do ponto de vista da forma, no entanto, os arquitetos esgotaram as receitas aprendidas na Escola de Belas Artes na composição dos frontispícios, marcando um "embate" entre os adeptos do neoclássico e do neogótico (Fig. 1.8). À parte a discussão urbanística ou arquitetônica, o fato é que os apartamentos gerados a partir das reformas parisienses do século XIX eram "imóveis de aluguel proibitivo para quem não fosse bem abastado" (Guerrand, 1992, p. 326).

Observando a formatação dos espaços interiores, Tramontano (1998b) escreve que nos *boulevards* a configuração dos apartamentos inscreve-se no processo de evolução do espaço doméstico dos franceses ricos, herdando certas características dos *hôtels* renascentistas, constituindo uma versão reduzida dos palácios de períodos anteriores. A sucessão de espaços representativos multiuso *en enfilade*, por exemplo, repetida nos *hôtels*, será abandonada nos projetos de apartamentos do século XIX, que possuíam cômodos funcionalmente estanques, ainda que, inicialmente, articulados entre si sem critérios muito claros. Esses espaços inovadores serão formulados por arquitetos, em concordância com o esforço higienista oitocentista, as novas técnicas construtivas e os novos equipamentos para os espaços domésticos, influenciando a constituição de modelos locais em outros lugares do mundo ocidentalizado.

Ainda conforme Tramontano (1998b, p. 75), a burguesia faz da habitação a vitrine de seu êxito social, priorizando práticas sociais homogêneas e a ausência de trabalho manual. É a primeira a assimilar as inovações em uso nos *hôtels particuliers*, junto com seus hábitos de receber. Assimilam dos *hôtels* a maneira de posicionar as aberturas das áreas de prestígio na face nobre do edifício – nos novos apartamentos haussmannianos, elas se abrem para os *boulevards*, e seu tamanho e desenho são escolhidos de acordo com a composição da fachada.

Outro fator em comum entre os *hôtels* é a setorização da casa em áreas de prestígio, de intimidade e de rejeição. Essa setorização era aplicada horizontalmente nos apartamentos, à exceção dos quartos dos empregados, localizados sempre no último andar, sob o telhado (Guerrand, 1992, p. 330 apud Tramontano, 1998b, p. 76).

> A esta estanqueidade de áreas soma-se o desejo de separação entre o interior-família-segurança e o exterior-estranho-perigoso: as janelas ganharão pesadas cortinas, as paredes serão revestidas com tecidos e pinturas artísticas, e até os móveis serão recobertos por mantos, tapetes e passamanarias, no sentido de não deixar nuas as paredes, nem o assoalho, nem os ladrilhos, como nas casas dos pobres. (Tramontano, 1998b, p. 76).

Fig. 1.8 *Imóvel destinado à pequena burguesia, em Paris*
Fonte: Ariès e Chartier (1991).

Segundo a *Revue Gènèrale d'Architecture*, podiam-se distinguir três classes de imóveis de aluguel para a burguesia de seu tempo (Guerrand, 1992, p. 330). Os de primeira classe eram destinados às fortunas estabelecidas. O imóvel, de no máximo quatro pavimentos, tinha dupla orientação, sendo um lado para o pátio e o outro para a rua. Seu térreo, mais elevado, erguia-se sobre adegas e porão. Os apartamentos dos três primeiros andares eram servidos por uma imponente escada de pedra. Já o último andar, que abrigava famílias menos abastadas ou amigos e filhos das famílias alojadas nos pavimentos inferiores, possuía uma escada menos imponente, em geral construída de madeira. Seu acesso se dava por uma escada pelo pátio ou por uma entrada oculta e independente do vestíbulo, que ligava os andares pelas cozinhas e servia ao sótão, onde dormia a criadagem. Os primeiros andares eram servidos por aquecimento através de uma caldeira decorada instalada no porão, ramificando-se pelos ambientes, menos nos quartos. "Aquecer-se ainda não representava um valor inseparável da intimidade; os médicos exigem quartos frios e bem arejados" (Guerrand, 1992, p. 330).

O imóvel de aluguel da segunda classe cabia às fortunas médias e comportava um pavimento a mais que no primeiro caso, sendo o primeiro e o segundo andares habitualmente usados por lojas.

1 Apartamentos: origens

Nessa configuração, contavam-se dois apartamentos por andar, servidos também por escadas separadas – social e de serviço.

Já para as camadas inferiores da classe dominante, o imóvel de aluguel possuía cinco andares, servidos por uma só escada de madeira, não havendo pátio. Nos três tipos de imóvel de aluguel era bastante característica a presença do zelador, antes privilégio apenas das mansões. Ele tinha a função de substituir o proprietário em muitas atividades quando este não residia no edifício, recolhendo os aluguéis, ocupando-se com a locação dos apartamentos vagos, mantendo as dependências comuns do imóvel organizadas e limpas e assegurando certo policiamento interno do edifício (Guerrand, 1992, p. 330).

> O interior de cada apartamento oferece uma racionalidade que por muito tempo não será igualada. Compreende obrigatoriamente um espaço público de representação, um espaço privado para a intimidade familiar e espaços de rejeição. Desde a entrada, a antecâmara, destinada à distribuição, impõe-se como um filtro que não se pode ultrapassar sem convite. (Guerrand, 1992, p. 332).

A tipologia do apartamento haussmanniano apresentava as seguintes características principais (Fig. 1.9):

- Acesso demarcado através de grande escada – herança do *hôtel particulier* – ligando o vestíbulo de entrada do edifício à *galerie* de cada apartamento.
- Hierarquia de circulações, evitando a comunicação entre patrão e empregados (social-íntima para os patrões e social-serviço para os empregados).
- *Galerie* dando acesso aos espaços de prestígio – *salon, petit salon, salle à manger* –, que se organizam *en enfilade*. Era a *galerie* que articulava as zonas social e íntima.

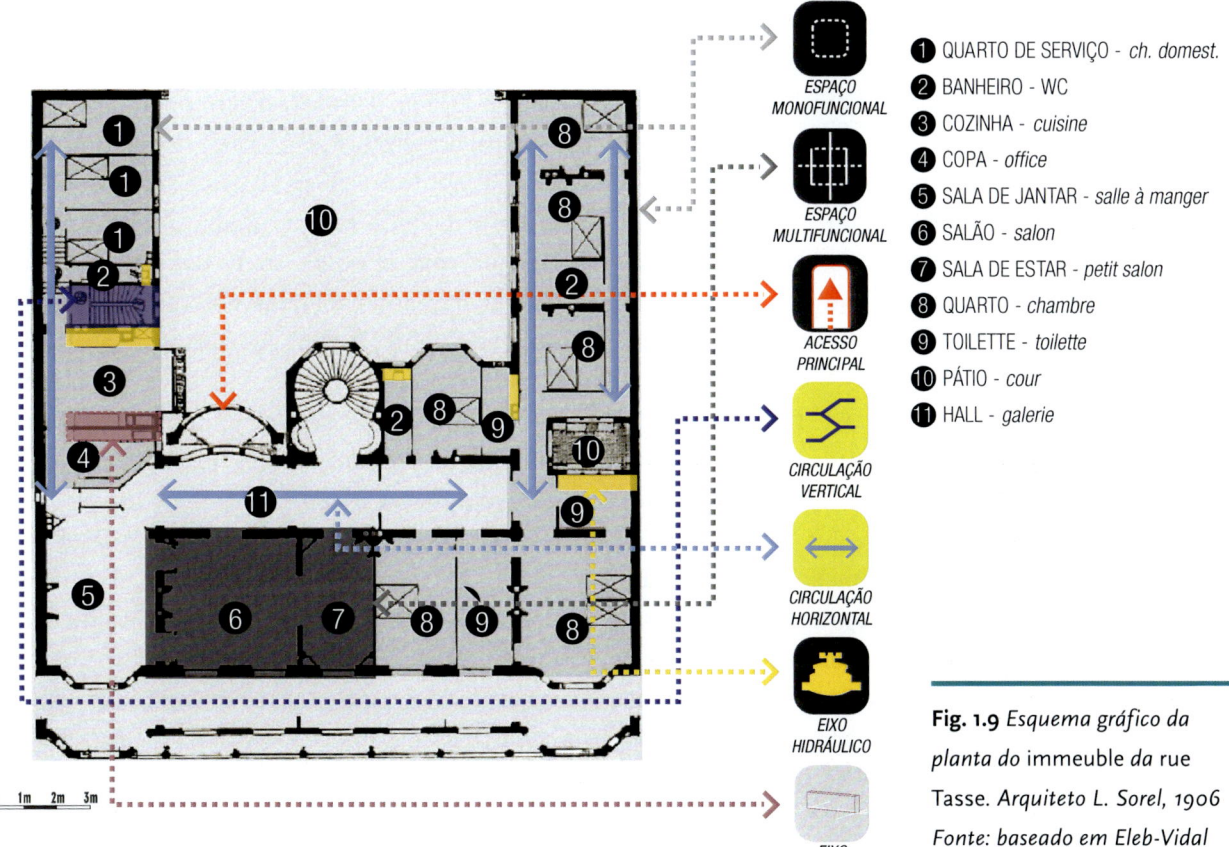

Fig. 1.9 *Esquema gráfico da planta do* immeuble *da* rue Tasse. *Arquiteto L. Sorel, 1906 Fonte: baseado em Eleb-Vidal (1995).*

- Área íntima com um grande cômodo representativo localizado próximo à *galerie*, que possuía a finalidade de receber convidados.
- Cômodos privados geralmente localizados na parte posterior, com o corredor de acesso rente à fachada do edifício.
- Dormitório do marido ligado ao escritório e dormitório da mulher ligado aos quartos dos filhos ou ao *boudoir*.
- *Cabinets de toilette* e *salle des bains* representando modelos de modernidade através de seus equipamentos e materiais de construção.
- Áreas de serviço completamente apartadas das de prestígio. O *office* possibilitava a articulação entre as zonas social e de serviço.

A sistematização dos serviços e atividades da tipologia de habitação produzida nesse período foi, também, uma produção de tipologias de cidades com uma preocupação urbanística constante.

1.7.1 Zonas de rejeição

Nos apartamentos burgueses, cozinhas, banheiros – quando existem – e quartos de empregados escondem-se dos olhos dos visitantes e do público, cumprindo as exigências de privacidade. Em relação aos cômodos de higiene, esses ainda eram pequenos e mal ventilados, abrigando um amontoado de bacias e vasos. Nesse caso, somente passaram a contar com melhorias mais ao final do século XIX, a partir da ação dos higienistas (Tramontano, 1998b, p. 76).

Sobre essas áreas, Guerrand (1992, p. 337) escreve: "nestes domínios, em que a racionalização deveria ser total, constata-se uma estranha solução de continuidade". Pondera ainda que "a nova classe dirigente rebaixou consideravelmente seu patamar de receptividade no que diz respeito ao sujo". Esse pensamento fez com que arquitetos e construtores banissem a cozinha de seu campo de atividades, repelindo-a para os fundos do apartamento. "Este lugar repleto de fumaças, odores acres, ocupado por um forno cujo calor afeta a tez, decididamente não é frequentável" (Fig. 1.14).

A mesma indiferença cercava o banheiro. A integração do asseio corporal à vida cotidiana foi retardada pela lenta implantação da rede de abastecimento de água e pela crença no valor do esterco humano para a agricultura. Em Paris, nos pisos superiores dos imóveis da margem direita do Sena, a água não se fez presente senão em 1865, e, na margem esquerda, só dez anos depois (Guerrand, 1992, p. 337). Nos primeiros apartamentos burgueses, pouco importava afastar o banheiro – quando existia – dos quartos, pois sua função não era de uso cotidiano. Neles é onde mais se manifestava o desprezo burguês pelas necessidades corporais. Alguns modelos de latrinas higiênicas por ação de água apareceram no século XVIII, mas absolutamente não se difundiram até a primeira metade do século seguinte. "A crença no valor do esterco humano persiste longamente e os limpa-latrinas parisienses continuam a levar todos os dias sua carga a Montfaucon" (Guerrand, 1992, p. 337).

Sobre os espaços de higiene, observa-se o antigo *appartement de bains* como um ponto de partida para uma evolução desse cômodo. A diminuição de tamanho desses espaços culminou, nas últimas décadas do século XIX, na definição dos cômodos ora nomeados *cabinets de toilette* – com rica decoração produzida industrialmente e em geral situados ao lado dos quartos principais do apartamento de luxo, o que contribuía para atestar o *status* dos donos da casa. As atividades desenvolvidas nos *cabinets de toilette* eram geralmente femininas, voltadas aos cuidados com a aparência. Vários objetos, fragrâncias, maquiagens e ornamentos compunham esse espaço requintado da alta burguesia (Eleb-Vidal, 1995, p. 505 apud Tramontano, 1998b, p. 77).

No final do século XIX e começo do século XX, o *cabinet de toilette* passou por uma diminuição, sendo convertido a um único e pequeno móvel ou sendo incorporado ao banheiro. Esse último, por sua vez, seria valorizado com a inserção das banheiras londrinas a partir da década de 1880, quando apareceu rebatizado como *salle des bains* (Figs. 1.10 a 1.13). A partir de então, em constante diminuição de tamanho, passam a estar presentes na área íntima

1 Apartamentos: origens

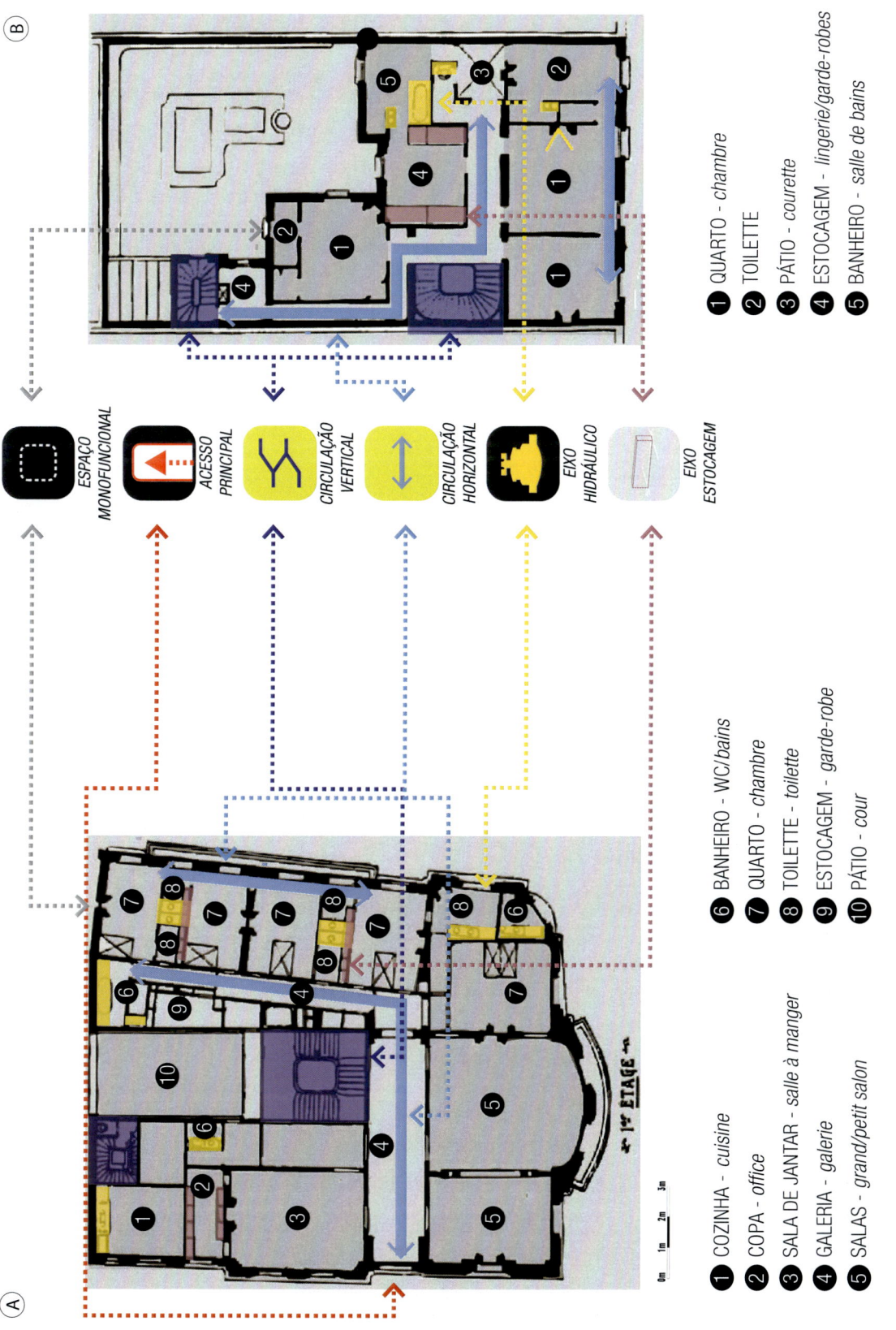

Fig. 1.10 (A) *Esquema gráfico da planta do immeuble da 14 avenue Alphand. Arquiteto J. Hermant, 1904. Demonstração da transição de cabinet de toilette para salle de bains.*
(B) *Esquema gráfico da planta do hôtel na rue Faisanderie, em Paris. Arquiteto A. Blusyen, 1901*
Fonte: baseado em Eleb-Vidal (1995).

Fig. 1.11 *Ilustração de 1910 demonstrando a evolução do banheiro nos apartamentos burgueses*
Fonte: Eleb-Vidal (1995).

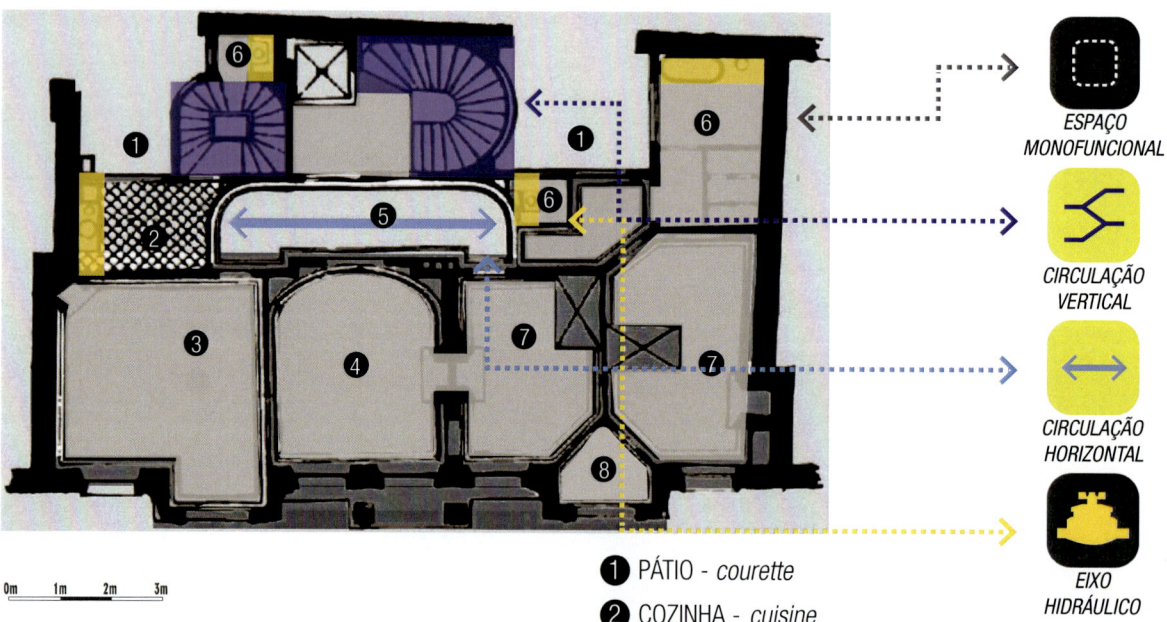

Fig. 1.12 *Esquema gráfico da planta do immeuble na rue Réaumur, em Paris. Arquiteto J. Salard, 1899-1900*
Fonte: baseado em Eleb-Vidal (1995).

❶ PÁTIO - *courette*
❷ COZINHA - *cuisine*
❸ SALA DE JANTAR - *salle à manger*
❹ SALA - *salon*
❺ GALERIA - *galerie*
❻ BANHEIRO - *salle de bains/ WC*
❼ QUARTO - *chambre*
❽ TOILETTE - *cabinet de toilette*

1 Apartamentos: origens

dos apartamentos de luxo (Eleb-Vidal, 1995, p. 505 apud Tramontano, 1998b, p. 77).

As cozinhas, até o século XVIII, tinham suas funções realizadas em cômodos específicos. As mudanças mais significativas nesse ambiente começaram na segunda metade do século XVII, quando se passou a utilizar fornos fechados que propiciavam maior controle do processo de cozimento. A evolução desses equipamentos domésticos foi fundamental para a evolução espacial da cozinha. Em um século, os fornos seriam substituídos por outros de ferro fundido, até se chegar aos fogões econômicos na primeira metade do século XIX. Tal evolução apareceu acompanhada da criação de dutos para a evacuação da fumaça, e as antigas chaminés se converteram em coifas. A cozinha burguesa se equipou com móveis e utensílios, passando a ser parte importante da habitação. Apesar dessa utilidade, ainda se figurava como um cômodo a ser visto (Tramontano, 1998b, p. 77-78) (Figs. 1.14 a 1.17).

Jules Guadet, um dos famosos autores de tratados de Arquitetura na virada do século, escreve que a cozinha dos ricos, no final do século XIX,

> Deve estar próxima da sala de jantar sem ser-lhe contígua; em todo caso, deve dela estar separada por circulações fáceis e não por longos corredores escuros e tortuosos como vemos em muitos exemplos; ela deve ser acessível pela escada de serviço, e dela próxima o bastante para que os empregados não tenham que atravessar qualquer parte do apartamento; deve estar em comunicação fácil com o *hall* de entrada para atender à porta; enfim, deve estar isolada o suficiente para que os odores de cozinha não se espalhem por todo o apartamento. (Guadet, 1902, p. 118 apud Tramontano, 1998b, p. 78).

Apesar da minúcia dos tratadistas, ainda era visível a existência de cômodos malcheirosos, úmidos e mal ventilados, servindo até de abrigo para moscas e germes causadores de várias doenças, como a tuberculose. Dessa forma, a observação

Fig. 1.13 Salle de bains-toilette, *do* hôtel de Penthièvre, em Paris. Arquiteto N. F. Escalier
Fonte: Eleb-Vidal (1995).

Fig. 1.14 *Publicidade de 1910 mostrando o sistema de ventilação de uma cozinha*
Fonte: Eleb-Vidal (1995).

Fig. 1.15 *Perspectiva de cozinha de um apartamento burguês, 1880*
Fonte: Eleb-Vidal (1995).

1 Apartamentos: origens

Fig. 1.16 *Cozinha (salle à manger) separada por uma alcôve, em Paris. Arquiteto A. Labossière, 1908*
Fonte: Eleb-Vidal (1995).

Fig. 1.17 *Interior de uma cozinha (salle à manger), em Paris. Arquiteto A. Labossière, 1907*
Fonte: Eleb-Vidal (1995).

de preceitos de salubridade por higienistas traria importantes contribuições às cozinhas, que passaram a receber paredes lisas, sem reentrâncias; o piso deixou de ser de madeira ou pedra para dar lugar ao cimento e posteriormente ao ladrilho. Na virada do século, podia se contar com materiais esmaltados, tinta brilhante impermeável e fogões com total controle da intensidade do fogo, itens que modificaram o *status* da cozinha e permitiram calcular o tempo necessário para realizar tarefas. Isso facilitou o trabalho do cozinheiro, e também as ações da própria dona de casa, que seria instada a frequentar aquele ambiente ante a escassez de mão de obra após a Primeira Guerra (Tramontano, 1998b, p. 78).

Acredita-se, como lembra Vernes (1990, p. 78 apud Tramontano, 1998b, p. 78-79), que os cuidados com a higiene incitaram "a criação de valores estéticos derivados dos valores de salubridade e moralidade que lhe são próprios". Ele conclui que, "reluzente e imaculada, a cozinha testemunha solidariamente do gosto e da moralidade da dona da casa", valores caros à burguesia ascendente. Facilitar o serviço da cozinha significa, sobretudo após a Primeira Guerra, otimizar os gestos e os passos necessários às atividades de cozinhar, já que, devido à escassez de pessoal doméstico e ao desenvolvimento de novos equipamentos, a presença da dona da casa será ali mais frequente (Eleb-Vidal, 1995, p. 126 apud Tramontano, 1998b, p. 79).

Diante desse quadro, os arquitetos buscaram novas soluções para a cozinha, aproximando-a da sala de refeições. Esta, por sua vez, deslocou-se para a parte posterior dos apartamentos, abrindo-se para o pátio interno ou, raramente, para a fachada principal do edifício, criando uma separação entre o espaço sujo da cozinha e o limpo de refeições: o *office* (copa). Este, ao contrário do que acontecia nos *hôtels*, era pequeno, sendo destinado a guardar comida e estocar baixelas e produtos de mercearia, e deveria, portanto, ser bem ventilado e ter as paredes recobertas por azulejos. O conjunto composto da sala de refeições, da cozinha e do *office* formava um sistema à parte, como pode-se notar na quase totalidade das plantas dos apartamentos da época (Tramontano, 1998b, p. 79).

1.7.2 Zonas de prestígio

Espaço de sociabilidade, a sala de jantar é lugar de maior importância, onde os encontros sociais oferecidos pela família aos convidados seguem regras estritas. Exibem-se vitrines de objetos e pratarias da moda, além de ser lugar de encontro cotidiano dos membros da família quando das refeições diárias.

> Na maior parte das construções de 1860-1880, sobretudo em Paris, a peça tomada como sala de jantar dá para pátios internos sombrios e estreitos. Daí seu progressivo abandono, fora das refeições, pelo pequeno salão – *petit salon*, lugar acolhedor, feito para leitura e os bordados. (Guerrand, 1992, p. 334).

Espaço teatral que vincula a nova sociedade à antiga, o *grand salon* esteve presente nos apartamentos de todos os burgueses mais abastados. Figura central de sociabilidade do espaço habitável do apartamento, o salão será um lugar quase morto no caso dos pequenos burgueses, com seus móveis recobertos por capas protetoras.

Em função dessa sociedade receptiva e cordial, outros espaços são concebidos na moradia. Após os jantares sociais, os homens retiravam-se ao *fumoir* – sala de fumar –, espaço de pequenas dimensões, prioritariamente masculino (Figs. 1.18 a 1.21). Também como parte do universo dos cavalheiros da época, aparecem igualmente a biblioteca, o escritório ou a sala de bilhar. Já as mulheres costumavam ficar conversando no *salon*, ou às vezes no quarto da senhora da casa, normalmente contíguo ao *grand salon* (Tramontano, 1998b, p. 80).

De acordo com Guerrand (1992, p. 335), a crescente valorização das áreas de prestígio dos apartamentos burgueses fez com que estes

> Se assemelhassem, em seu mobiliário, a uma loja de antiguidades onde a acumulação aparece como o único princípio diretor da composição interior do espaço. As mais diferentes épocas e civilizações são mescladas, com a sala de jantar Renascença acotovelando o dormitório Luís

Fig. 1.18 Bureau-fumoir, *em Paris, 1910*
Fonte: Eleb-Vidal (1995).

Fig. 1.19 Billard e fumoir, *em Paris, 1895*
Fonte: Eleb-Vidal (1995).

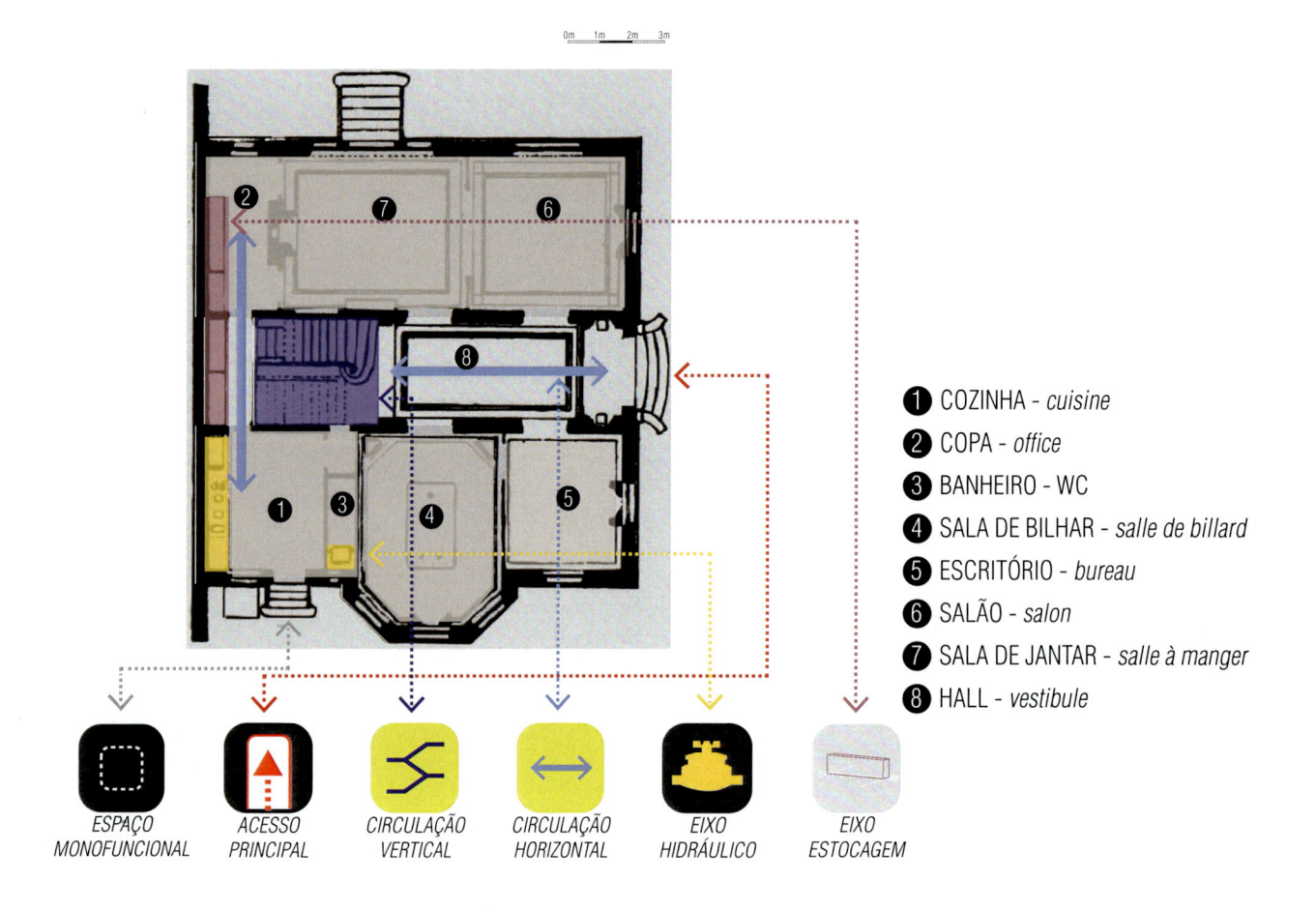

1 COZINHA - *cuisine*
2 COPA - *office*
3 BANHEIRO - WC
4 SALA DE BILHAR - *salle de billard*
5 ESCRITÓRIO - *bureau*
6 SALÃO - *salon*
7 SALA DE JANTAR - *salle à manger*
8 HALL - *vestibule*

ESPAÇO MONOFUNCIONAL | ACESSO PRINCIPAL | CIRCULAÇÃO VERTICAL | CIRCULAÇÃO HORIZONTAL | EIXO HIDRÁULICO | EIXO ESTOCAGEM

Fig. 1.20 *Esquema gráfico da planta do térreo do* hôtel *na* rue Championnet, *em Paris. Arquiteto J. Valentin, 1892*
Fonte: baseado em Eleb-Vidal (1995).

XVI, enquanto uma sala de bilhar mourisca dá para uma varanda com ornatos japoneses, tudo em meio a uma superabundância de tecidos, de tinturas, de sedas, de tapetes recobrindo cada superfície livre.

1.7.3 Zonas íntimas

A partir do início do século XIX, pouco a pouco se definirá uma especialização do quarto conjugal e, consequentemente, a ideia entre os arquitetos da época de agrupar os dormitórios em uma zona específica da moradia. A época em que se podiam receber visitas em uma peça mobiliada por um leito passa a parecer definitivamente distante. "Daqui por diante pesa um tabu sobre todo espaço classificado como 'quarto', como se o fato de entrar ali sem uma razão precisa expusesse a terríveis perigos" (Guerrand, 1992, p. 335). Em relação às crianças, não se encontrava nenhuma referência explícita a um espaço próprio infantil. Desde pequenos os filhos eram confiados a uma ama e, ao alcançarem a sétima série da escola, em geral partiam para o internato.

Nesse momento, depuravam-se as noções de intimidade, encontrando rebatimento no uso e posição dos quartos na habitação. Nessa seara encontrava-se o quarto de *madame* da alta burguesia, que anteriormente se encontrava contíguo ao *grand salon* e, aberto aos convidados em dias de festas, tenderá a sofrer alterações. Tramontano (1998b, p. 81) afirma que, com exceção dos apartamentos dos pequenos burgueses, havia quase sempre na habitação dos mais ricos uma separação dos cômodos do casal,

1 Apartamentos: origens

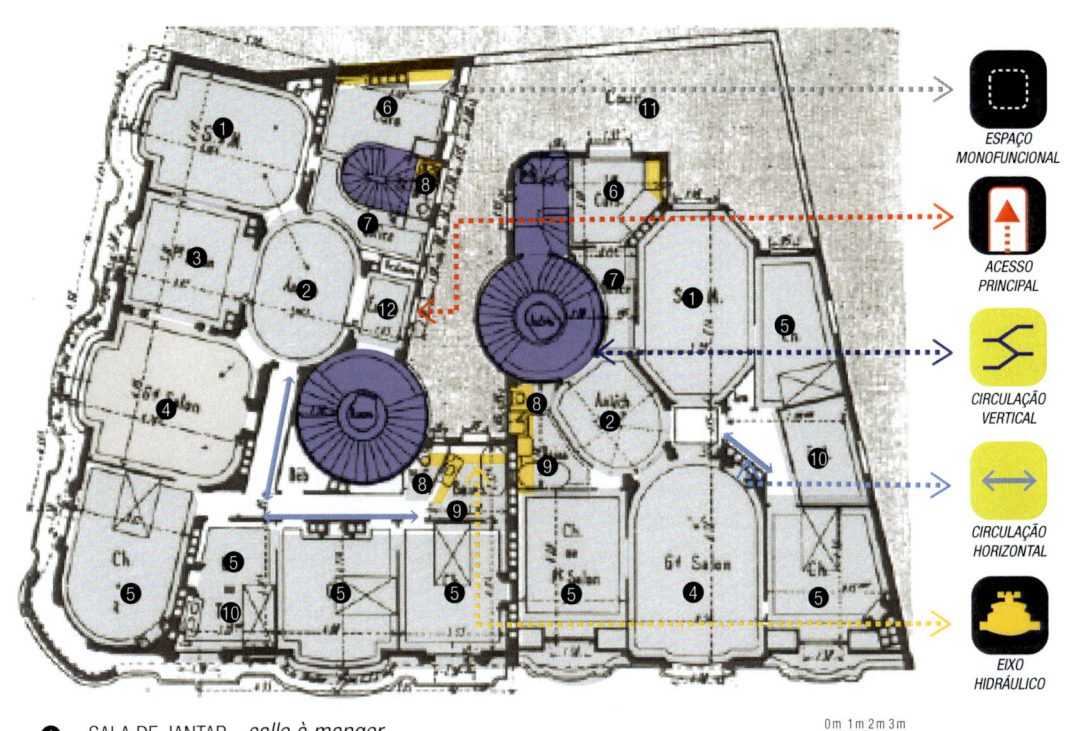

① SALA DE JANTAR - *salle à manger*
② HALL - *antichambre*
③ PEQUENA SALA DE ESTAR - *antichambre*
④ SALÃO - *grand salon*
⑤ QUARTO - *chambre*
⑥ COZINHA - *cuisine*
⑦ COPA - *office*
⑧ WC - WC
⑨ BANHEIRO - *bains*
⑩ TOILETTE - *toilette*
⑪ PÁTIO - *cour*
⑫ ENTRADA - *entrée*

ESPAÇO MONOFUNCIONAL
ACESSO PRINCIPAL
CIRCULAÇÃO VERTICAL
CIRCULAÇÃO HORIZONTAL
EIXO HIDRÁULICO

Fig. 1.21 *Esquema gráfico da planta do segundo andar do* immeuble *na* rue de Fleurus, *em Paris. Arquiteto A. Bocage, 1907*
Fonte: Eleb-Vidal (1995).

uma herança de tempos passados, em que *madame* e *monsieur* não se casavam necessariamente por amor e prefeririam, portanto, viver em quartos separados. Essa tipologia continuou preponderante nas habitações de luxo. No entanto, passa a ser crescente a sofisticação do quarto da *madame*, onde ela recebia suas amigas e, vez ou outra o *monsieur*. Constituía-se como um dos cômodos mais belos da casa, com grandes janelas que se abriam para a fachada principal do edifício, tendo comunicação direta com os cômodos de recepção (Fig. 1.22). Uma pequena sala íntima – o *boudoir* – que possuía entrada independente, um espaço para *toilette* e uma *garde-robes* se encontravam anexos ao quarto da *madame*. Já o quarto do *monsieur* apresentava anexos apenas uma *toilette* e um quarto de vestir ou armários (Fig. 1.23).

O quarto de ambos é, ou pode ser, ao mesmo tempo, espaço de sociabilidade e de intimidade, apesar do horror que os higienistas e alguns manuais de bem viver tem a esta ideia: aí as mulheres recebem convidados; aí os homens fumam depois de jantares sociais, no caso de não possuírem um *fumoir*. (Tramontano, 1998b, p. 81).

Fig. 1.22 Chambre Louis XV, *catálogo* Gouffé-Jeune, *em Paris, 1890*
Fonte: Eleb-Vidal (1995).

Em relação às roupas e aos objetos pessoais, eram em geral armazenados em *garde-robes* (quartos de vestir femininos que seriam substituídos adiante por armários), em *lingeries* (pequenos cômodos para a roupa de casa) e em *roberies* ou *vestiaires* (pequenos cômodos ao lado da galeria de entrada onde os convidados ou visitas guardavam seus casacos ou pertences). Nos apartamentos mais modestos e naqueles das classes populares, esses cômodos seriam substituídos por armários na entrada e na *salle de bains*, assim como o *office* passou a se limitar a um armário na cozinha (Tramontano, 1998b, p. 80).

A mudança de *status* da mulher rica dentro da sociedade e dentro da casa a partir da década de 1910 alterou a disposição e as atribuições dos espaços nos apartamentos burgueses. A crescente falta de pessoal doméstico qualificado legou à mulher a responsabilidade de cuidar dos filhos e do funcionamento da casa, além de gerenciar as despesas.

Esta crise de empregados domésticos e a diminuição da área dos apartamentos também causará o desaparecimento dos quartos de empregados, antes situados no último andar dos edifícios – quanto mais pobre se é, mais alto se mora – e reduzidos a um ou, no máximo, dois pequenos quartos contíguos à cozinha. Apenas a partir de então, a entrada e a escada de serviço vão começar a desaparecer dos edifícios de apartamentos franceses. (Tramontano, 1998b, p. 81).

Esses avanços sociais interferiram no espaço doméstico, tornando-se visíveis quando o quarto de *madame* – nos casos em que ainda existia – se transfere para dentro da área íntima da família.

1 Apartamentos: origens

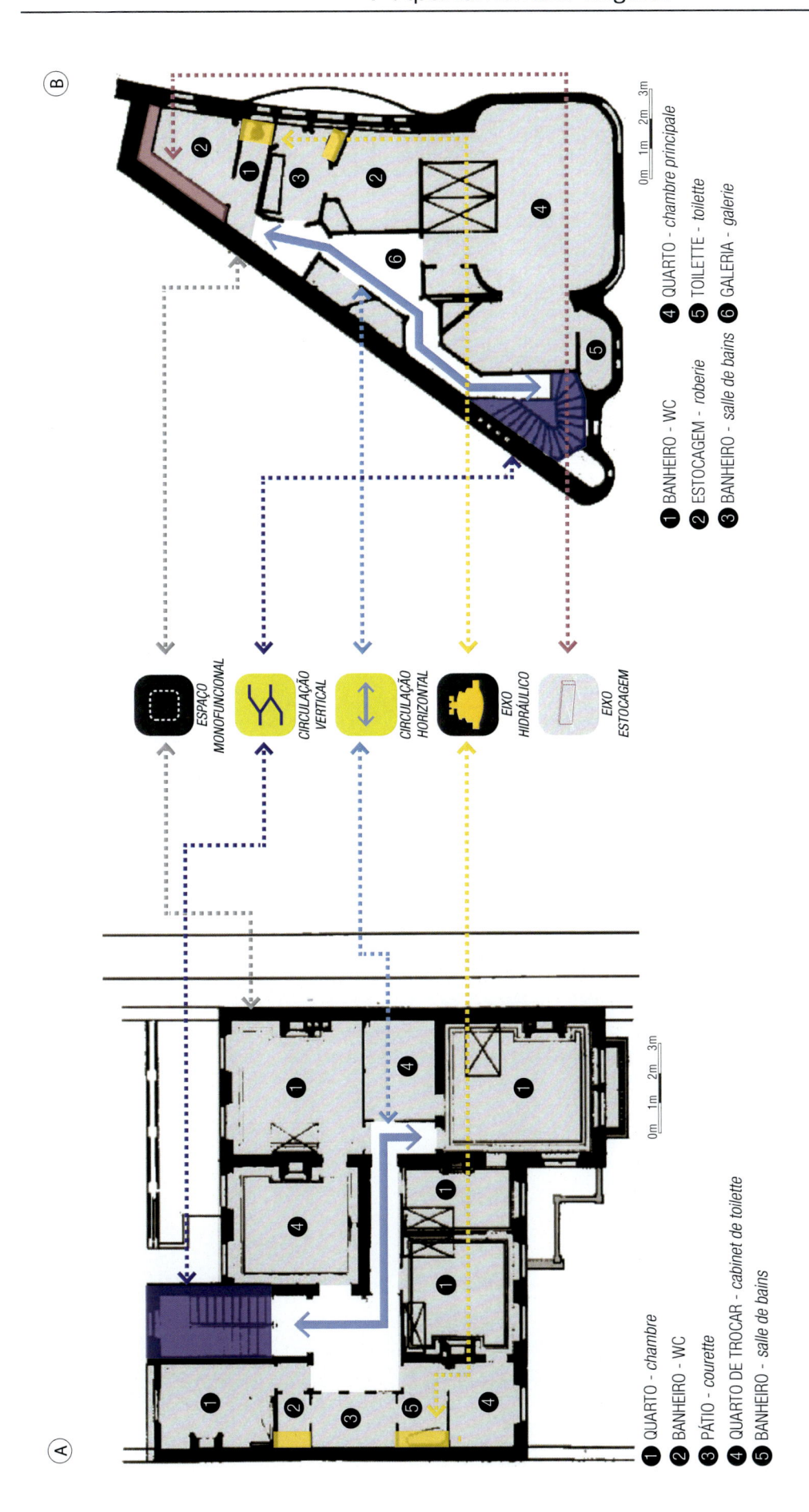

Fig. 1.23 (A) Esquema gráfico da planta do hôtel de J. Lisch, 1889. (B) Esquema gráfico da planta do segundo andar do hôtel particulier de H. Guimard, em Paris, 1902-1912.
Fonte: baseado em Eleb-Vidal (1995).

❶ QUARTO - *chambre*
❷ BANHEIRO - *WC*
❸ PÁTIO - *courette*
❹ QUARTO DE TROCAR - *cabinet de toilette*
❺ BANHEIRO - *salle de bains*

❶ BANHEIRO - *WC*   ❹ QUARTO - *chambre principale*
❷ ESTOCAGEM - *roberie*   ❺ TOILETTE - *toilette*
❸ BANHEIRO - *salle de bains* ❻ GALERIA - *galerie*

ESPAÇO MONOFUNCIONAL
CIRCULAÇÃO VERTICAL
CIRCULAÇÃO HORIZONTAL
EIXO HIDRÁULICO
EIXO ESTOCAGEM

ASA PAIVA
CASA CASTRO
JOALHERIA
N. PIZARRO & C.
DESPACHOS DE ALFANDEGA
S. PAULO - SANTOS

2 APARTAMENTO DA *BELLE ÉPOQUE*: TRANSPOSIÇÕES DO MODELO DE MORAR

De um ponto de vista puramente elitista, as reformas urbanas europeias do século XIX tinham o intuito de sanear e embelezar as cidades por meio da monumentalidade de seus edifícios, do controle sociopolítico, do lazer e, entre outras, da melhoria das condições de circulação. A ação do barão Haussmann na cidade de Paris, entre 1853 e 1870, tornou-se o exemplo mais referenciado no cenário europeu, difundindo-se como o modelo por excelência da cidade moderna. A habitação foi, sem dúvida, intensamente atingida por esse conceito de modernidade, caracterizando tipologias e maneiras de morar da época. Entretanto, foi durante as primeiras décadas do século XX que esse modelo de morar europeu, caracterizado pela tripartição dos espaços e pela monofuncionalidade e estanqueidade de seus cômodos, foi amplamente difundido, chegando a solo brasileiro. Este capítulo pretende analisar essa transposição de modelos de morar e suas implicações na produção de edifícios de apartamentos na cidade de São Paulo.

2.1 Um modelo a se propagar

> "A habitação foi intensamente atingida pelo conceito de modernidade, caracterizando tipologias e maneiras de morar da época"

> "Referências europeias de urbanização e habitação"

Cidades europeias como Viena, Florença e Bruxelas foram palco de intervenções semelhantes à matriz parisiense, que acabou por influenciar, na passagem do século XIX para o XX, intervenções em cidades de todo o mundo, inclusive cidades sul-americanas, como Buenos Aires, Rio de Janeiro, Salvador, Recife, Porto Alegre e São Paulo. Em todas essas cidades, as novas imposições alteraram maneiras de morar tradicionalmente estabelecidas, originando espaços e casas submetidas a uma ordem estável, necessária às novas funções urbanas promovidas pelo capitalismo industrial. De acordo com Marins (1998), o privado passou a ser controlado não apenas pelos desígnios do indivíduo, mas pela ordem imposta pelo Estado.

> Esse modelo de convívio urbano, trespassado pelos procedimentos de especialização espacial e segregação social, esteve pulsando no cerne dos procedimentos de controle da habitação e vizinhanças implementados nas capitais brasileiras a partir do advento da República. (Marins, 1998, p. 137).

Nas principais capitais do país, houve inúmeras tentativas de implementação das referências europeias através da busca do Estado por caracterizar os espaços de abrangência pública, a rua – circulação e lazer –, e privada, a moradia – estabelecida pela prática da intimidade condicionada por rígidos códigos de comportamento mantidos pela família nuclear. Tudo isso ainda acompanhado por uma geografia de exclusão e segregação social, que classificava os bairros segundo os diversos segmentos da sociedade, na qual conceitos como a privacidade não seriam mais confundidos com a domesticidade.

> "A noção de privacidade ultrapassava os limites do lote da casa para uma dimensão que abarcava convívios coletivos – os vizinhos"

Pinheiro (1998) observa que, mais do que a abertura de novas ruas e de construções monumentais, a haussmannização foi caracterizada também por "sua forma de ação baseada na capacidade de intervir em um tecido urbano existente, introduzindo elementos alheios a este, mudando sua imagem, expulsando a população residente e dotando-o de monumentalidade". A autora esclarece ainda que, além dos aspectos urbanos, o processo englobava aspectos sociais, econômicos e políticos, gerando uma nova abordagem sobre o assunto por considerar esses diversos elementos utilizados por Haussmann em Paris.

Dessa forma, algumas cidades em processo de metropolização, principalmente na passagem do século XIX para o século XX, apresentavam características haussmannianas sem que tivessem exatamente passado por todas as reformas urbanísticas já mencionadas.

> A cidade haussmanniana resulta ser a cidade da moderna sociedade burguesa, uma vitrine da modernização, que se executa sob uma determinada conjuntura que se cria quando se encontram a forma autoritária de gestão da cidade e as novas estruturas do capitalismo. É um momento singular que se produz num tempo justo, nem antes, nem depois. (Pinheiro, 1998, p. 1-2).

O Rio de Janeiro de Pereira Passos foi o primeiro exemplo brasileiro de haussmannização. Entre 1902 e 1906, a cidade foi alvo das mais variadas tentativas de controle das moradias e extensão dos padrões de privacidade controlada e estável à dimensão pública. "A primeira grande intervenção do poder público sobre o espaço urbano carioca resultou da ação conjunta dos governos municipal e federal e se centrou em três pontos: o controle sanitário, urbanístico e da circulação" (Abreu, 1992, p. 79).

Em um processo muito parecido ao parisiense, um grande contingente de moradores pobres foi expulso da região portuária em função das renovações urbanísticas realizadas no local, tais como

2 Apartamento da *Belle Époque*: transposições do modelo de morar

alargamento e retificação de ruas e abertura de novas avenidas. Esses moradores foram dispersos pelos subúrbios, pelas casas de cômodos do entorno imediato e pelas favelas.

> "O espaço urbano foi sendo transformado através do contínuo processo de destruição e reconstrução, marcando o que se costuma chamar de 'era das demolições' (Vaz, 1994)"

Na verdade, essa era se inicia ainda sob o governo de Barata Ribeiro, em 1893, quando da demolição do célebre cortiço Cabeça de Porco, tendo a Prefeitura permitido que os moradores recolhessem os restos de madeira oriundos da demolição e os transformassem em paredes de favelas nos morros próximos. Mais de 40 prédios foram demolidos na rua da Carioca e foi inaugurada a avenida Central, a mais elegante da cidade (Boechat, 1998, p. 24).

Os idealizadores desse modelo de reforma urbana tinham esperança de garantir a transformação social e cultural da cidade, e obter um cenário decente e atraente aos fluxos do capitalismo internacional, tão refreados pelas precárias condições da capital quanto ambicionados pelas elites atreladas aos grandes interesses exportadores instalados no governo da União. (Marins, 1998, p. 143).

Nesse sentido, o Rio de Janeiro de Pereira Passos foi alvo de grandes tentativas de reforma nos costumes, materializadas através do redesenho e do controle dos espaços públicos e de interferências nas propriedades edificadas e nos espaços privados. Em decorrência dessas reformas, a habitação sofreu transformações (Fig. 2.1). De um lado, a população iniciou um processo de construção de casebres e favelas e, de outro, agentes do mercado imobiliário construíram vilas e habitações para as classes médias.

Uma das tipologias construídas, o edifício alto, permitia maior aproveitamento dos lotes, mas,

Fig. 2.1 *As reformas do prefeito Pereira Passos mudaram a cara do Rio: (A) mais de 40 prédios foram demolidos na rua da Carioca e (B) foi inaugurada a avenida Central, a mais elegante da cidade*
Fonte: Boechat (1998).

principalmente, carregava consigo o símbolo de ascensão social para a elite, ainda empenhada em copiar o estilo de vida europeu. Entretanto, no Brasil, a disseminação desse tipo de edifício encontrava dificuldades técnicas em sua realização, já que somente por volta da década de 1920 se podia contar regularmente com estruturas de concreto armado. Dessa forma, a propagação do modelo verticalizado de habitação teve de esperar até que os avanços dos materiais e das técnicas construtivas estivessem ao alcance dos empreendedores e proprietários.

> "Foram construções que acabaram por diversificar os tipos tradicionais de moradias já existentes e alterar a tradicional maneira de morar das antigas casas térreas e sobrados"

Apesar das dificuldades técnicas, no Rio de Janeiro, na avenida Central, foram construídos imponentes edifícios que exibiam a imagem de cidade maravilhosa no início da década de 1920, além da construção dos pomposos pavilhões da exposição comemorativa do centenário da Independência de 1922. Despontaram prédios emblemáticos de uma nova era, exageradamente chamados de arranha-céus, que eram associados ao centro da cidade e a Copacabana (Fig. 2.2). Os primeiros edifícios verticais já despontavam na paisagem desde os anos 1910. Como exemplo, nota-se o Palacete Lafont, situado na esquina da avenida Central com a rua Santa Luzia, considerado o primeiro edifício de apartamentos da cidade (Marins, 1998; Boechat, 1998).

O processo de verticalização ocorrido no Rio de Janeiro se estabeleceu de forma acentuada, caracterizado por um modelo no qual a relação entre a ocupação dos lotes e as ruas manteve-se por muito tempo fiel aos padrões oitocentistas das capitais europeias. Marins (1998) constata que a construção de edifícios habitacionais verticalizados começou no Rio de Janeiro no final da década de 1910, em volta da praça Floriano Peixoto, e se intensificou na década de 1920, nos bairros da Zona Sul (Fig. 2.3). "A fase inicial de construção de habitações verticais

foi marcada pela edificação de prédios de altíssimo luxo, com elaboradas fachadas de inspiração no classicismo francês" (Marins, 1998, p. 190).

Tanto quanto seus congêneres paulistanos, os primeiros edifícios de apartamentos cariocas tinham a clara intenção de amenizar os preconceitos relativos à habitação coletiva, como escreve Vaz (1994, p. 95):

> O apartamento despontou nos anos 1920 como um novo padrão de habitação no Rio de Janeiro. Para designar a nova forma de habitação coletiva foram utilizadas, durante mais de uma década, as expressões "casa de apartamentos" e "arranha-céu", entre outros.

Fig. 2.2 *(A-B) Em menos de 50 anos, Copacabana passou de um imenso areal, assinalado por uma fileira de elegantes palacetes praianos, a uma miscelânea de edifícios de todos os padrões sociais justapostos a grandes favelas*
Fonte: Novais e Sevcenko (1998).

2 Apartamento da *Belle Époque*: transposições do modelo de morar

Fig. 2.3 *Avenida Rio Branco, esquina com a rua do Ouvidor, no Rio de Janeiro, 1906*
Fonte: Novais e Sevcenko (1998).

Ainda segundo Vaz (1994, p. 95):

> Ao contrário das estalagens e de seus sucessores, a casa de apartamentos não surgiu como uma progressão ou evolução dos tipos de casas ou quartos enfileirados. Apesar de ser um padrão que aprofundava a tendência de agrupar mais pessoas numa área menor, tornando mais coletiva ou mais socializada a moradia, representou uma profunda ruptura nesta evolução. O precursor do edifício de apartamentos não era apenas mais um tipo: era um novo modelo a ser reproduzido. Um modelo prático-simbólico, como se verá no caso concreto da cidade do Rio de Janeiro.

Já nas primeiras décadas do processo de verticalização carioca, iniciou-se a competição dos incorporadores pela produção da moradia dos setores mais abastados da população, segmento a que se direcionou inicialmente o novo gênero habitacional. Em concorrência com as suntuosas residências erguidas em bairros nobres, os novos edifícios verticais da Zona Sul tentaram se estabelecer como os espaços preferidos das elites residentes no Rio durante as décadas de 1900 a 1920.

> "Era necessário e primordial conferir aos apartamentos exclusividade e luxo, já que essa modalidade de moradia causava repulsa nas elites, que condenavam os cortiços, estalagens, casas de cômodos e todo agrupamento coletivo de espaços de morar (Vaz, 1994)".

2.2 Modos de vida da *Belle Époque* tropical

> "A importação de modelos, tanto de modos de vida quanto de espaços e estilos arquitetônicos, foi, naquele momento, um fenômeno mundial"

Analisando as transformações ocorridas com o advento da República, percebe-se que, acima de tudo, a importação de modelos, tanto de modos de vida quanto de espaços e estilos arquitetônicos, foi, naquele momento, um fenômeno mundial, uma face momentânea do que posteriormente se conheceria por globalização, extrapolando, inclusive, razões locais.

> Estimuladas, sobretudo, por um novo dinamismo no contexto da economia internacional, estas mudanças afetaram desde a ordem e as hierarquias sociais até as noções de tempo e espaço das pessoas, seus modos de perceber os objetos ao seu redor, de reagir aos estímulos luminosos, a maneira de organizar suas afeições e de sentir a proximidade ou o alheamento de outros seres humanos. (Sevcenko, 1998, p. 10).

Sevcenko (1998, p. 522) considera ainda que tal Revolução Científico-Tecnológica fez alterar hábitos e costumes cotidianos e o ritmo e a intensidade dos transportes, comunicações e trabalho. Outro resultado dessa Revolução foi o avanço europeu e norte-americano sobre as sociedades tradicionais, de economia agrícola. Nesse sentido, não bastava às potências incorporar tais áreas aos seus domínios territoriais, era necessário transformar seus modos de vida de maneira a impor-lhes hábitos e práticas voltados à produção e ao consumo, de acordo com a economia de base científico-tecnológica.

No Brasil, esse papel de *metrópole-modelo* recaiu sobre a cidade do Rio de Janeiro, na passagem do século XIX para o século XX. Cartão de visitas e cidade de maior porte do país com recursos e atrativos econômicos, sede do governo, centro cultural e maior porto, o Rio de Janeiro naquele momento recebeu inúmeros estrangeiros atraídos pelos produtos da modernidade. O cinema, os novos meios de comunicação, a telegrafia sem fio, o telefone, os meios de transporte movidos a derivados de petróleo, a aviação, a imprensa ilustrada, a indústria fonográfica e o rádio intensificaram esse papel da capital da República.

Produtos como o cinema, o cigarro, os bondes, a moda – através da indumentária –, os objetos de uso pessoal e de uso residencial, o raio-X, e uma gama variadíssima de acessórios da vida cotidiana acabaram por trazer ao trópico um modo de vida europeizado (Fig. 2.4). O cinema, que pôde ser assistido pela primeira vez na cidade do Rio de Janeiro, no ano de 1896 (Sevcenko, 1998, p. 518), em forma de imagens em movimento, através do chamado omniógrafo francês, ofereceu à sociedade carioca o modelo de vida europeu. O consumo do cigarro e do café, que ainda no começo do século XX tinha uma conotação europeizada, como um novo hábito burguês da sociedade, representava o prestígio de seus usuários e admiradores. Os bondes substituíram as gôndolas e a diligência, trazendo à cidade um equipamento socialmente democrático. A moda francesa chegou ao Rio por meio de revistas e folhetins, trazendo uma gama de trajes e adereços acompanhados por uma ritualização de usos e formas. Destacavam-se os chapéus femininos como objeto de desejo por excelência na sociedade carioca (Fig. 2.5).

Muitas vezes, o anseio de imitar modelos dos chamados países civilizados e prósperos causava desconforto.

> Em pleno verão, freqüentemente se viam cavalheiros usar sobrecasacas de lã inglesa e senhoras embrulharem-se em vestidos longos, coletes e xales. Os delicados leques com que as damas se abanavam não eram suficientes para aplacar o calor, agravado pelo modismo alienígena. Era preciso suar muito para ser elegante. (Boechat, 1998, p. 25).

2 Apartamento da *Belle Époque*: transposições do modelo de morar

Fig. 2.4 *Charutos Principe de Galles, 1929*
Fonte: Novais e Sevcenko (1998).

"Palco por excelência do espetáculo social, a casa se converterá, nesse momento, na grande vitrine da *Belle Époque* tropical"

Uma lógica eclética foi imposta na decoração dos interiores da casa, "criando uma atmosfera íntima do lar, isolada das influências externas" (Boechat, 1998, p. 536). Equipamentos e objetos dos mais variados estilos se mesclavam num cenário de modernidade (Fig. 2.6). Eram portas, janelas, abajures, tapetes, louças e móveis que, na maioria das vezes, não possuíam função alguma na habitação e no modo de vida brasileiro.

"Os banheiros ganhavam destaque especial, já que as novas noções de higiene estavam intimamente relacionadas com o uso de objetos"

Essa gama de utensílios, junto com a ideia de modernidade e higiene que alguns objetos traziam, estabeleceu na sociedade carioca um novo padrão de vida sofisticado.

Fig. 2.5 *Rayon de Chapéus da Maison Blanche, 1908*
Fonte: Novais e Sevcenko (1998).

Outra grande referência europeia nos trópicos foi a atuação, no ano de 1919, de Epitácio Pessoa, recém-eleito presidente da República com a promessa de "inserir o país na era da modernidade que conhecera na França, exacerbando a tendência das elites do Rio a repetir costumes europeus, mas não ao ponto de romper antigos preconceitos" (Boechat, 1998, p. 29). Além de patrocinar a visita de inúmeras personalidades estrangeiras ao Brasil, que levavam do país uma imagem positiva, o então presidente fixou um objetivo ainda mais audacioso: fazer do centenário da Independência, em 1922, a ocasião para tornar o país conhecido e respeitado.

Junto desse propósito, Epitácio Pessoa idealizou a construção de um grandioso hotel à altura dos exemplares europeus, sem similar na América do Sul, capaz de se consagrar pela sofisticação de seus serviços e pelo esplendor de sua localização. No ano de 1922, o Copacabana Palace abriu suas portas com todo o esplendor que a Europa podia oferecer: *chefs* de cozinha, códigos de serviços implacáveis, sofisticados serviços de lazer e diversão e, principalmente, uma estética ricamente decorada com todos os adereços vindos do continente além-mar. Implantado na avenida costeira, ainda pobre em edificações, o hotel foi o chamariz de visitantes célebres de todo o mundo, o que acabou por induzir o desenvolvimento urbano na área (Figs. 2.7 e 2.8).

Figuras ilustres, como Albert Einstein e Santos Dumont, e personagens do *show business* europeu, como Sarah Bernhardt, Marlene Dietrich e Carmen Miranda, além de inúmeros nomes que atuaram no palco do *Golden Room* do Copacabana Palace, faziam parte da lista de hóspedes do hotel. Nesse cenário, escreve Boechat (1998, p. 522), o Rio passa a ditar para o restante do país "não só as novas modas e comportamentos, mas acima de tudo os sistemas de valores, o modo de vida, a sensibilidade, o estado de espírito e as disposições pulsionais que articulam a modernidade como uma experiência existencial e íntima" (Boechat, 1998, p. 522).

2.3 A pauliceia transformada

"No alvorecer da metrópole paulistana, não faltou presunção para tentar transformar o retraído burgo de taipa de pilão num centro cosmopolita (Segawa, 2000)"

Em São Paulo, a situação na passagem do século XIX para o século XX não diferia muito da carioca.

> No alvorecer da metrópole paulistana, não faltou presunção para tentar transformar o retraído burgo de taipa de pilão num centro cosmopolita, em cujas artérias pulsava a riqueza do café. No crepúsculo do Oitocentos, a cidade de São Paulo mal transpunha os limites do chamado triângulo [...] limites que demarcavam a fundação da cidade e a modorra colonial, e que os influxos cafeeiros vislumbravam romper. (Segawa, 2000, p. 12).

Desde a década de 1870, quando a capital paulista passou a centralizar definitivamente a economia cafeeira da província, pôde-se observar as primeiras intervenções de reformas dos espaços públicos e de edifícios privados. As transformações eram de cunho construtivo, como a substituição da taipa pelo tijolo, ou do beiral pela platibanda ornada, mas também de cunho urbanístico, rompendo os limites do sítio de fundação da cidade, transpondo as várzeas que cercavam o triângulo inicial e irradiando a cidade (Segawa, 2000; Silva, 2008). O "triângulo" era considerado o embrião de São Paulo; as ruas XV de Novembro, São Bento e Direita marcam o começo do centro velho e estão presentes desde a fundação da cidade.

"Primeiro o triângulo, depois o tabuleiro", observou Gama (1998, p. 32), referindo-se à urbanização da cidade de São Paulo a partir da década de 1870. A área urbana começou a se expandir e o centro já não apresentava mais uma vocação residencial burguesa, e sim uma vocação comercial (Fig. 2.9). Os sucessivos loteamentos das inúmeras cháca-

2 Apartamento da *Belle Époque*: transposições do modelo de morar

Fig. 2.6 *Marcenaria Brazileira, 1907*
Fonte: Novais e Sevcenko (1998).

Fig. 2.8 *Celebridades que desfilaram nos corredores do Copacabana Palace nos anos 1930 a 1950*
Fonte: Boechat (1998).

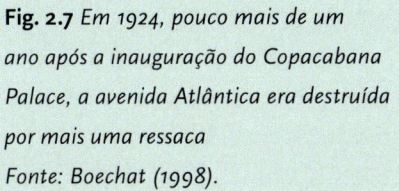

Fig. 2.7 *Em 1924, pouco mais de um ano após a inauguração do Copacabana Palace, a avenida Atlântica era destruída por mais uma ressaca*
Fonte: Boechat (1998).

ras ampliaram o núcleo original e estabeleceram novas maneiras de morar na cidade. Inicialmente Santa Ifigênia e Campos Elíseos e, posteriormente, Higienópolis e Santa Cecília. Surgiram os primeiros bairros operários próximos às zonas industriais, acompanhando as vias férreas – Brás, Belenzinho, Mooca, Luz e Bom Retiro –, e os núcleos de características mais modestas, acompanhando os eixos viários que levavam ao interior – Liberdade, Santo Amaro, Consolação, Cambuci e Vila Deodoro (Gama, 1998; Pereira, 2000).

Alguns acontecimentos foram determinantes para a futura expansão física da cidade de São Paulo. A eletricidade, que trouxe um importante pré-requisito à industrialização, mudou a fisionomia da cidade não só em relação ao transporte, mas também quanto à própria iluminação pública. Utilizando inicialmente candeias de azeite, a cidade passou a ser iluminada a gás em 1872, e somente em 1901 passou a ter eletricidade gerada por hidrelétrica, através da famosa companhia canadense Light (Pereira, 2000; Silva, 2008).

Durante muito tempo, São Paulo serviu-se de cavalos e mulas para a locomoção de pessoas e cargas. A partir de 1872, a cidade inaugurou o primeiro transporte coletivo, apelidado de *bonde a burro*, e somente em 1900 foram inaugurados pela Light os bondes elétricos, ampliando os vetores espaciais do crescimento da cidade (Fig. 2.10) (Pereira, 2000, p. 35).

O desenvolvimento do sistema de transportes da cidade contribuiu para a expansão dos bairros, porém o sistema ferroviário foi o grande responsável pelo desenvolvimento socioeconômico de São Paulo. A estrada de ferro, que fazia parte do "pacote" europeu de bens industrializados que a elite cafeeira deveria pagar como parte de acordos comerciais de exportação do café, possibilitou a circulação de produtos intra e extraterritório brasileiro, aumentando a circulação de riquezas e os padrões de vida (Fig. 2.11).

> O gigante de ferro invade a cidade, com sua potente maria-fumaça, estremecendo os vales, cortando caminhos, cindindo montanhas, carregando progresso. Descarrilando mulas e homens, indo e vindo do interior cafeeiro ao Porto de Santos. Buscando e levando divisas, enchendo o bolso de nossos barões e esperando inquieto que os recém-libertos trabalhadores negros, e mais alguns mulatos e brancos, carreguem o seu corpo impassível. (Gama, 1998, p. 32).

Os primeiros fazendeiros das cidades do Oeste, em sua maioria migrantes, começaram a se fixar na capital, buscando ascensão nos negócios da província na região da Luz, que passou a abrigar os primeiros palacetes, de gosto eclético. Tais palacetes se contrapunham aos sobrados e casas térreas de taipa que pontuavam as ruas da colina histórica, como as ruas Direita e São Bento. Pouco a pouco, os antigos integrantes das elites locais que residiam nessas casas migraram para os novos bairros.

O chamado Encilhamento (1889-1891), segundo Sampaio (1994), também teve papel importante na formação da atividade imobiliária na cidade, tendo sido criados, no período, um total de 15 bancos e 207 companhias. De acordo com Bonduki (1998), nos dois anos marcados pelo Encilhamento, 14 companhias dedicadas à construção civil e sete imobiliárias iniciaram suas atividades na cidade.

A partir de 1911, a Companhia City iniciou a compra de grandes extensões de terra na cidade, visando executar loteamentos, originando bairros-jardins como o Jardim América. Projetados pelos arquitetos ingleses Barry Parker e Raymond Unwin, os jardins abandonavam os propósitos iniciais dos idealizadores das *garden cities* inglesas, na medida em que elitizavam o loteamento priorizando os segmentos mais abastados da população, tornando-se símbolo de distinção das elites paulistanas (Wolff, 2001; Silva, 2008).

Nas décadas seguintes, a própria Companhia City incorporou glebas segundo os mesmos padrões paisagísticos e urbanísticos do Jardim América na cidade de São Paulo, gerando os novos bairros do Anhangabaú, City Butantã, Alto da Lapa, Bela

2 Apartamento da *Belle Époque*: transposições do modelo de morar

Fig. 2.9 *Imagens da rua São Bento, em São Paulo, (A) em 1887 e (B) em 1914*
Fonte: Pereira (2000).

Fig. 2.10 *Rua São João com bondes elétricos, na década de 1910*
Fonte: Pereira (2000).

Fig. 2.11 *Ferrovia em construção que modificou a vida da cidade a partir de 1890*
Fonte: Pereira (2000).

Aliança, Pacaembu, Alto de Pinheiros, entre outros. Esse tipo de zoneamento funcional e social inspirou uma série de incorporadores paulistanos que, anos mais tarde, foram formando uma mancha mais ou menos contínua de bairros semelhantes na região sudoeste da capital paulista (Wolff, 2001).

2.4 A casa colonial

Para maior compreensão dos avanços alcançados no ramo da habitação neste período é importante restabelecer alguns aspectos e características das feições da cidade de São Paulo até o final do século XIX. Durante todo o período colonial, a arquitetura residencial urbana estava baseada em lotes com características bastante definidas. Construídas no alinhamento das vias públicas e com paredes laterais sobre os limites do terreno, as habitações urbanas apresentavam uma grande uniformidade. O partido arquitetônico, as técnicas construtivas, a implantação e a organização interna eram padronizados, fixados, em certos casos, nas Cartas Régias ou em posturas municipais (Reis Filho, 1970, p. 24).

Diante de um quadro habitacional bastante amplo no que diz respeito às variações quantitativas dos cômodos, dispunha-se basicamente de dois modelos de casas coloniais urbanas paulistas. O primeiro era uma versão mais modesta, construída de terra socada e madeira, que apresentava planta em formato quadrado e era desprovida de corredores de circulação. Nesse esquema espacial o próprio cômodo possuía as funções de alcova e sala, diretamente conectadas, e a cozinha localizava-se fora da edificação. O outro modelo era a chamada *casa paulista colonial,* também térrea, construída em taipa de pilão, que apresentava certa simplicidade em seu programa e era provida com iluminação natural apenas nos cômodos que davam para a rua e para os fundos do lote. Apresentava uma distribuição interna baseada no modo de vida colonial, no qual o trabalho escravo era abundante e recorrente. O único cômodo aberto aos visitantes diurnos era o salão, local onde as pessoas eram recebidas e vistas através das amplas janelas (Lemos, 1999a; Saia, 1978) (Fig. 2.12).

Ainda sobre a casa paulista colonial, nota-se que, voltadas para o salão, estavam dispostas as alcovas, locais de permanência noturna nos quais a luz nunca penetrava. Estes espaços sugeriam pouca ideia de privacidade, já que o acesso às demais alcovas era feito pela travessia delas próprias. Essa disposição também deixava claro o desejo de controle, já que para se chegar às alcovas das filhas, passava-se, obrigatoriamente, pelas alcovas dos pais (Lemos, 1999b).

Ao final do corredor estava localizada a varanda ou sala de viver, cômodo de permanência mista onde se realizavam os trabalhos da casa, e que também era iluminado através de grandes janelas. Durante o dia, mulheres, crianças e escravos realizavam diversas atividades e à noite todos conviviam, somando-se a presença do patrão e dos convidados mais íntimos, o que tornava a varanda um lugar de múltiplo uso. O professor Carlos Lemos a descreveu como local de estar, de reunião, de comer, de tertúlias à volta da mesa, de trabalho comunitário, área de distribuição das circulações (Lemos, 1999a, p. 24). Lemos ainda escreve que, mesmo sendo um local de passagem contínua e obrigatória – não só de pessoas, mas de animais destinados aos quintais, de compras do cotidiano, de potes de água retirada dos chafarizes, de lenha para os fogões etc. –, a varanda era um espaço privado exatamente por localizar-se na área posterior da habitação.

A cozinha, ainda suja e malcheirosa, era um anexo do corpo da habitação ligado à varanda através de uma porta. Espaço de uso diurno, na maioria dos casos a cozinha era frequentada somente pelos escravos que realizavam as atividades domésticas. Segundo Lemos (1999a), era essa a justificativa de sua localização excluída do corpo da casa e da repulsa de seus proprietários em sua utilização. Há ainda a questão da produção de calor da cozinha em país quente, da tradição indígena de cozinhar no quintal, ao ar livre, da desvalorização da mulher nas sociedades machistas europeias e do desprezo pelo trabalho doméstico (Fig. 2.13).

O banheiro ainda era um cômodo inexistente nesse momento, passando a ser visível nessas

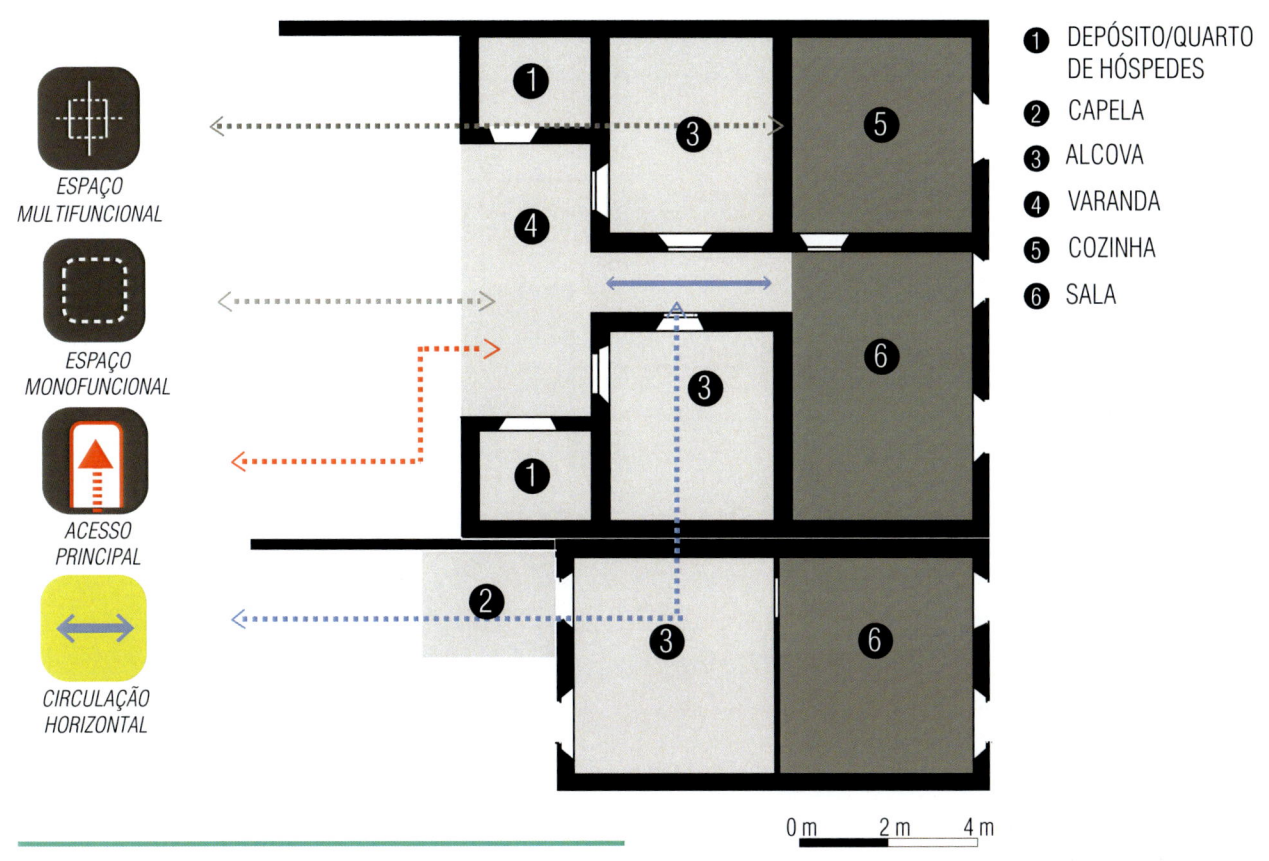

2 Apartamento da *Belle Époque*: transposições do modelo de morar

Fig. 2.12 *Esquema gráfico das plantas reconstituídas de casas urbanas paulistas dos séculos XVII e XVIII, com base em velhos documentos e em restos de moradias antigas em cidades da área bandeirista. A mais humilde das casas tinha divisão interna de taipa de mão ou tabique*
Fonte: baseado em Lemos (1999a).

habitações somente ao final do século XIX, com as primeiras leis sanitárias e melhoramentos de infraestrutura urbana das cidades. Na casa térrea colonial, as funções do banheiro eram exercidas por fossas localizadas no fundo do terreno e os banhos eram tomados no interior das casas, em tinas.

Outra modalidade de habitação existente na cidade de São Paulo no final do século XIX era o sobrado, que se diferenciava da casa térrea pelo tipo de piso – assoalho no sobrado e chão batido na casa térrea. Constituído por dois pavimentos, no térreo localizava-se um comércio ou acomodações dos escravos da casa, e no pavimento superior estava uma habitação cujos espaços reproduziam a organização interna da casa térrea (Lemos, 1999b).

Essa modalidade de habitação explicitava as relações entre casas e extratos sociais, já que, em princípio, habitar um sobrado significava riqueza e uma casa térrea, pobreza. Nesse momento, o nível social dos moradores da cidade era demonstrado através da quantidade de cômodos de sua habitação e não pela qualidade dos mesmos. O programa não variava, apenas aumentava em número de cômodos. Para Lemos (1999a), esse hábito permanece arraigado na cultura brasileira.

A partir de 1850, foram processadas diversas transformações de cunho construtivo nas habitações paulistanas, concomitantes à supressão dos escravos e a abertura dos portos brasileiros. Novos materiais passaram a ser utilizados, como o tijolo,

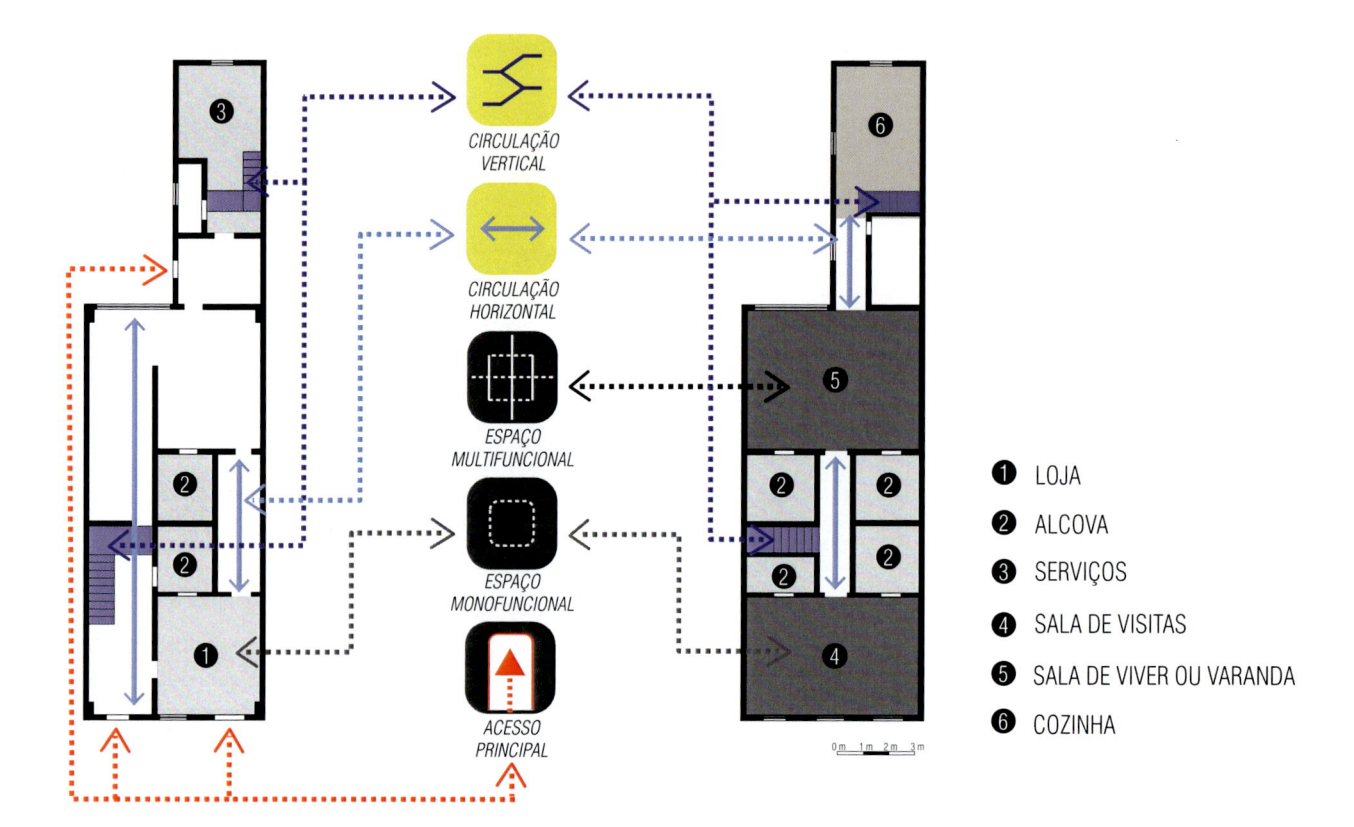

PLANTA PAVIMENTO TÉRREO

PLANTA PAVIMENTO SUPERIOR

① LOJA
② ALCOVA
③ SERVIÇOS
④ SALA DE VISITAS
⑤ SALA DE VIVER OU VARANDA
⑥ COZINHA

Fig. 2.13 *Sobrado urbano, obedecendo ao esquema de zona de estar (na frente), seguida da zona de repouso, sala de jantar e, finalmente, da zona de serviços (nos fundos) Fonte: baseado em Homem (1996).*

o vidro e a estrutura metálica, e também se passou a contar com peças importadas, como pias e platibandas. A casa de porão alto tirava proveito da disponibilidade destes materiais, porém com uma ordenação espacial interna idêntica à do sobrado, apenas excluindo a típica loja existente no térreo (Lemos, 1999b; Homem, 1996).

Essas modalidades habitacionais persistiram na cidade de São Paulo até o final do século XIX, quando leis sanitárias e de uso do solo e as riquezas oriundas do café e da industrialização da cidade contribuíram para a edificação dos novos bairros das elites, já referenciados nos padrões europeus franceses.

2.5 Morar à europeia no planalto paulista

"As antigas residências construídas através de taipa de pilão foram sendo substituídas por novos tipos de moradias"

A partir de 1890, vários aspectos contribuíram para a formação de novos bairros na cidade de São Paulo: o grande aumento populacional, a imigração estrangeira em razão da cafeicultura e, principalmente, as mudanças drásticas ocorridas na mentalidade da sociedade do país entre 1889 e 1900.

São Paulo de 1894 a 1895 é marcada por um aglomerado urbano com características tipicamente europeias – arquitetura, costumes, estruturação etc. – já ultrapassando o velho núcleo colonial, o famoso triângulo, e ocupando as áreas periféricas, chácaras e campos, em uma contínua expansão, devido ao ciclo do café. (Macedo, 1987, p. 27).

2 Apartamento da *Belle Époque*: transposições do modelo de morar

As antigas chácaras da periferia mais próxima foram loteadas entre 1895 e 1920, dando origem a novos bairros, entre eles Higienópolis e Santa Cecília, o que levou a cidade de São Paulo de 30 mil habitantes em 1873 para 120.775 em 1893, e em 1920, 579.033 habitantes, os quais serão abrigados nessas novas áreas (Macedo, 1987, p. 32; Silva, 2008, p. 97).

A formação inicial desses bairros estimulou a total transformação do velho aglomerado urbano, impondo-lhe novas estruturas de feição europeia, com ruas mais largas e arborizadas, rompendo a homogênea aparência de suas construções. Segundo Bruno (1975, p. 53), administrações como a de Antônio Prado não mediram esforços para esconder ou eliminar qualquer traço não europeu ou "caipira" que porventura perdurasse em suas ruas, jardins e costumes (Fig. 2.14).

As antigas chácaras cederam lugar a bairros cuja configuração seguia outros princípios de uso do solo, através da implantação de terrenos padronizados, construção de infraestrutura básica, da forma de implantação do edifício e dos volumes construídos e espaços livres que perdiam suas características rurais para estruturas tipicamente urbanas. Entre outros, podem ser citados os Campos Elíseos, porções de Santa Ifigênia e da Liberdade e, em 1891, a inauguração e a abertura oficial da avenida Paulista que, a partir da década seguinte, passou a acolher imigrantes enriquecidos ou famílias ligadas a atividades financeiras e imobiliárias (Homem, 1996; Silva, 2008).

O império do café trouxe para a cidade de São Paulo novidades próprias da chamada Segunda Revolução Industrial europeia e uma leva de imigrantes com seus modos de vida e suas maneiras de morar. Além de técnicas de construção mais modernas, novos materiais e modos de morar diferentes dos habituais, chegou a São Paulo uma gama de profissionais liberais qualificados, entre eles engenheiros e arquitetos europeus ou com formação europeia que passaram a edificar à francesa. Nesse processo, as antigas residências construídas através

Fig. 2.14 *Avenida Paulista em direção à avenida Consolação, 1902*
Fonte: Homem (1996).

de taipa de pilão foram sendo substituídas por novos tipos de moradias (Silva, 2008). Entre os profissionais mais destacados estavam Ramos de Azevedo, Victor Dubugras e Samuel das Neves, escolhidos para a execução dos principais projetos da cidade.

A avenida Paulista era um típico *boulevard* parisiense, traçado em meio ao mato e filiado a padrões da arquitetura francesa da habitação, estabelecendo uma diferenciação espacial entre as ruas e os lotes das residências, que prosseguia nos ambientes internos.

> Reproduziram-se no palacete atuações encontradas na casa francesa, como a implantação e a distribuição. A casa afastava-se das divisas do lote, sendo a circulação feita a partir do vestíbulo. Aparecia quase sempre a mesma série de dependências e de funções designadas pela mesma nomenclatura. Por outro lado, na nova casa paulistana, persistiam certos elementos do sobrado e da chácara [...]. (Homem, 1996, p. 14).

Em pesquisa sobre as diferentes tipologias na cidade de São Paulo, Lemos (1999a, p. 39) classifica o palacete como uma novidade dos ricos, raramente térrea, que propiciava quase sempre o *morar à francesa* e procurava evitar sobreposições das atividades nos ambientes através do aumento no número de cômodos. A estanqueidade funcional das salas era clara na medida em que sua utilização era determinada estipulando-se a função, os horários e os papéis.

"O palacete era uma novidade dos ricos, raramente térrea, que propiciava quase sempre o *morar à francesa* e procurava evitar sobreposições das atividades nos ambientes através do aumento no número de cômodos (Lemos, 1989a)"

Já Homem (1996) define o palacete como um tipo de casa unifamiliar que ostentava apuro estilístico, rodeada por jardins, geralmente afastada das divisas do lote, possuindo porão, dotada de um ou mais andares, área de serviços e edícula nos fundos. Como seu modelo francês – o *hôtel particulier* –, a casa era dividida em três grandes zonas: de recepção, de serviços e íntima.

"Analisando-se as plantas da época, evidencia-se uma intensa especialização dos cômodos, estabelecendo-se maneiras de morar ritualizadas. Os diferentes aspectos da vida privada das famílias deveriam ocorrer em espaços determinados, onde até as características sexuais eram distinguidas"

Numerosas salas e salões recebiam atividades sociais específicas, demarcando o território da casa que era acessível ao público. Nas áreas íntimas, os cômodos procediam à mesma separação, assegurando a intimidade dos membros. Nas áreas de serviço, permanecia a segregação entre patrões e empregados domésticos (Figs. 2.15 e 2.16).

> Os móveis do *grand salon* – traduzido por, simplesmente, salão – assim como cortinas, vasos, tapetes, lustres, quadros, chegam em cargueiros ao porto de Santos. [...] A moda se alastra casa adentro: quartos, *toilettes*, salas de jantar, cozinhas, em cada detalhe, nas roupas, nos modos à mesa, no próprio hábito de receber, tem-se que seguir um código rigoroso, escrito em manuais de bem-viver [...] A casa construída no alinhamento da rua, organizando-se ao longo de um eixo de simetria que liga o acesso principal aos serviços, deverá ser praticamente abandonada pelos mais ricos, que preferem edificar seus palacetes de acordo com os modelos das *villas* e dos *hôtels particuliers* franceses, mais adequados a recepções, como ditam as novas regras sociais. (Tramontano, 1998b, p. 105-106).

Fig. 2.15 *Vila Horácio Sabino, na avenida Paulista/rua Augusta. Arquiteto Victor Dubugras, 1903*
Fonte: Homem (1996).

Esta nova modalidade de habitação confrontava-se, em sua organização espacial, com as casas térreas e sobrados tradicionais paulistanos que obedeciam a um tipo de distribuição *frente-fundos*, onde a zona de recepção se localizava na parte frontal, seguida de zonas de repouso – as alcovas. Varanda e cozinha e as demais dependências de serviços ficavam no quintal. De um lado, a casa oitocentista francesa, que servia de inspiração, apresentava conceitos como a privacidade, a setorização e, principalmente, a ideia de estanqueidade de seus cômodos (Homem, 1996). De outro, analisando a organização interna da casa colonial brasileira, não observamos nenhuma área setorizada em blocos e, além de uma bipartição entre face pública e os espaços privados de convívio e serviço, as alcovas nos remetem a pouca noção de privacidade. Além disso, é visível que em cômodos como a varanda, ocorre uma sobreposição de atividades.

2.6 Modos de vida na metrópole do café

Mais do que simplesmente uma transposição de um modelo habitacional, observou-se a transposição de um modo de vida por meio de uma cultura técnico-cientificista que favorecia o estabelecimento de novos parâmetros de hábitos e consumo para a sociedade brasileira. A elite cafeeira se esforçava em sua tentativa de se assemelhar aos europeus, utilizando o espaço da habitação como uma vitrine na qual se expunham maneiras de viver tidas como modernas, além dos objetos adquiridos no exterior, produzidos pela indústria florescente.

morar em apartamento

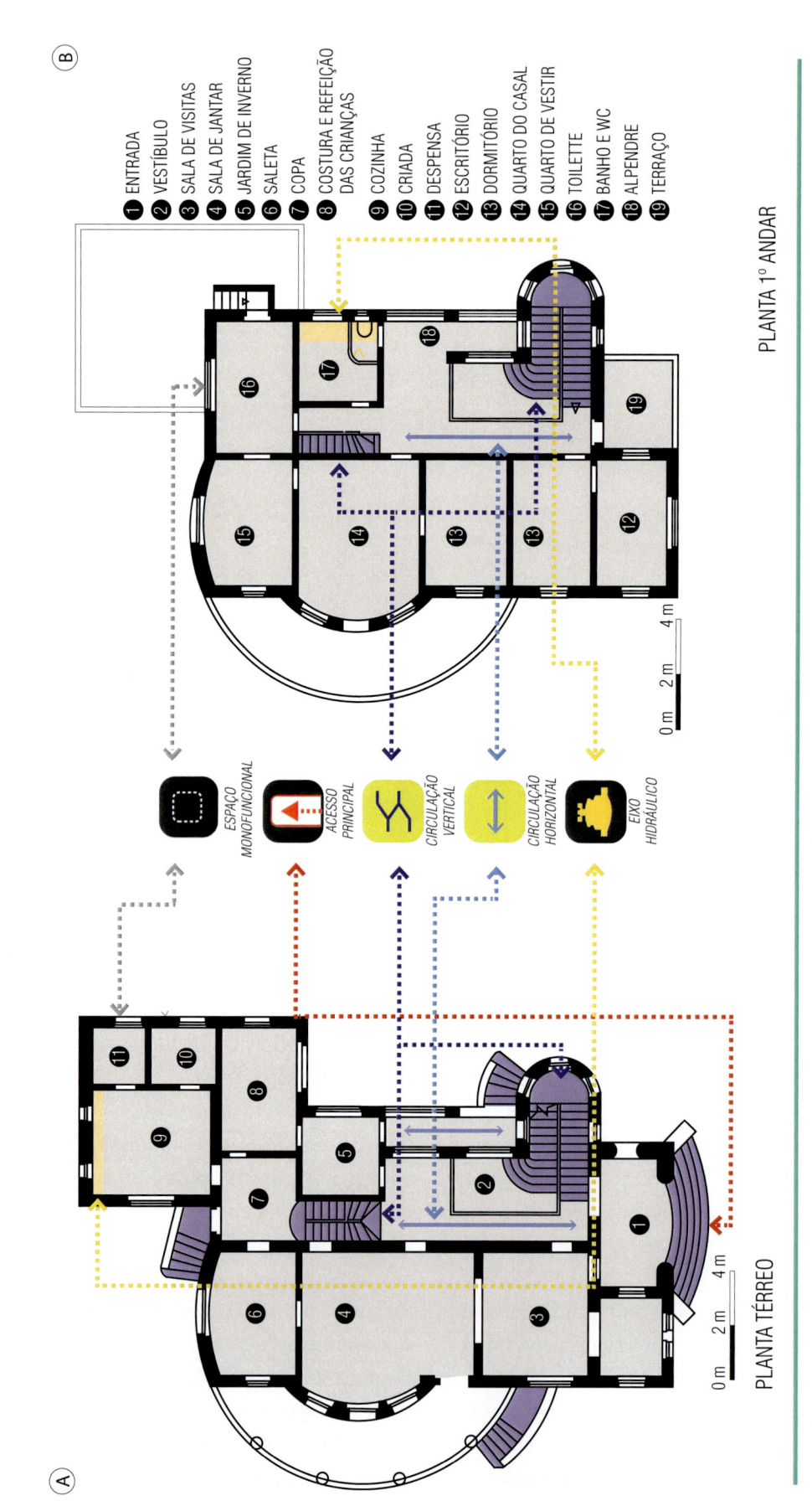

1. ENTRADA
2. VESTÍBULO
3. SALA DE VISITAS
4. SALA DE JANTAR
5. JARDIM DE INVERNO
6. SALETA
7. COPA
8. COSTURA E REFEIÇÃO DAS CRIANÇAS
9. COZINHA
10. CRIADA
11. DESPENSA
12. ESCRITÓRIO
13. DORMITÓRIO
14. QUARTO DO CASAL
15. QUARTO DE VESTIR
16. TOILETTE
17. BANHO E WC
18. ALPENDRE
19. TERRAÇO

PLANTA 1º ANDAR

ESPAÇO MONOFUNCIONAL
ACESSO PRINCIPAL
CIRCULAÇÃO VERTICAL
CIRCULAÇÃO HORIZONTAL
EIXO HIDRÁULICO

PLANTA TÉRREO

Fig. 2.16 *Vila Horácio Sabino, 1903: (A) esquema gráfico da planta do térreo e (B) esquema gráfico da planta do primeiro andar*

2 Apartamento da *Belle Époque*: transposições do modelo de morar

Fig. 2.16 *(C) Sala de visitas; e (D) hall*
Fonte: baseado em Homem (1996).

> "A sociedade paulistana adotou como um dos principais símbolos da modernização as transformações urbanas, nas quais ficavam claras as intenções de se desfazer das feições coloniais da cidade"

Koguruma (2000) cita algumas das diferenças entre Brasil e França visíveis quando da exposição universal de Paris em 1889. Enquanto a França exibia sua recém-inaugurada torre Eiffel, o Brasil, cujo pavilhão se localizava ao lado do francês, se contentava com a exposição de cerâmica e outros artefatos indígenas e agrários, resguardados por uma paisagem bucólica na qual se destacava um pequeno lago com vitórias-régias. O autor comenta ainda o encantamento de Antônio da Silva Prado – que viria ser o primeiro prefeito de São Paulo – ante o esplendor e a diversidade vistos na exposição universal de 1862, realizada no Palácio de Cristal londrino.

> Acreditava-se que os rumos da nação brasileira deveriam seguir aqueles emanados das sociedades européias ou, ainda, da sociedade norte-americana, considerados como referenciais para aqueles povos que "não queriam se alienar do progresso moderno". (Koguruma, 2000, p. 3).

A sociedade paulistana adotou como um dos principais símbolos da modernização as transformações urbanas, nas quais ficavam claras as intenções de se desfazer das feições coloniais da cidade. A fisionomia da urbe paulistana começou a transformar-se a partir de 1870 e suas ruas reformadas acomodavam novos e velhos trabalhadores, migrantes e imigrantes, população de todos os tipos e profissões. Todo um burburinho incentivado e produzido pelas riquezas do ciclo cafeeiro.

Em relação à nova fisionomia adotada para a cidade de São Paulo nas primeiras décadas do século XX, Sevcenko (1992, p. 115) escreve que

> Enquanto o inglês Barry Parker metamorfoseava o Parque da Avenida, os franceses Bouvard e Cochet redesenhavam a orla da colina central da cidade, apagando os últimos traços originais ao redor do santuário onde os jesuítas haviam celebrado a sua fundação, transformando as vertentes do Anhangabaú e

os pântanos do Tietê num panorama cenográfico dos mais elegantes, com toques finos de *décor* europeu ponteados de palmeiras e vastos tapetes gramados recortados de trilhas, passeios e canteiros.

Em relação à reformulação das áreas no Vale do Anhangabaú e, principalmente, a construção dos viadutos Santa Ifigênia e do Chá, Sevcenko (1992, p. 116) continua suas observações: "cingida pela arquitetura neo-renascença do Teatro Municipal, êmulo fáustico da Ópera de Paris, a assinalar uma súbita reformulação do panorama refletindo mudança radical na identidade da capital".

O efeito cenográfico do conjunto atingiu uma notável eficácia espacial e plástica, já que inúmeros estrangeiros, quando visitavam a cidade, vislumbravam pequenas amostras de seus países de origem. Em sua crônica de viagem, Georges Clemenceau, ex-presidente do conselho francês, registrou: "A cidade de São Paulo é tão curiosamente francesa em certos aspectos que, ao longo de toda uma semana, eu não me recordo de ter tido a sensação de que eu estava no exterior" (Sevcenko, 1992, p. 117).

Na década de 1910, os serviços e seu acesso a outras classes sociais são ampliados em decorrência do desenvolvimento industrial da cidade. O setor financeiro e administrativo prospera e a oferta de bens de consumo aumenta lentamente. A classe média ligada a esses serviços vai adquirindo algum espaço na cidade, no trabalho e no lazer. "Fundamentalmente de origem europeia, esse grupo possui e requisita acesso às produções culturais locais, mas, assim como a elite, cultua as produções da Europa" (Gama, 1998, p. 38).

Sobre esse aspecto, Koguruma (2000, p. 8) comenta que

> Na São Paulo da *Belle Époque*, formavam-se as multidões da cidade moderna, cujas atitudes e comportamentos deveriam ser moldados dentro de padrões civilizados que perpassavam o imaginário das elites dominantes e que se aferravam aos modelos de sociabilidade aburguesados que se configuravam nas sociedades d'além mar.

A cidade apresentava uma gama bastante variada de tipos sociais. Operários, imigrantes, desempregados e profissionais de todos os setores constituíam um modo de vida bastante variado, porém todos vislumbravam e tinham como desejo de consumo os produtos da tão almejada sociedade de elite. Nos bairros operários, por exemplo – Brás, Belenzinho, Mooca, Luz e Bom Retiro –, as condições de habitação e, consequentemente, sociais divergiam muito daquelas encontradas nos bairros de elite. Podiam-se observar desde vilas com casas unifamiliares mais modestas até cortiços, sempre com infraestrutura precária, já que esses bairros pouco interessavam aos especuladores preocupados em constituir áreas planificadas para a elite, como é o caso dos Jardins.

Assim sendo, a sociabilidade se desenvolvia nas ruas, já que os espaços públicos de lazer e parques verdes estavam localizados nas áreas centrais, próximas aos bairros ricos. Através de relatos de jornalistas da década de 1920, Sevcenko (1992, p. 127) possibilita uma leitura dessa realidade social, relatando que:

> O panorama urbano de São Paulo era muito mais composto de problemas que se multiplicavam descontroladamente do que de soluções originais. A ação pública, tíbia por si só dados os seus limites orçamentários e a ineficácia da sua estrutura administrativa, se paralisava ou mesmo cedia diante da intransigência de grandes potentados ou de manobras especulativas organizadas.

Para a burguesia, no entanto, as possibilidades eram crescentes, como o cinema, que estreou na cidade em salas inicialmente improvisadas, para posteriormente ter seus próprios edifícios: o *Bijou Théâtre* e o *Íris*, na rua São João, e o *Radium*, na São Bento (Gama, 1998, p. 35). Representando uma diversão inicialmente para as crianças e as pessoas mais humildes, o cinema foi anunciado pelas ruas através de bandas de música seguidas por garotos em grande algazarra. Somente nos anos 1920 surgiu o Cine República, "a primeira sala moderna e luxuosa, que imediatamente se transforma no ponto de encontro da *fine fleur* da sociedade paulistana" (Gama, 1998, p. 38).

Com novas vitrines, as ruas passaram a ser movimentadas, transformando-se em excelentes locais de passeios e diversão. Os *saloons* surgiram na cidade como local de entretenimento e de divulgação social através dos primeiros redatores de revistas e jornais que descreviam a vida e a intelectualidade da aristocracia cafeeira.

> "A elite paulista começa a possuir um modo de vida ritualizado, ampliando cada vez mais suas características, tornando-se moderna através de seus adereços e objetos associados às suas vidas"

A caracterização urbanística desse ideal moderno se fez através da construção dos bairros de Higienópolis e Campos Elíseos, consolidando a imagem de Metrópole do Café pelas maneiras de morar de seus habitantes.

> "Os hábitos e costumes da elite acabaram por influenciar a classe média que, impossibilitada de morar em enormes palacetes, construía sua réplica reduzida em outros bairros"

Essas pessoas endinheiradas viram seus hábitos e costumes se alterarem. Os horários, a moda, o cardápio e até a religiosidade assumiram outra dimensão no cotidiano dos membros da família (Gama, 1998).

Instâncias públicas e privadas foram palco dessa ritualização. Segundo Lemos (1999b), no que concerne ao espaço habitável, a sala de estar ou salão principal voltado para a rua ganhou destaque no conjunto mediante a imposição de modelos. Nesse ambiente recebia-se um maior número de convidados e, como figura central dos encontros, estava o piano, centro de convivência de toda a família. Geralmente ouvia-se piano em apresentações familiares no domingo à noite, quando o ritual da missa já havia sido cumprido pela manhã. Outro ritual muito comum era da apresentação familiar através de declamação de poemas e cantigas musicais pelas moças prendadas. Nos dias de semana, a reza coletiva acontecia após o jantar, às sete horas, acolhendo um número maior de mulheres do que de homens, que ficavam em casa lendo jornais ou em clubes e gabinetes públicos de leitura. As farmácias também eram locais de encontros masculinos, sobretudo para conversas sobre política. O meio de locomoção principal era o bonde.

> Às oito e meia, o mais tardar às nove horas, todos já estavam em casa, hora de se tomar, na mesa que ficava posta do jantar, o mate tradicional que era queimado numa vasilha cheia de carvão retirado do fogo ainda quente. A bebida, vinda desde tempos coloniais e que se chamava Congonha, era acompanhada de biscoitos e bolos. (Lemos, 1999a, p. 71).

2.7 O apartamento paulistano nas décadas de 1910 e 1920

Ao longo da primeira década do século XX, sob as gestões consecutivas do conselheiro Antônio da Silva Prado, a cidade de São Paulo foi palco de construção de grandes edifícios oficiais que consolidaram a demarcação dos espaços públicos através de sua monumentalidade. A primeira iniciativa do Poder Municipal para remodelação da cidade deu-se a pedido do vereador Augusto Carlos da Silva Telles, solicitando à Prefeitura estudos para alterações na região central da cidade, como adequação de fachadas, desapropriações de casas e prolongamentos de ruas.

No ano de 1907, a Diretoria de Obras Municipais apresentou um projeto seguindo tais indicações, caracterizando o primeiro momento em que o Poder Municipal assumia um empreendimento deste porte, até então realizado apenas por iniciativa privada (Segawa, 2000, p. 58). Em contrapartida, em 1910, um grupo de capitalistas proporia à Prefeitura um monumental projeto de remodelação da cidade à maneira do modelo parisiense haussmanniano, nomeado Projeto Alexandre de Albuquerque. Sob os comandos municipais, em 1911 uma relação de obras prioritárias para a cidade foi divulgada, quando da transmissão do cargo do Prefeito Antônio Prado para Raymundo Duprat. Concedido o crédito necessário à realização dos melhoramentos, o engenheiro Samuel das Neves foi incumbido de estudar outro plano para a cidade, simultaneamente ao que se realizava em 1911 (Segawa, 2000, p. 61).

Dessa forma, três projetos de melhoramentos para São Paulo tornaram-se públicos num curto período, estabelecendo um clima polêmico que acabou por culminar na contratação, ainda que sob protesto por parte dos profissionais brasileiros, do arquiteto francês Joseph Antoine Bouvard, de acordo com Segawa (2000). Ainda segundo esse autor, Bouvard, cujo currículo estava pontuado pelas reformas de Buenos Aires, foi o autor de um parecer que analisava o plano de remodelação de São Paulo. O documento veio acompanhado de várias indicações iniciais e recomendações, dentre as quais se podem destacar: modificações no centro da cidade, prolongamento da rua D. José de Barros, alterações entre as ruas Líbero Badaró e Formosa, e o projeto de um parque na várzea do Carmo. A partir das recomendações de Bouvard, a diretoria de obras públicas iniciou lentamente sua implantação, mesmo que parcial, e em ritmo gradual. Sua existência permitiu, portanto, que São Paulo alcançasse um equilíbrio urbano nos moldes de grandes cidades capitalistas de outras partes do mundo.

As reformas de Antônio Prado e Duprat garantiram um processo de valorização das áreas centrais de São Paulo através de um extenso programa de retificações e alargamento de ruas, o que permitiu melhor definição dos espaços de circulação pública, fluidez viária e angulação aos novos edifícios erguidos. As residências populares localizadas nesta região foram substituídas por edificações destinadas à elite, ocasionando um aumento na procura e interesse na região central e a expansão da população pobre para periferias mais distantes ou para os cortiços de Santa Ifigênia e Bela Vista (Segawa, 1998; Silva, 2008).

Vários edifícios foram construídos na região central por grandes proprietários burgueses, estando dentre os mais renomados o Conde Prates, Plínio da Silva Prado e Horácio Belfort Sabino que, com visão de investidores, valorizavam as arquiteturas e modalidades francesas de habitar (Segawa, 1998).

> "A maneira de morar do apartamento haussmanniano foi transplantada para a cidade de São Paulo não somente através dos modelos urbanísticos e intervenções realizadas na passagem do século, mas também pela própria maneira de viver da elite cafeeira, vislumbrada pelo mundo europeu"

Nas ruas centrais, como Direita, São Bento e Líbero Badaró, ou mesmo nos prolongamentos das avenidas, foram erguidos edifícios ricamente ornados com dois, três ou quatro pavimentos, substituindo os antigos sobrados geminados e as casas térreas de taipa (Pereira, 2000) (Fig. 2.17).

> "Muitos destes edifícios apresentavam uma distribuição vertical comportando um comércio ou loja no pavimento térreo e habitações nos pisos superiores"

Em 1912, foi construída na cidade a Casa Médici, o primeiro edifício vertical e também o primeiro edifício de escritórios existente em São Paulo (Pereira, 2000). Essa tipologia europeizada era frequentemente encontrada nas ruas de Buenos Aires e Rio de Janeiro, cidades que tinham como referência urbanística a Paris de Haussmann.

A grande demanda por escritórios e habitação despertou o investimento no setor imobiliário, tornando-se uma alternativa lucrativa melhor do que as poucas opções de investimento da época, o que de fato alavancou sua produção. Analisando dados coletados pelo Recenseamento do Brasil de 1920, podemos perceber que já havia a classificação de edifícios de três, quatro, cinco ou mais de cinco pavimentos no território brasileiro. Os dados demonstram que dos prédios habitáveis em todo território, existiam 52.456 de dois pavimentos, 5.735 de três pavimentos, 834 de quatro pavimentos, 184 de cinco pavimentos e 34 de mais de cinco pavimentos.

É detectado também que

> Considerando os prédios segundo o número de pavimentos e excluídos os térreos, assobradados e de 1 e 2 pavimentos, em geral de construção vulgar e, portanto, espalhados indistintamente por todos os municípios, observa-se que os demais prédios de 3 e mais pavimentos localizam-se, de preferência, nas capitais dos Estados. (Brasil, 1930, p. 14).

e que no caso dos de quatro e cinco pavimentos, a proporção de se acharem longe das capitais é muito menor. O estado de São Paulo possuía 407 edifícios de três pavimentos, 93 de quatro pavimentos, 30 de cinco pavimentos e dez de mais de cinco pavimentos, de acordo com a mesma fonte.

Entre as décadas de 1910 e 1920 foram construídos poucos edifícios, localizados nas ruas principais do centro paulistano. Seus projetistas variavam entre arquitetos de grande prestígio, como Samuel das Neves, Ramos de Azevedo, Victor Dubugras e autores menos conhecidos.

"Com filiação claramente eclética, os edifícios de apartamentos apresentavam térreo e, no máximo, mais quatro pavimentos superiores nos quais estavam dispostas as habitações"

As fachadas possuíam maior ou menor ornamentação através de elementos de argamassa desenhados – frisos, volutas, adornos – e elementos metálicos de destaque – detalhes de esquadrias, portas e jardineiras. Alguns edifícios eram localizados nas esquinas, o que os dotava de certa monumentalidade com seus volumes curvos encerrados em cúpulas metálicas que buscavam valorizar esteticamente a obra (Figs. 2.18 e 2.19).

O início do século marcou um incipiente processo de industrialização no ramo da construção civil brasileira, impulsionado pela Companhia Construtora Nacional registrada no Brasil em 1924, o que acabaria por diminuir o volume de materiais e peças importadas de outros continentes que até então eram maciçamente utilizados na execução de edifícios em geral (Souza, 1994).

Além dos aspectos ligados ao processo de urbanização, o desenvolvimento das técnicas construtivas e dos materiais de construção – especialmente o concreto armado – possibilitou a produção de elementos estruturais para edifícios altos no Brasil (e em alguns casos, no próprio canteiro), fato que desvincula a verticalização da obrigatoriedade da importação de elementos metálicos (Da Silva, 2007).

Souza (1994, p. 67) comenta que, apesar de a indústria da construção não dispensar as importações durante um longo tempo, parece claro que o surto de indústrias de bens de produção na década de 1920 foi também o sustentáculo da expansão da verticalização em São Paulo. Inúmeras foram as causas desse processo de verticalização, desde a questão fundiária, do preço da terra, da produção imobiliária através dos edifícios de aluguéis, da demanda habitacional crescente na cidade em decorrência do crescimento populacional, dos códigos e planos urbanísticos, até a questão estética dos edifícios. A professora Maria Adélia continua, ponderando que a indústria da construção de edifícios altos pode ter significado, para essas empresas, a continuidade de seus lucros acima da média do mercado.

Afora as razões de ordem social e econômica do aproveitamento do solo urbano, o surgimento dos edifícios multipiso demandou a resolução de alguns problemas técnicos, em especial aqueles referentes

Fig. 2.17 (A) Rua Direita e (B) Rua São Bento na década de 1920
Fonte: Pereira (2000).

Fig. 2.18 Edifício destinado ao comércio e habitação, em Buenos Aires. Arquitetos Emilio Huge e Vicente Colmegna, 1913
Fonte: Brasil (1930).

2 Apartamento da *Belle Époque*: transposições do modelo de morar

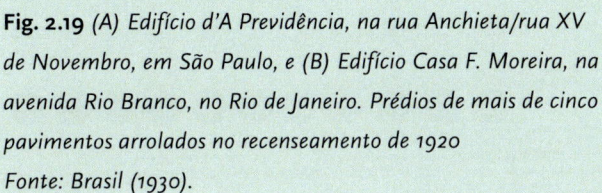

Fig. 2.19 (A) *Edifício d'A Previdência, na rua Anchieta/rua XV de Novembro, em São Paulo, e (B) Edifício Casa F. Moreira, na avenida Rio Branco, no Rio de Janeiro. Prédios de mais de cinco pavimentos arrolados no recenseamento de 1920*
Fonte: Brasil (1930).

ao cálculo estrutural, à execução das fundações, à inserção do elevador e ao desenvolvimento de materiais de construção de alta resistência e baixo custo.

A partir do concreto armado e do elevador, possibilitando a construção do espaço vertical no centro da cidade, no início do século, abrigando serviços e moradias, difundem-se formas e usos novos que vão ganhando territórios e definindo novas formas de morar e de produzir espaços. (Souza, 1994, p. 33).

Observa-se que, entre as décadas de 1910 e 1920, a totalidade dos exemplares estudados apresentava algum tipo de comércio no pavimento térreo e, nos demais pavimentos, habitações (Figs. 2.20 e 2.21). Talvez ainda fosse um resquício dos sobrados coloniais que apresentavam, na maioria dos casos, uma ocupação comercial no térreo. Outra hipótese que justificaria o uso misto dos edifícios seria sua implantação em uma área com forte vocação comercial – o centro nevrálgico da cidade.

morar em apartamento

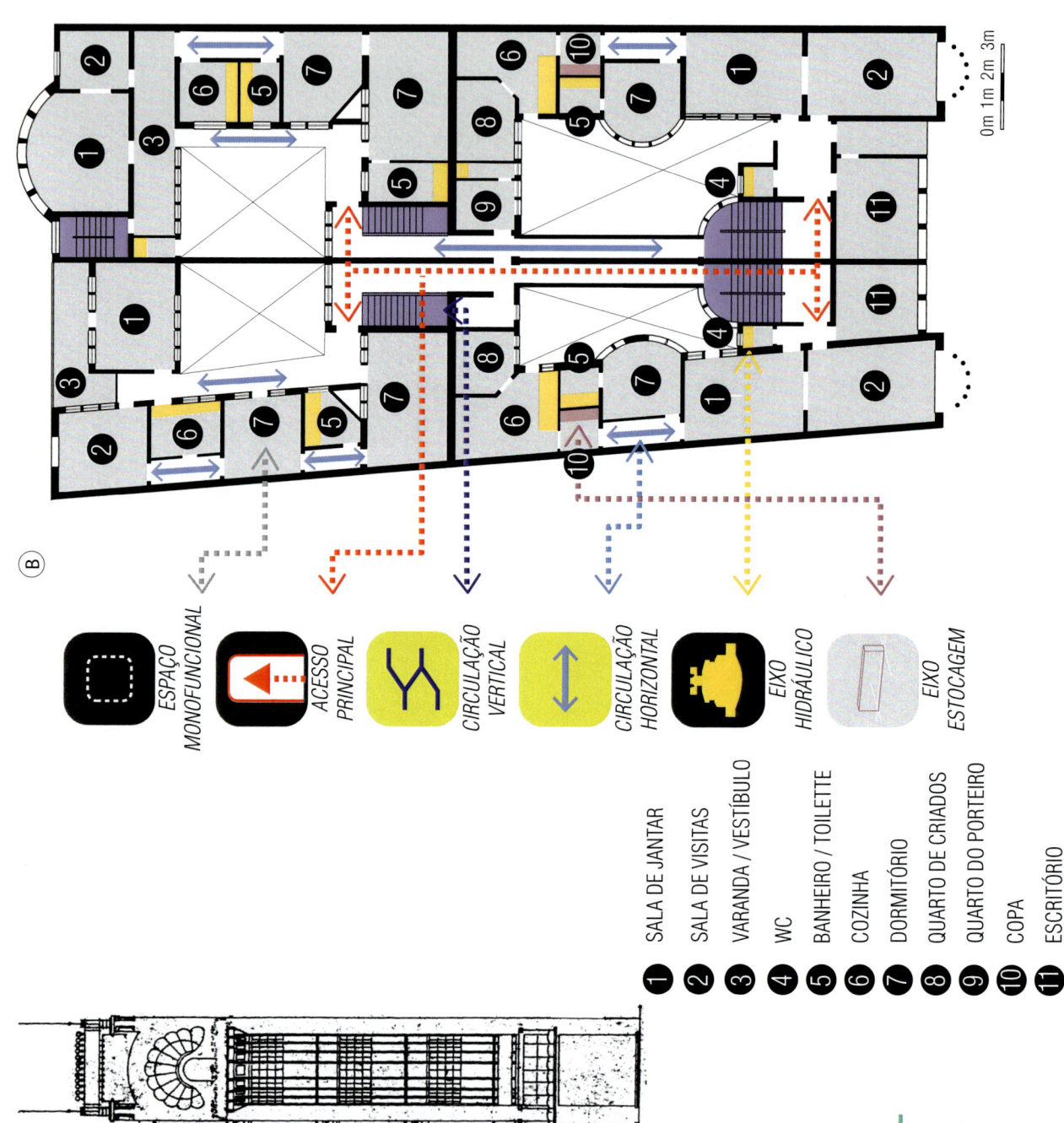

①	SALA DE JANTAR
②	SALA DE VISITAS
③	VARANDA / VESTÍBULO
④	WC
⑤	BANHEIRO / TOILETTE
⑥	COZINHA
⑦	DORMITÓRIO
⑧	QUARTO DE CRIADOS
⑨	QUARTO DO PORTEIRO
⑩	COPA
⑪	ESCRITÓRIO

Fig. 2.20 (A) Fachada e (B) esquema gráfico da planta-tipo do edifício com atelier fotográfico, em São Paulo. Arquiteto Victor Dubugras, 1910

Fonte: acervo da FAU/USP.

2 Apartamento da *Belle Époque*: transposições do modelo de morar

Fig. 2.21 (A) Fachada e (B) esquema gráfico das plantas-tipo do 1º e do 2º andar do edifício Conde de Pilates, na rua Formosa. Arquiteto Samuel das Neves, 1912
Fonte: acervo da FAU/USP.

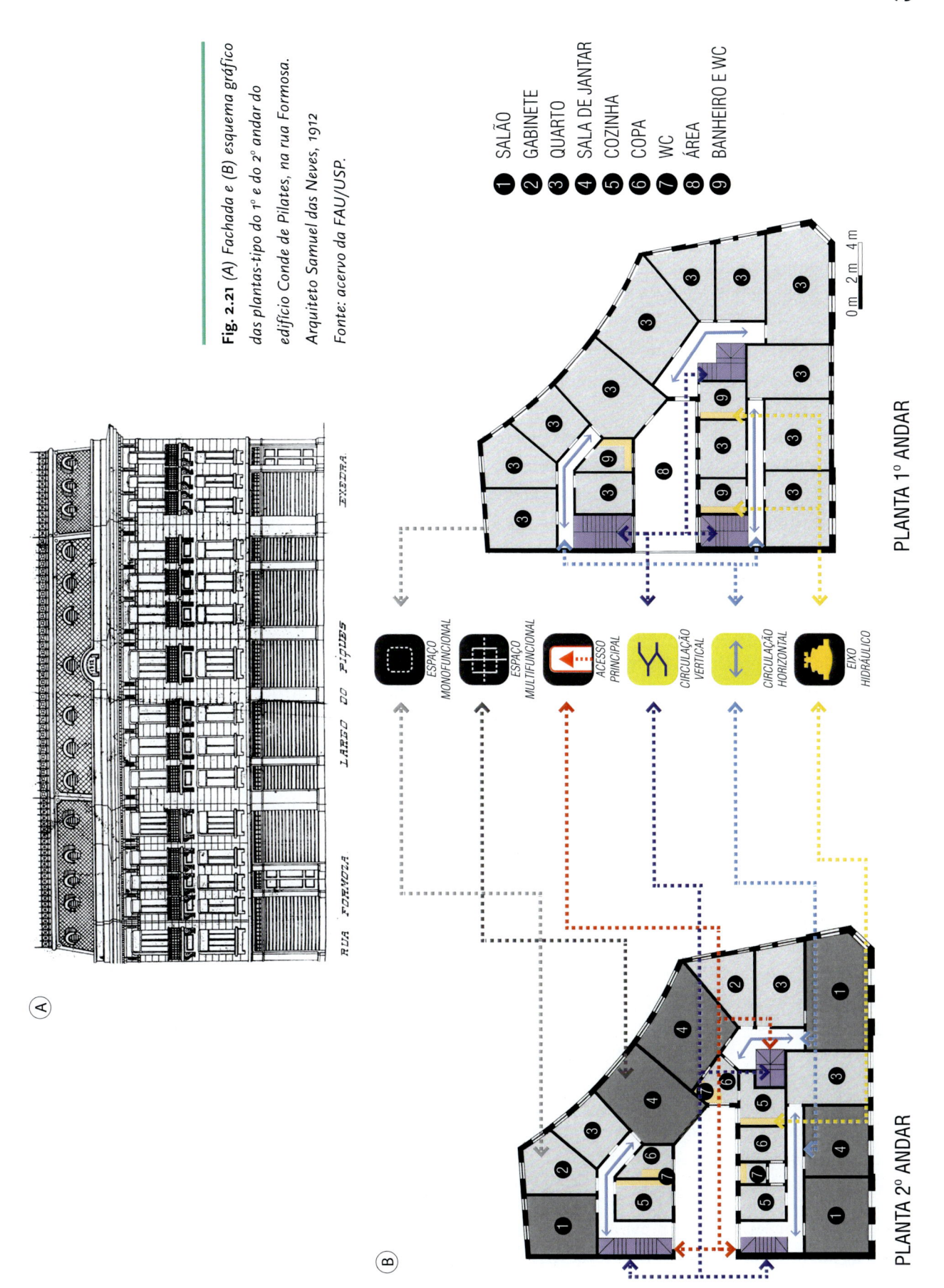

1. SALÃO
2. GABINETE
3. QUARTO
4. SALA DE JANTAR
5. COZINHA
6. COPA
7. WC
8. ÁREA
9. BANHEIRO E WC

ESPAÇO MONOFUNCIONAL
ESPAÇO MULTIFUNCIONAL
ACESSO PRINCIPAL
CIRCULAÇÃO VERTICAL
CIRCULAÇÃO HORIZONTAL
EIXO HIDRÁULICO

PLANTA 1º ANDAR

PLANTA 2º ANDAR

Encomendados por grandes proprietários da burguesia paulistana que foram considerados os primeiros especuladores da cidade, imagina-se que esses edifícios eram construídos visando também o lucro oriundo do aluguel dos espaços comerciais. A maioria desses proprietários morava em palacetes nos bairros ricos e, portanto, não construía esses edifícios para sua própria habitação. Além disso, nesse momento o centro não era considerado uma área propícia para habitação das elites.

Sobre esse crescente processo de verticalização em cidades como Rio e São Paulo, Ficher (1994, p. 61) escreve sobre papel destas como

> Geradoras de novos modos de investimentos especulativos e de coleta privada do excedente da produção. Deste modo, a sua própria construção, determinada pela expansão física, tornava-se um fator de ampliação do campo econômico, seja através do empenho do Estado em obras públicas de saneamento, de arruamentos, de iluminação etc., seja através da ação de empresários particulares na abertura de loteamentos e na construção de edificações residenciais, comerciais e industriais. No rastro deste processo, já na primeira década do século XX, pôde-se perceber os sinais da tendência à verticalização de suas edificações.

Em São Paulo, na década de 1910, conforme Somekh (1997), se configuraria o primeiro período da verticalização, o que correspondia exatamente ao início do dinamismo da metrópole, caracterizado por uma forte vinculação com a construção civil estrangeira, assinalando o advento da modernidade na construção.

> "O primeiro período da verticalização, na década de 1910, assinala o advento da modernidade na construção (Somekh, 1997)"

De acordo com Ficher (1994, p. 68), diferentemente do Rio de Janeiro, que contou com as características topográficas e as interferências diretas da municipalidade na produção do tecido urbano, a expansão de São Paulo foi pouco controlada, permitindo a intensa atividade de empreendedores particulares e gerando uma massa urbana de proporções inusitadas. Os estudos da autora apontam ainda que, de 1890 a 1900, a taxa de crescimento populacional paulistana foi de 269%, em comparação com os 55% do Rio de Janeiro, constatando-se um acelerado desenvolvimento da construção civil na cidade: durante todo o período entre 1906 e 1910 se construiu mais em São Paulo do que no Rio.

Para Souza (1994, p. 62), o surto da construção civil do início do século XX, precisamente o surgimento dos edifícios altos construídos no centro da cidade tanto para uso terciário como para moradias, reflete nitidamente, por um lado, o seu nível de equipamento e, por outro, a valorização do solo que acompanhava o crescimento populacional da cidade. Por sua vez, conforme a autora, a verticalização seria permanentemente regulada pelo Estado, em especial pelas legislações de uso e ocupação do solo, em boa parte elaboradas em consonância com os anseios dos construtores.

Meyer (1991, p. 30) considera que a verticalização em São Paulo indicava a modernização e o equipamento da cidade. Como exemplos da potencialidade da tecnologia brasileira pode ser citada a construção do edifício Sampaio Moreira (Fig. 2.22), em 1923, de autoria de Samuel e Christiano das Neves, do Palacete Riachuelo (Fig. 2.23), de 1925 a 1928, do escritório técnico de Luis Asson, do Saldanha Marinho, em 1928, projetado por Christiano das Neves, e do Edifício Martinelli, em 1929, projetado e construído por seu próprio dono (Homem, 1996, p. 89). Porém, na década de 1920, a predominância entre os edifícios verticais ainda era a dos conjuntos de escritórios. A construção de prédios de apartamento ocorria em menor número.

Na década de 1930, de acordo com Souza (1997), iniciou-se um período rentista quando o setor imobiliário passou a centrar suas ações na produção de edifícios para aluguel. Para Meyer (1991, p. 30), o potencial a partir de um uso mais intensivo do solo

2 Apartamento da *Belle Époque*: transposições do modelo de morar

Fig. 2.22 *Edifício Sampaio Moreira, em São Paulo. Arquitetos Samuel e Christiano das Neves, 1923*
Fonte: Souza (1994).

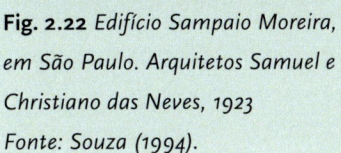

Fig. 2.23 *Palacete Riachuelo. Escritório técnico de Luis Asson, 1925-1928*
Fonte: Souza (1994).

urbano impulsionou "a procura cada vez mais intensa pela construção vertical como forma de ampliação das rendas imobiliárias". Dessa forma, nota-se que as áreas de maior concentração de arranha-céus coincidiam com aquelas em que o valor do solo era mais caro.

> "Na década de 1930, iniciou-se um período rentista da verticalização, impulsionando a procura cada vez mais intensa pela construção vertical como forma de ampliação das rendas imobiliárias" (Meyer, 1991)

Do ponto de vista da configuração de usos nos edifícios estudados, observa-se que, nas décadas de 1910 e 1920, alguns deles apresentavam salas de escritórios e banheiros coletivos nos pavimentos superiores, além de comércio no pavimento térreo e de habitações. Tal configuração caracterizou uma mescla de atividades compostas por habitação e trabalho. A maioria dos edifícios era construída com fins lucrativos, visando o aluguel das unidades. Ao mesmo tempo, a proposta de uma diversidade maior na utilização dos espaços acabou por valorizar tais empreendimentos, cujo programa estabelecido possibilitava habitar e trabalhar no mesmo edifício (Figs. 2.24 e 2.25).

Sabe-se que, no início do século XX, a região central apresentava uma vocação comercial muito grande, atraindo a implantação de espaços de trabalho. Como mostram os dados do recenseamento de 1920 (Brasil, 1930), na cidade de São Paulo foram classificadas 2.567 unidades do tipo escritórios, das quais 2.479 estavam localizadas na Sé e 40 em Santa Ifigênia – áreas da região central.

Não se tem dados precisos sobre o número de pessoas que se utilizavam dessa dupla função dos edifícios, nem de seu perfil socioeconômico. Entretanto, após as análises realizadas, parece claro que esses prédios eram voltados a indivíduos pertencentes às classes médias da população, uma vez que os mais abastados habitavam os bairros recém-planejados e a classe operária, por sua vez, os bairros localizados nas proximidades das indústrias.

A análise da implantação dos edifícios na área central demonstra a fragilidade ou mesmo a ausência de leis que regulassem o uso e a ocupação do solo urbano paulistano. As leis sanitárias vigentes, como as leis de 1920 e 1923 (Revista de Engenharia do Mackenzie, 1998, p. 61), que estabeleciam a quantidade de horas que os cômodos deveriam receber insolação, não previam recuos das edificações.

"Os edifícios quase ocupavam todo o lote, restando apenas pequenos poços internos de iluminação"

O acesso da maioria dos edifícios de apartamentos produzidos nas décadas de 1910 e de 1920, pertencentes à amostra estudada, era feito geralmente de forma independente. Cada apartamento era acessado por uma escada individual que, em alguns casos, possuía uma porta para a rua. Havia também casos em que o acesso principal ao térreo era único, no entanto com acessos independentes a partir do primeiro andar.

A partir do final dos anos 1920 se verificaria a afluência da tipologia francesa, com referências palladianas, caracterizada pelo acesso único e centralizado no corpo do edifício, com alguns degraus que conduzem ao pavimento térreo no qual estava localizada a *grand escalier*, acesso principal aos apartamentos (Fig. 2.26). Portarias, dependências de zelador, áreas coletivas de lazer como *playground* e salões, geralmente localizadas no pavimento térreo, somente seriam encontradas a partir da década de 1930.

Quanto à organização interna dos apartamentos pode-se observar certa mescla de referências durante as primeiras décadas. De um lado, salienta-se uma incipiente referência francesa representada por certa setorização das áreas íntima, social e de serviços, alguma estanqueidade de cômodos e, em alguns casos, já uma ideia de modernidade da habitação através do uso de equipamentos e serviços na casa e da forma de utilização dos espaços. Por outro lado, as referências coloniais parecem persistir na ordenação dos espaços quando se nota uma distribuição dos cômodos muito semelhante à da casa colonial.

"De um lado, salienta-se uma incipiente referência francesa representada por certa setorização das áreas íntima, social e de serviços, alguma estanqueidade de cômodos e, em alguns casos, já uma ideia de modernidade da habitação através do uso de equipamentos e serviços na casa e da forma de utilização dos espaços"

A maioria dos apartamentos das décadas de 1910 e 1920 parece ser uma versão reduzida dos palacetes, com um programa menos extenso. Não se encontram, por exemplo, cômodos nomeados sala de bilhar, *fumoir*, sala de costura, sala d'armas, *boudoir*, e raros são os apartamentos que têm biblioteca. Tais edifícios traziam mais de um cômodo social, nomeados salão, sala, sala de visitas, sala de estar e sala de jantar, com abertura na fachada principal do edifício (Figs. 2.24 e 2.25). O conjunto mais comum era salão ou sala de visitas, e a sala de jantar, que constituirá uma influência europeia.

A localização e o uso dessa sala de jantar nos chamou atenção. Alguns apartamentos possuíam

2 Apartamento da *Belle Époque*: transposições do modelo de morar

Fig. 2.24 *Esquema gráfico da planta do 1º andar do edifício na rua Barão de Itapetininga. Arquitetos Samuel e Christiano das Neves, meados de 1920*
Fonte: acervo da FAU/USP.

PLANTA 1º ANDAR

ESPAÇO MONOFUNCIONAL
ESPAÇO MULTIFUNCIONAL
ACESSO PRINCIPAL
CIRCULAÇÃO VERTICAL
CIRCULAÇÃO HORIZONTAL
EIXO HIDRÁULICO

1. SALA DE VISITAS
2. SALA DE JANTAR
3. GABINETE
4. COZINHA
5. WC E BANHO
6. QUARTO
7. QUARTO DA CRIADA
8. QUINTAL
9. ÁREA
10. DESPENSA

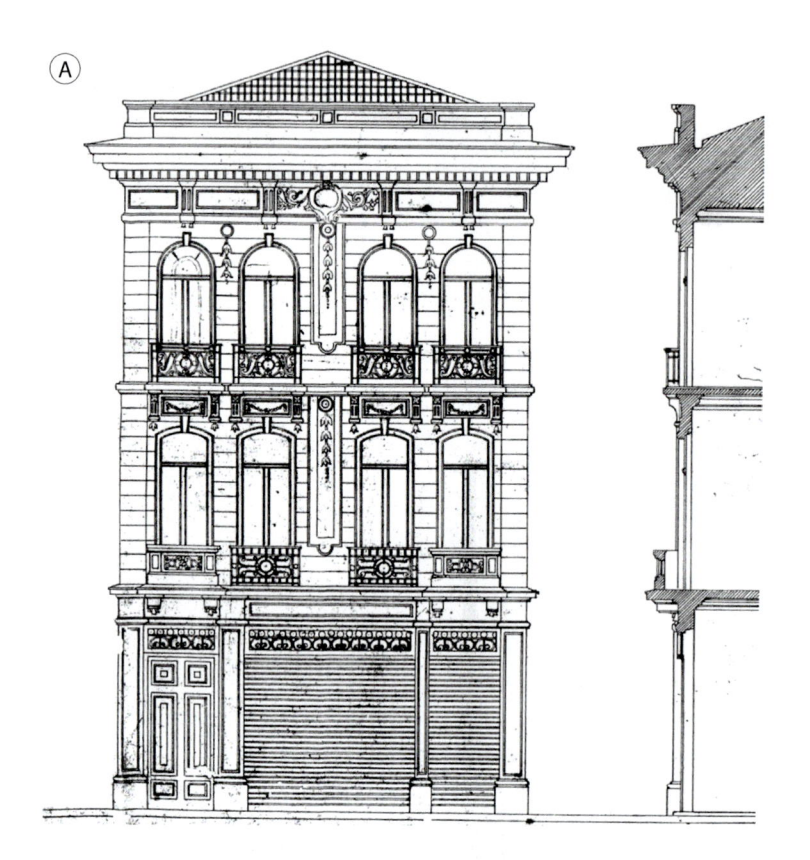

Fig. 2.25 *(A) Fachada e (B) esquema gráfico das plantas do 1º e do 2º andar do edifício Antônio de Pádua Salles, em São Paulo. Arquiteto Samuel das Neves, meados de 1920 Fonte: acervo da FAU/USP.*

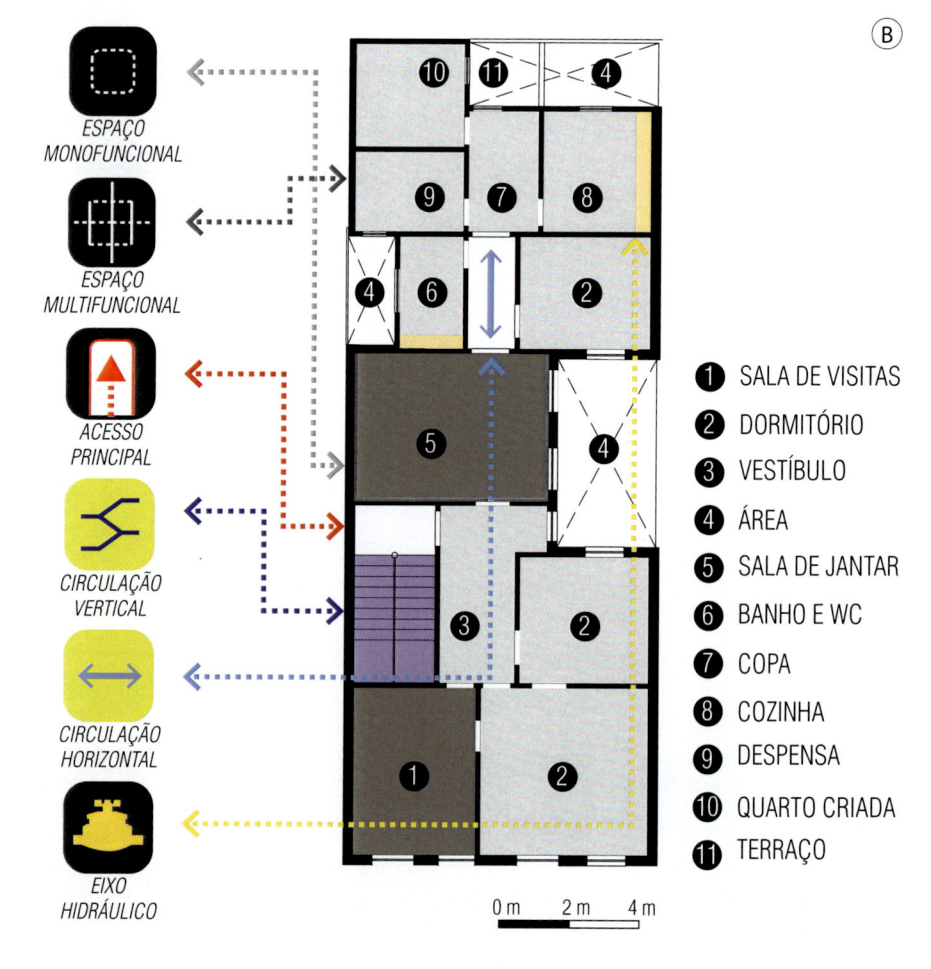

ESPAÇO MONOFUNCIONAL
ESPAÇO MULTIFUNCIONAL
ACESSO PRINCIPAL
CIRCULAÇÃO VERTICAL
CIRCULAÇÃO HORIZONTAL
EIXO HIDRÁULICO

1. SALA DE VISITAS
2. DORMITÓRIO
3. VESTÍBULO
4. ÁREA
5. SALA DE JANTAR
6. BANHO E WC
7. COPA
8. COZINHA
9. DESPENSA
10. QUARTO CRIADA
11. TERRAÇO

a sala de jantar contígua à cozinha e, quando existia, à copa, afastada das salas de visitas ou salões (Figs. 2.24 e 2.25). Sua localização e uso, nesse caso, nos remetem à varanda colonial, na qual atividades variadas eram realizadas neste único cômodo, representando o centro de convivência da família. Porém, a substituição do termo *varanda* por *sala de jantar* já demonstra certa intenção de modernidade à moda europeia, já que, nessa época, possuir uma sala de jantar representava *status* social. Mais ainda, possuir uma sala de jantar e um salão dividido por um grande arco mostrava que seu proprietário tinha posses. Nesse caso, a referência aos hábitos franceses era bastante clara.

Outra peça bastante comum nesses apartamentos era o gabinete, localizado sempre ao lado da sala ou salão (Fig. 2.24). O conjunto sala, gabinete, sala de jantar e, em alguns casos, um dormitório – localizado ao lado do gabinete ou mesmo da sala – representava a área social da habitação. Já os demais dormitórios estavam dispostos conforme a implantação do edifício.

Verificou-se, em alguns casos, certa setorização dos dormitórios na área íntima, na qual se pôde perceber a presença da *toilette* entre os cômodos. Já em outros casos analisados, os dormitórios estavam localizados de forma a não demonstrar uma intenção clara de setorização, diferentemente das áreas de serviço, como cozinha, copa e dependência de empregados, que ficavam apartados da área social através de longos corredores, passando pelos dormitórios. Nota-se que, entre os edifícios da década de 1910 estudados, nenhum possui lavanderia com área de serviço. Somente naqueles construídos a partir do final da década de 1920 é que se começa a observar a presença de tais equipamentos, assim como dutos de evacuação de lixo.

Em relação ao número de dormitórios, que variava de um até seis, a pesquisa mostra que existiam diferentes propostas de habitação (Fig. 2.26). Na maioria dos casos, variava-se o tipo de unidade do edifício e consequentemente o programa dos apartamentos. Observando a implantação dos edifícios sempre no alinhamento das ruas, a forma do prédio era definida pelos contornos do lote, o que resultava em unidades sempre diferenciadas. Mesmo quando se mantinha o mesmo número de cômodos, sua organização interna variava.

"Como os edifícios visavam a venda ou aluguel das unidades, é possível que, nesse momento, já existisse uma incipiente demanda para novas propostas de habitação"

Como os edifícios citados eram construídos visando a venda ou aluguel das unidades é possível que, nesse momento, já existisse uma demanda para novas propostas de habitação, como aquelas nas quais pudessem morar grupos domésticos menores ou até pessoas sozinhas (Fig. 2.26). A partir da década de 1930, tornou-se bastante comum encontrar apartamentos com um dormitório ou até mesmo do tipo sala-quarto.

Sobre o público-alvo desses apartamentos, Da Silva (2007) indica que "principalmente durante os anos 1930, quando houve um grande aumento da produção de edifícios de apartamentos para alugar, a aceitação desse tipo de solução arquitetônica ainda era objeto de ressalva por parte do público-alvo. Esse tipo de moradia coletiva ainda era associado aos estigmatizados cortiços".

Os edifícios de apartamentos dos anos 1930 registram o surgimento de alguns traços de modernidade claramente europeia ou norte-americana nos apartamentos, destacando-se a presença de elevadores que passam a fazer parte do cotidiano. No entanto, as décadas de 1940 e 1950 definitivamente estabeleceram uma maneira de morar francesa, baseada na tripartição dos espaços, na estanqueidade e na modernidade de seus equipamentos.

No campo do urbanismo, a expansão dos novos bairros na cidade a partir das décadas de 1920 e 1930 acabou por desestabilizar os bairros mais antigos, principalmente Higienópolis, Campos Elíseos, Luz e avenida Paulista, como revela um artigo da Revista de Engenharia do Mackenzie (1928, p. 18), no qual está escrito que:

morar em apartamento

Fig. 2.26 *(A) Fachada e (B) esquema gráfico da planta-tipo de um dos apartamentos do edifício Família Maluf, na rua Florêncio de Abreu, 47. Arquiteto Christiano das Neves, 1926*
Fonte: acervo da FAU/USP.

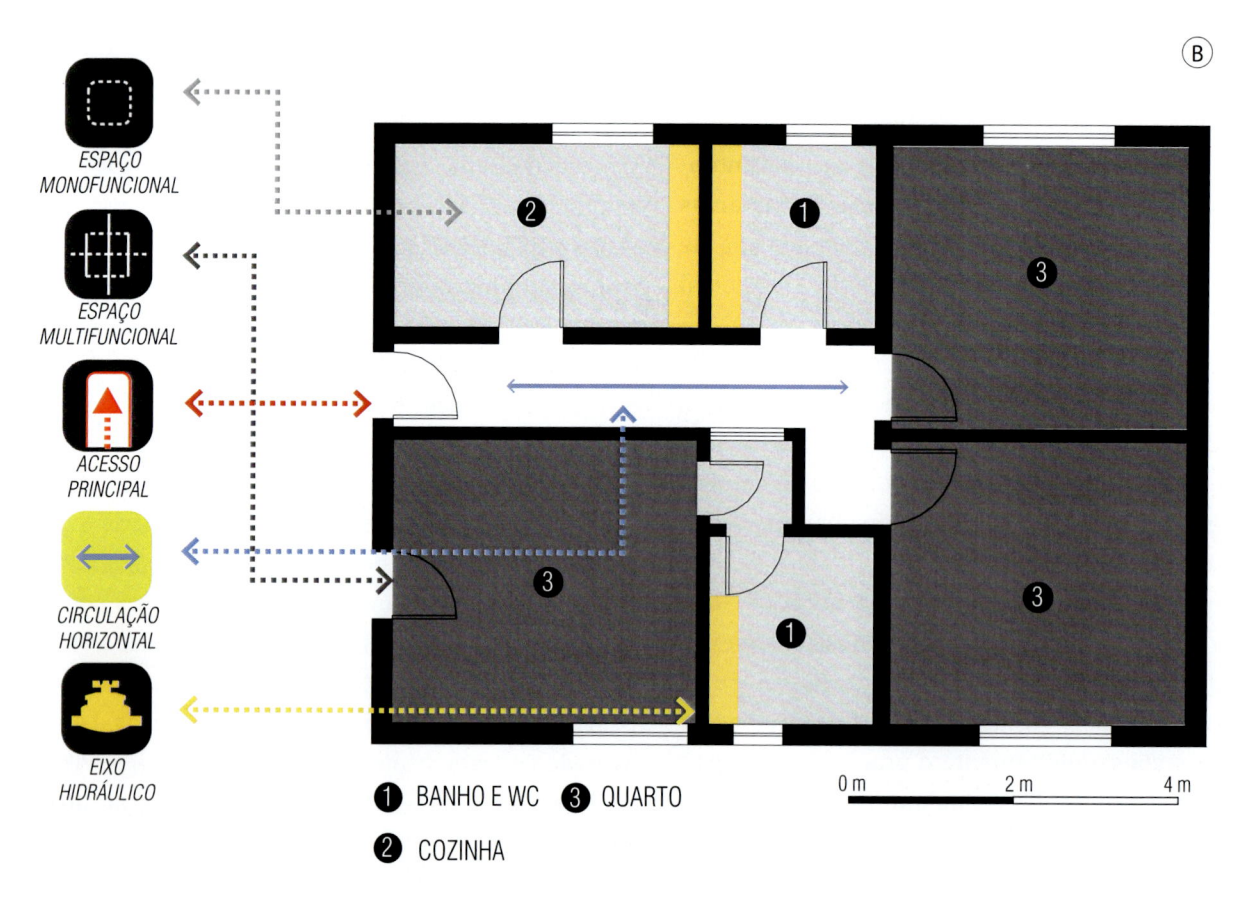

ESPAÇO MONOFUNCIONAL
ESPAÇO MULTIFUNCIONAL
ACESSO PRINCIPAL
CIRCULAÇÃO HORIZONTAL
EIXO HIDRÁULICO

❶ BANHO E WC ❸ QUARTO
❷ COZINHA

2 Apartamento da *Belle Époque*: transposições do modelo de morar

A partilha de heranças, as flutuações financeiras e o gradual abandono do formato da família extensa, de muitos filhos e amplas parentelas, foram modificando as formas de sociabilidade que ergueram as residências elegantes da *Belle Époque*. A manutenção de muitos dos grandes palacetes e sobrados, obsoletos, ou por demais custosos inviabilizou a permanência das elites nesses bairros.

Consoante com esse movimento, no início da década de 1930 vários dos palacetes de Higienópolis já haviam sido convertidos em pensões para a classe média. Nesse cenário, veríamos a difusão maciça de apartamentos que, conforme explica Marins (1998, p. 187), passou a se relacionar intimamente com as tensões sociais acumuladas na escalada de urbanização das populações brasileiras durante a *Belle Époque*. Muitos dos bairros paulistanos abandonados pelas elites foram, pouco a pouco, sendo ocupados pelos edifícios de apartamentos, que se acomodavam perfeitamente nos grandes lotes das antigas mansões e eram erguidos diretamente sobre o alinhamento das calçadas, como nas capitais europeias oitocentistas. Essa situação se alterou a partir do final da década de 1930, quando os novos edifícios são obrigados, por legislações vigentes, a obedecer recuos frontais e laterais, caracterizando um modelo de implantação que seria reproduzido em quase todos os novos bairros dali para a frente.

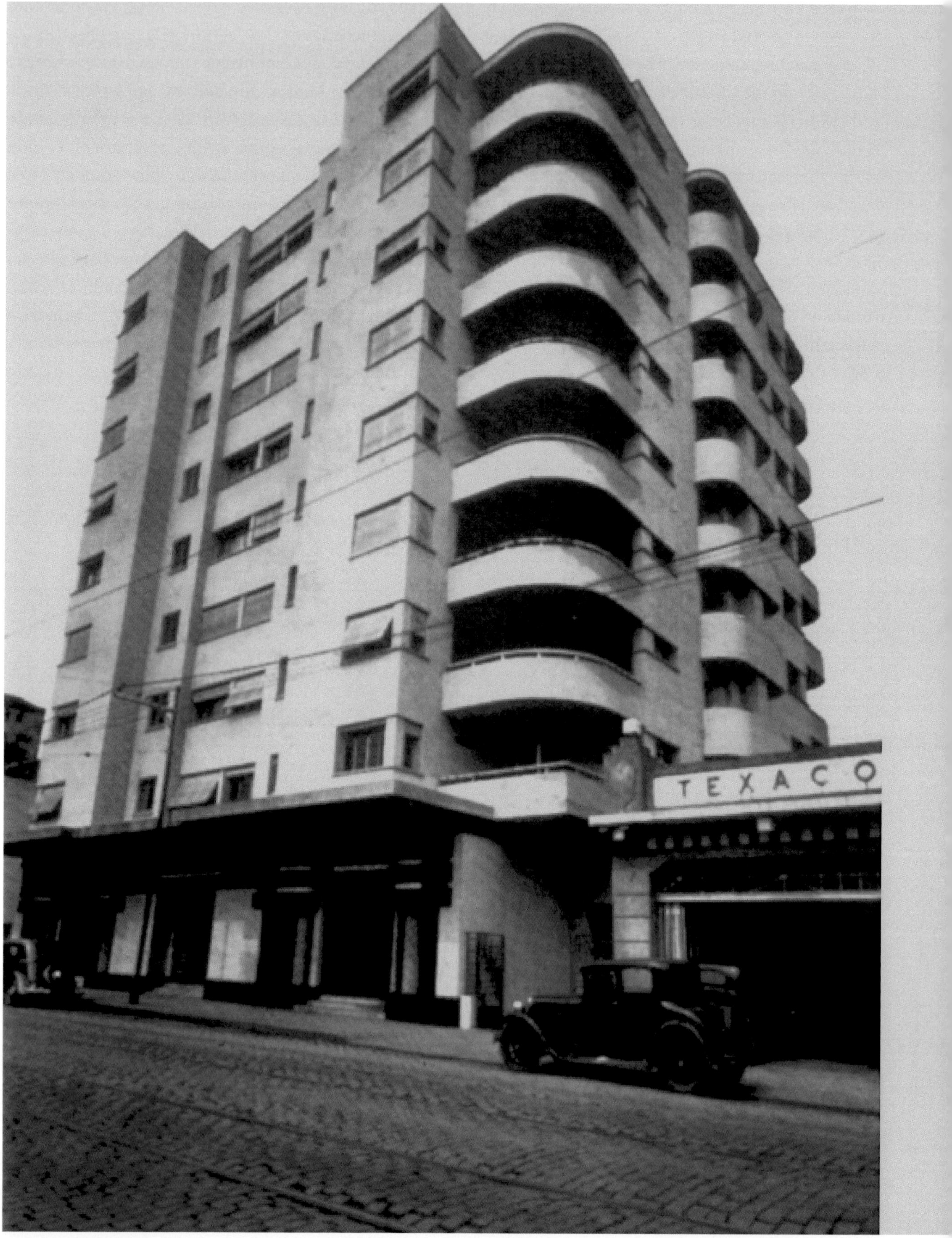
TEXACO

3 APARTAMENTO MODERNISTA: EXPERIMENTAÇÕES EM MEIO À PRODUÇÃO COMERCIAL

Durante o período que compreende as décadas de 1930 a 1960, o edifício de apartamentos teve a sua ascensão como uma modalidade de habitação paulistana, representando a modernidade de diversas formas em meio a uma miríade de acontecimentos urbanísticos, normativos, sociais e econômicos. Diferentes configurações e cenários caracterizaram esse momento, no qual tipologias e soluções projetuais foram experimentadas.

"O arranha-céu"

"Imagem de progresso e avanço técnico"

"Nas décadas de 1930 e 1940, consolidava-se a fase rentista da verticalização"

3.1 A verticalização como símbolo da metropolização de São Paulo

Desde o último quartel do século XIX, a cidade de São Paulo foi palco de diversas reformas e intervenções em seu tecido urbano visando sua modernização, já que, à elite local, parecia necessário deixar para trás a antiga imagem da Vila de Piratininga. Somados a tais realizações, os novos meios de rentabilidade foram argumentos extremamente importantes. Foi nesse cenário dos anos 1930 que o edifício de apartamentos trouxe à tona uma discussão sobre um modelo de cidade que deixava sua matriz europeia para vincular-se ao domínio do capital americano e à sua imagem: o arranha-céu (Somekh, 1997, p. 23). O edifício de apartamentos, neste momento, veiculava a imagem de progresso e avanço técnico, gerando, inclusive, uma rentabilidade superior à das habitações horizontais de aluguel costumeiramente construídas até então (Fig. 3.1).

Segundo Castello-Branco (1988), as principais empresas paulistas começaram a construir edifícios altos – entre seis e dez pavimentos – na área central da cidade de São Paulo, destinando-os aos escritórios de suas empresas e associando-lhes apartamentos voltados única e exclusivamente à renda. O sucesso desse modelo de negócios fez, nas décadas de 1930 e 1940, consolidar-se um período rentista, uma vez que a grande maioria dos edifícios era produzida para aluguel, que representava naquele momento uma promissora opção de investimento (Galesi; Campos Neto, 2002). Nesse período importante da ampliação do espaço verticalizado da cidade, o bairro de Higienópolis foi o grande palco desses acontecimentos, depois da verticalização ocorrida nos Campos Elíseos e na Barra Funda (Homem, 1980).

Vários aspectos resultaram na valorização desse espaço verticalizado e de suas construções. O acelerado processo de industrialização paulistano ocorrido nos primeiros anos do século XX acarretou direta e indiretamente alterações substanciais no funcionamento e na estrutura da cidade. O grande número de habitantes que imigraram para a cidade, incrementando o setor terciário, contribuiu para gerar um processo acelerado de déficit habitacional, o que reforçou o desejo de criação de uma cidade moderna (Da Silva, 2007).

Uma das principais consequências do processo de metropolização da cidade foi, como se sabe, a verticalização de suas habitações, estritamente vinculada tanto às novas necessidades da divisão técnica do trabalho como à otimização do uso dos terrenos urbanos situados nas áreas centrais, já supervalorizados em relação ao resto da cidade. Como observa Macedo (1991a, p. 19),

Fig. 3.1 *A imagem de uma São Paulo intensamente industrializada era imprescindível para compor o painel simbólico da modernidade do país. São Paulo, A Sinfonia da Metrópole, 1929 Fonte: Novais e Sevcenko (1998).*

> Há algumas décadas o processo de verticalização é um dos mais fortes indutores da

3 Apartamento modernista: experimentações em meio à produção comercial

transformação da paisagem da cidade brasileira de médio e grande porte, alterando a estrutura morfológica de bairros inteiros e induzindo, pela forma de agenciamento dos edifícios, a novos hábitos urbanos.

A formulação da legislação e as intervenções urbanísticas realizadas na cidade de São Paulo através da ação do Estado também foram algumas vertentes indutoras da produção do espaço verticalizado, indica Somekh (1997, p. 54).

Segundo Meyer (1991, p. 29), "o crescimento vertical e a organização de novas funções criou simbólica e concretamente um papel diferenciado, prestigioso e dominante para o centro da metrópole". Nesse contexto, Meyer explica que a tecnologia esteve totalmente comprometida com o crescimento vertical e que o arranha-céu atestava a intensidade da atividade industrial, criava novas relações de uso do solo urbano e alterava estruturalmente a metrópole, ilustrando a capacidade tecnológica e produtiva da sociedade como um todo.

Em meados dos anos 1930, a cidade de São Paulo já era considerada uma metrópole, com uma verticalização consolidada na área central e em franco processo de expansão em bairros circunvizinhos. Os dados indicam que até 1929 existiam pouco mais de 50 edifícios acima de quatro andares na cidade, e depois de 1930 existiam dez vezes mais (Somekh, 1997, p. 103).

Segundo a periodização proposta por Somekh (1997, p. 103), de 1920 a 1930 foram construídos, na cidade de São Paulo, edifícios altos que reproduziam predominantemente padrões europeus, ainda que essa verticalização de feições europeias já no começo dos anos 1920 apresentasse influência norte-americana. A arquitetura do arranha-céu fez surgir no mundo ocidentalizado um novo estilo com predomínio das massas e linhas verticais que, no cenário paulistano do início da verticalização, apenas se insinuava, já que predominavam, em seu espaço urbano, edifícios de seis a nove pavimentos. Mas cidades como Nova Iorque, São Francisco e Chicago eram indiscutivelmente os grandes referenciais de cidades modernas com seus edifícios esguios e tecnologias de ponta.

No final da década de 1920 já se observa na produção de apartamentos uma tendência, ainda que tímida, à racionalização de formas e espaços. Em 1926, Christiano das Neves desenvolveu um edifício de renda para a família Maluf, que articulava espaços e volumes com uma racionalização ainda não alcançada nos projetos anteriores (Fig. 2.26).

> "No final da década de 1920, já observa-se na produção de apartamentos uma tendência, ainda que tímida, à racionalização de formas e espaços"

> "Linguagem despojada de ornamentação e certa racionalização dos espaços"

No ano seguinte, foi construído na avenida Angélica o primeiro edifício modernista de São Paulo (Xavier; Lemos; Corona, 1983), projetado pelo arquiteto Júlio de Abreu Júnior, formado pela Escola de Belas Artes de Paris (Fig. 3.2). O edifício apresentava uma linguagem despojada de ornamentação e certa racionalização dos espaços. O acesso às unidades é dado por uma prumada única, o que demonstra uma tendência de padronização desse meio de acesso aos apartamentos. Esse tipo de acesso é cada vez mais frequente ao longo das décadas de 1920 e 1930, chegando à década de 1940 já com a utilização em quase a totalidade dos edifícios analisados.

A racionalização dos espaços também é demonstrada no edifício Júlio de Abreu por meio da redução, ou mesmo da otimização, de áreas nos apartamentos. Além da perda de área total útil, o apartamento deixa de possuir alguns cômodos comuns nas décadas de 1910 e 1920, como a sala de jantar, a copa – que na maioria dos casos se funde à cozinha –, o quarto da criada, *toilletes* e gabinetes. Tal otimização ocorre principalmente em apartamentos de aluguel destinados à classe média, diferentemente dos casos reservados às elites.

Fig. 3.2 *(A) Edifício Angel e (B) esquema gráfico da sua planta-tipo, na avenida Angélica, 172. Arquiteto Júlio Abreu Júnior, 1927*
Fonte: (A) acervo da FAU/USP e (B) baseado em Arquivo FAU/USP.

ESPAÇO MONOFUNCIONAL
ESPAÇO MULTIFUNCIONAL
ACESSO PRINCIPAL
CIRCULAÇÃO VERTICAL
CIRCULAÇÃO HORIZONTAL
EIXO HIDRÁULICO

1. VESTÍBULO
2. *HALL*
3. COZINHA
4. *LIVING*
5. DORMITÓRIO
6. BANHEIRO
7. TERRAÇO
8. WC

3 Apartamento modernista: experimentações em meio à produção comercial

Um projeto que apresenta um programa bastante semelhante é o edifício Eugênio Gazeau, projetado por Rino Levi em 1929, considerado seu primeiro edifício construído de apartamentos (Anelli; Guerra, 2001, p. 289). O Eugênio Gazeau demonstra de maneira clara a exiguidade das áreas e o desuso de alguns cômodos de prestígio, já que seus apartamentos possuem apenas sala, cozinha, banheiro, dormitórios e um pequeno terraço de serviço (Fig. 3.3). Nesse edifício de três pavimentos, as regras clássicas de acessibilidade e de hierarquização dos espaços se mantêm, apesar de sua metragem quadrada reduzida.

O acesso único e central por escadas que conduzem aos apartamentos e uma parcial simetria conferem ao edifício certa modernidade. O próprio desenho do edifício apresenta um detalhamento técnico que atesta essa ideia de modernidade, no qual o arquiteto prevê em seu projeto todos os avanços e recursos técnicos contemporâneos. As peças hidráulicas e sanitárias são desenhadas, assim como são previstos armários embutidos, varandas, floreiras, dutos de lixos, além de detalhes de esquadrias, cujo maneirismo caracterizará o trabalho posterior de Rino Levi em edifícios de apartamentos. Essa racionalização dos espaços internos pode estar relacionada ao fato de que, nesse período, os edifícios de apartamentos eram, em geral, construídos para fins lucrativos, o que explica o fato de as unidades não possuírem cômodos com funções bastante definidas em residências ou apartamentos maiores.

> "Regras clássicas de acessibilidade e de hierarquização dos espaços se mantêm"

Na passagem dos anos 1920 para os anos 1930, a população paulistana aumentou significativamente em decorrência do processo acelerado de industrialização e metropolização, criando um déficit habitacional nunca visto na cidade. Num quadro em que a busca por habitações era crescente, um novo segmento no mercado de investimentos nascia na cidade: o de aluguel de moradias. Os clientes eram, geralmente, pessoas sozinhas que deixavam suas famílias nas cidades de origem e habitavam temporariamente a pauliceia recém-industrializada. Em

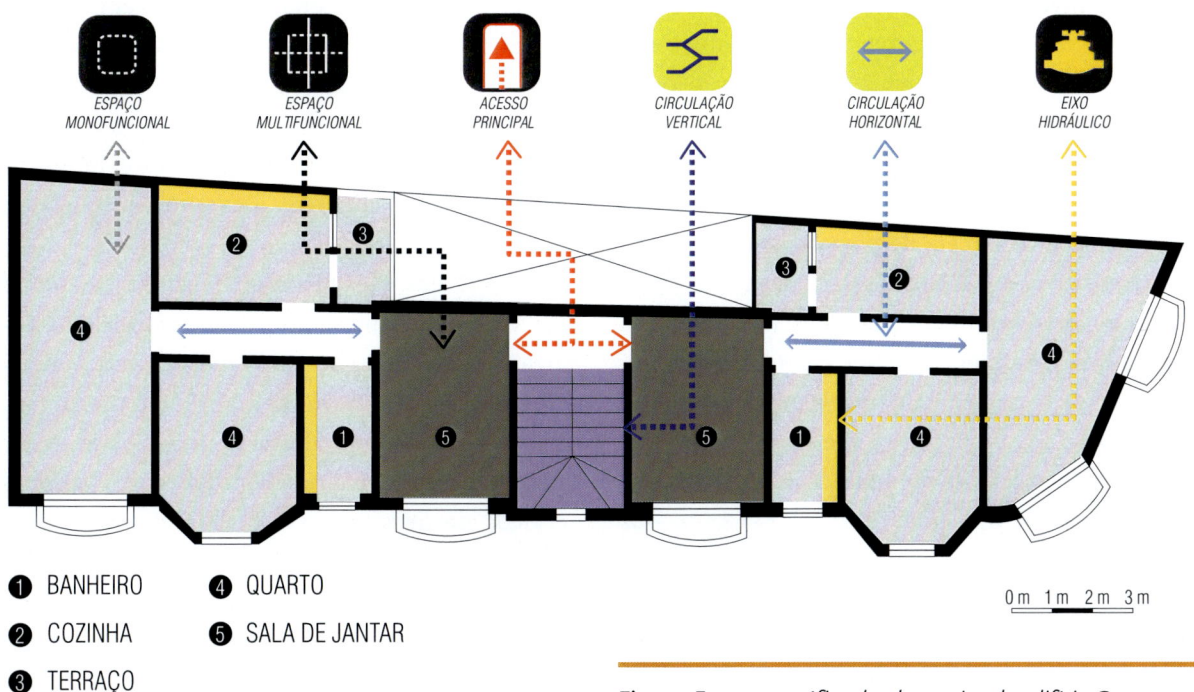

- ❶ BANHEIRO
- ❷ COZINHA
- ❸ TERRAÇO
- ❹ QUARTO
- ❺ SALA DE JANTAR

Fig. 3.3 *Esquema gráfico da planta-tipo do edifício Gazeau, na rua da Glória, 172. Arquiteto Rino Levi, 1929*
Fonte: baseado em Arquivo FAU/USP.

busca do grande sonho de enriquecimento e de uma melhora nas condições de vida, grandes parcelas da população rural e de outras regiões do Brasil imigraram para a cidade de São Paulo a partir dos anos 1930, vindo somar-se ao grande número de imigrantes que desde o final do século XIX foram atraídos para o Brasil, principalmente para São Paulo, na procura por trabalho remunerado. Os números dos recenseamentos da época mostram índices de crescimento populacional da cidade até então raramente vistos no mundo. De 204.000 habitantes em 1900, São Paulo alcançou seu primeiro milhão em 1933 (Sampaio, 1998, p. 5). Nas três décadas seguintes, a cidade continuou crescendo: em 1940 tinha 1.326.260, em 1950, 2.198.00 e em 1960 alcançou 3.709.270 moradores (IBGE, 1940, 1950, 1960).

> "De 204.000 habitantes em 1900, São Paulo alcançou seu primeiro milhão em 1933 (Sampaio, 1998)"

Os apartamentos para aluguel colocados no mercado eram um modelo reduzido das casas térreas, onde salas de jantar, *toilletes*, copas, gabinetes e quartos de empregados pareciam desnecessários, já que algumas das atividades realizadas nestes cômodos começavam a ser relegadas ao espaço público (Fig. 3.4). Tais apartamentos, que passaram a ser oferecidos a uma parcela da população com menor poder aquisitivo, que não poderiam pagar por apartamentos maiores nem por pessoal doméstico e que trabalha fora geralmente por ser assalariado, representavam para os investidores imobiliários uma possibilidade de ampliação do mercado que incluía parcelas mais pobres da população.

Estudos mostram que, em 1920, 68,6% dos imóveis em São Paulo – e um número ainda maior de habitações – eram ocupados por inquilinos. Em 1940, os números indicavam que mais de dois terços das habitações eram alugadas e somente a quarta parte delas era ocupada por proprietários (Bonduki, 1998, p. 135-168).

A grande maioria dos edifícios de apartamentos que eram construídos para fins lucrativos apresentava uma diversidade de soluções espaciais que atestavam a eficiência do empreendimento. Num mesmo edifício era possível encontrar apartamentos de um, dois, três dormitórios e configurações semelhantes aos hotéis, com apenas quarto e banheiro, onde a sala e a cozinha eram suprimidas. Também eram acompanhados de equipamentos de uso coletivo localizados nas circulações dos pavimentos, como banheiros, guarda-malas e, em alguns casos, até uma espécie de *kitchenette* – ou pequena cozinha (Figs. 3.5 e 3.6). Essa configuração deixa supor que os usuários principais desses edifícios de aluguel eram pessoas sozinhas que, possivelmente, ali habitavam em caráter transitório. O piso térreo desses edifícios continuava a possuir espaços comerciais, característica que vai aos poucos sendo eliminada nos projetos posteriores às décadas de 1940 e 1950.

A produção de edifícios de aluguel também foi uma prática comum na cidade do Rio de Janeiro, classificados por Vaz (1994, p. 95) como *casas de apartamentos* – lugares "em que as unidades habitacionais não se limitavam apenas aos quartos, mas sim a pequenos apartamentos sem cozinha, em virtude da existência de restaurantes no próprio prédio ou nas proximidades". Comuns no contexto carioca desde o final de 1920, as casas de apartamentos ofereciam unidades habitacionais de tamanho e número de compartimentos diversos e escritórios contíguos a algumas habitações.

Poderíamos até suspeitar de algumas referências internacionais, como os *apartament-hotels*, da Nova Iorque dos anos 1870 que, segundo Cromley (1991, p. 22 apud Tramontano, 1998b, p. 89), "eram um híbrido de duas ideias: a privacidade de uma unidade de moradia unifamiliar e os elaborados serviços de arrumação e preparação de refeições oferecidos nos hotéis". O refinamento dos serviços e o nível dos equipamentos distanciavam os *apartament-hotels* da casa de apartamentos carioca. Entretanto, se estes edifícios atingissem classes sociais mais altas, alcançariam o requinte expresso pelos hotéis. Segundo Vaz,

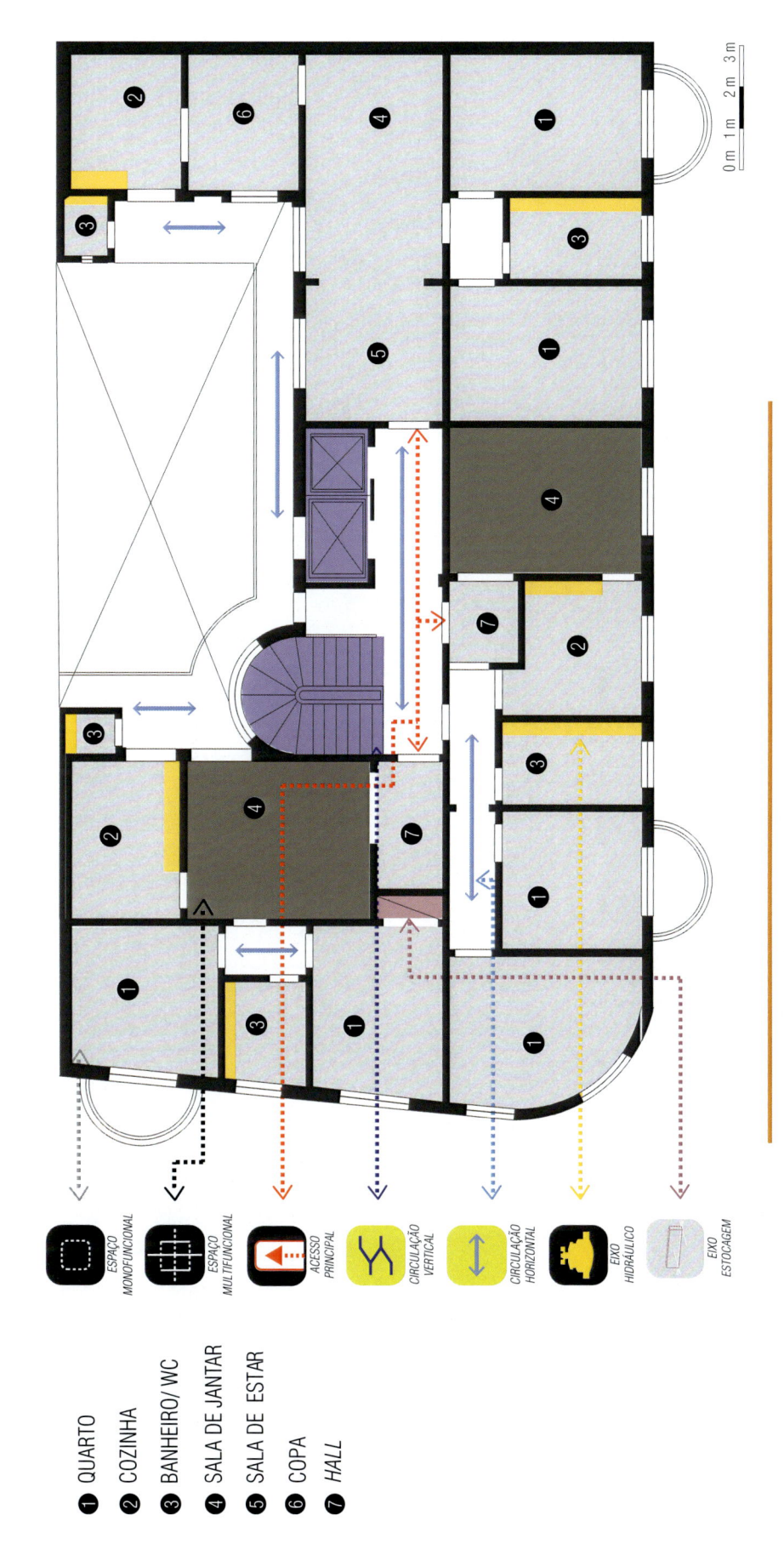

3 Apartamento modernista: experimentações em meio à produção comercial

Fig. 3.4 *Esquema gráfico da planta do pavimento-tipo do edifício Carlos Moura, na rua do Arouche. Escritório técnico Ramos de Azevedo, Severo & Villares, 1937*

Fonte: baseado em Arquivo FAU/USP.

❶ QUARTO
❷ COZINHA
❸ BANHEIRO/ WC
❹ SALA DE JANTAR
❺ SALA DE ESTAR
❻ COPA
❼ HALL

ESPAÇO MONOFUNCIONAL
ESPAÇO MULTIFUNCIONAL
ACESSO PRINCIPAL
CIRCULAÇÃO VERTICAL
CIRCULAÇÃO HORIZONTAL
EIXO HIDRÁULICO
EIXO ESTOCAGEM

morar em apartamento

Fig. 3.5 *Esquema gráfico da planta do 7º ao 9º pavimento do edifício André Matarazzo, na rua da Consolação. Escritório técnico Ramos de Azevedo, Severo & Villares, 1937*
Fonte: baseado em Arquivo FAU/USP.

① DEPÓSITO DE MALAS
② BANHEIRO/WC
③ SALA DE ESTAR
④ QUARTO
⑤ COZINHA
⑥ HALL
⑦ SALA DE JANTAR
⑧ VESTÍBULO

- ESPAÇO MONOFUNCIONAL
- ESPAÇO MULTIFUNCIONAL
- ACESSO PRINCIPAL
- CIRCULAÇÃO VERTICAL
- CIRCULAÇÃO HORIZONTAL
- EIXO HIDRÁULICO
- EIXO ESTOCAGEM

3 Apartamento modernista: experimentações em meio à produção comercial

Fig. 3.6 *Perspectiva do edifício Indústria Matarazzo, na avenida do Estado. Escritório técnico Ramos de Azevedo, Severo & Villares, 1937*
Fonte: acervo da FAU/USP.

Os gerentes nos dirão das vantagens da habitação em apartamentos onde a solidariedade dos interesses permite grandes economias, evitando as instalações dispendiosas impostas pela vivenda isolada. A entrada tem o mesmo aspecto dos grandes e luxuosos hotéis. (Vaz, 1994, p. 123).

Mesmo com um incipiente refinamento, alguns desses edifícios cariocas apresentavam serviços de quarto, lavanderia e a figura do porteiro, primordial para a aceitação dessa maneira verticalizada de morar pelos mais abastados.

Ainda sobre os apartamentos de aluguel dos anos 1930, observamos que os arquitetos do período do ecletismo paulista, que adotavam a linguagem ornamental advinda dos *beaux-arts*, como o Escritório Técnico Ramos de Azevedo/Severo & Villares, se dedicaram a esse tipo de edificação. Impulsionados pelo mercado imobiliário nascente, foi preciso se adequar às novas formas que o concreto armado possibilitava e aderir à "modernidade pragmática" (Segawa, 1998) que se estabelecia nas grandes cidades brasileiras. A estética dos edifícios de apartamentos para aluguel dos anos 1930 ficava entre a ornamentação ao gosto eclético e as linhas geométricas com toque *art déco*.

Por volta de 1935, a cidade de São Paulo já prenunciava a atual polifonia urbana, com "ruas estreitas, edifícios altos, centro congestionado, capital do progresso, metrópole moderna" (Somekh, 1997, p. 147). Strauss se ateve a esse cenário e afirmou que a cidade apresentava uma "sobreposição de épocas resumidas em meio século de existência" (Strauss, 1996, p. 92), o que a tornava feia com seus edifícios pomposos e fora de moda. O ecletismo arquitetônico estabelecido nas construções nessa época era apenas um item a ser combinado. Segundo Machado (1992, p. 198), as construções eram contratadas num regime predominantemente comercial, no qual o mais importante para o cliente era a idoneidade do empreiteiro de obras. Com relação ao projeto, o que mais interessava era a escolha do estilo. Esses projetos nem sempre eram desenvolvidos por arquitetos. Na maioria dos casos o próprio empreiteiro possuía desenhistas, hábeis no preparo de perspectivas aquareladas, que desenvolviam o projeto arquitetônico do edifício.

Com o início do emprego de formas modernizantes nas edificações da cidade, o esgotamento das formas ecléticas da arquitetura acabou por induzir certa racionalização dos espaços, ainda que incipiente, como foi o caso do edifício de Júlio de Abreu. Era o *modern style* que soprava seus preceitos na pauliceia eclética.

3.2 O *modern style* paulistano

Quatro anos após a Semana de Arte Moderna de 1922, Rino Levi (1926) escreveu um artigo em que defendia a simplicidade e a sinceridade dos elementos decorativos. Para Levi, as velhas formas e os velhos sistemas já haviam tido sua época. Era necessário que o artista criasse algo novo capaz de obter maior fusão entre estrutura e decoração. Para tanto, o artista precisava ser também um técnico. Combatendo a monotonia das ruas meramente perpendiculares, o ideário modernista completava-se no discurso de Levi quando defendia a "estética das cidades" como um novo campo de trabalho para o arquiteto, a exemplo do que acontecia na França, Alemanha e Itália.

A arquitetura moderna em São Paulo, que segundo historiadores começou com os textos publicados por Rino Levi (O Estado de São Paulo, 1925) e por Gregori Warchavchik (Correio da Manhã, 1925), manifesta-se ainda timidamente nos edifícios altos. Porém, suas obras e reflexões representaram a referência que faltava para a intelectualidade da semana de 1922 no que concerne a uma visão modernista da arquitetura.

Entretanto, as proposições e o posicionamento de Rino Levi e Warchavchik constituíam uma entre várias vertentes racionalistas que se formulavam durante ou mesmo antes da década de 1930 no Brasil. Foram arquiteturas também chamadas de *modernas*, *cúbicas*, *futuristas*, que pontuaram principalmente as cidades de São Paulo e Rio de Janeiro. Essas manifestações representavam certa renovação arquitetônica, "qualquer que seja ela – à maneira *folle*, mimeticamente, pragmaticamente ou como transformação modernizadora em sua dimensão perversa" (Segawa, 1998, p. 65). Como exemplo, temos as linhas verticais dos arranha-céus, que rompiam com a paisagem das cidades, associadas à linguagem *art déco* dos anos 1930 (Fig. 3.7).

Apesar de a sociedade da época preferir edifícios como os que Christiano das Neves fazia, lembrando os palácios europeus e as residências dos ricos, observamos já na década de 1930 a realização de edifícios de apartamentos com uma estética modernizante. Do ecletismo arquitetônico ao *estilo modernizado*, arquitetos e engenheiros disputavam seus clientes através do gosto classicista predominante. Porém, em meio a projetos ecléticos, Elisiário da Cunha Bahiana ergueu no início dos anos 1930 o primeiro edifício *art déco* da cidade, popularmente chamado de futurista na época. "A passagem do ecletismo para o *art déco* e, em seguida, para o estilo modernizador, sem ornamentação, fica clara na amostra dos pedidos de aprovação na Prefeitura de São Paulo" (Somekh, 1997, p. 55).

Fenômeno inerente à ideia de modernização da cidade e do próprio espaço habitável, a verticalização, aceita inicialmente com relutância, se multiplicaria nas décadas de 1930 e 1940, constituindo uma grande inovação no setor residencial com a consolidação da tipologia vertical coletiva de morar – os prédios de apartamentos.

> Nos anos trinta, com a disseminação do uso do concreto, o prédio de apartamentos mostra-se definitivamente como solução de moradia coletiva, até então altamente rejeitada pelo gosto popular e pela classe média que associava os edifícios multifamiliares aos cortiços de pobres. (Leme, 1977, p. 199).

Havia uma resistência a se morar em edifícios, não só pela associação com o cortiço, mas pelo medo de tragédias. Segundo Galesi e Campos Neto (2002), "as propostas modernistas socialmente mais progressistas frisavam a importância das soluções habitacionais verticais como forma de maximizar os recursos disponíveis, aproveitar melhor os terrenos e baratear o atendimento". Dessa forma, atenuaram-se os princípios de racionalização das tipologias e dos processos construtivos das habitações coletivas e procurou-se compatibilizar economia, prática técnica e estética.

Segundo Somekh (1997), os edifícios construídos na época eram geralmente para aluguel e não eram baratos, significando que quem os ocupava era uma elite cultural que aceitava os novos padrões de modernidade ou uma classe média imigrante (principalmente os orientais, que conheceram esse tipo de moradia em seus países de origem), ou ainda funcionários públicos ou de empresas que alugavam

3 Apartamento modernista: experimentações em meio à produção comercial

unidades para seus funcionários. Para essa classe média, o apartamento significava uma opção de moradia bem situada, geralmente na área central e em seus bairros circunvizinhos, ficando ao lado de estabelecimentos comerciais, escritórios, repartições públicas e hotéis.

> "Quem os ocupava era uma elite cultural que aceitava os novos padrões de modernidade, ou uma classe média imigrante"

> "Versão bastante reduzida das casas térreas, com programas mínimos para se morar"

> "Programas similares aos dos palacetes, que buscavam abrigar uma maneira de morar das elites"

Sobre esse contexto, concretizaram-se nos anos 1930 basicamente dois padrões de apartamentos. De um lado, os edifícios para alugar já analisados anteriormente, com apartamentos de um, dois e até três dormitórios que representavam uma versão bastante reduzida das casas térreas, com programas mínimos para se morar. De outro, temos os edifícios construídos para as famílias mais ricas, com programas similares aos dos palacetes, que buscavam abrigar uma maneira de morar das elites. Segundo Lemos (1978), a classe média de

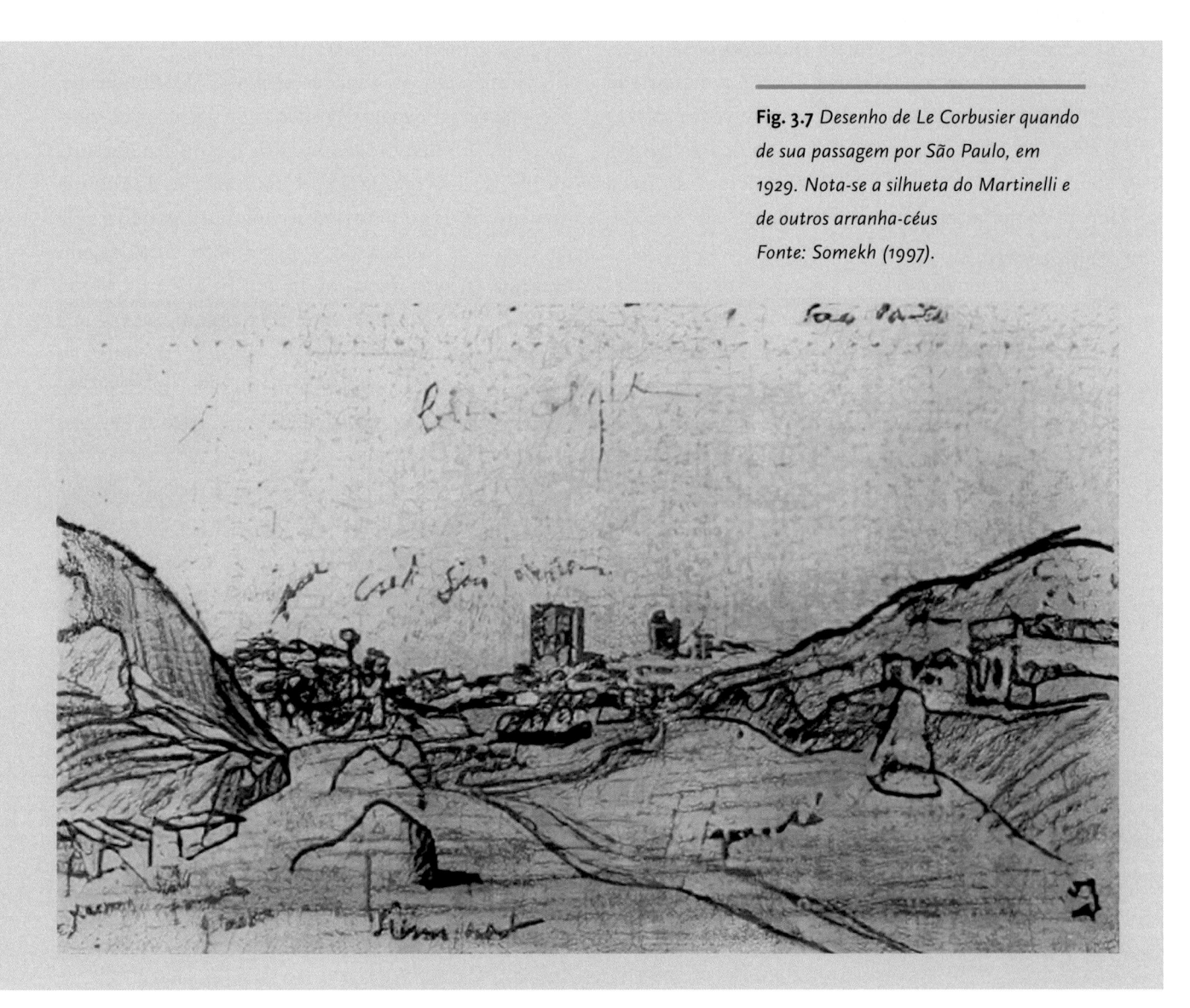

Fig. 3.7 *Desenho de Le Corbusier quando de sua passagem por São Paulo, em 1929. Nota-se a silhueta do Martinelli e de outros arranha-céus*
Fonte: Somekh (1997).

hábitos modestos e passadio frugal, oriunda das antigas propriedades que se agarravam ao nome de família, quase sempre ostentava, da porta da rua para fora, costumes que, na verdade, não eram bem condizentes com as posses de sua camada social. Os apartamentos que representavam esse padrão deveriam parecer equivalentes às casas isoladas dos mais abastados, o palacete. Deveriam ter o máximo conforto aliado ao mínimo de promiscuidade. "Precisava-se alardear que o apartamento era casa de família, casa de respeito. Moradia completa, com copa e cozinha, salas de jantar e de visitas, e com acomodações para a criadagem, principalmente" (Lemos, 1978, p. 162).

Nesse sentido, Rino Levi esboçará os primórdios da Arquitetura Moderna em São Paulo entre 1929 e 1930, "projetando um edifício com estrutura de concreto armado e projeto minucioso de instalações e dos vedos" (Machado, 1992 apud Anelli, 1995, p. 114). Considerado um dos primeiros projetos modernos de Rino Levi, o edifício de apartamentos Columbus constituiu o exemplo concreto da nova forma de morar em altura (Fig. 3.8).

> Obra inovadora para a época: para uma sociedade pouco afeita à promiscuidade ou ao coletivismo da moradia em altura, um projeto com planta e infra-estrutura bem resolvidas (vale lembrar que os primeiros arranha-céus no Brasil tinham péssima resolução de planta, pelo ineditismo da tipologia), destinado a usuários de bom padrão econômico – quando ainda a casa e o jardim eram valores altamente considerados num ambiente arquitetonicamente conservador. (Segawa, 1998, p. 65).

"Tripartição dos espaços em áreas social, de serviço e íntima – setorizadas e compartimentadas"

"Uma clara filiação burguesa oitocentista na organização dos espaços internos, propondo um programa reduzido dos palacetes"

Segundo Anelli (1995, p. 112), por meio do projeto Columbus, Levi colocaria em prática as proposições de Le Corbusier, Walter Gropius e demais arquitetos modernos que ele conheceu durante o período de sua formação na Itália, adaptando-as às condições paulistas. O desenvolvimento das diversas propostas para o edifício Columbus durou cerca de cinco anos, tendo este sido construído somente em 1934, após conclusão de sua versão final. O edifício possuía conceitos modernos representados pela simplificação das linhas, com um tratamento total externo que cuidava de todas as fachadas do edifício. O Columbus trata-se de um edifício de dez andares, cuja planta revela a existência de duas tipologias de apartamentos, de distribuição planimétrica bastante semelhante, variando apenas as dimensões da sala de visitas e o número de dormitórios (Pinheiro, 2008; Aranha, 2008).

Analisando os espaços internos do Columbus, percebemos o desenvolvimento da relação interior/exterior, um dos procedimentos de projeto comuns na obra de Levi que se faz presente através do volume maciço que é rompido diagonalmente, ligando a sala de estar, no centro do apartamento, à paisagem exterior através da varanda, em balanço na quina do edifício (Fig. 3.9). Porém, isso apenas ocorre nos dois apartamentos frontais. Segundo o texto de apresentação do projeto (Anelli, 1995, p. 237-238), nas habitações internas dos apartamentos teve-se a preocupação de bem distinguir e caracterizar as suas partes componentes – serviço, social e habitação noturna –, localizando-as de modo nítido e prático.

A fusão da sala e do terraço em um conjunto só foi realizada pelo sentido diagonal e centrífugo em que se organizam os ambientes no projeto, o que deveria possibilitar uma vista panorâmica em todas as direções do apartamento, mas que na prática, não ocorre.

Apesar de o autor do projeto buscar, por meio da plástica e da relação entre interior e exterior, uma clara referência modernista europeia corbuseana, o edifício Columbus apresenta à cidade de São Paulo "um curioso e inusitado compromisso entre o modo

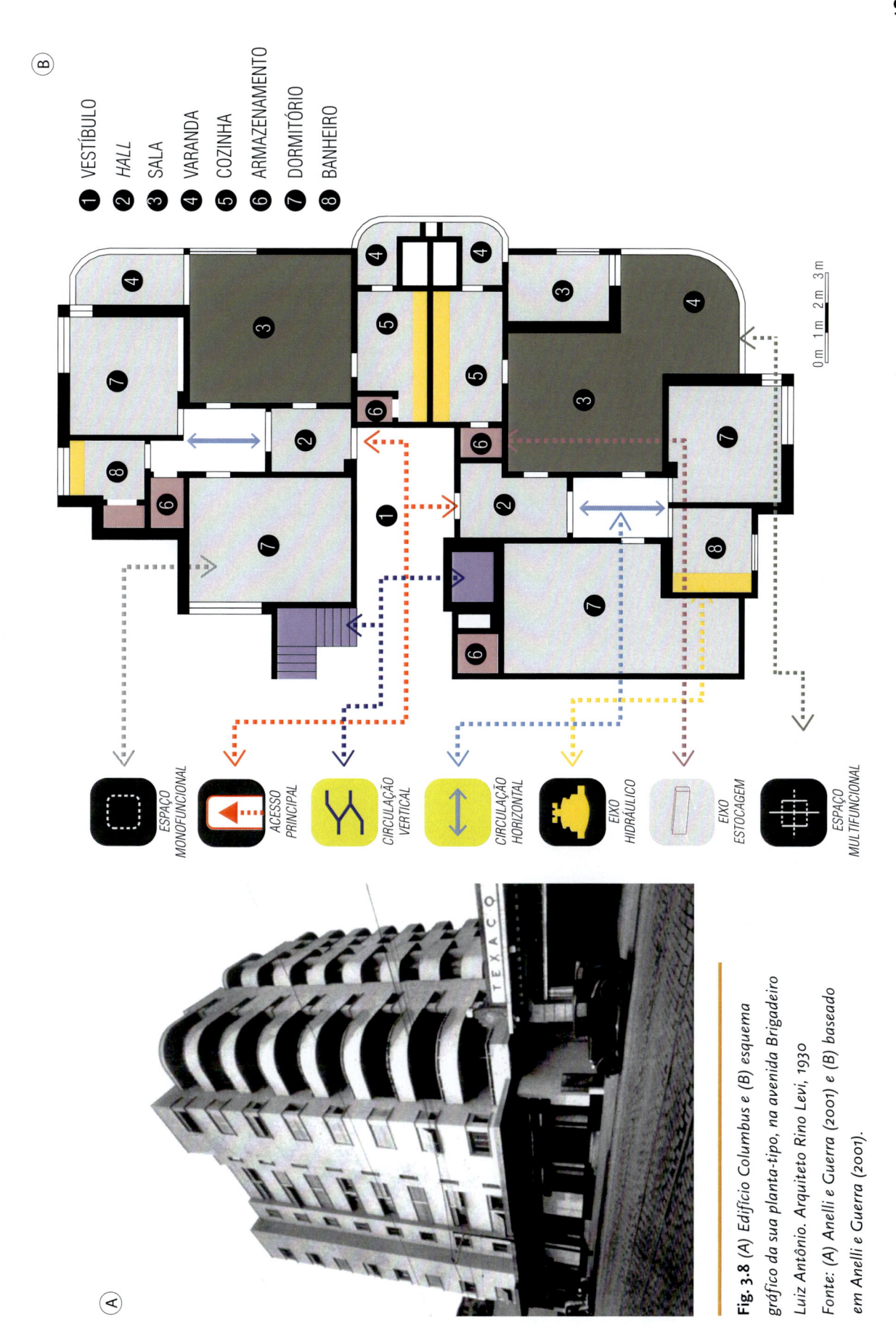

3 Apartamento modernista: experimentações em meio à produção comercial

① VESTÍBULO
② HALL
③ SALA
④ VARANDA
⑤ COZINHA
⑥ ARMAZENAMENTO
⑦ DORMITÓRIO
⑧ BANHEIRO

ESPAÇO MONOFUNCIONAL
ACESSO PRINCIPAL
CIRCULAÇÃO VERTICAL
CIRCULAÇÃO HORIZONTAL
EIXO HIDRÁULICO
EIXO ESTOCAGEM
ESPAÇO MULTIFUNCIONAL

Fig. 3.8 *(A) Edifício Columbus e (B) esquema gráfico da sua planta-tipo, na avenida Brigadeiro Luiz Antônio. Arquiteto Rino Levi, 1930*
Fonte: (A) Anelli e Guerra (2001) e (B) baseado em Anelli e Guerra (2001).

Fig. 3.9 *Vista interna da sala do edifício Columbus, mostrando o fechamento da varanda*
Fonte: ilustração de Marina Almeida, baseada em Anelli e Guerra (2001).

de morar francês e o norte-americano" (Tramontano, 1998b, p. 120). No que concerne aos espaços internos, Rino Levi proporia, segundo Lemos (1979, p. 113), um projeto que tinha como intenção principal "examinar, no seu verdadeiro aspecto e sem preconceitos de forma, o problema de abrigar numerosas famílias e de oferecer-lhes o maior conforto possível". O programa proposto ainda se espelha na casa burguesa francesa, apresentando uma tripartição dos espaços em áreas social, de serviço e íntima, setorizadas e compartimentadas, mesmo que no projeto original se utilize uma nomenclatura dos espaços diferente – *serviço, social* e *habitação noturna*.

Construído para a classe média paulistana, o projeto do edifício Columbus já demonstrava certa preocupação com a adequação aos padrões que o mercado imobiliário de apartamentos, ainda que incipiente, legava.

O fato era perceptível logo na primeira proposta do edifício, em que os apartamentos apresentavam áreas mais reduzidas, com cômodos menores e suprimidos (como o dormitório, banheiro de empregados e o vestíbulo) (Fig. 3.10). Isso gerava um maior número de unidades por andar; na primeira proposta são seis unidades, no lugar das quatro por andar da proposta executada.

Programa similar foi apresentado por Rino Levi em 1933, com o edifício Nicolau Schiesser. Com uma implantação e plástica referenciada na experiência modernista europeia, o edifício Schiesser demons-

3 Apartamento modernista: experimentações em meio à produção comercial

ESPAÇO MONOFUNCIONAL

ESPAÇO MULTIFUNCIONAL

ACESSO PRINCIPAL

CIRCULAÇÃO VERTICAL

CIRCULAÇÃO HORIZONTAL

EIXO HIDRÁULICO

EIXO ESTOCAGEM

Fig. 3.10 *Esquema gráfico da planta-tipo da primeira proposta (não executada) do edifício Columbus. Arquiteto Rino Levi, 1930 Fonte: baseado em Anelli e Guerra (2001).*

1. TERRAÇO
2. QUARTO
3. BANHEIRO
4. SALA DE JANTAR/SALA DE ESTAR
5. COZINHA

0 m 1 m 2 m 3 m

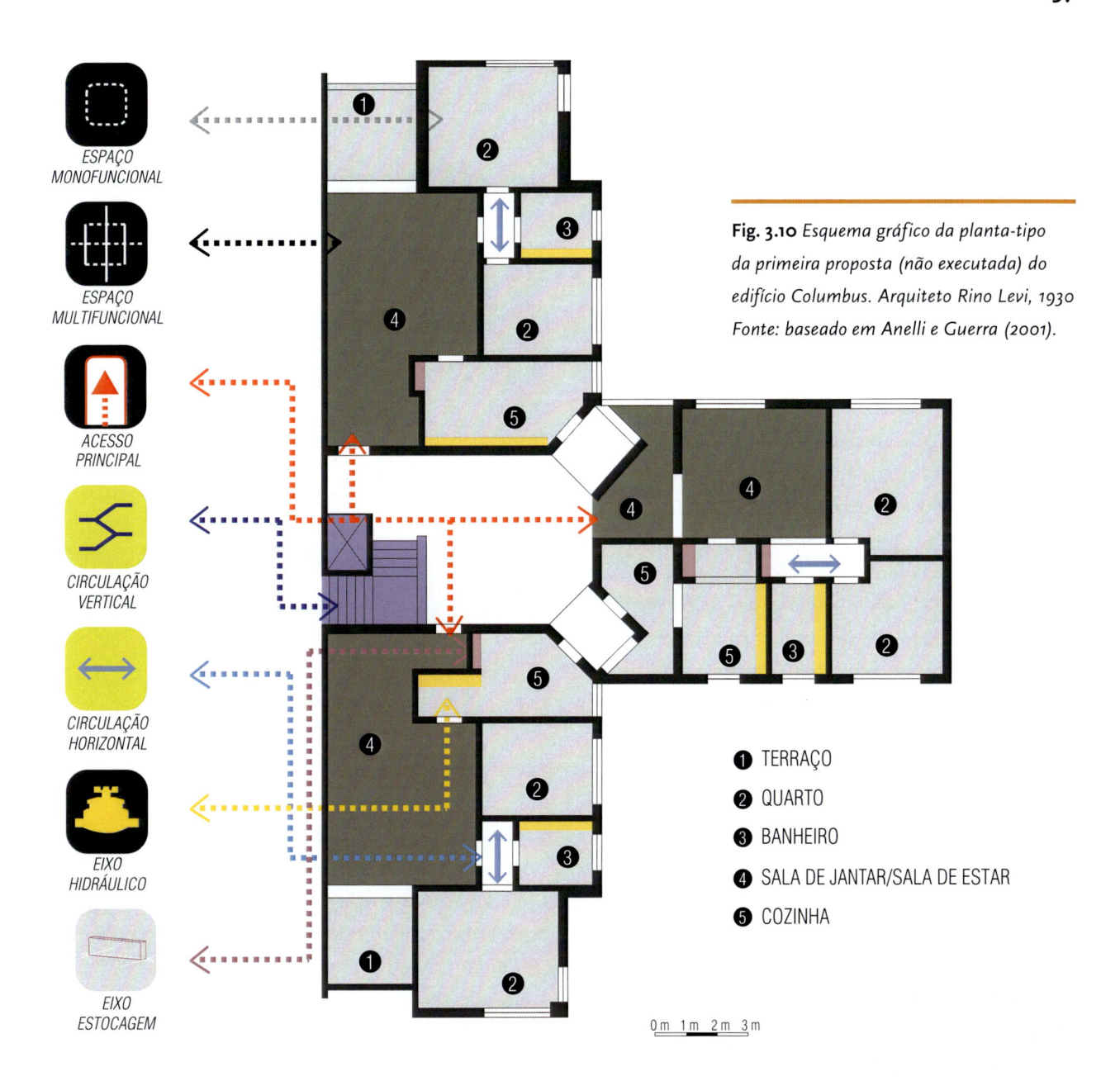

trava uma clara filiação burguesa oitocentista na organização dos espaços internos, propondo um programa reduzido dos palacetes (Fig. 3.11 e 3.12). Várias salas compartimentadas em área social, os dormitórios e banheiro na área íntima e a área de serviços bem servida com copa, cozinha, dormitório e banheiro de empregados. Além disso, havia todos os dispositivos considerados modernos, como armários embutidos, dutos de lixo etc.

Vale lembrar alguns dos projetos elaborados pelos arquitetos modernistas europeus para edifícios de apartamentos. Sabe-se que as realizações europeias das primeiras décadas, sobretudo pelas que se seguiram à Primeira Guerra Mundial, marcaram fortemente a concepção da habitação nos países capitalistas ao longo do século XX. A proposta do movimento moderno de uma nova habitação para um novo homem inscreve-se no projeto maior de uma nova sociedade, esboçado teórica ou empiricamente desde, pelo menos, o final do século XVIII.

Já no ano de 1903, Auguste Perret (lembraremos que Le Corbusier trabalhou no escritório de Perret em Paris, em 1908) veria seu projeto construído na *rue Franklin* de Paris, o que mais tarde se tornaria uma grande referência da modalidade, marcando mais uma etapa em direção à planta livre, como enunciada posteriormente por Le Corbusier (Fig. 3.13).

> "Uma etapa em direção à planta livre"

> "As possibilidades estruturais do concreto armado"

Sua estrutura constituiu a primeira aplicação de um material novo no campo da habitação coletiva: o concreto armado. Embora o edifício da *rue Franklin* apresentasse uma liberdade na organização espacial propiciada pela adoção da planta-livre, na planta proposta para o primeiro andar os cômodos dos apartamentos apresentavam uma setorização e compartimentação semelhante aos apartamentos haussmannianos ainda contemporâneos.

Já no ano de 1920, Le Corbusier projetou a casa Citrohan, que fez transparecer uma reflexão efetiva sobre o espaço doméstico na proposta de uma articulação entre os cômodos totalmente nova. Nesse projeto, Le Corbusier elaborou a ideia básica de toda sua obra posterior: a criação de espaços entrelaçados de alturas diferentes, mas relacionadas. Essa tipologia ficou conhecida como *immeuble-villa* e foi proposta pela primeira vez em 1922 (Boesiger, 1971).

As unidades, sempre *duplex*, ofereciam aos moradores espaços amplos e bem iluminados e uma organização espacial bastante semelhante a das casas burguesas oitocentistas, em razão da identificação de áreas distintas: social, íntima e de serviços. Essas referências também se fazem presentes na nomenclatura dos cômodos; entretanto, observamos em cada área certa fluidez espacial, como é o caso das salas e dos dormitórios com o uso, ainda que tímido, da flexibilidade com possibilidades de rearranjos nesses cômodos.

Nesse sentido, destacam-se também os edifícios construídos por Le Corbusier para a exposição de Stuttgart em Weissenhof no ano de 1927. O segundo

Fig. 3.11 *Edifício Nicolau Schiesser, na rua Augusta. Arquiteto Rino Levi, 1933 Fonte: Anelli e Guerra (2001).*

prédio era uma verdadeira casa de apartamentos ou o que antes podia ser chamado de conjunto de apartamento e jardim. Era a própria ilustração dos *cinco pontos*, porém utilizava a flexibilidade da planta de uma maneira nova. Segundo Boesiger (1971), a grande sala é obtida pela supressão das paredes movediças, as quais apenas se usam à noite, para converter a casa numa espécie de carro-dormitório (Fig. 3.14).

> Nos projetos anteriores, Le Corbusier liberta-se gradualmente da tripartição burguesa da habitação do século XIX – zona íntima, social e de serviço – dirigindo-se para uma bipartição centrada nos modos de vida da família "moderna" – zonas de uso diurno e de uso noturno. (Tramontano, 1993, p. 64).

No edifício de apartamentos essa bipartição continua presente, mas, graças à mobilidade das

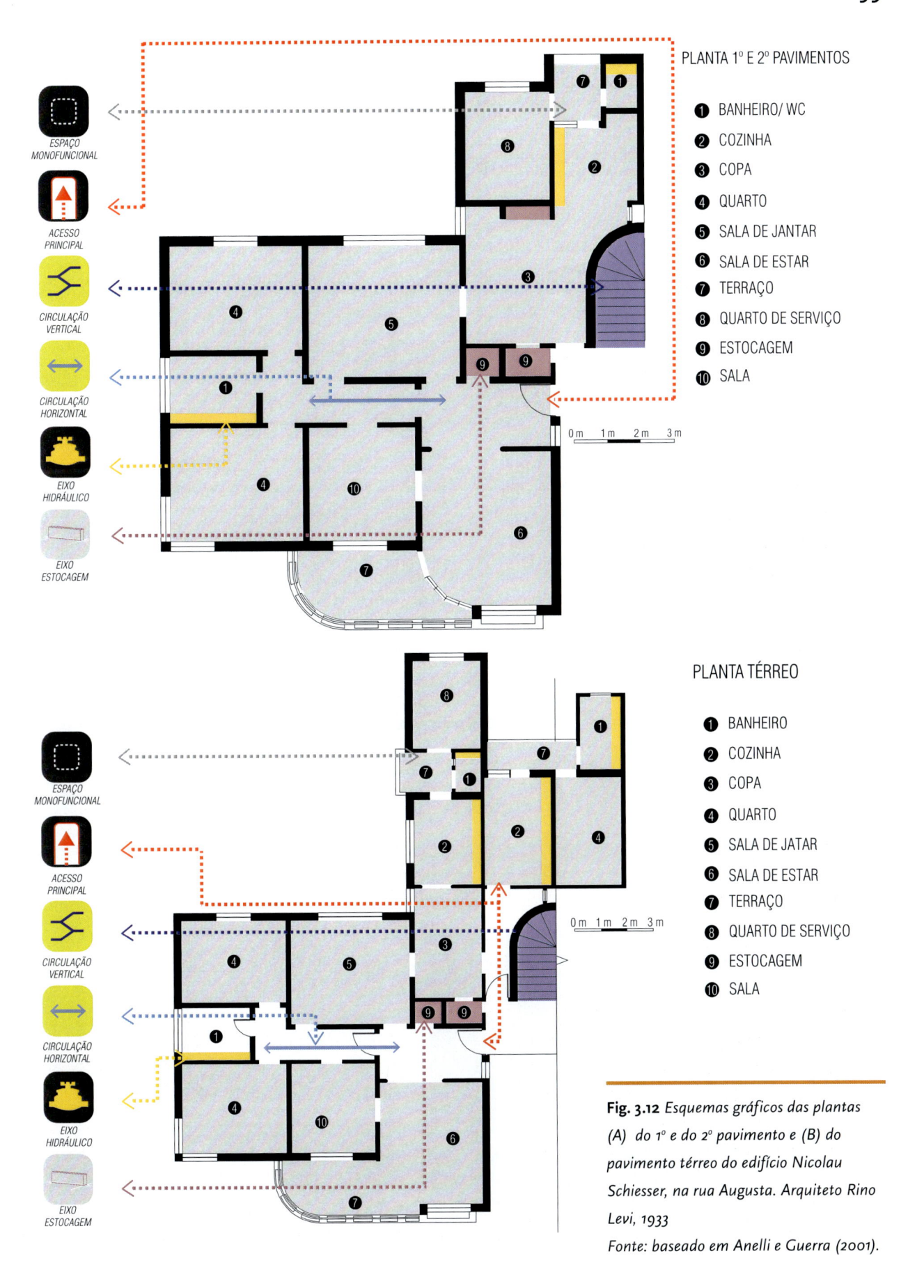

3 Apartamento modernista: experimentações em meio à produção comercial

PLANTA 1º E 2º PAVIMENTOS

- ① BANHEIRO/ WC
- ② COZINHA
- ③ COPA
- ④ QUARTO
- ⑤ SALA DE JANTAR
- ⑥ SALA DE ESTAR
- ⑦ TERRAÇO
- ⑧ QUARTO DE SERVIÇO
- ⑨ ESTOCAGEM
- ⑩ SALA

ESPAÇO MONOFUNCIONAL
ACESSO PRINCIPAL
CIRCULAÇÃO VERTICAL
CIRCULAÇÃO HORIZONTAL
EIXO HIDRÁULICO
EIXO ESTOCAGEM

PLANTA TÉRREO

- ① BANHEIRO
- ② COZINHA
- ③ COPA
- ④ QUARTO
- ⑤ SALA DE JATAR
- ⑥ SALA DE ESTAR
- ⑦ TERRAÇO
- ⑧ QUARTO DE SERVIÇO
- ⑨ ESTOCAGEM
- ⑩ SALA

Fig. 3.12 *Esquemas gráficos das plantas (A) do 1º e do 2º pavimento e (B) do pavimento térreo do edifício Nicolau Schiesser, na rua Augusta. Arquiteto Rino Levi, 1933*

Fonte: baseado em Anelli e Guerra (2001).

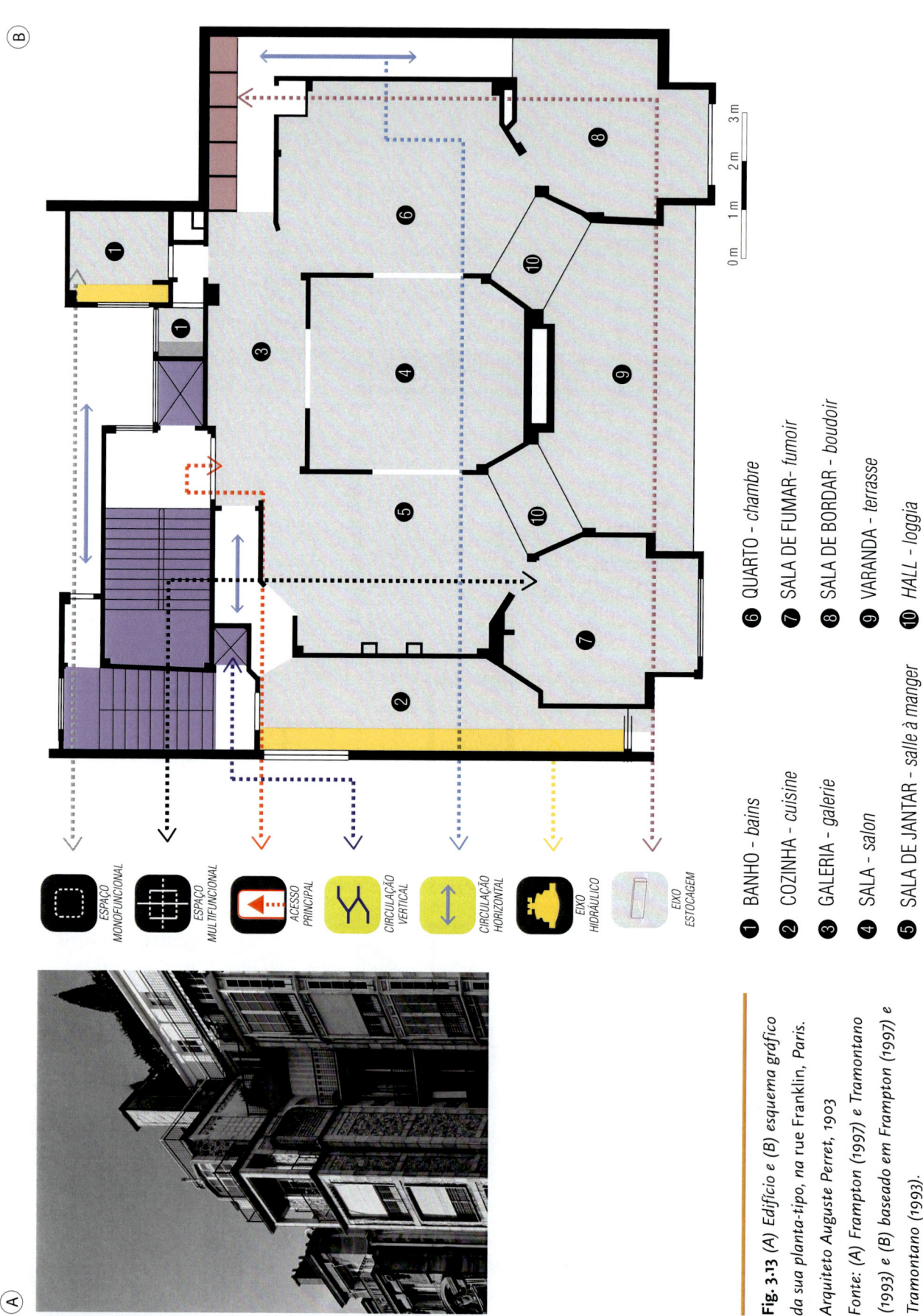

morar em apartamento

100

① BANHO - *bains*
② COZINHA - *cuisine*
③ GALERIA - *galerie*
④ SALA - *salon*
⑤ SALA DE JANTAR - *salle à manger*
⑥ QUARTO - *chambre*
⑦ SALA DE FUMAR - *fumoir*
⑧ SALA DE BORDAR - *boudoir*
⑨ VARANDA - *terrasse*
⑩ HALL - *loggia*

ESPAÇO MONOFUNCIONAL
ESPAÇO MULTIFUNCIONAL
ACESSO PRINCIPAL
CIRCULAÇÃO VERTICAL
CIRCULAÇÃO HORIZONTAL
EIXO HIDRÁULICO
EIXO ESTOCAGEM

Fig. 3.13 (A) *Edifício e* (B) *esquema gráfico da sua planta-tipo, na rue Franklin, Paris. Arquiteto Auguste Perret, 1903*
Fonte: (A) *Frampton* (1997) *e Tramontano* (1993) *e* (B) *baseado em Frampton* (1997) *e Tramontano* (1993).

3 Apartamento modernista: experimentações em meio à produção comercial

Fig. 3.14 *(A) Edifício de apartamentos na exposição de Weissenhof e (B) esquema gráfico da sua planta. Arquiteto Le Corbusier, 1927*
Fonte: (A) Blake (1966) e (B) baseado em Blake (1966).

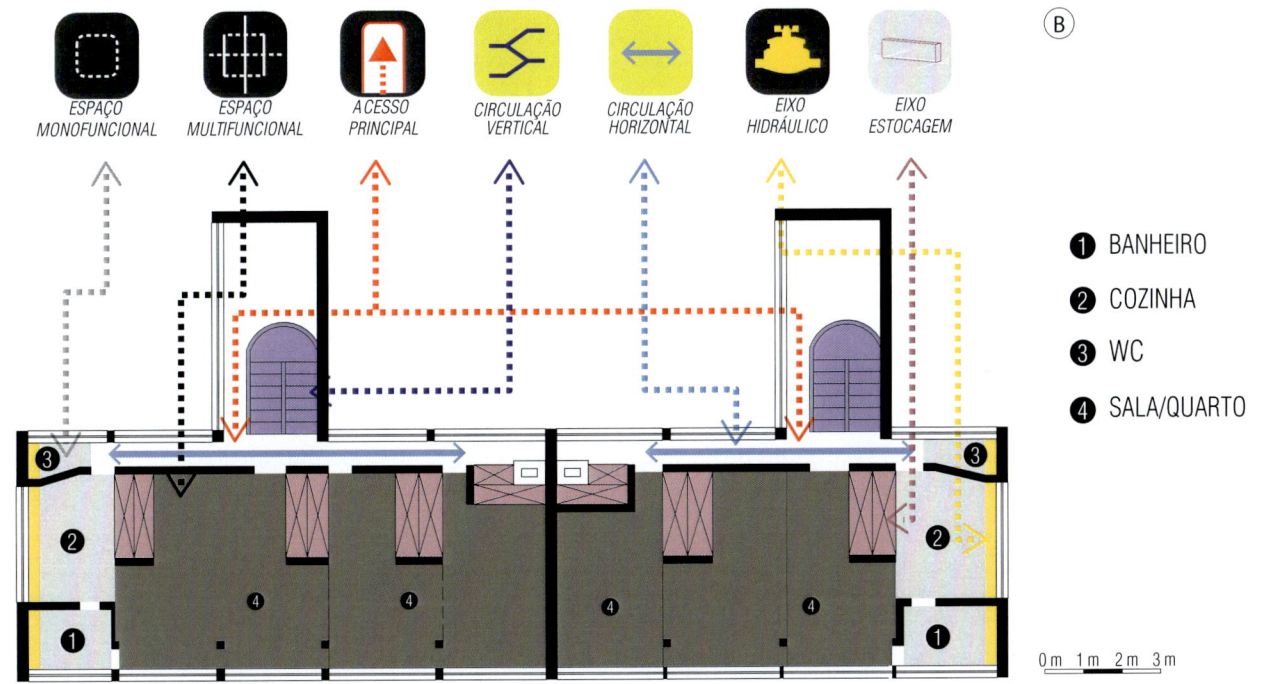

divisórias, a totalidade da casa assume rapidamente diferentes configurações em função do período em que está sendo usada: de dia a casa é uma grande sala, à noite é uma sucessão de "cabines de dormir" (Tramontano, 1993). Todas as divisões internas eram feitas com paredes pré-fabricadas e todos os móveis, à exceção das cadeiras e de uma ou outra mesa, eram embutidos – detalhe de destaque para a época. Os prédios da Weissenhof encerraram, de certo modo, uma fase particular da obra de Corbusier.

Os edifícios Columbus e Schiesser foram os primeiros de uma série de edifícios de apartamentos projetados por Rino Levi para a cidade de São Paulo entre os anos de 1930 e 1960. Durante esses anos, vários arquitetos como Adolf Franz Heep, Álvaro Vital Brasil, Gregori Warchavchic, Eduardo Kneese de Mello, Oswaldo Arthur Bratke, Abelardo de Souza, Victor Reif, entre outros modernistas, atuaram de forma marcante no cenário arquitetônico de São Paulo, além dos demais arquitetos que atuavam no mercado e não eram filiados única e exclusivamente aos preceitos modernistas e, assim, apresentavam uma linguagem arquitetônica variada. Jacques Pilon, o Escritório Técnico Ramos de Azevedo/Severo & Villares, Francisco Beck, construtoras, engenheiros, entre outros, cada um à sua maneira, edificaram a grande massa de edifícios de apartamentos da cidade. Ambos construíram, nos dizeres de Toledo (1983, p. 141), a terceira versão da cidade de São Paulo, a versão em concreto que substituiria a cidade de tijolos e os últimos vestígios da cidade de taipa.

Percebida a dinâmica do processo de verticalização que se configurava na cidade após os anos 1930, alguns arquitetos, como Rino Levi, procuraram intervir no processo através da participação efetiva no debate sobre as novas regras de planejamento urbano, principalmente o zoneamento que se disseminou na cidade somente nos anos 1950. Segundo Somekh (1997, p. 70-81), as preocupações dominantes no meio arquitetônico e urbanístico brasileiro nas décadas de 1930 e 1940 foram condicionadas pela introdução de iniciativas legais para estimular e controlar a verticalização da cidade.

O Código Sabóia, que estabelece o controle do gabarito dos edifícios proporcionalmente à largura das ruas, "seria redefinido pela exigência de gabaritos mínimos e total ocupação frontal do lote em algumas ruas da região central" (Anelli; Guerra, 2001, p. 46). Nesse período, a legislação estimulou a verticalização em determinadas regiões fora da área central através do estabelecimento de alturas máximas para os edifícios muito superiores àquelas construídas na época.

É importante ressaltar que, entre 1930 e 1960, a cidade de São Paulo viu implantarem-se em seu território concepções de urbanismo divergentes também no que concerne à verticalização. De um lado, Prestes Maia, realizador de grandes obras de reurbanização, foi autor do primeiro sistema rápido de transportes de massas e de ajustes do código de obras com vistas à verticalização das construções, promovendo o mercado imobiliário graças ao aumento dos índices de ocupação do solo. Em seu primeiro mandato (1938-1945), determinou a distribuição espacial dos edifícios altos da cidade nos 20 anos seguintes, garantindo uma época de realizações excepcionais quanto à altura. Por outro lado, Anhaia Mello, em 1930, prescrevendo o zoneamento e a limitação do crescimento da cidade, foi o defensor intransigente de medidas de restrição ao crescimento vertical que, em 1957, se concretizaram através da primeira legislação de zoneamento de São Paulo, que limitou as taxas de ocupação do solo a índices mais baixos do que aqueles de 1934. Isso implicou uma diminuição na altura de novas edificações e reforçou a verticalização para fins residenciais (Ficher, 1994, p. 69 e 72).

> "Estimular e controlar a verticalização da cidade"

Estas intervenções realizadas em São Paulo a partir de gestões como a de Francisco Prestes Maia tinham o intuito de *metropolizar* a cidade, escreve Frúgoli (2000, p. 53). Esse conceito se concretizou através da implantação de parte do Plano de Avenidas, que constituía a primeira concepção mais sistemática de cidade moderna, com uma proposta global que abrangia sistema viário, circulação e transportes, além de diretrizes para o embelezamento e o arruamento, zoneamento, expansão urbana e legislação tributária.

A execução ainda que parcial do plano de Prestes Maia dotou a cidade de uma nova feição, principalmente em sua região central. Áreas remodeladas, instalação de edifícios suntuosos, alargamento e prolongamento de ruas e avenidas, criação de praças, construção de várias avenidas radiais e uniformização de fachadas dos prédios foram de intervenções realizadas na cidade bastante semelhantes às de Haussmann, em Paris.

3.3 Apartamento modernista: modelo salubre de habitação

Com o final da Primeira Guerra, os Estados Unidos foram colocados no cenário mundial como a principal potência industrial devido à sua vitória, seu sucesso econômico, sua superioridade militar e seu parque industrial em franca expansão. Essa nação passou a simbolizar o progresso e a modernidade de uma sociedade mecanizada a partir de seu modelo de cidade. No Brasil, essa imagem começou a ser almejada, provavelmente desde a construção do edifício Martinelli em São Paulo, na década de 1930, marco da verticalização da cidade e símbolo de modernidade através da tipologia do arranha-céu.

O edifício de apartamentos foi parte integrante desse processo de modernização.

> Só foi possível começar a convencer os paulistanos a deixarem suas casas para irem viver em apartamentos porque, tanto quanto aos japoneses e aos franceses, se lhes fez acreditar que, desta forma, eles estariam sendo irretocavelmente Modernos, em suma. (Tramontano, 1998b, p. 121).

Nesse sentido, na segunda metade da década de 1930, a cidade de São Paulo foi palco da produção de uma série de edifícios de apartamentos modernistas que representavam a mais nova e moderna maneira de morar brasileira.

"A flexibilidade dos espaços"

A partir da premissa de que Rino Levi esboçou a Arquitetura Moderna em São Paulo com seus edifícios de apartamentos durante o início da década de 1930, autores constatam que o edifício Esther a introduz efetivamente. Símbolo do pensamento arquitetônico modernista brasileiro da época, o Esther, construído entre 1935 e 1938 por Álvaro Vital Brasil e Adhemar Marinho, representou um marco da verticalização habitacional na cidade de São Paulo (Fig. 3.15A). Destinado ao uso de escritórios, habitações e comércio, o edifício foi o primeiro exemplo do emprego de estrutura independente de concreto em edificações de grande porte construídas no Brasil (Atique, 2002) (Fig. 3.15B). Por ser uma ilustração completa dos cinco pontos corbuseanos de 1926, as referências do *international style* se verificaram não somente na plástica do edifício, mas também na organização e articulação dos espaços internos. Segundo Tramontano (1998b), os princípios do *immeuble-villa* e de células flexíveis como elemento central da cidade contemporânea de 1922, propostos por Le Corbusier, já haviam sido explicitados a um grupo ainda restrito de arquitetos brasileiros em conferências ministradas na Escola Nacional de Belas Artes (Enba), quando da visita do arquiteto franco-suíço ao país, em 1929. Os autores do Esther não foram exceção nesse grupo, pois eram alunos da Enba até 1933, o que lhes possibilitou concretizar conceitos tão almejados pelos arquitetos filiados aos preceitos modernistas no projeto do edifício (Tramontano, 1998b).

A construção do edifício Esther "assume ares de um real manifesto", em um contexto paulistano no qual as primeiras realizações modernistas não passavam de "um arremedo plástico de alguns conceitos enunciados pelo Cubismo, sem, contudo, comportarem em seu processo construtivo os indícios da habitação Moderna para uma nova sociedade, produzida em série e com materiais padronizados" (Tramontano, 1998b, p. 119).

Sobre as características espaciais do projeto de edifício Esther, autores indicam que a flexibilidade de seus espaços se verificou nos andares destinados aos escritórios e às habitações, através de módulos que poderiam ou não ser agrupados. Nesses espaços, foram propostas divisórias leves de cerâmica pouco espessa para divisão dos ambientes (Atique, 2002). De acordo com Tramontano (1993), o desenvolvimento tardio da industrialização de componentes leves e a ausência de mão de obra especializada seriam responsáveis pela construção das vedações internas em tijolos.

Através do aspecto limpo dos ambientes internos do edifício, em razão de os escritórios serem ocupados por médicos e dentistas e de a própria firma administradora do edifício primar pela higiene e organização dos espaços, o Esther ajudou muito a reverter a imagem depreciativa que a sociedade brasileira tinha dos edifícios de uso e habitação coletiva. Porém, foi por meio das unidades habitacionais do edifício que os arquitetos proporcionaram uma total aproximação à habitação coletiva verticalizada europeia (Atique, 2005).

Fig. 3.15 *(A) Vista aérea e (B) hall de entrada do edifício Esther, na avenida Ipiranga. Arquitetos Álvaro Vital Brasil e Adhemar Marinho, 1936*
Fonte: cortesia de Leonardo Finotti.

> "Aproximação à habitação coletiva verticalizada europeia"

> "Nesse momento a utilização de serviços coletivos em edifícios, como restaurantes, lavanderias e academias, propiciava aos habitantes a vida moderna"

O programa do Esther se assemelha ao dos *apartment-hotels*, principalmente por oferecer alguns apartamentos desprovidos de cozinhas e a implantação de um grande restaurante dentro do edifício, mesmo que nunca tenha sido utilizado (Atique, 2000, p. 23). Nesse momento a utilização de serviços coletivos em edifícios, como restaurantes, lavanderias e academias, garantia aos habitantes uma vida moderna. Entretanto, no Brasil, tais serviços enfrentavam

> a resistência de uma grande parcela da população, sobretudo das classes médias, incapazes de possuírem o modelo burguês de casa isolada e, ao mesmo tempo, críticos das habitações coletivas das classes baixas, o que gerou, em prédios com tais áreas de serviços coletivos, uma privatização das mesmas por alguns moradores. (Atique, 2000, p. 26).

Já as áreas de serviço dos apartamentos do edifício Esther foram projetadas isoladamente, à maneira oitocentista de segregação total das atividades relegadas aos serviçais. A cada quatro apartamentos se formava uma área coletiva, porém com tanques individuais. Os preceitos higienistas da época foram ilustrados pelo uso dos tanques. Todos os apartamentos que possuíam tanque dispunham de banheiro e dormitório de empregada (Fig. 3.16). Soluções projetuais semelhantes também serão vistas em outros projetos contemporâneos ao do edifício Esther (Atique, 2002, 2005).

Álvaro Vital Brasil inovou na construção desse edifício projetado para locação, cujo partido previa pela primeira vez o apartamento *duplex*, localizado no último andar. "Trata-se do primeiro prédio de grande porte construído em São Paulo com estrutura independente; lajes contínuas garantem a flexibilidade da planta" (Xavier; Lemos; Corona, 1983, p. 4). Porém, foi nessa tipologia do edifício que os autores se aproximaram de maneira mais clara

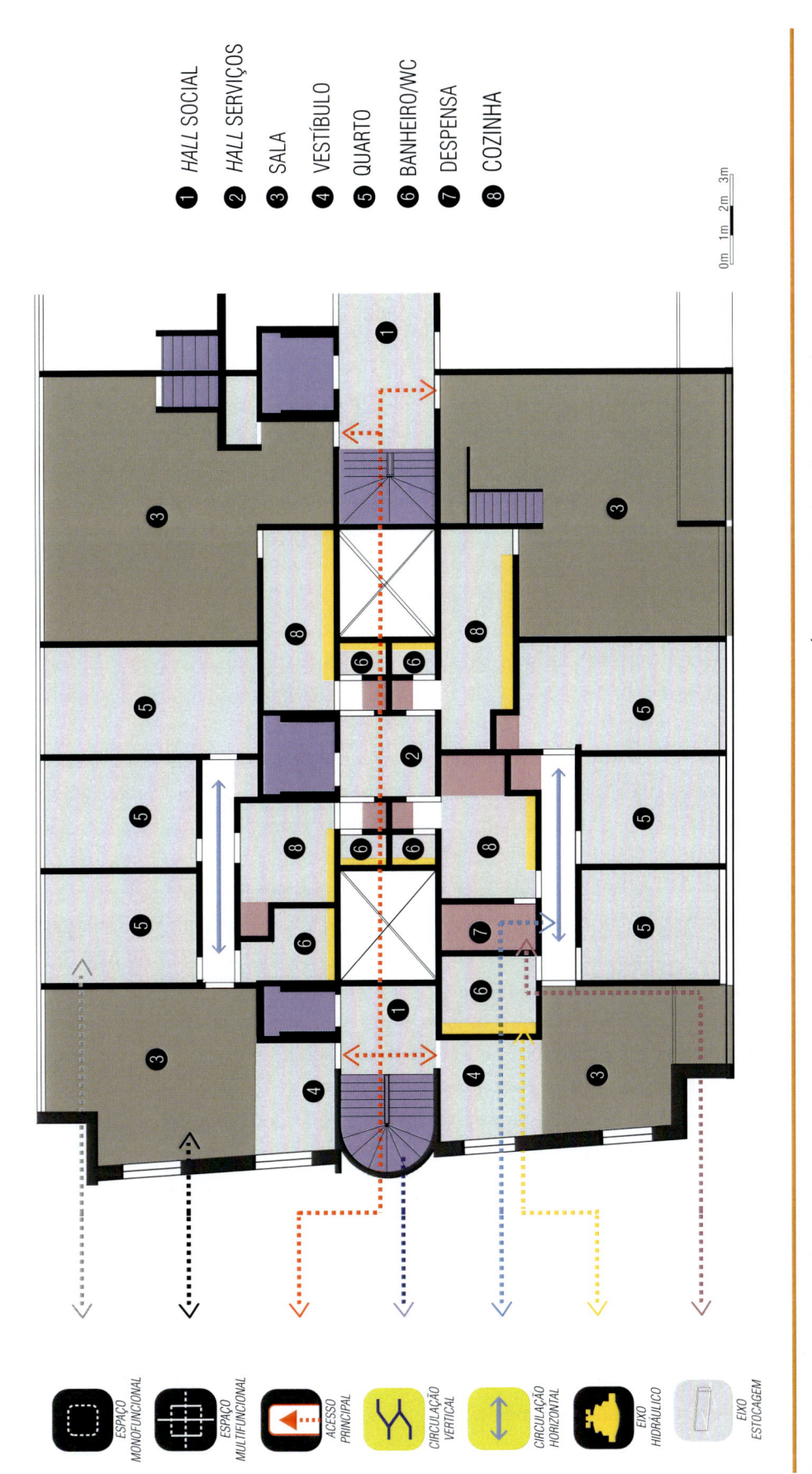

3 Apartamento modernista: experimentações em meio à produção comercial

1. HALL SOCIAL
2. HALL SERVIÇOS
3. SALA
4. VESTÍBULO
5. QUARTO
6. BANHEIRO/WC
7. DESPENSA
8. COZINHA

ESPAÇO MONOFUNCIONAL
ESPAÇO MULTIFUNCIONAL
ACESSO PRINCIPAL
CIRCULAÇÃO VERTICAL
CIRCULAÇÃO HORIZONTAL
EIXO HIDRÁULICO
EIXO ESTOCAGEM

Fig. 3.16 *Esquema gráfico da planta do 9º pavimento do edifício Esther, na avenida Ipiranga. Arquitetos Álvaro Vital Brasil e Adhemar Marinho, 1935*
Fonte: baseado em Conduru (2000).

dos preceitos corbuseanos, especificamente dos *immeuble-villas* com *appartements à double hauteur,* tão divulgados nos primeiros anos da década de 1930.

"Configuração semelhante à da planta burguesa"

Sobre os *immeuble-villas*, observamos que Le Corbusier pôde colocar em prática suas postulações em uma série de projetos para edifícios de apartamentos de aluguel em diversas cidades europeias. Os principais edifícios dessa tipologia construídos foram o *immeuble Clarté* em Genebra, de 1932, o *immeuble* em Zurique, de 1933, e o *immeuble Molitor* em Paris (Figs. 3.17 e 3.18). O projeto do *immeuble Clarté*, construído na cidade de Genebra (*rue St. Laurent,* 2), continha 45 alojamentos em forma de *duplex* que ofereciam grande diversidade de dimensões e equipamentos interiores. No texto de apresentação do edifício escrito por Le Corbusier (Boesiger, 1971, p. 66), o autor explicita a vontade de buscar com o projeto *Clarté* novas pesquisas em relação à espacialidade dos apartamentos; entretanto, observamos algumas referências aos espaços burgueses oitocentistas na distribuição e denominação dos cômodos.

Em meio a uma estética tipicamente modernista, *salle à manger*, *office* e *fumoir* conviviam na tentativa de uma reorganização do espaço interno alcançada por Corbusier no projeto do edifício da Weissenhof de 1927. Os *appartements à double hauteur,* como chamava o próprio autor, apresentavam uma configuração muito semelhante à planta burguesa, facilmente percebida pela sucessão de espaços de prestígios, de serviços e íntimos de que os apartamentos dispunham. Inclusive, em relação aos espaços íntimos dos apartamentos do *Clarté*, observamos certa estanqueidade dos dormitórios, que eram monopessoais. Isso mostrava uma solução bastante diversa das cabines de dormir flexíveis propostas para o apartamento da Weissenhof.

Outro projeto *immeuble* de Le Corbusier foi construído em 1933, na cidade de Paris, intitulado *Puerta de Molitor* que, além de sediar o *atelier* do próprio Le Corbusier, apresentava características bastante semelhantes ao *Clarté,* tanto no emprego formal dos novos materiais quanto na organização espacial interna dos apartamentos. Um item diferenciado foi a presença de entrada de serviço nos apartamentos (Fig. 3.19).

"Tripartição em zonas de prestígio, íntima e de rejeição"

Essa aproximação dos preceitos de habitar burgueses presente em algumas obras de Le Corbusier, que se manifestavam na disposição espacial interna baseada na tripartição em zonas de prestígio, íntima e de rejeição, caracterizava uma preocupação do autor com a aceitação de sua obra. Isso se verifica de maneira mais clara nos programas de habitações maiores e destinados a proprietários mais abastados, nos quais a ideia de modernidade é relacionada à estética despojada de ornamentos e o uso de materiais novos como o concreto aparente, elementos metálicos, pisos de borracha etc. Já nos programas destinados ao Estado, Le Corbusier se desvencilha totalmente das referências burguesas de morar, propondo verdadeiras células revolucionais, como foi o caso dos edifícios de Weissenhof de 1927.

As semelhanças entre os edifícios *Clarté* e Esther não param na questão plástica e estética do edifício. Elas se verificam também na implantação, circulação, iluminação e, principalmente, na organização espacial interna dos apartamentos *duplex.* Descreveu-os Vital Brasil:

> Apartamentos duplos, de luxo, tomando parte deste andar (9) e parte do 10º andar. Compõem-se de uma sala de estar com pé direito de 6 metros, vestíbulo e escada própria, uma sala de jantar, cozinha, dispensa e instalações completas de empregados neste andar. (Brasil; Marinho, 1939, p. 220 apud Atique; Tramontano, 1996, p. 26).

A similaridade fica mais evidente ao compararmos o *duplex* do Esther com o *duplex* do *Clarté*, de Le Corbu-

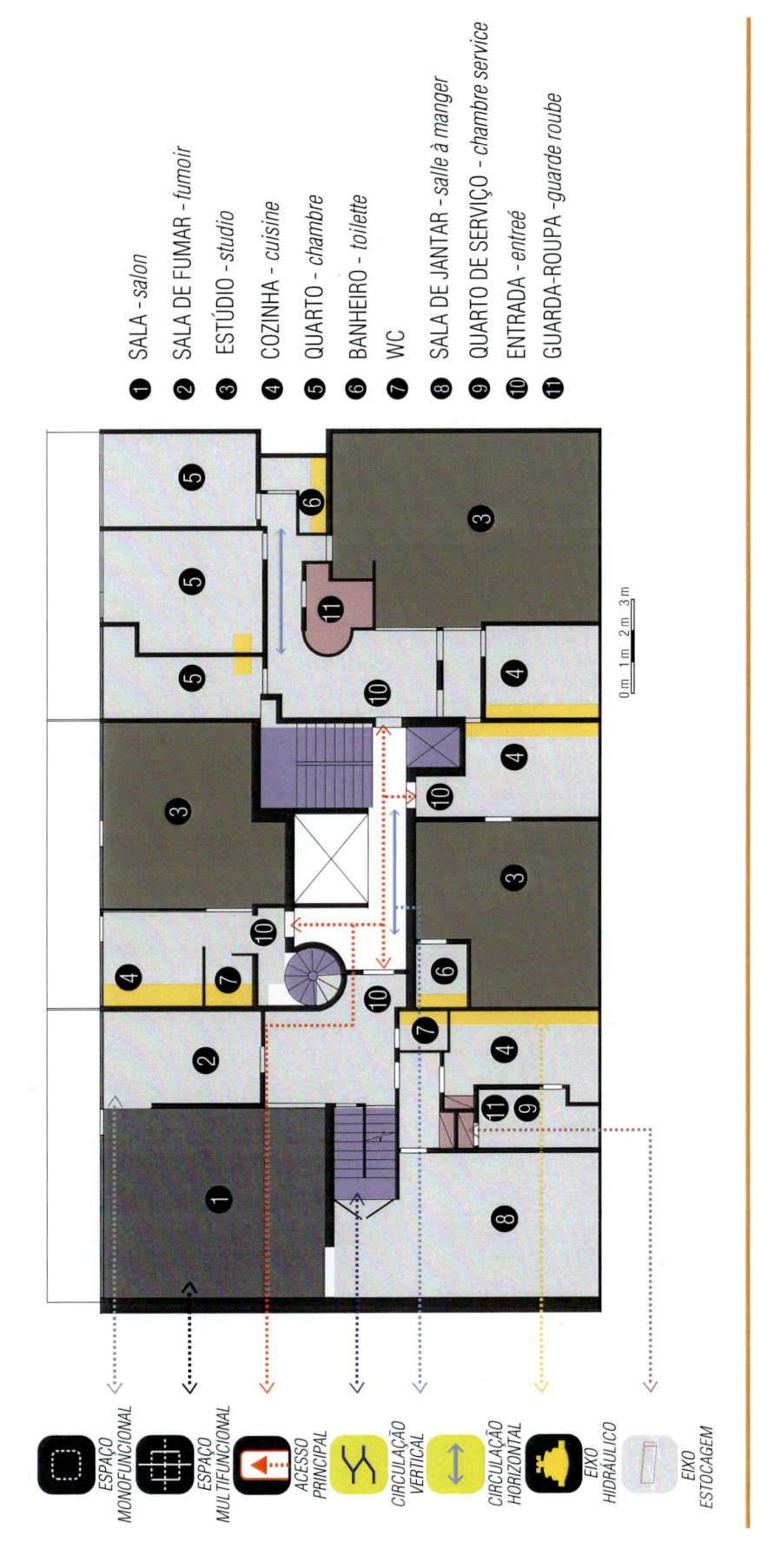

3 Apartamento modernista: experimentações em meio à produção comercial

1. SALA - *salon*
2. SALA DE FUMAR - *fumoir*
3. ESTÚDIO - *studio*
4. COZINHA - *cuisine*
5. QUARTO - *chambre*
6. BANHEIRO - *toilette*
7. WC
8. SALA DE JANTAR - *salle à manger*
9. QUARTO DE SERVIÇO - *chambre service*
10. ENTRADA - *entreé*
11. GUARDA-ROUPA - *guarde roube*

ESPAÇO MONOFUNCIONAL
ESPAÇO MULTIFUNCIONAL
ACESSO PRINCIPAL
CIRCULAÇÃO VERTICAL
CIRCULAÇÃO HORIZONTAL
EIXO HIDRÁULICO
EIXO ESTOCAGEM

Fig. 3.17 *Esquema gráfico da planta-tipo do immeuble Clarté em Genebra. Arquiteto Le Corbusier, 1930-1932*

Fonte: baseado em Boesiger (1971).

Fig. 3.18 *Vistas (A) externa e (B-C) interna do* immeuble Clarté, *em Genebra. Arquiteto Le Corbusier, 1930-1932*
Fonte: Boesiger (1971).

3 Apartamento modernista: experimentações em meio à produção comercial

sier (Atique; Tramontano, 1996, p. 26). Os programas são bastante semelhantes no trato dos espaços e na organização dos cômodos, que mantém referências claras à habitação burguesa oitocentista. Na grande variedade de tipologias habitacionais que o edifício traz, nota-se que, quanto maior o apartamento, mais evidentes são as referências burguesas oitocentistas.

Ao buscar referências no trabalho do mestre Le Corbusier, Vital Brasil tinha o intuito de proporcionar à cidade de São Paulo a modernidade tão inerente à obra do arquiteto suíço. E o fez, já que, após a construção do edifício Esther, uma nova condição de projetos de habitação verticalizada parece ter se instalado na cidade. A possibilidade de construções mais racionalizadas e com novos arranjos espaciais indicavam uma grande modificação que se processava na esfera arquitetônica paulistana. A classe média, tão temerosa das habitações coletivas promíscuas e insalubres, a partir do final dos anos 1930 finalmente pôde habitar verdadeiros ícones da modernidade (Tramontano, 1998b; Atique, 2002).

Acostumada aos exageros ornamentais, a classe média ainda primava por referências formais aos palacetes dos barões do café. As normas de etiqueta e sociabilidade pouco haviam mudado nos anos 1930, e os indivíduos eram qualificados pelo que possuíam – fato que não foi alterado até os dias atuais. Sob essa ótica, morar em um edifício modernista significava alcançar uma posição de destaque, pois, além dos equipamentos de luxo, o edifício oferecia aos moradores uma condição moderna de viver.

> "Base do pensamento projetual modernista europeu, a casa-máquina flexível e bipartida em habitação diurna e noturna raramente foi implantada nos edifícios brasileiros"

Base do pensamento projetual modernista europeu, a casa-máquina flexível e bipartida em habitação diurna e noturna raramente foi implantada nos edifícios brasileiros. No Brasil, os arquitetos do período modernista projetavam os edifícios utilizando uma linguagem já conhecida pelos clientes, como uma verdadeira estratégia para garantir a aceitação do empreendimento. O próprio Le Corbusier, na construção de alguns edifícios, havia lançado mão de referências burguesas oitocentistas nos apartamentos através da articulação dos espaços e da nomenclatura utilizada nos cômodos. A fim de garantir o sucesso da tipologia, foi preciso manter nos espaços internos referências burguesas oitocentistas, principalmente a setorização e compartimentação das áreas de prestígio, íntima e de rejeição.

> "A produção desses edifícios de apartamentos era iniciativa de investidores que prioritariamente visavam o lucro"

No final da década de 1930 em São Paulo, veremos algumas dezenas de edifícios projetados por arquitetos filiados ao *modern style*, com seus paredões de concreto recortados em formas inovadoras, porém com interiores que trazem, basicamente, uma versão reduzida dos antigos palacetes burgueses.

A produção desses edifícios de apartamentos era iniciativa de investidores que prioritariamente visavam o lucro. Segundo Lemos (1990, p. 57), "naquele tempo, o aluguel foi um rendimento ótimo, talvez o melhor deles, muito melhor que as ações, como as da Paulista, a estrada de ferro querida de todos". Deduz-se que o melhor investimento, portanto, seria a construção de edifícios bem aceitos pela sociedade da época que ainda primava pelas tais referências europeias de habitação. Isso se traduz na construção de edifícios de apartamentos com uma plástica modernista, ou mesmo *art déco*, e interiores basicamente convencionais.

Em 1935, Rino Levi projetou o edifício Higienópolis, que mescla conceitos modernistas, traduzidos na plástica e ordenação dos volumes, e referências burguesas presentes na organização dos espaços interiores (Fig. 3.20A). Esse apartamento demonstra uma característica que se afirmará nas décadas seguintes: a redução da tipologia compartimentada em cômodos para um programa básico de sala, dormitórios (dois ou três), banheiro e cozinha

(Fig. 3.20B,C). Houve ainda o oferecimento de alguns equipamentos básicos da vida moderna aos moradores, como armários embutidos, dutos de lixo, caldeira e a presença da figura do zelador. Nesses apartamentos será recorrente a distinção entre as entradas social e de serviço, e a presença de cômodos para empregados dentro da unidade.

A distinção entre acessos demonstra a presença de empregados domésticos nos apartamentos brasileiros, e nos remete diretamente aos apartamentos franceses do século XIX, que se caracterizavam pela dissociação de circulações entre patrões e empregados. Notamos que essa característica de acesso somada à presença de cômodos de empregados no interior das habitações foi frequentemente relacionada a certo requinte dos apartamentos colocados no mercado ao longo dos anos, tanto para aluguel quanto para venda.

> "Quanto mais elevada a classe social, também mais alto será o nível de equipamento do edifício e do apartamento"

Esse apartamento será repetido várias vezes durante os anos seguintes nos programas mais baratos, diferindo dos programas mais requintados e extensos para as famílias mais abastadas, estes produzidos principalmente na década de 1950 em edifícios modernistas.

Nesse contexto, finalizaremos a década de 1930 com um quadro bastante claro das principais tipologias existentes na cidade de São Paulo. Com um incipiente porém já fortalecido mercado imobiliário, veremos que a produção predominante será de edifícios de aluguel. Notaremos os apartamentos destinados às famílias filiados a uma estética modernizadora e com recursos da vida moderna, variando o tamanho da célula e o nível de equipamento, desde os maiores até os mais reduzidos. Quanto mais elevada a classe social, também mais alto será o nível de equipamento do edifício e do apartamento.

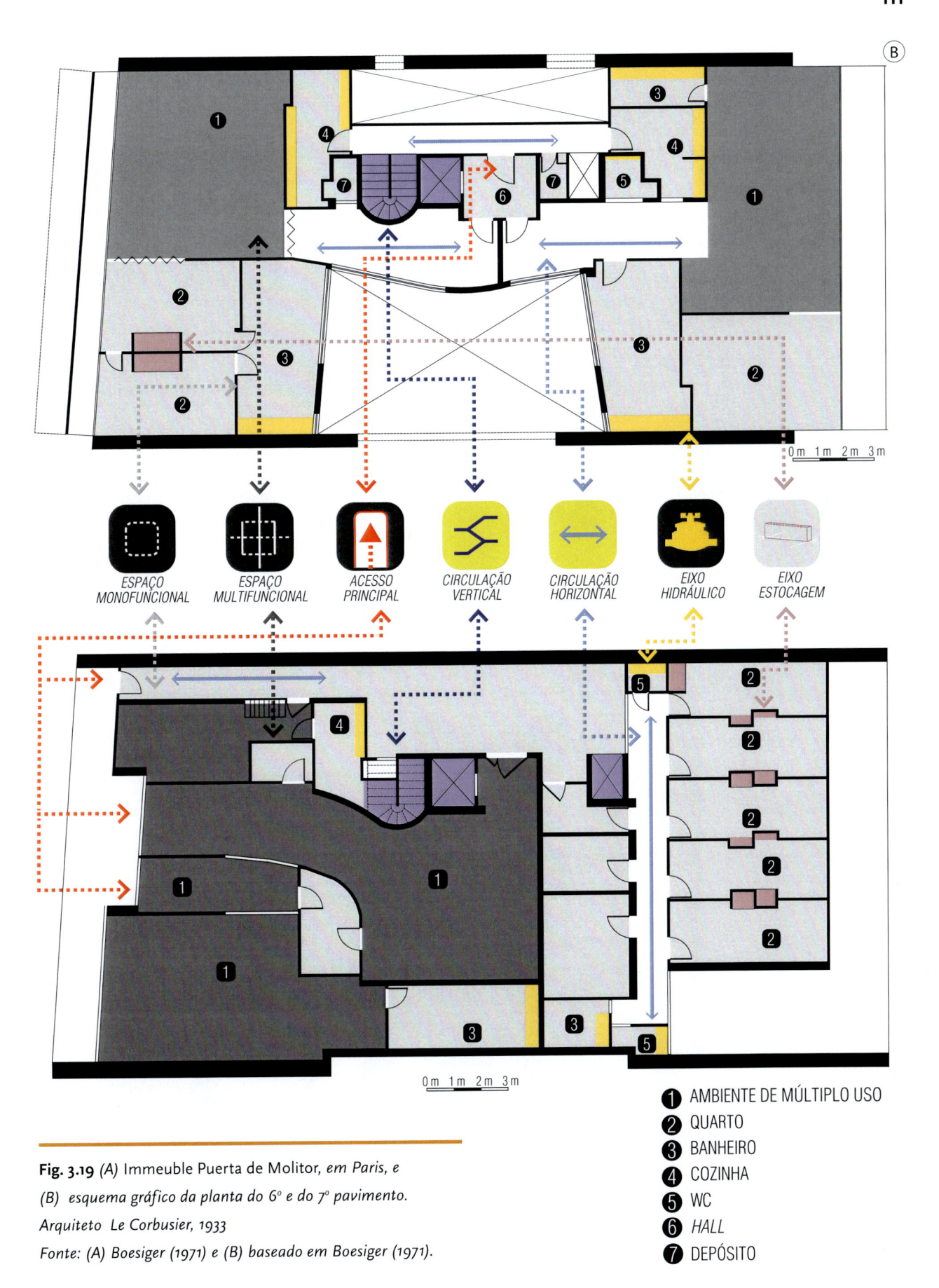

3 Apartamento modernista: experimentações em meio à produção comercial

ESPAÇO MONOFUNCIONAL
ESPAÇO MULTIFUNCIONAL
ACESSO PRINCIPAL
CIRCULAÇÃO VERTICAL
CIRCULAÇÃO HORIZONTAL
EIXO HIDRÁULICO
EIXO ESTOCAGEM

1. AMBIENTE DE MÚLTIPLO USO
2. QUARTO
3. BANHEIRO
4. COZINHA
5. WC
6. HALL
7. DEPÓSITO

Fig. 3.19 *(A)* Immeuble Puerta de Molitor, *em Paris, e*
(B) esquema gráfico da planta do 6º e do 7º pavimento.
Arquiteto Le Corbusier, 1933
Fonte: (A) Boesiger (1971) e (B) baseado em Boesiger (1971).

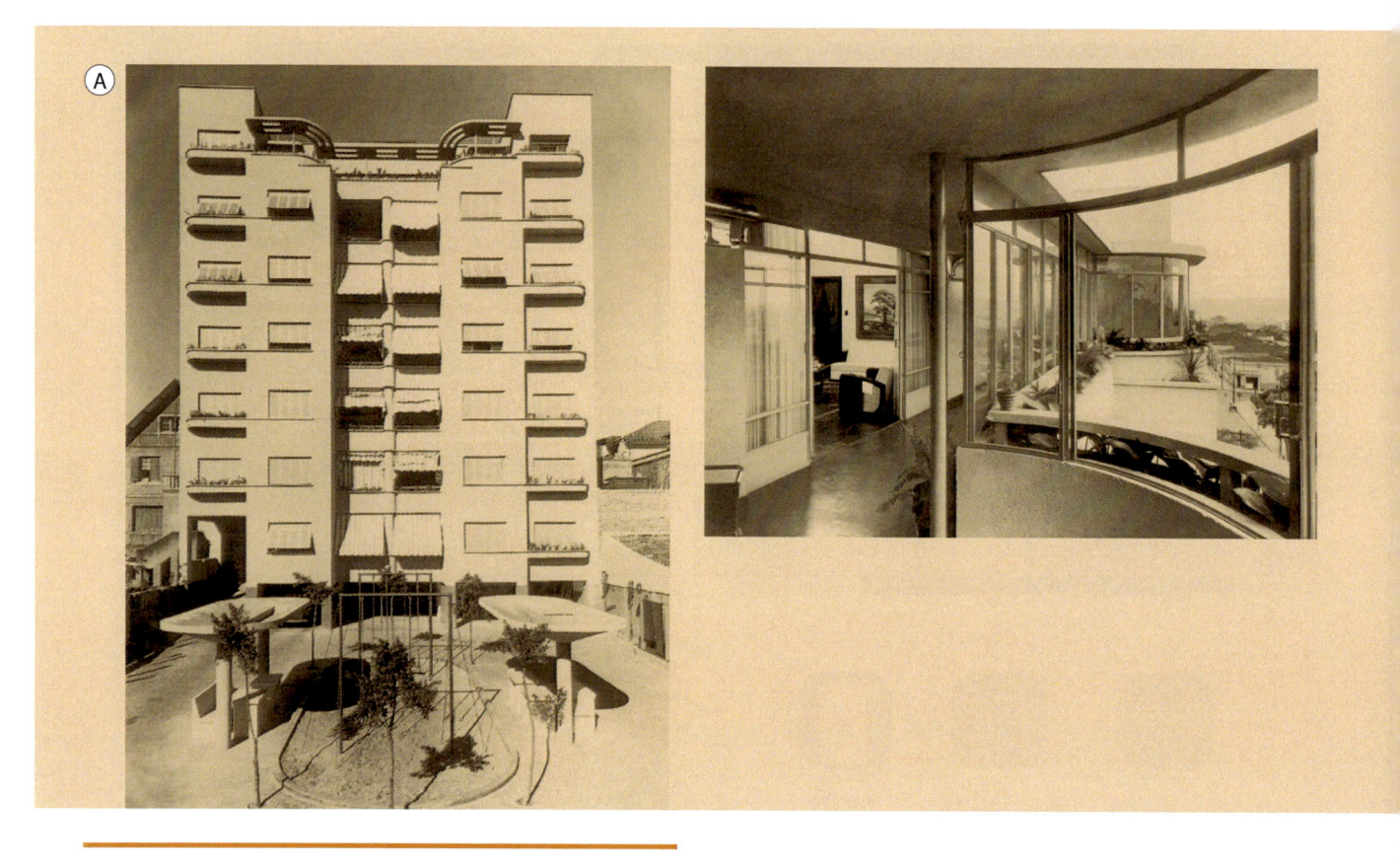

morar em apartamento

Fig. 3.20 (A) Edifício Higienópolis, na rua Quintino Bocaiúva, e
(B) esquema gráfico da planta do 2° ao 5° pavimento

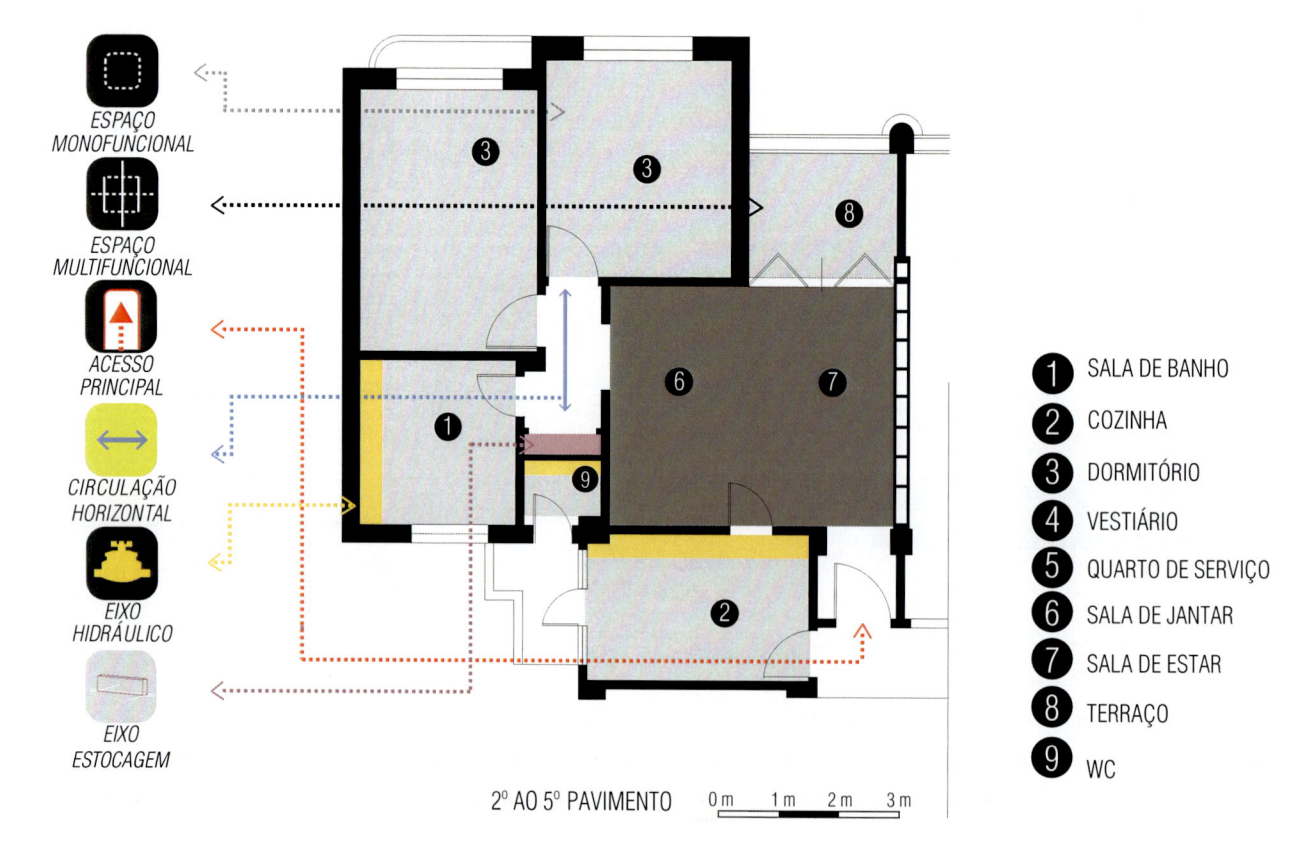

ESPAÇO MONOFUNCIONAL
ESPAÇO MULTIFUNCIONAL
ACESSO PRINCIPAL
CIRCULAÇÃO HORIZONTAL
EIXO HIDRÁULICO
EIXO ESTOCAGEM

1. SALA DE BANHO
2. COZINHA
3. DORMITÓRIO
4. VESTIÁRIO
5. QUARTO DE SERVIÇO
6. SALA DE JANTAR
7. SALA DE ESTAR
8. TERRAÇO
9. WC

2° AO 5° PAVIMENTO 0m 1m 2m 3m

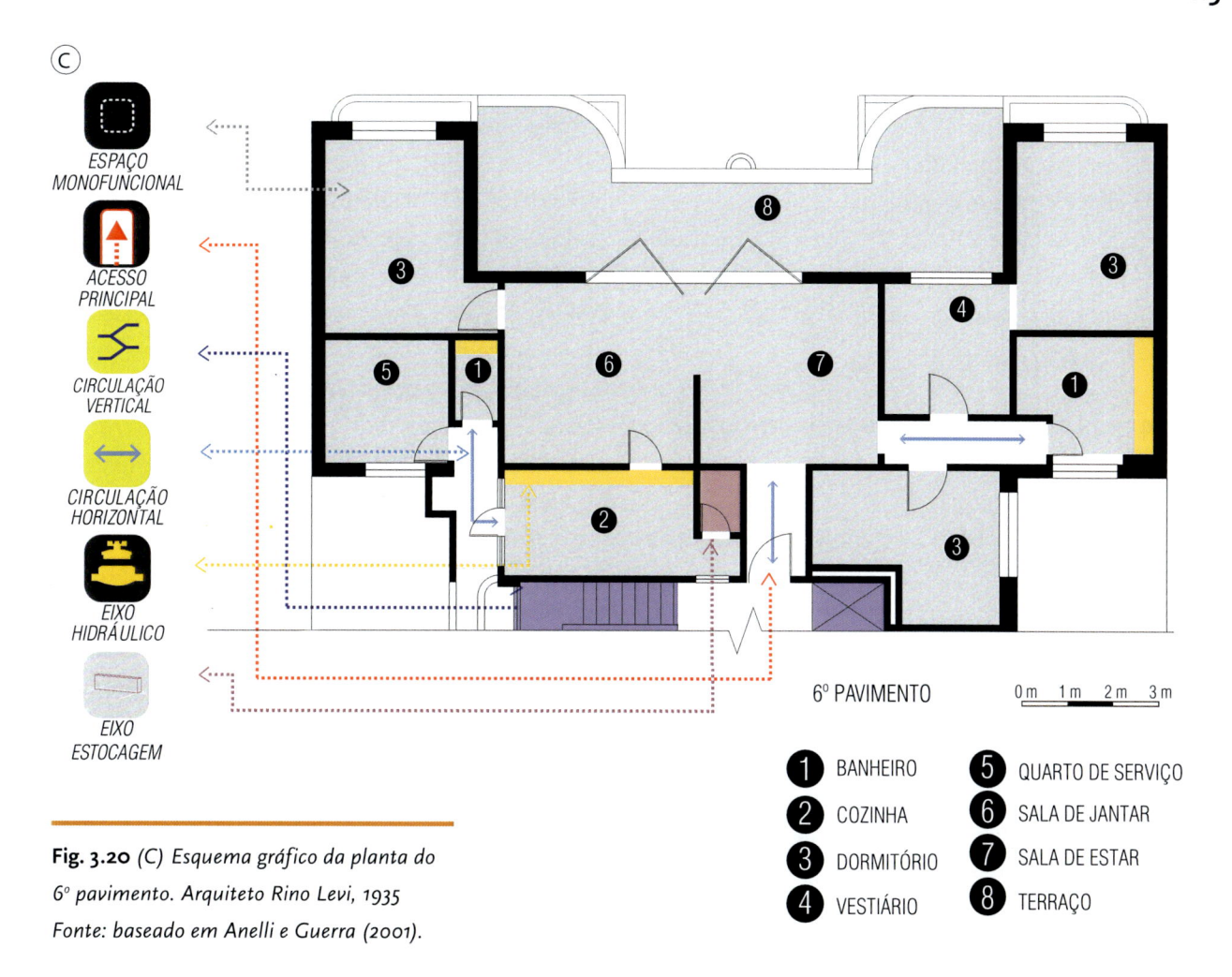

3 Apartamento modernista: experimentações em meio à produção comercial

Fig. 3.20 *(C) Esquema gráfico da planta do 6º pavimento. Arquiteto Rino Levi, 1935*
Fonte: baseado em Anelli e Guerra (2001).

Legenda:
- ESPAÇO MONOFUNCIONAL
- ACESSO PRINCIPAL
- CIRCULAÇÃO VERTICAL
- CIRCULAÇÃO HORIZONTAL
- EIXO HIDRÁULICO
- EIXO ESTOCAGEM

6º PAVIMENTO

1. BANHEIRO
2. COZINHA
3. DORMITÓRIO
4. VESTIÁRIO
5. QUARTO DE SERVIÇO
6. SALA DE JANTAR
7. SALA DE ESTAR
8. TERRAÇO

Destinado principalmente a pessoas sozinhas, teremos os apartamentos de um dormitório ou *kitchenette*, que oferecem aos moradores uma habitação, muitas vezes, transitória. Aqui detectamos os mais variados tipos e tamanhos, com ou sem cozinhas, com ou sem salas, com ou sem equipamentos coletivos, enfim, propostas de habitação para uma cidade em franco desenvolvimento e crescimento demográfico e com um mercado imobiliário ainda experimentado.

Nesse sentido, a produção de edifícios de apartamentos realizadas por Rino Levi e pelo arquiteto russo Gregori Warchavchik, entre o final da década de 1930 e o início dos anos 1940, nos remete a vários pensamentos. Ambos idealizaram apartamentos dos mais diferentes tipos e formatos, com soluções as mais diversas, desde as mais convencionais, descritas anteriormente, até algumas que utilizavam divisórias móveis nos ambientes. Essa diversidade nos aponta para algumas deduções. Inicialmente, demonstra certa preocupação por parte dos autores em atentar às necessidades habitacionais da população, já que as propostas apresentavam diversidade no número de dormitórios. Outra dedução seria a preocupação por parte dos arquitetos em elaborar projetos de apartamentos que respondessem às determinantes dos proprietários-rentistas da época, que na verdade edificavam a grande massa dos edifícios verticais da cidade. E, por último, os arquitetos poderiam estar experimentando novas possibilidades referentes aos edifícios de apartamentos, ou mesmo estariam testando maneiras de se obter o aproveitamento máximo das áreas. Nesse sentido, Rossetto (2002) aponta que, analisando as tipologias da incorporação desenvolvidas nessa época, defende-se que os resultados arquitetônicos não eram dissociados da lógica da produção imobiliária, e que existia a articulação entre produto e processo. Por essa ótica, percebe-se que determinados conceitos e pressupostos da Arquitetura Moderna foram empregados amplamente pelo mercado imobiliário.

3.4 Os anos 1940 e a fase embrionária da tipologia

A partir de 1939, "observa-se uma mudança nas características do processo de verticalização, que de predominantemente terciário passa a residencial e localiza-se principalmente fora da área central da cidade" (Somekh, 1997, p. 19). O início do processo de verticalização nas décadas de 1910, 1920 e 1930 é caracterizado por um fenômeno tipicamente central e predominantemente terciário. Paralelamente ao aumento da construção de edifícios de apartamentos no cenário imobiliário paulistano, percebe-se, ao longo dos anos 1940, a consolidação da preferência por uma maneira de morar nas alturas.

A banalização de preceitos puristas do movimento moderno na cidade se traduziu, ao longo dos anos, pelo uso indiscriminado e aleatório de certos elementos que foram se tornando símbolo de modernidade. A união de um vocabulário plástico modernista a um repertório espacial bastante simplificado nos interiores dos apartamentos, aliado a dutos de lixo, armários embutidos, água potável encanada e espaços monofuncionais reduzidos, com a presença de cômodos de empregados e entradas de serviços, chegou ao final da década de 1940 representando a mais nova maneira de morar verticalizada. Quase a totalidade dos apartamentos dos anos 1940 continha banheira em pelo menos um dos banheiros, o que demonstra a importância desse equipamento para a comercialização das unidades na época (Somekh, 1997; Tramontano, 1998b).

Os anos 1940 foram marcados por vários episódios das mais variadas ordens, que influenciaram direta e indiretamente o espaço habitável vertical. A disseminação de uma maneira de morar e de viver americanizada, difundida principalmente após o ano de 1945 com a vitória aliada na Segunda Guerra Mundial, propunha espaços como cozinhas e salas reduzidas em função do equipamento e da modernização dos materiais de construção e do mobiliário. Além disso, as legislações impostas pelo Estado nesse momento foram determinantes para o desenvolvimento posterior dessa modalidade habitacional.

Até o ano de 1942, casas e apartamentos de São Paulo constituíam uma forma de rentabilidade e investimento bastante segura. De fato, desde a segunda metade do século XIX o investidor obtinha, com o imóvel de aluguel, uma renda mensal e uma excepcional valorização imobiliária ocasionada pela expansão da cidade, o que transformava a propriedade imobiliária, ao mesmo tempo, em reserva de valor e fonte de renda. Segundo Bonduki (1998, p. 218), isso fez com que São Paulo chegasse ao ano de 1940 com 70% dos domicílios alugados, mesmo numa época em que já se difundiam outras formas de moradia, como os loteamentos periféricos, onde os mais pobres podiam adquirir um lote e edificar sua casa.

Com uma visão basicamente focalizada na rentabilidade, o proprietário-rentista foi utilizando ao longo dos anos todos os recursos possíveis para a majoração de seus lucros. Vimos na cena paulistana das décadas de 1920, 1930 e início de 1940 uma profusão de edifícios de apartamentos dos mais variados estilos e dimensões, em que se evidenciava, na maioria dos casos, o aproveitamento total das áreas construídas permitidas. Eram oferecidos apartamentos de um, dois ou três dormitórios no mesmo edifício, amplos ou menores, bem aceitos pela população trabalhadora que não parava de chegar à cidade. A demanda era maior do que a oferta, o que facilitava muito o trabalho do proprietário-rentista, que não necessitava de muito esforço para alugar seu imóvel. Essa discrepância entre demanda e oferta fez com que houvesse também abusos em relação aos preços de aluguéis. Principal-

3 Apartamento modernista: experimentações em meio à produção comercial

mente nos últimos anos da década de 1930 e nos primeiros da década de 1940 houve aumentos absurdos nos valores dos aluguéis, o que ocorreu também em consequência dos altos índices de inflação da economia.

> "Aproveitamento total das áreas construídas permitidas"

Segundo Bonduki (1998, p. 218), a partir dos anos 1930 já havia um consenso nas elites quanto à necessidade de intervenção estatal, temendo o aumento excessivo dos custos da moradia a ponto de pressionar os salários e o agravamento das condições de habitação, o que comprometeria o discurso getulista de *proteção do trabalhador*. Após a criação das Carteiras Prediais nos Institutos de Aposentadorias e Pensões e da Fundação da Casa Popular, destinadas a construir ou financiar a construção de moradia para os trabalhadores, a principal causa da transformação das formas de provisão habitacional em São Paulo foi a implementação da Lei do Inquilinato, no ano de 1942. Regulamentou-se o mercado de aluguéis com seu congelamento, desestimulando a produção rentista e transferindo para o Estado e para os próprios trabalhadores o encargo de produzir suas moradias.

À primeira vista, a Lei do Inquilinato soou como um instrumento de defesa do locatário, como uma versão urbana da legislação trabalhista na qual Getúlio Vargas reforçava sua imagem de *pai dos pobres*. Nos dizeres de Bonduki (1998), o governo regulamentou o mercado de locação objetivando diferentes metas, coerentes com seu projeto mais global: refrear a forte atração que a produção de moradias de aluguel exercia sobre os investimentos para redirecioná-los ao parque industrial em ascensão no país, reduzir o custo de reprodução da força de trabalho e, em consequência, os salários, e difundir a pequena propriedade entre os trabalhadores.

> "Investidores desestimulados pelo congelamento dos aluguéis instituído pela Lei do Inquilinato"

Esse processo ocorreu em meio a uma das mais graves e dramáticas crises de moradia da história do país, em que o número de moradias produzidas pelos rentistas tradicionais caiu praticamente a zero. Esses investidores viram-se desestimulados pelo congelamento dos aluguéis instituído pela Lei do Inquilinato e sentiram-se atraídos por outras possibilidades de investimentos. Isso ocorre concomitantemente às enormes consequências da Segunda Guerra Mundial sobre praticamente todos os setores da economia mundial e das constantes demolições de edificações nos bairros centrais, provocadas pela abertura de novas avenidas durante o Estado Novo (Galesi; Campos Neto, 2002).

O congelamento dos aluguéis desorganizou não só a estrutura do mercado de aluguéis, como também o próprio mercado imobiliário, que, por sua vez, alterou seu foco do mercado de aluguéis para o da casa própria. Os maiores prejudicados pela Lei do Inquilinato foram os proprietários-rentistas que, desde o início dos anos 1940, já vinham assistindo a uma diminuição relativa da rentabilidade dos negócios. O efeito mais importante foi a insegurança que passou a ser associada a esse tipo de investimento e o consequente desestímulo para novas aplicações. O real abandono do negócio de aluguéis ocorreu após a percepção de que a Lei não era uma medida provisória. Entretanto, muitos continuaram a aplicar em imóveis para locação, apesar da insegurança e dos riscos.

A resposta do mercado a essas vicissitudes foi o aumento considerável nas vendas de edifícios de habitação. Inicialmente, essas iniciativas se voltaram à venda do edifício como um todo que, por sua vez, tornaria a ser utilizado para aluguel. Posteriormente, observou-se a comercialização das unidades dos edifícios, que dessa vez estendia a possibilidade da compra do apartamento por pessoas interessadas na aquisição de imóvel para morar, e não para alugar. "Esta alternativa mostra que a Lei do Inquilinato, além de reduzir a rentabilidade dos investidores que viviam de renda imobiliária, estimulava a difusão da pequena propriedade urbana e da casa própria..." (Bonduki, 1998, p. 258).

> "Aumento considerável nas vendas de edifícios de habitação/especulação"

Na década de 1940, a cidade de São Paulo viveu um processo de intensa renovação urbana, marcado, por um lado, pela expansão e reforma viária e embelezamento e, por outro, por uma febre imobiliária que se caracterizou pela especulação. Nesse cenário, consolidou-se uma nova modalidade de empreendimento: a incorporação destinada às classes de renda média e alta. Esse processo marca a migração de muitos dos antigos proprietários-rentistas do mercado do aluguel para o mercado da incorporação. Segundo Ribeiro (1989 apud Bonduki, 1998, p. 251), a procura por imóveis teve como efeito um crescimento acelerado da incorporação de edifícios de apartamentos para venda.

Veremos, então, a partir do estabelecimento da construção de apartamentos pela incorporação, um incremento no número de edifícios de apartamentos destinados às classes média e alta, que antes eram elaborados principalmente para aluguel. Esses apartamentos possuíam programas completos e mais extensos, com várias salas, dormitórios com banheiros e dependências de empregados, além de ocorrer uma redução no número de edifícios com programas mistos.

Esse novo direcionamento do mercado imobiliário contribuiu para o desenvolvimento posterior dos edifícios de apartamentos. Nos apartamentos de um dormitório, observamos certo refinamento dos espaços internos, constituídos, em geral, por sala, banheiro – com banheira – e cozinha com dimensões maiores do que as dos períodos anteriores (Fig. 3.21). Um exemplo desse refinamento pode ser observado num apartamento projetado pelo arquiteto Jacques Pilon, no qual há previsão de espaços de trabalho na unidade e um bar. Se, por um lado, esses dispositivos apontam modos de vida novos nessa sociedade, por outro, talvez não sejam efetivos e apenas veiculem uma imagem de modernidade, sem serem efetivamente utilizados. Também existem casos de apartamentos de um dormitório que apresentam dependências de empregados e salas de jantar e estar separadas por um arco, característica de prestígio burguês.

Nos programas de dois e três dormitórios, mantêm-se as principais características dos apartamentos do final da década de 1930: distinção entre as entradas de serviço e social, presença de cômodos de empregados e certa otimização da área dos cômodos (Fig. 3.22). Dentro dessa categoria, um diferencial possível se refere à presença da sala de jantar como uma segunda sala, além de, em alguns apartamentos de três dormitórios, a presença da suíte (Fig. 3.23).

> "Mantêm-se as principais características dos apartamentos"

Como referência da metrópole moderna, os edifícios de apartamentos destinados à classe média e alta passaram a ser construídos por alguns dos grandes nomes da arquitetura modernista brasileira, principalmente os programas de três dormitórios.

Assim, a década de 1940 iniciou-se com a construção do edifício Anchieta, de Marcelo e Milton Roberto, constituindo o primeiro edifício do novo centro vertical de prestígio da cidade de São Paulo: a avenida Paulista (Fig. 3.24). Segundo Xavier, Lemos e Corona (1983), no projeto, Marcelo e Milton, que já haviam contribuído com obras de significativa importância para a arquitetura brasileira, incorporaram princípios como dinâmica das fachadas pela mudança de planos e pelo uso diversificado de esquadrias, valorização de sombra e marcação da estrutura.

> "Dinâmica das fachadas pela mudança de planos e pelo uso diversificado de esquadrias, valorização de sombra e marcação da estrutura"

Tendo como possível fonte inspiradora o edifício Esther, Marcelo e Milton Roberto elaboraram para o edifício Anchieta apartamentos dos tipos comum e *duplex*, voltados para a avenida Angélica e servidos por circulações independentes. "Foi um dos primei-

3 Apartamento modernista: experimentações em meio à produção comercial

ros prédios a contar com afastamentos consideráveis, propiciando jardins que em muito favoreciam sua implantação" (Xavier; Lemos; Corona, 1983, p. 8). Nos apartamentos comuns, nota-se o programa reduzido de três dormitórios, entretanto ainda contando com a presença de dependências de empregados.

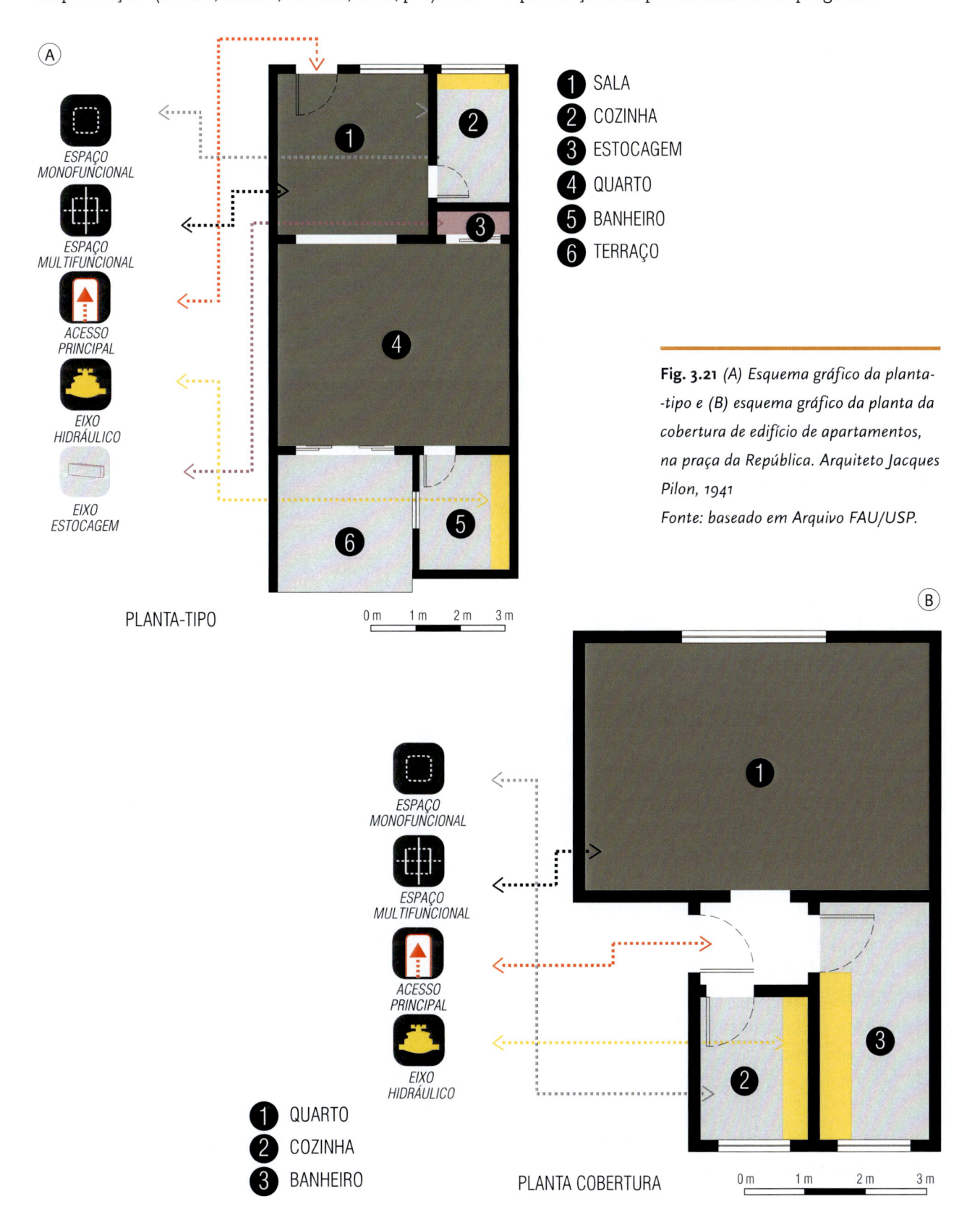

Fig. 3.21 *(A) Esquema gráfico da planta-tipo e (B) esquema gráfico da planta da cobertura de edifício de apartamentos, na praça da República. Arquiteto Jacques Pilon, 1941*
Fonte: baseado em Arquivo FAU/USP.

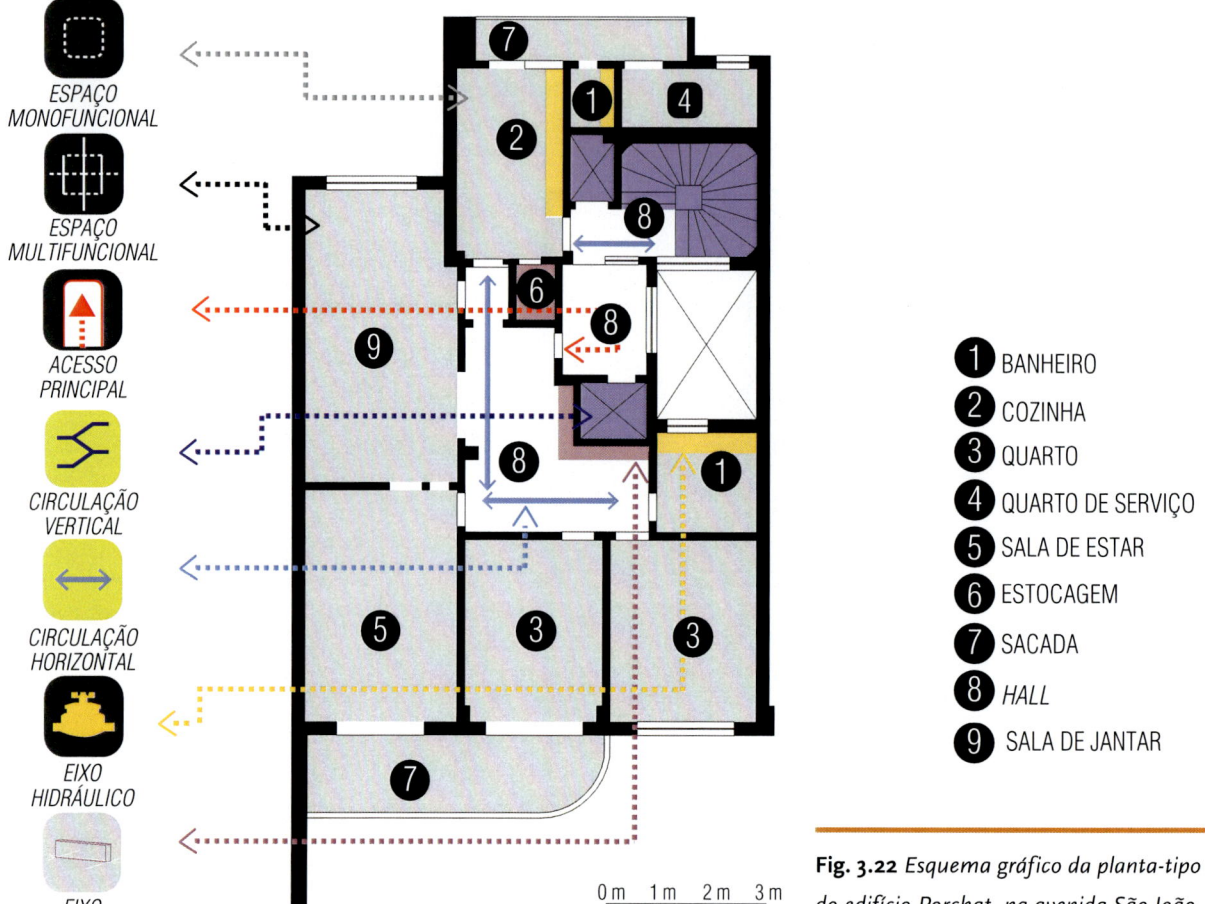

Fig. 3.22 *Esquema gráfico da planta-tipo do edifício Porchat, na avenida São João. Arquiteto Rino Levi, 1940*
Fonte: baseado em Anelli e Guerra (2001).

Legenda:
- ESPAÇO MONOFUNCIONAL
- ESPAÇO MULTIFUNCIONAL
- ACESSO PRINCIPAL
- CIRCULAÇÃO VERTICAL
- CIRCULAÇÃO HORIZONTAL
- EIXO HIDRÁULICO
- EIXO ESTOCAGEM

1. BANHEIRO
2. COZINHA
3. QUARTO
4. QUARTO DE SERVIÇO
5. SALA DE ESTAR
6. ESTOCAGEM
7. SACADA
8. HALL
9. SALA DE JANTAR

Também nesse sentido, Rino Levi elaborou mais alguns edifícios de apartamentos com programas voltados à classe média alta em São Paulo, como o Porchat, o Irmãos Gonçalves e o Prudência. Segundo Anelli (1995), o projeto do edifício Prudência, de 1944, representa uma importante continuidade na obra de Rino Levi em termos de edifícios habitacionais. Construído no bairro de Higienópolis, esse prédio de apartamentos apresenta, para a época, alto padrão de conforto por suas dimensões – quatro dormitórios e grandes salas –, pelos materiais empregados e equipamentos de água quente e ar condicionado centrais, constituindo uma iniciativa sem paralelo em seu tempo (Fig. 3.25).

> "Possibilitar aos usuários a reorganização das divisões internas"

O edifício está implantado em amplo terreno que permite uma forma geométrica simples. Há um volume com planta ortogonal em U, que abriga quatro apartamentos por andar, agrupados dois a dois em função das duas torres de circulação vertical que estão localizadas nos ângulos internos do conjunto. A distribuição interna dos espaços foi modulada com base na grelha estrutural do edifício. Essa grelha ordena a espacialidade interna e sua clareza é tanta que se torna possível a exploração das possibilidades da fachada livre. Os estudos foram minuciosos em diferentes aspectos nas áreas de estar, jantar e dormitórios, que foram concebidas de forma a possibilitar aos usuários a reorganização das divisões internas mediante remanejamento de divisórias (Fig. 3.26). "As subdivisões internas deveriam ter sido realizadas com armários e veda-

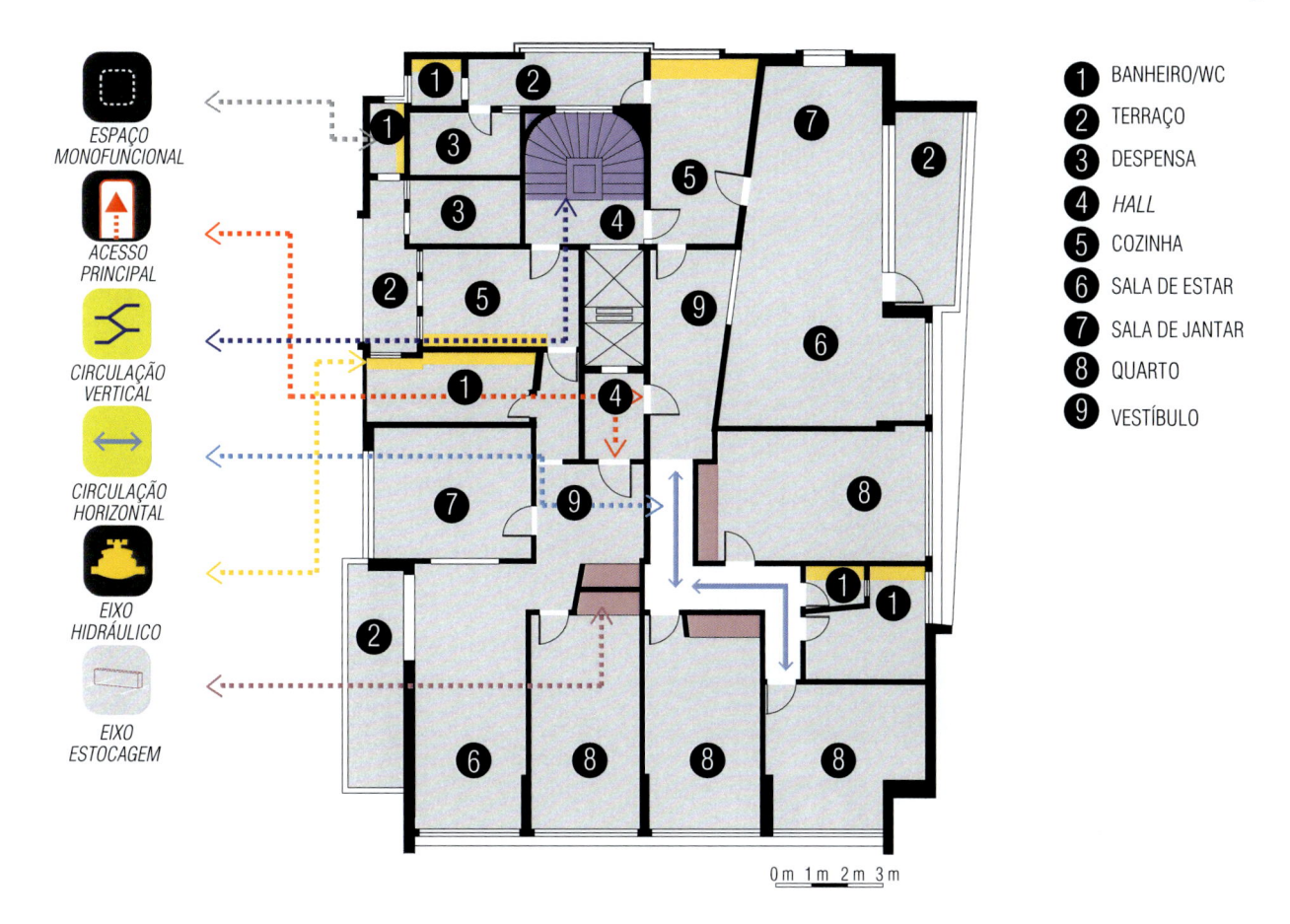

3 Apartamento modernista: experimentações em meio à produção comercial

Fig. 3.23 *Esquema gráfico da planta da cobertura do edifício Pilotis, na avenida Nove de Julho. Arquiteto Francisco Beck, 1948*
Fonte: baseado em Revista Acrópole, n. 126.

ções leves, permitindo inteira liberdade ao morador para adaptar o apartamento às suas necessidades" (Anelli, 1995, p. 250).

Segundo os depoimentos dos arquitetos Roberto Cerqueira César e Luís R. Carvalho Franco, todos os proprietários dos apartamentos, com exceção de um, o Sr. Severo Gomes, recusaram essa proposta e construíram paredes de alvenaria sobre os eixos da modulação (Xavier; Lemos; Corona, 1983).

> Esta concepção espacial dos apartamentos chocava-se com certos consensos da elite brasileira da época. Um deles – e que parece estar em vigência até hoje – era o de que a residência de prestígio deveria caracterizar-se por uma sucessão de cômodos com finalidades específicas, o que excluía qualquer possibilidade de sobreposição de funções. (Tramontano, 1998b, p. 267).

Ainda segundo Tramontano (1998b, p. 267), a atitude de recusa dos elementos flexíveis por parte dos moradores do Prudência pode estar relacionada ao fato de eles associarem tal solução à precariedade das casas dos pobres, que improvisavam a divisão dos cômodos de suas casas através da utilização de tapumes, cortinas e armários.

A execução de edifícios modernos intensificou-se nos anos 1940 e 1950, alterando as características estilísticas da cidade de São Paulo. Entre eles o edifício Louveira, de J. Vilanova Artigas (1946), o edifício Lausanne, de Adolf Franz Heep (1953), o edifício Nações Unidas, de Abelardo de Souza (1953) entre outros. As fachadas desprovidas de ornamentos,

morar em apartamento

Fig. 3.24 *(A) Edifício Anchieta, na avenida Paulista, com (B) o esquema gráfico das plantas-tipo A e B. Arquitetos Marcelo e Milton Roberto, 1941*
Fonte: *(A) Xavier, Lemos e Corona (1983) e (B) baseado em Xavier, Lemos e Corona (1983).*

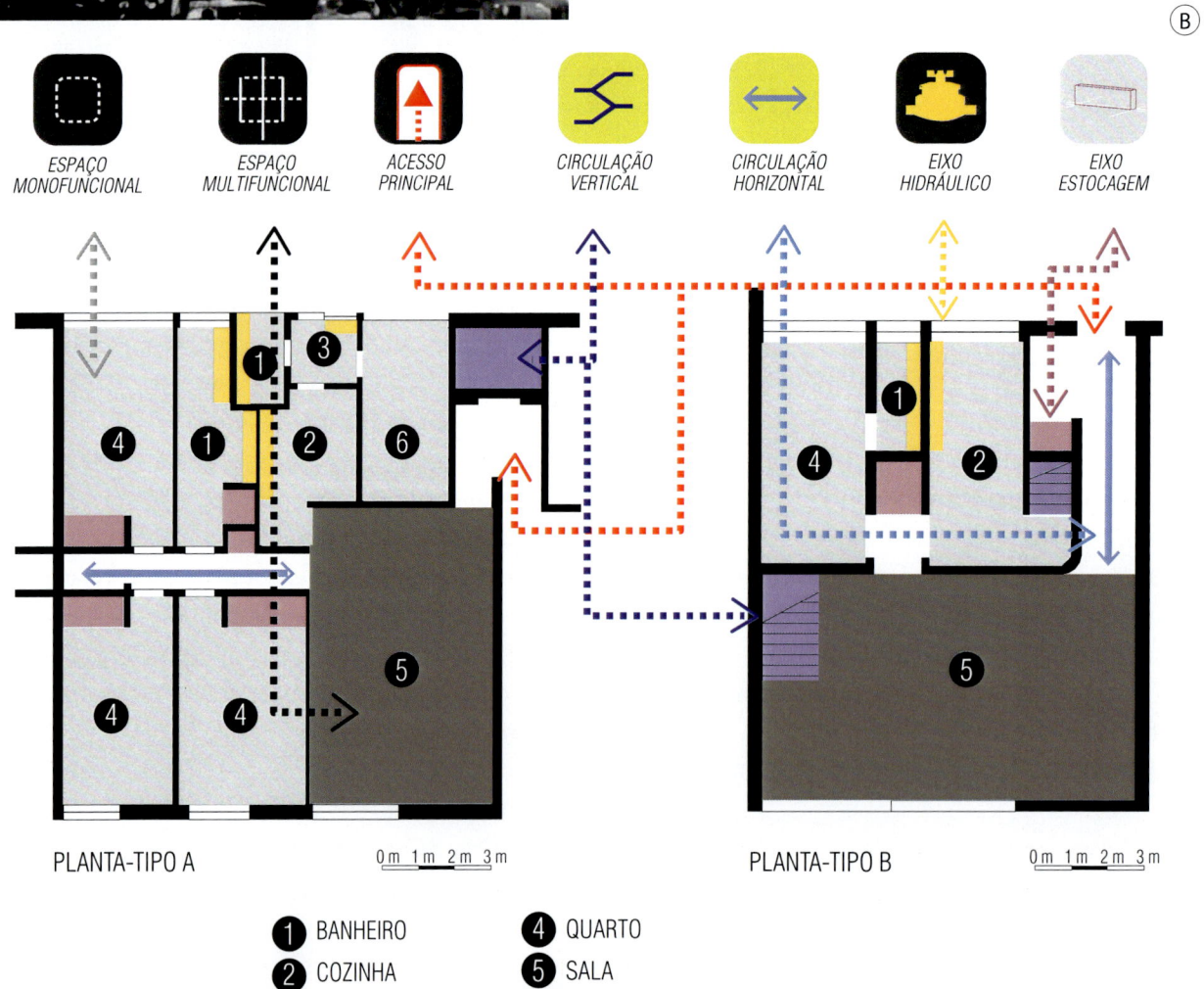

ESPAÇO MONOFUNCIONAL • ESPAÇO MULTIFUNCIONAL • ACESSO PRINCIPAL • CIRCULAÇÃO VERTICAL • CIRCULAÇÃO HORIZONTAL • EIXO HIDRÁULICO • EIXO ESTOCAGEM

PLANTA-TIPO A   0m 1m 2m 3m

PLANTA-TIPO B   0m 1m 2m 3m

1. BANHEIRO
2. COZINHA
3. ÁREA DE SERVIÇOS
4. QUARTO
5. SALA
6. QUARTO DE SERVIÇO

3 Apartamento modernista: experimentações em meio à produção comercial

Fig. 3.25 *Edifício Prudência, na avenida Higienópolis. Arquiteto Rino Levi, 1944*
Fonte: Anelli e Guerra (2001).

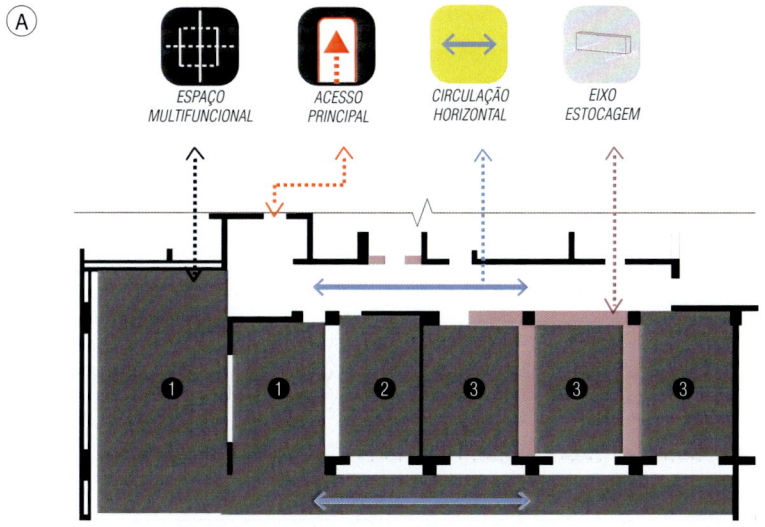

(A)

ESPAÇO MULTIFUNCIONAL — ACESSO PRINCIPAL — CIRCULAÇÃO HORIZONTAL — EIXO ESTOCAGEM

❶ SALA DE ESTAR
❷ SALA DE JANTAR
❸ QUARTO

(B)

ESPAÇO MULTIFUNCIONAL — ACESSO PRINCIPAL — CIRCULAÇÃO HORIZONTAL — EIXO ESTOCAGEM

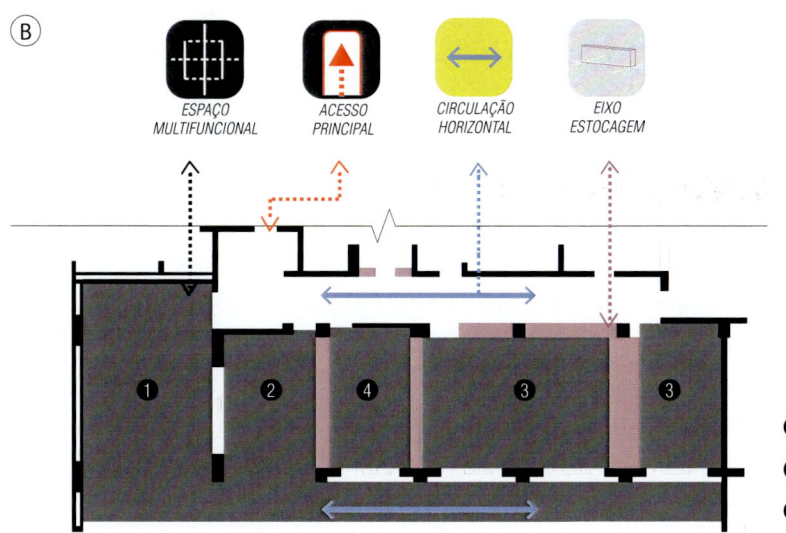

Fig. 3.26 *Edifício Prudência, na avenida Higienópolis. Possibilidades de arranjos internos dos apartamentos: (A) somente dormitórios e (B) dormitórios e escritórios. Arquiteto Rino Levi, 1944*
Fonte: baseado em Anelli e Guerra (2001).

❶ SALA DE ESTAR
❷ SALA DE JANTAR
❸ QUARTO
❹ ESCRITÓRIO

com suas estruturas aparentes, *brises-soleils* e volumes recortados passaram a conviver com as formas ecléticas dos edifícios dos anos 1920 e 1930. Porém, a maneira de morar da classe média que habitava esses apartamentos permaneceu nos moldes burgueses, com espaços setorizados e compartimentados. Um dos pontos básicos da Arquitetura Moderna, a planta livre, na maioria dos casos não saiu do papel.

As referências burguesas oitocentistas, porém, são mais evidentes nos edifícios de apartamentos projetados por arquitetos, engenheiros e construtores filiados ainda à tradição eclética. Esse é o caso de alguns projetos dos arquitetos Jacques Pilon, Francisco Beck, da Construtora A. Capobianco, entre muitos outros. Em alguns desses apartamentos, nota-se a presença de vestíbulos, antecâmaras, chapelaria, copa e ainda o conjunto formado por salas de jantar e estar (Fig. 3.27).

> "As referências burguesas oitocentistas, porém, são mais evidentes nos edifícios de apartamentos projetados por arquitetos, engenheiros e construtores filiados ainda à tradição eclética"

No final da década de 1940, assistiu-se à execução de uma série de projetos visando a demanda da classe média alta, como é o caso do edifício Prudência e do Pilotis, este projetado por Francisco Beck (Fig. 3.28). Nesses casos, é característica a busca pela disposição de maiores áreas e pelo número maior de cômodos. Mesmo com áreas úteis maiores, verifica-se a manutenção de espaços monofuncionais. Nesse momento, se consolidaria a presença de *halls* de entrada com portarias no edifício e de elevadores separados para patrões e empregados. Ainda nesse período, se difundiram timidamente alguns aparatos de uso coletivo, como garagens, playgrounds e áreas ajardinadas, que, visando comercialização em melhores condições, constituíam parte de um repertório de diferenciação entre os edifícios.

Como um elemento de destaque no programa, notamos a presença da suíte no dormitório do casal, que, se por um lado indicava a necessidade de mais privacidade, por outro, consistia em um requinte no equipamento da habitação. Entretanto, a maior incidência entre os edifícios de apartamentos nos anos 1940 foi a da planta reduzida da tipologia burguesa oitocentista com um programa básico de sala, dormitórios (dois ou três), banheiro e cozinha, apresentando, na maioria dos casos, cômodos de empregados – dormitório e banheiro – e entradas separadas para as áreas social e de serviços.

Essa organização espacial, que pode ser considerada uma tipologia, de certa forma, começou a se repetir mais intensamente nessa década. Porém, foi ao longo das décadas de 1950 e 1960 que se tornou mais recorrente, chegando aos anos 1970 já completamente consolidada. Essa tipologia foi utilizada por vários arquitetos, modernistas ou não, engenheiros e construtores, tornando-se talvez o mais rentável e seguro programa para os incorporadores. Tal tipologia pode ser observada no Edifício Louveira, um dos símbolos da arquitetura moderna vertical paulistana. Entretanto, observa-se que, apesar de se configurar basicamente como um espaço monofuncional, a sala se caracterizará como um espaço multifuncional, muito devido às suas proporções generosas e à indicação de variados tipos de uso (Fig. 3.29).

> "Tipologia tripartida com um programa básico de sala, dormitórios (dois ou três), banheiro e cozinha, apresentando, na maioria dos casos, cômodos de empregados – dormitório e banheiro –, e entradas separadas para as áreas social e de serviços"

Nessa época pouco rendosa, outra opção de investimento para os incorporadores foi a construção, ou mesmo a adequação, de edifícios já construídos. Eram elaborados apartamentos ditos econômicos, alternativa de investimento imobiliário de aluguel para os setores de baixa renda. Os primeiros exemplares das chamadas *kitchenettes* surgiram na cidade de São Paulo no ano de 1949, mas foi só no início da década de 1950 que se disseminaram de

3 Apartamento modernista: experimentações em meio à produção comercial

- ① BANHEIRO
- ② COZINHA
- ③ COPA
- ④ QUARTO
- ⑤ SALA DE JANTAR
- ⑥ SALA DE ESTAR
- ⑦ HALL
- ⑧ TERRAÇO
- ⑨ QUARTO DE CRIADOS
- ⑩ ÁREA DE SERVIÇO

ESPAÇO MONOFUNCIONAL
ACESSO PRINCIPAL
CIRCULAÇÃO VERTICAL
CIRCULAÇÃO HORIZONTAL
EIXO HIDRÁULICO
EIXO ESTOCAGEM

Fig. 3.27 *Esquema gráfico da planta-tipo do edifício Schloenbach, na rua Vieira de Carvalho. Arquiteto Jacques Pilon, 1945*
Fonte: baseado em Arquivo FAU/USP.

"Apartamentos de um dormitório: a cozinha não deveria estar diretamente ligada aos quartos e banheiros, e estes últimos deveriam ser providos de iluminação e ventilação naturais"

maneira mais significativa. Segundo Lemos (1989a, p. 163), tais apartamentos eram destinados a solteiros e casais sem filhos, que passavam o dia todo no trabalho. Foram inspirados nos hotéis de quarto e banheiro, representando para a época uma opção rápida de venda de condomínios pelos hoteleiros frustrados que preferiam a corretagem imobiliária à hotelaria e para os antigos proprietários-rentistas, que viram no mercado de locações novas uma maneira atraente de sobrevivência.

Nesses programas de quarto, sala, banheiro e cozinha, que começaram a ser aprovados em quantidade, a condição exigida pela Prefeitura seria a cozinha não estar diretamente ligada aos quartos e banheiros, e estes últimos serem providos de iluminação e ventilação naturais (Fig. 3.30). Medidas frequentemente infringidas, pois nos armários embutidos ou nas passagens da porta de entrada eram instalados pontos de gás e de água clandes-

morar em apartamento

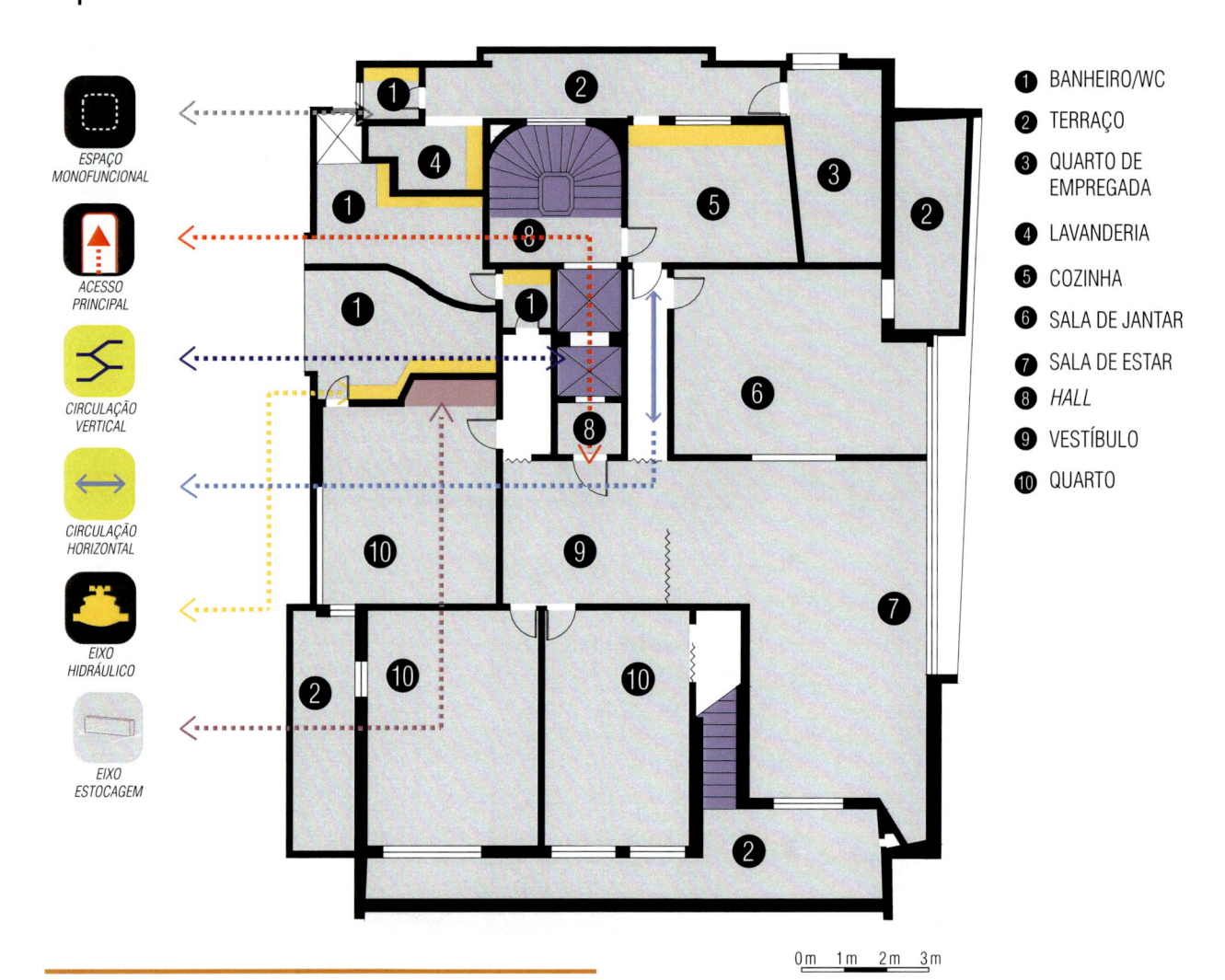

Legenda do diagrama:
- ESPAÇO MONOFUNCIONAL
- ACESSO PRINCIPAL
- CIRCULAÇÃO VERTICAL
- CIRCULAÇÃO HORIZONTAL
- EIXO HIDRÁULICO
- EIXO ESTOCAGEM

Ambientes:
1. BANHEIRO/WC
2. TERRAÇO
3. QUARTO DE EMPREGADA
4. LAVANDERIA
5. COZINHA
6. SALA DE JANTAR
7. SALA DE ESTAR
8. HALL
9. VESTÍBULO
10. QUARTO

Fig. 3.28 *Esquema gráfico da planta da cobertura do edifício Pilotis, na avenida Nove de Julho. Arquiteto Francisco Beck, 1948 Fonte: baseado em Revista Acrópole, n. 126.*

tinos, utilizados pelos moradores posteriormente; assim, os banheiros possuíam ventilação servida por dutos internos. Essas medidas foram muito comuns nos projetos elaborados na época para os apartamentos desse programa, com a previsão quase frequente de cozinhas em passagens e os tais dutos de ventilação para os banheiros (Lemos, 1989a).

Tais programas eram legalizados como futuros hotéis. No entanto, o sucesso foi tamanho na venda desses apartamentos que os especuladores imobiliários logo trataram de providenciar mudanças na legislação e o Código Sabóia teve um adendo que permitia banheiros internos nos apartamentos mínimos. Tal sucesso devia-se também ao fato de serem vendidos rapidamente em sistema de condomínios antes mesmo de sua execução. Como exemplo temos o edifício Copan, um dos primeiros a se beneficiar dessa providência (Lemos, 1989a).

O projeto original do Copan compreendia dois blocos: um destinava-se a condomínio, com várias centenas de apartamentos em seus 30 andares, e outro a hotel para três mil pessoas, onde, na verdade, foi construído um edifício bancário, projeto de outro arquiteto. Os edifícios eram unidos por uma imensa laje de forma livre, sob a qual situavam-se ruas comerciais, cinema, teatro e garagens. A forma curva, que guarda relação com o perímetro irregular do terreno, e as linhas horizontais dos quebra-sóis são peculiaridades marcantes do edifício (Fig. 3.31).

Sua estrutura caracteriza-se por uma laje de transição, tendo sofrido inúmeras modificações em sua planta durante os 18 anos de obra. A Companhia

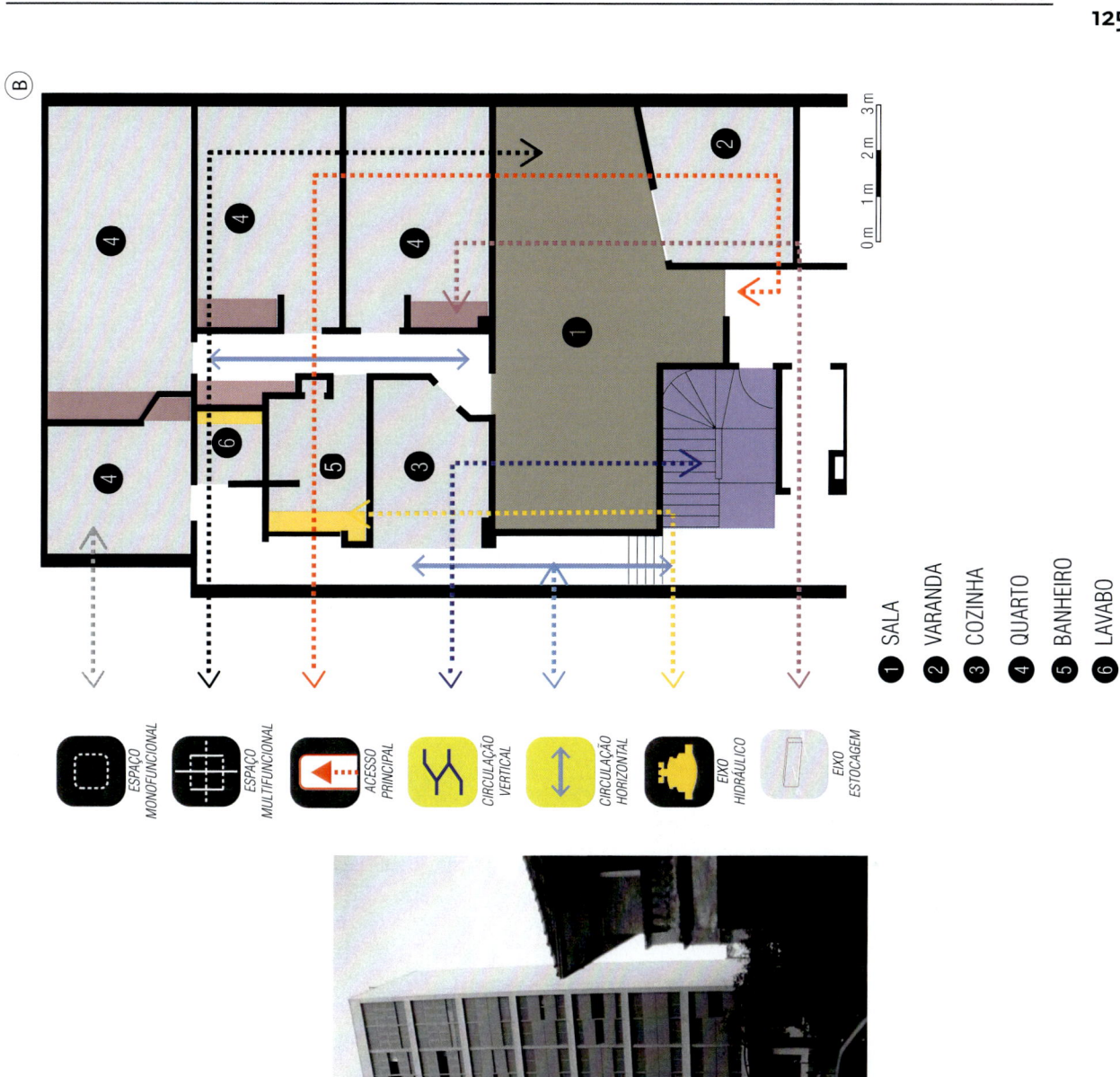

3 Apartamento modernista: experimentações em meio à produção comercial

Legenda:
1 SALA
2 VARANDA
3 COZINHA
4 QUARTO
5 BANHEIRO
6 LAVABO

ESPAÇO MONOFUNCIONAL
ESPAÇO MULTIFUNCIONAL
ACESSO PRINCIPAL
CIRCULAÇÃO VERTICAL
CIRCULAÇÃO HORIZONTAL
EIXO HIDRÁULICO
EIXO ESTOCAGEM

Fig. 3.29 (A) Edifício Louveira, na praça Vilaboim, e (B) esquema gráfico da sua planta-tipo. Arquitetos J. Vilanova Artigas e Carlos Cascaldi, 1946
Fonte: (A) Ferraz et al. (1997) e (B) baseado em Ferraz et al. (1997).

morar em apartamento

ESPAÇO MONOFUNCIONAL

ESPAÇO MULTIFUNCIONAL

ACESSO PRINCIPAL

CIRCULAÇÃO VERTICAL

CIRCULAÇÃO HORIZONTAL

EIXO HIDRÁULICO

EIXO ESTOCAGEM

① TERRAÇO
② SALA DE ESTAR
③ WC
④ QUARTO
⑤ BANHEIRO
⑥ COZINHA
⑦ BALCÃO
⑧ ÁREA
⑨ QUINTAL

0m 1m 2m 3m

PLANTA TÉRREO

PLANTA-TIPO

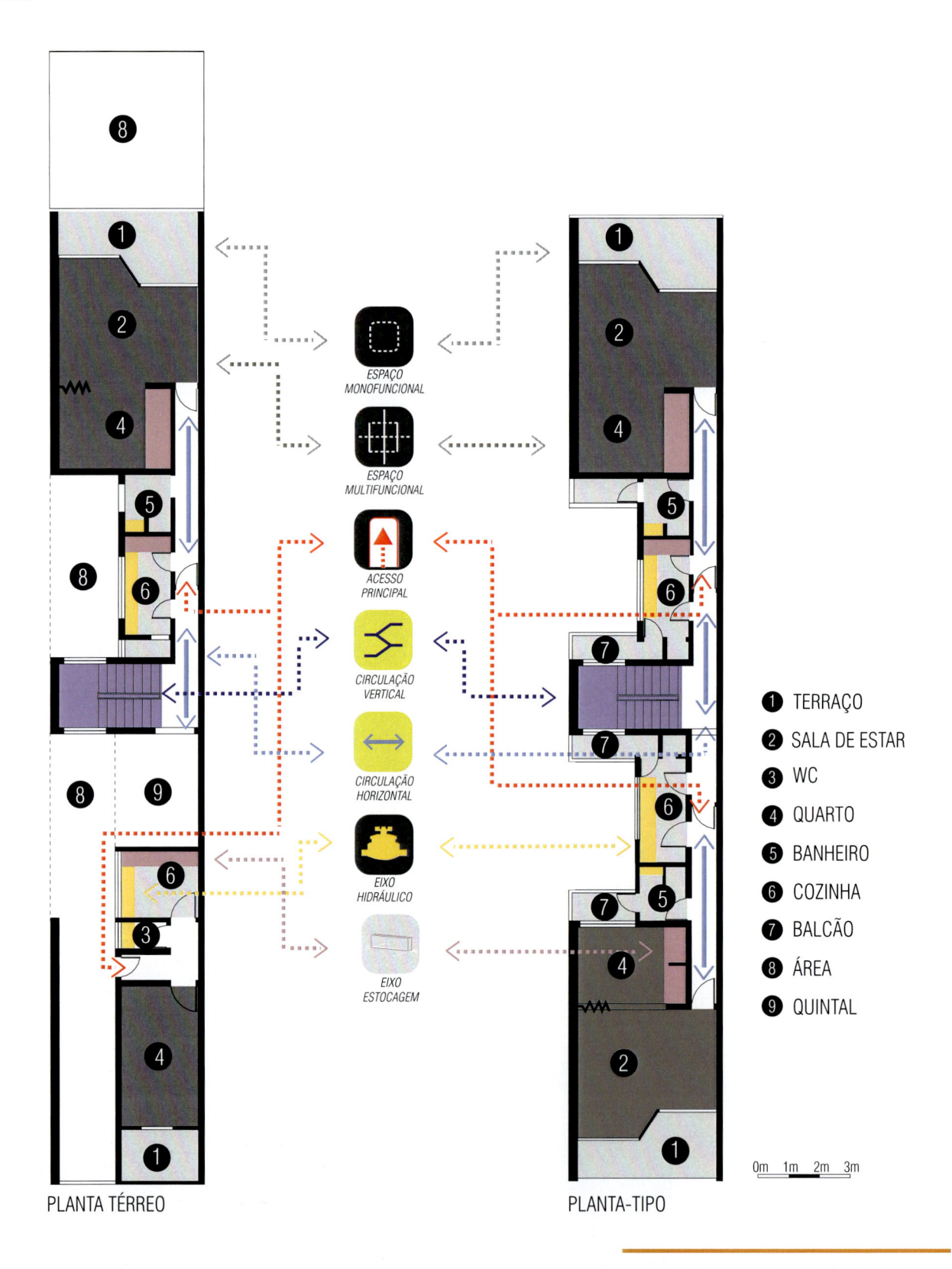

Fig. 3.30 *Esquema gráfico da planta-tipo do edifício Mina Klabin, na rua Frei Caneca. Arquiteto Gregori Warchavchik, 1950 Fonte: baseado em Arquivo FAU/USP.*

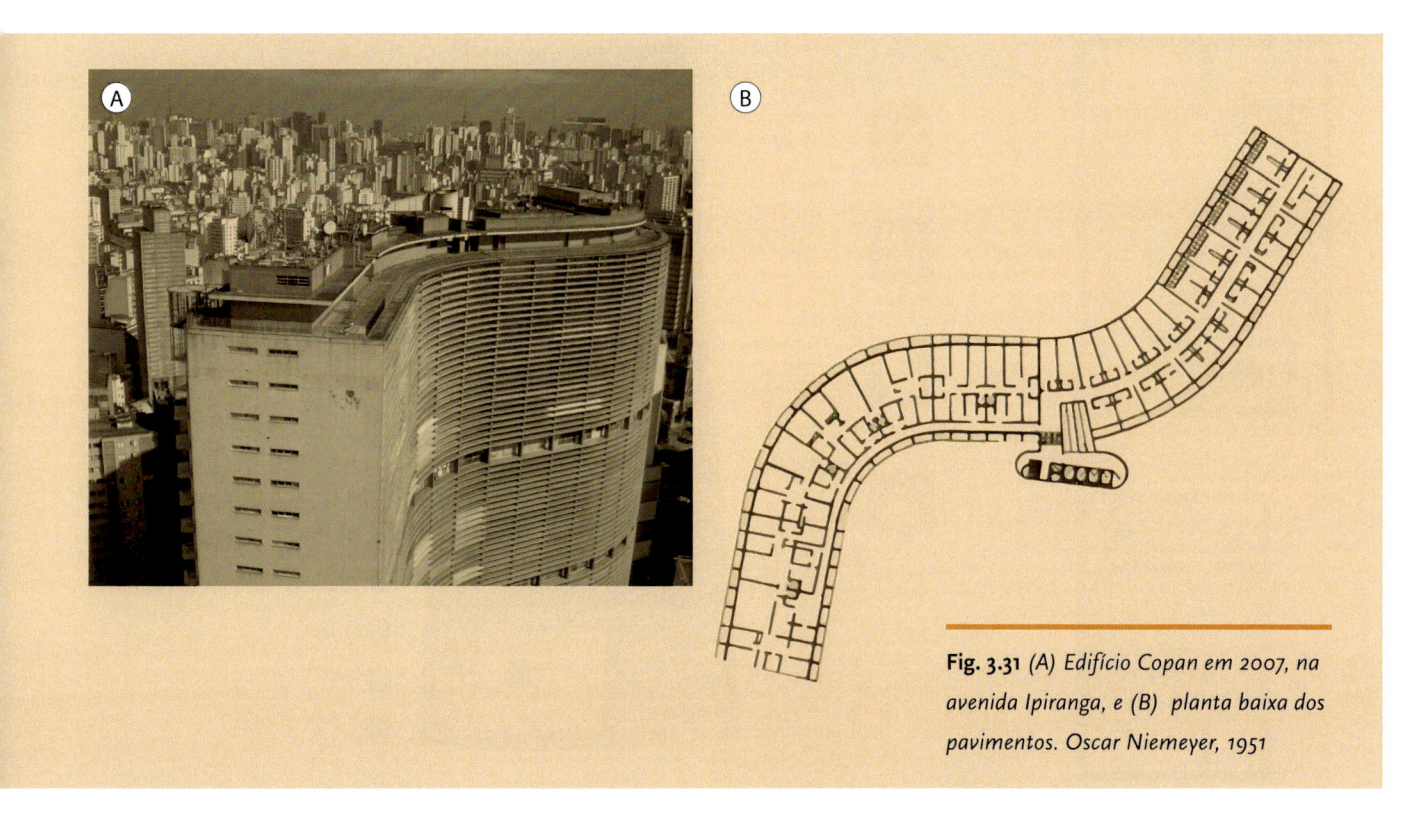

3 Apartamento modernista: experimentações em meio à produção comercial

Fig. 3.31 (A) Edifício Copan em 2007, na avenida Ipiranga, e (B) planta baixa dos pavimentos. Oscar Niemeyer, 1951

Pan-americana, que deu nome ao prédio, pouco tempo depois do lançamento do empreendimento apresentou sinais de que não iria conseguir realizar o projeto. Depois de um conturbado período, o empreendimento passa de mão em mão, até que, em 1957, o banco Bradesco assume o negócio e realiza a obra, eliminando muitas particularidades do projeto original. Essas modificações exigidas são cogitadas como as razões que teriam feito Niemeyer desistir da autoria do projeto, sendo atribuída a ele apenas a volumetria externa do edifício (Mendonça, 1999; Galvão, 2007).

O edifício Copan foi um dos primeiros edifícios de São Paulo a comercializar, dentro da legalidade, espaços mínimos de moradia conhecidos pelo nome de *kitchenettes*. Uma vez conquistada a alteração na lei e de olho na exploração do mercado de moradias para a classe média baixa, os investidores imobiliários lançaram, na década de 1950, uma série de edifícios residenciais com programas mínimos de habitação. A área residencial representada pelo edifício propriamente dito compreende 1.160 apartamentos divididos em seis blocos. Bloco A: 64 apartamentos de dois quartos, sala, cozinha, dois banheiros, área de serviço e dispensa (86 m²). Bloco B: 448 *kitchenettes* (24 m²) (Fig. 3.32) e 192 apartamentos de um quarto, sala, cozinha e banheiro (36 m²). Bloco C: 64 apartamentos de três quartos, dois banheiros, sala, cozinha, quarto de empregada e área de serviço (140 m²) (Fig. 3.33). Bloco D: 64 apartamentos de três quartos, três banheiros, sala com dois ambientes, cozinha, área de serviço e quarto de empregada (170 m²). Os blocos E e F, que no projeto original apresentam 32 apartamentos cada (com áreas entre 230 m² a 250 m²), de quatro quartos, quatro banheiros, salas com duas varandas, cozinha, quarto de empregada e área de serviço (Fig. 3.34), foram subdivididos em variadas áreas, tornando-se *kitchenettes* e apartamentos de um dormitório (Mendonça, 1999; Galvão, 2007).

A diversidade do programa do edifício Copan, no entanto, não surpreende pelo fato de em um mesmo empreendimento estarem combinadas e sobrepostas diferentes atividades; o mais espantoso, neste caso, é o fato de seu autor propor que coabitem em um mesmo espaço distintas classes sociais, assim como diferentes unidades familiares. (Mendonça, 1999, p. 107).

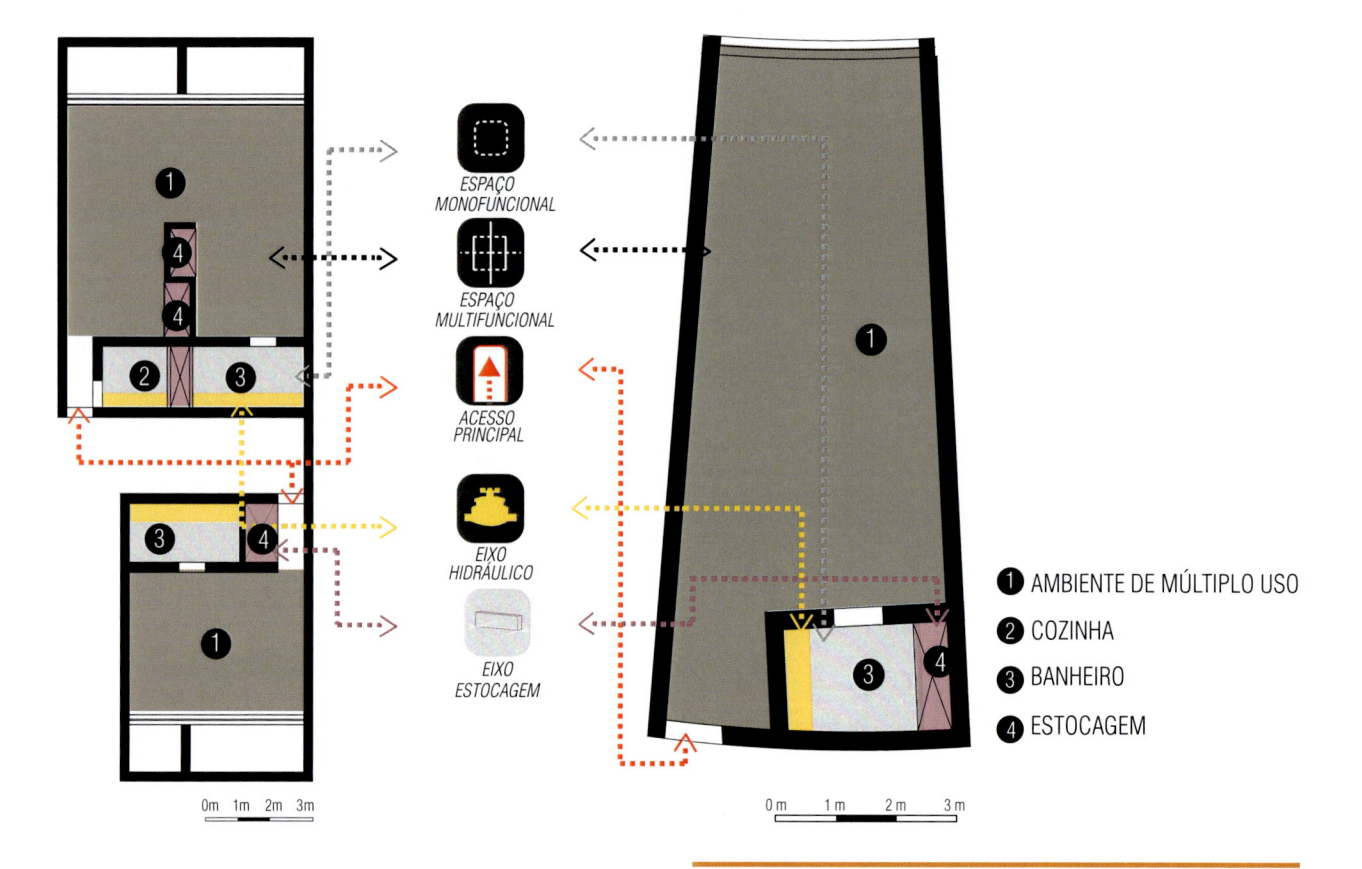

Fig. 3.32 *Esquema gráfico das plantas-tipo das* kitchenettes *do Edifício Copan, na avenida Ipiranga. Oscar Niemeyer, 1951*
Fonte: baseado em Xavier, Lemos e Corona (1983).

Além de uma atitude política, ao propor diversas plantas num convívio misto, Niemeyer demonstra uma atitude integrada. Fora a diversidade da população, outro fator que contribuiu para fazer do condomínio um organismo complexo é a densidade populacional – população estimada em 5.000 habitantes distribuídos em 130.000 m² de edificados (Mendonça, 1999, p. 109). Esses elementos fazem do Copan uma verdadeira cidade vertical.

Nesse edifício, Niemeyer faz referência às soluções modernistas de concepção espacial, não no uso da flexibilidade da planta como elemento possibilitador de variadas tipologias dentro de um espaço determinado, mas considerando o edifício como um organismo, com tipos básicos de habitação com divisões fixas. É como se ele estipulasse alguns grupos familiares predominantes e, baseado nesses grupos, elaborasse os apartamentos-padrão. Lembrando o discurso de Le Corbusier sobre as diferentes etapas da vida de um homem e, consequentemente, seus diferentes espaços de morar, no Copan observamos a tentativa de soluções novas para a habitação, tanto na integração dos espaços variados públicos e privados que o projeto propõe quanto nas tipologias dos apartamentos e na tentativa de justapor diferentes grupos sociais.

Talvez a maior referência para a concepção interna das habitações do Copan seja um dos projetos mais importantes de Le Corbusier, de 1947: a *Unité d'Habitation de Marseille* (Fig. 3.35). "Esta obra aparece, no processo de construção do conceito moderno de habitação, como uma espécie de síntese de diversas ideias, realizações e reivindicações, que vão do domínio técnico-construtivo ao social, do formal ao funcional" (Tramontano, 1993, p. 67).

Tramontano (1993) indica que, nesse projeto, o arquiteto traz para os espaços domésticos uma nova força plástica, proveniente do cubismo, que faltava às habitações das *siedlungen* da república de Wiemar. Essa preocupação formal está intimamente ligada à exploração das possibilidades dos elementos cons-

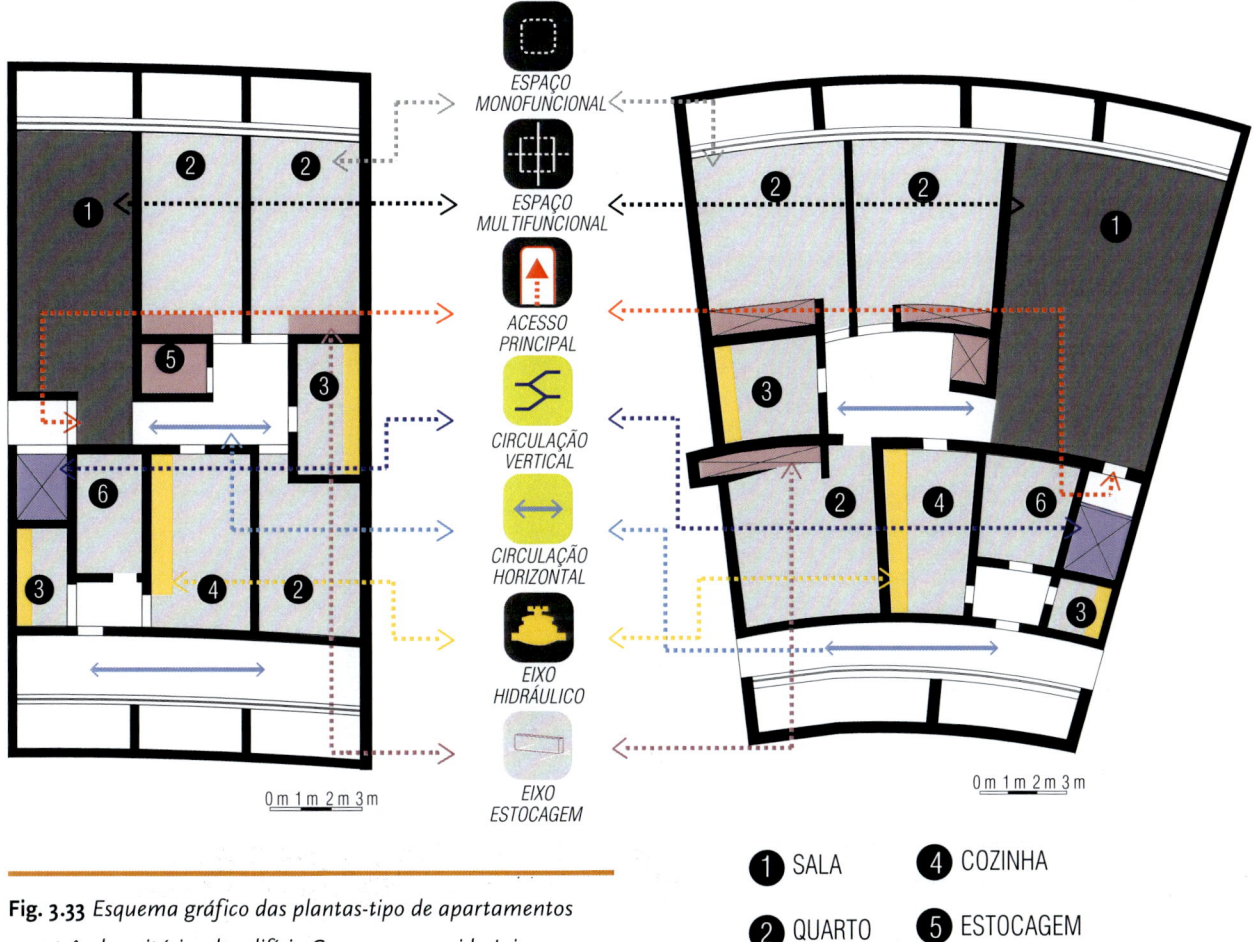

3 Apartamento modernista: experimentações em meio à produção comercial

Fig. 3.33 *Esquema gráfico das plantas-tipo de apartamentos com três dormitórios do edifício Copan, na avenida Ipiranga.*
Oscar Niemeyer, 1951
Fonte: baseado em Xavier, Lemos e Corona (1983).

1. SALA
2. QUARTO
3. BANHEIRO
4. COZINHA
5. ESTOCAGEM
6. QUARTO DE SERVIÇO

trutivos e ao uso correto dos materiais, sempre buscando novas configurações espaciais capazes de corresponder às novas maneiras de viver.

> "Coabitam em um mesmo espaço, distintas classes sociais"

> "Esferas pública e privada"

Em uma entrevista nos anos 1950, Lè Corbusier afirmou que a arquitetura

> trata de um sujeito, o homem, que é por definição e fatalidade de natureza cambiável e evolutivo. Ele é primeiro solteiro, depois casal, depois família, com filhos em número indeterminado, depois dispersão dos filhos pelos seus casamentos... Enfim a morte, de tal maneira que a moradia feita para uma família não existe: o que existe são vários tipos de moradia para as sucessivas idades. (Chombart de Lauwe et al., 1975 apud Tramontano, 1993, p. 66).

Ainda segundo Tramontano (1993), as vantagens técnicas da *Unité d'Habitation de Marseille*, assim como algumas de suas inovações espaciais, foram rapidamente incorporadas ao cotidiano do projeto e da construção de habitações em todo o mundo capitalista. Porém, as reflexões e pesquisas sobre a adequação de espaços de morar em relação à evolução dos modos de vida de seus moradores, que o projeto claramente

morar em apartamento

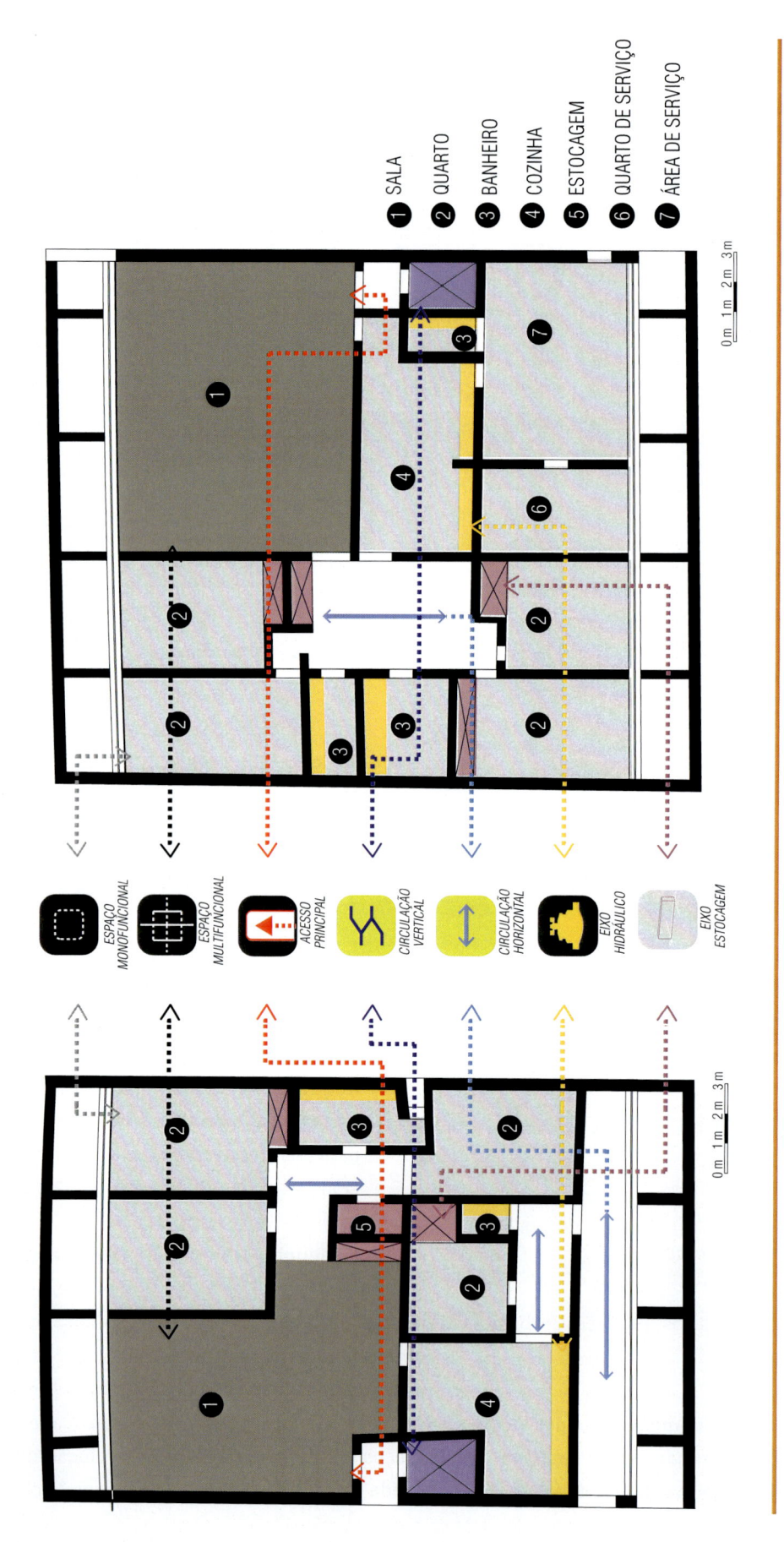

Fig. 3.34 *Plantas-tipo de apartamentos com quatro dormitórios do edifício Copan, na avenida Ipiranga. Oscar Niemeyer, 1951*
Fonte: baseado em Xavier, Lemos e Corona (1983).

1. SALA
2. QUARTO
3. BANHEIRO
4. COZINHA
5. ESTOCAGEM
6. QUARTO DE SERVIÇO
7. ÁREA DE SERVIÇO

ESPAÇO MONOFUNCIONAL
ESPAÇO MULTIFUNCIONAL
ACESSO PRINCIPAL
CIRCULAÇÃO VERTICAL
CIRCULAÇÃO HORIZONTAL
EIXO HIDRÁULICO
EIXO ESTOCAGEM

3 Apartamento modernista: experimentações em meio à produção comercial

Fig. 3.35 *(A) Unité d´Habitation de Marseille e (B) esquema gráfico da sua planta-tipo. Arquiteto Le Corbusier, 1947-1952*
Fonte: (A) Boesiger (1971) e (B) baseado em Boesiger (1971).

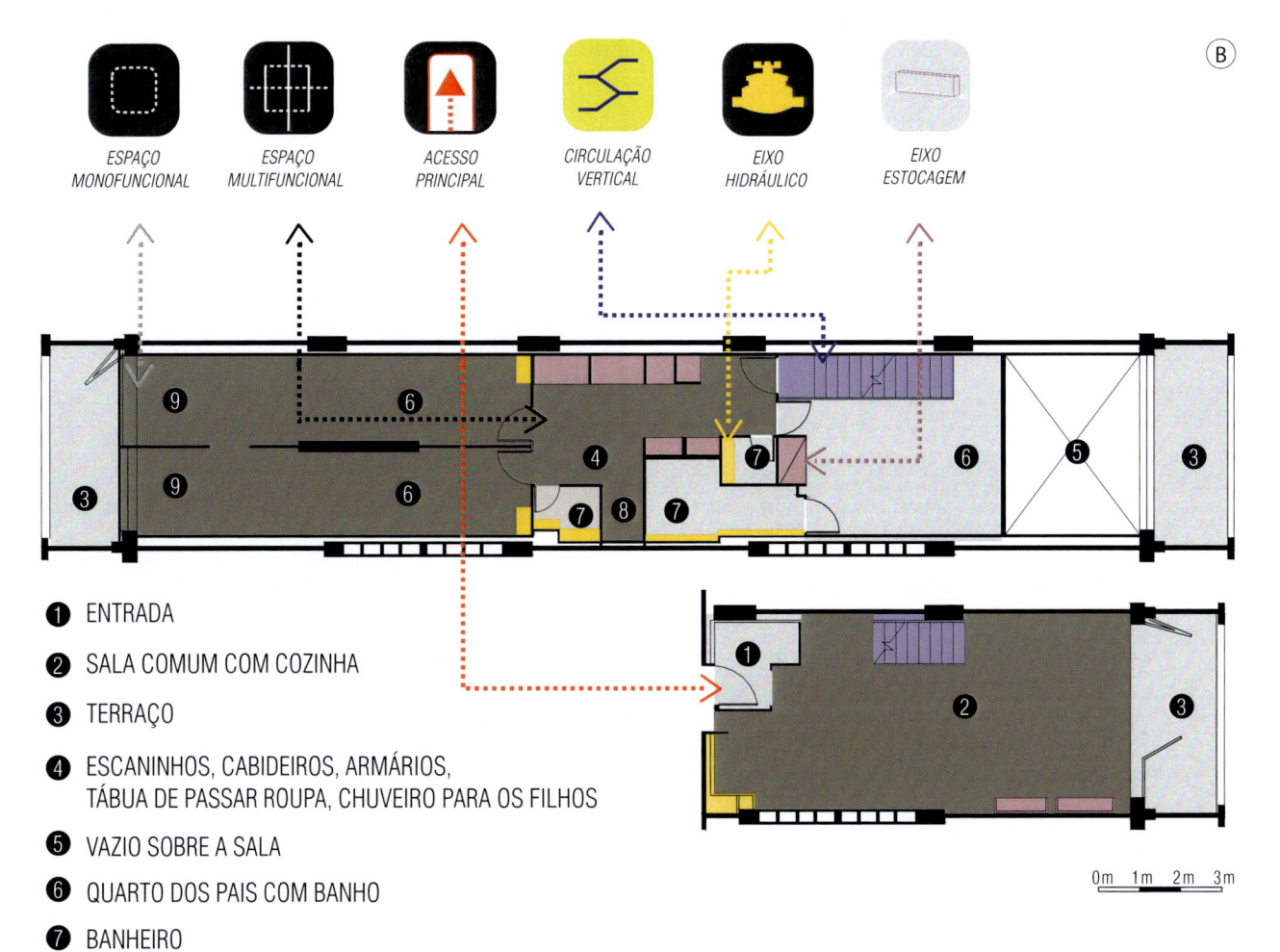

ESPAÇO MONOFUNCIONAL
ESPAÇO MULTIFUNCIONAL
ACESSO PRINCIPAL
CIRCULAÇÃO VERTICAL
EIXO HIDRÁULICO
EIXO ESTOCAGEM

❶ ENTRADA
❷ SALA COMUM COM COZINHA
❸ TERRAÇO
❹ ESCANINHOS, CABIDEIROS, ARMÁRIOS, TÁBUA DE PASSAR ROUPA, CHUVEIRO PARA OS FILHOS
❺ VAZIO SOBRE A SALA
❻ QUARTO DOS PAIS COM BANHO
❼ BANHEIRO
❽ ESPAÇO PARA LAVAR ROUPAS
❾ ESPAÇO PARA LAZER/ ESTUDO

aponta, parecem não ter sido incorporadas nos projetos modernos seguintes. Questões aqui preconizadas sobre o trabalho em domicílio ou o culto ao corpo tiveram que esperar pelo menos 40 anos para serem inclusas nas agendas de pesquisadores, promotores e arquitetos como questões relevantes.

3.5 A *cidade ideal*: São Paulo nos anos 1950 e 1960

Conforme o *slogan* "50 anos em 5" criado por Juscelino Kubitschek sobre o ritmo desenvolvimentista que pretendia impor ao país, a cidade de São Paulo coloca a modernização como prioridade (Fig. 3.36). Já bastante industrializada, inserida em uma economia capitalista e vivenciando ares de modernidade, São Paulo constituiria um projeto no qual a cidade era pensada e representada para e por seus habitantes como adequada ao seu tempo, detentora de códigos de modernidade e progresso (Krebs, 2000).

Uma das maiores cidades do mundo de então e principal metrópole industrial latino-americana, São Paulo chegou a ter aproximadamente 2,75 milhões de habitantes em seu quarto centenário (IBGE, 1950). Conhecida como a *cidade que mais cresce no mundo*, o principal símbolo de sua modernidade, sem dúvida, era o ritmo frenético de suas construções e de seu crescimento urbano.

> As casas e as ruas dos tempos antigos não conseguem deter o vertiginoso ritmo progressista de São Paulo. Ao mesmo tempo em que no centro urbano a necessidade de espaço é satisfeita à custa de demolições, a cidade alarga cada vez mais o seu perímetro. Onde a poucos anos atrás existiam campos abertos e inóspitos, surgiram novas indústrias e núcleos residenciais modernos. Casas com apenas metade de existência útil caem implacavelmente sob a ação demolidora da picareta, toda vez que assim o exija a marcha triunfante dos arranha-céus. A cidade se expande em altura e área, modificando-lhe cada nova edificação a fisionomia geral. (Revista Isto é, 1951, p. 3).

Com a consolidação de uma cultura metropolitana, as classes sociais envolvidas no processo de desenvolvimento urbano – burguesia industrial, proletariado, classe média – assimilam novas formas de cotidiano, de pensar e de se comportar. Esses novos modos de vida implicam a presença de espaços diferenciados no meio urbano. "Para que a metrópole se consolidasse, era necessário criar também um aparato cultural que fizesse de São Paulo uma metrópole que, além de afluente, fosse também ilustrada" (Meyer, 1991, p. 35).

Nesse sentido, houve uma valorização de equipamentos culturais, como no caso do Museu de Arte de São Paulo (Masp) e do Museu de Arte Moderna (MAM) recém-inaugurados, além da abertura de salas de cinema que configuraram, nessa época, a cinelândia paulistana. Além disso, a inauguração da TV Tupi em 1950 marcou o início da ascensão dos grandes veículos de comunicação de massas. A vida cotidiana vinha se modificando intensamente ao

Fig. 3.36 A atriz Odete Lara em Brasília, o mais acabado monumento da moderna arquitetura brasileira. Movimentos como a Bossa Nova e o Cinema Novo revigoravam o ambiente cultural, 1960 Fonte: Novais e Mello (1998).

longo dos anos 1930 e 1940, juntamente dos novos padrões de moradia.

Assim, a sociedade paulistana referenciava-se claramente nos padrões norte-americanos de viver, abandonando gradativamente os padrões europeus. Em sua periodização, Somekh (1992, p. 59) classifica a produção de edifícios altos dos anos 1940 a 1957 como o segundo período da verticalização: a influência americana.

3.6 O *american way of life* chega (também) ao Brasil

Não foi apenas nos arranha-céus que se fizeram notar as referências norte-americanas no Brasil. A cultura norte-americana consolidou-se, após a vitória dos Aliados na Segunda Guerra Mundial, como o novo referencial de costumes para praticamente todo o mundo mecanizado, ocidentalizado ou não. Os Estados Unidos, nos dizeres de Body-Gendrot (1991, p. 534), exportaram "produtos culturais" como a literatura, a música, a televisão e, principalmente, o cinema. Hollywood, a partir dos anos 1930 e 1940, tornou-se o mais poderoso e mais abrangente meio de comunicação de que se havia tido notícia, difundindo o *american way of life* em toda a civilização do Ocidente.

No tempo em que as grandes viagens eram raras, a maneira de viver americana podia ser vislumbrada através dos filmes, que tinham o poder de reunir famílias inteiras em seus respectivos bairros (Fig. 3.37). O cinema levava aos locais mais longínquos o mito americano, sua maneira peculiar de viver e seus produtos. Eletrodomésticos, cigarros, automóveis, chocolates e *jeans* eram produtos que remetiam à modernidade. Entretanto, a influência mais consistente do cinema era sobre a maneira de viver das pessoas, baseada na excelência da vida em família (Body-Gendrot, 1991). A quase totalidade das famílias apresentadas nas histórias americanas era composta pelo

> marido no papel do forte, inteligente, lógico, consistente e bem-humorado provedor do grupo doméstico, e a esposa, no da intuitiva, dependente, sentimental, auto-sacrificada, mas sempre satisfeita gerenciadora de uma habitação impecavelmente limpa, agora elevada à categoria de bem de consumo. (Tramontano, 1998b, p. 189).

A habitação e tudo o que direta ou indiretamente se relacionava a ela deveria se tornar um produto, se possível, descartável. O cinema e a televisão trataram de propagar essa tipologia de habitação: casa muito bem organizada, equipada, decorada com muito apreço pela mulher, com móveis e objetos de decoração encontrados facilmente nas lojas de departamentos ou nos *shopping centers* e com um agenciamento e decoração padronizados, que se utilizavam extensivamente de materiais baratos e industrializados como os plásticos e fórmicas (Body-Gendrot, 1991; Tramontano, 1998b).

Destaca-se também nesse processo o desenvolvimento rápido que o país alcançou no período de 1945 a 1964, contando com a instalação de setores tecnologicamente mais avançados, o que obviamente colocou o Brasil em contato com uma gama bem mais variada de produtos e serviços. Mais especificamente a partir dos anos 1950, o país conseguiu construir uma economia moderna, incorporando padrões de produção e de consumo que, segundo Novais e Mello (1998, p. 560), eram "próprios aos países desenvolvidos".

Enquanto eram perfurados mais e mais poços de petróleo na Bahia, em 1953 a Volkswagen lançava seus primeiros modelos de automóveis montados em São Paulo, ainda com peças importadas: o Fusca e a Kombi, que irão impulsionar a produção automobilística futura (Fig. 3.38). Ainda nos anos 1950, começaram a chegar diversas novidades para o lar, apresentadas pela publicidade como maravilhas eletrodomésticas: o ferro de passar roupas, o chuveiro, o liquidificador, a batedeira, a geladeira, o secador de cabelo, o aparelho de barbear, o aspirador de pó, a enceradeira, a máquina de lavar, o rádio transistorizado e de pilha e o televisor, além do alimento industrializado, que oferecia praticidade para as donas de casa, com suas embalagens hermeticamente fechadas e no tamanho necessário para as necessidades da família (Novais; Mello, 1998) (Fig. 3.39).

> "A habitação, e tudo o que direta ou indiretamente se relacionava a ela, deveria se tornar um produto, se possível, descartável"

Esses avanços alteraram também a maneira de comercialização, fazendo surgir os supermercados – o primeiro em 1956, na cidade do Rio de Janeiro – e os *shopping centers* – o primeiro em 1966, o Iguatemi, na cidade de São Paulo –, além das grandes cadeias de lojas de eletrodomésticos e revendedoras de automóveis. Esses novos locais de compras, verdadeiros templos do consumo associado ao lazer, ofereciam ao público uma gama cada vez mais variada de restaurantes, *fast-foods*, docerias, cafés e lanchonetes, induzindo ao início do hábito de comer fora de casa (Novais; Mello, 1998).

Os hábitos de higiene e limpeza pessoal ou da casa se transformaram. Os jornais e revistas da época traziam vários anúncios sobre "as revoluções da vida moderna: o plástico, os artigos de higiene e limpeza para os homens e mulheres, além dos novos produtos farmacêuticos" (Novais; Mello, 1998, p. 569). Para a casa, detergentes, esponjas e ceras líquidas compunham, junto dos eletrodomésticos, o sonho das facilidades para as donas de casa. Para o corpo, surgem os xampus, condicionadores, desodorantes, cremes e absorventes íntimos, usados por mulheres que se preocupavam com os cuidados com o corpo e com a própria saúde – conceitos já divulgados pelas propagandas norte-americanas e por revistas femininas, cada vez mais comuns no mercado editorial (Figs. 3.40 e 3.41). Todos esses avanços interferiram, em diferentes medidas, na produção do espaço construído das metrópoles e, posteriormente, dos outros centros urbanos (Novais; Mello, 1998).

Por outro lado, a entrada da mulher no mercado de trabalho formal, a ampliação do seu acesso à instrução e a mecanização do trabalho doméstico marcaram o início de um novo momento de inflexão nas relações de gênero na residência. Segundo Carva-

> "Os hábitos de higiene e limpeza, pessoal ou da casa, se transformaram. Os jornais e revistas da época traziam vários anúncios sobre "as revoluções da vida moderna: o plástico, os artigos de higiene e limpeza para os homens e mulheres, além dos novos produtos farmacêuticos" (Novais; Mello, 1998, p. 569)

lho (2008, p. 24), "os objetos passam a ser alvo de negociações híbridas e flexíveis entre os sexos, que vão recuperar, adaptar, reciclar, deformar, parodiar ou descontextualizar os sentidos tradicionalmente construídos".

> "No caso dos apartamentos, observa-se que, a partir dos anos 1950, a cozinha e as áreas de serviço diminuíram de maneira geral"

No caso dos apartamentos, observa-se que, a partir dos anos 1950, a cozinha e as áreas de serviço diminuíram de maneira geral. Alguns fatores podem estar relacionados a tal redução. Por exemplo, foi a partir dessa época que as habitações começaram a se equipar com eletrodomésticos e produtos industrializados, que minimizavam e, às vezes, suprimiam tarefas domésticas. O fato de a dona de casa ter sido obrigada a assumir parte (ou a totalidade, dependendo da renda familiar) das tarefas domésticas, por causa da profissionalização e consequente aumento nos custos dos trabalhadores, reduziu ou suprimiu os cômodos destinados aos empregados domésticos das habitações. Porém, na maioria dos casos, em apartamentos destinados às classes mais ricas, os cômodos de empregados são frequentes. O início desse fenômeno pode estar nos anos 1950, mas sua consolidação é muito recente, datando dos anos 1980 e 1990.

O hábito de comer fora, iniciado nesses anos, também pode ter contribuído para a desvalorização da refeição feita em casa e, por consequência, para essa diminuição de área, apesar de nessa época ser ainda muito reduzido o número de pessoas que

3 Apartamento modernista: experimentações em meio à produção comercial

Fig. 3.37 *Carmen Miranda e Walt Disney no lançamento do Zé Carioca. Na década de 1950, os personagens Carmen Miranda e Zé Carioca simbolizam as alianças com o mundo americano*
Fonte: Boechat (1998).

Fig. 3.38 *Renault Teimoso, em uma versão mais simples, montada no Brasil por Willys-Overland, em 1966*
Fonte: Wikimedia Commons, 2017.

Fig. 3.39 *Nos anos 1950, a chegada de novidades para o lar da marca Nilfisk*
Fonte: Wikimedia Commons, 2017.

Fig. 3.40 *Muitos dos produtos eram divulgados pela Revista O Cruzeiro nas décadas de 1950 e 1960*
Fonte: ilustração de Marina Almeida, baseada em Boechat (1998).

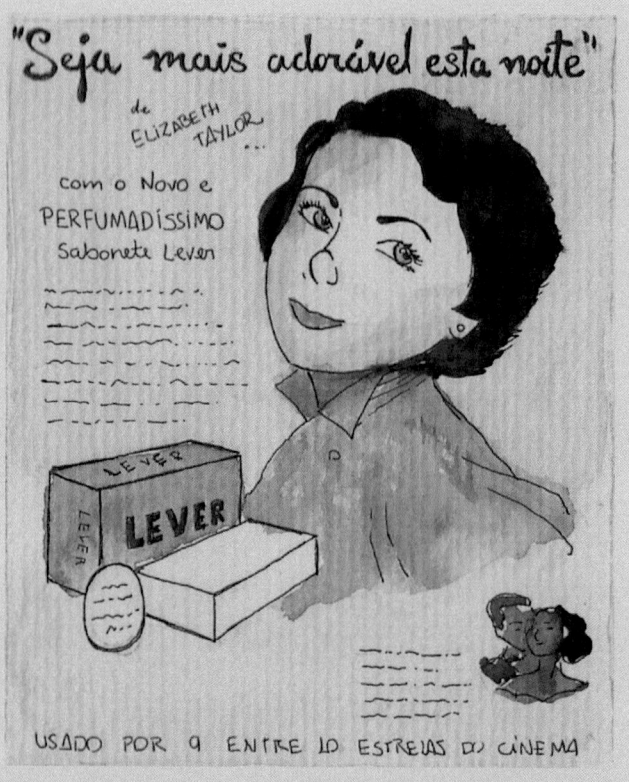

Fig. 3.41 *Promoção de novos hábitos de consumo e de estilos de vida identificados como "American way of life". Elizabeth Taylor em anúncio do sabonete Lever, em 1951*
Fonte: ilustração de Marina Almeida, baseada em Novais e Mello (1998).

realizavam pelo menos uma refeição em restaurantes, *fast-foods* etc. (Novais; Mello, 1998, p. 567). Mesmo que fosse a realidade de uma parcela pequena da população, essa atitude representa um modo de vida moderno, metropolitano e, com a ajuda da mídia, se tornou almejado por boa parte da população.

Nos filmes e programas de televisão, disseminava-se um modelo de casa ideal e seu *layout*, que começou a ser reproduzido extensivamente em boa parte das moradias metropolitanas e, de qualquer maneira, almejado por todos. O jogo de sofá de três e dois lugares, ladeados por mesinhas de canto com seus abajures sobre algum tapete decorado e o televisor como centro das atenções, em frente ao sofá. Ao lado, a mesa de jantar. Os filmes veiculavam ideias de dormitórios com acessórios embutidos, criado-mudo ao lado das camas e penteadeira no dormitório de casal. As paredes de banheiros e cozinhas eram, agora, revestidas com azulejos coloridos. As peças sanitárias eram de cerâmica em várias cores, metais diferenciados e havia principalmente a introdução do plástico como o material inovador. Quanto ao desenho da cozinha, quase todas apresentavam a mesma configuração: uma parede azulejada com pia, fogão e geladeira embutidos em uma superfície de trabalho e a circulação, itens que permitiam lê-la como mediadora entre as áreas de serviço e de convívio da casa (Novais; Mello, 1998).

Na verdade, esse modelo de cozinha que assume a posição de mediação anteriormente legada à copa seguia os padrões de minimização de esforços preconizados por Catherine Beecher nos últimos

3 Apartamento modernista: experimentações em meio à produção comercial

anos do século XIX e pelos modernistas europeus dos anos 1920. Propunha-se "profissionalizar a dona de casa em suas tarefas" e reduzir o tempo gasto entre as peças de cozimento na habitação, desenhando detalhadamente projetos de cozinhas onde "a mesa central é substituída por compacta superfície de trabalho disposta junto à janela; o armário é substituído por prateleiras, gavetas e receptáculos dispostos sob a superfície de trabalho, eliminando a despensa e outros móveis" (Correia, 1998, p. 8).

> "Propunha-se 'profissionalizar a dona de casa em suas tarefas' e reduzir o tempo gasto entre as peças de cozimento na habitação, desenhando detalhadamente projetos de cozinhas onde 'a mesa central é substituída por compacta superfície de trabalho disposta junto à janela; o armário é substituído por prateleiras, gavetas e receptáculos dispostos sob a superfície de trabalho, eliminando a despensa e outros móveis'" (Correia, 1998, p. 8)

As referências norte-americanas também são percebidas nos apartamentos paulistanos produzidos após os anos 1950 na substituição de alguns nomes de cômodos, "que após terem sido traduzidos do francês para o português, são abandonados em prol de seus sinônimos em língua hollywoodiana: *hall, living-room, closet*" (Tramontano, 1998b, p. 273).

Outro forte indutor do modo de vida metropolitano foi o desenvolvimento dos sistemas de comunicação à distância, como a propagação do uso do telefone e do rádio que, já popularizados, proporcionavam aos habitantes da metrópole possibilidades de envio e recepção de informações. A televisão entraria irreversivelmente no cotidiano doméstico do cidadão comum, "ensinando-lhe a ler um novo contexto marcado por informações instantâneas, sensações simultâneas e pelo consequente fluxo de imagens efêmeras e fragmentadas" (Requena, 2002, p. 4). Independentemente do espaço público e da própria cidade, a TV dos anos 1950 propiciou a difusão da informação com qualidade de imagem e som jamais vista antes, revelando o interior dos lares norte-americanos e reunindo famílias à sua volta em muitas partes do mundo (Requena, 2007).

Vale lembrar os apartamentos criados por Walter Gropius – as *siedlungen*, edifícios coletivos adaptados às necessidades das camadas populares – que foram elaborados durante as décadas de 1920, 1930 e 1940, construídos principalmente na Europa. Esses grandes edifícios que comportavam centenas de habitações e de equipamentos coletivos foram, segundo Kopp (1990, p. 51), resultado de novos métodos de concepção arquitetônica: científicos e higienistas. Entre as condicionantes desses projetos se encontravam algumas reivindicações de caráter social, tais como: o fim da coabitação de várias famílias numa mesma unidade, o acesso igualitário à iluminação natural e à ventilação, a satisfação das necessidades emocionais e a facilitação das tarefas domésticas. A unidade deveria conter sala de estar – o maior espaço da habitação –, dormitório e uma pequena cozinha contígua ao espaço de convívio. Esta última teve sua denominação associada à cidade onde houve a maior incidência desse equipamento: a cozinha de Frankfurt (Tramontano, 1993, p. 55).

A cozinha de Frankfurt demonstrava uma grande revisão no espaço de morar tradicional no momento que reestabelecia uma nova ordem. No caso da *siedlungen*, a cozinha se tornou o núcleo da habitação, onde a mãe realizava as atividades domésticas, já que a presença do empregado doméstico fora dispensada. Havia em sua concepção uma preocupação com a diminuição do tempo gasto com os serviços domésticos, conseguida através da redução da área, o que tornava as atividades mais precisas, e pela introdução de novos equipamentos. Outra preocupação que também regia a concepção dessas habitações era a redução das áreas ao mínimo necessário: o *existenzminimum*. Segundo Tramontano (1993, p. 56-57), essa redução dos espaços, que se deveu também à grande crise econômica que toda a nação passava naquele momento, fez aprimorar-se a utilização de elementos móveis nas habitações, como portas de correr, camas escamoteáveis e mesas dobráveis ou sobre rodinhas, contribuindo para o máximo aproveitamento do espaço.

> "Redução das áreas ao mínimo necessário: o *existenzminimum*"

Walter Gropius pôde então, no final da década de 1920, experimentar suas teorias sobre habitação na execução de várias *siedlungs,* racionalizando os métodos construtivos e enfatizando o *existenzminimum* e as possibilidades de flexibilidade dos espaços. Posteriormente, Gropius projetou alguns edifícios de apartamentos maiores, provavelmente destinados às classes sociais mais altas do que as habitualmente abordadas. No caso da *siedlung Dammerstock,* uma versão bem reduzida de apartamento, essa possibilidade de múltiplos usos se caracteriza de forma mais acentuada nos espaços dos dormitórios, pois eles apresentam móveis escamoteáveis; já as salas apresentam uma proposta mais monofuncional, caracterizada por um conjunto mais tradicional de sala de estar (Fig. 3.42).

> "Os espaços foram organizados de uma forma mais setorizada e compartimentada"

É o caso do *slab apartament blocks,* de 1931, construído em Berlin para 600 famílias, onde os espaços internos foram mais generosos e, consequentemente, as referências aos modelos burgueses oitocentistas se fazem mais frequentes (Fig. 3.43). Os espaços foram organizados de uma forma mais setorizada e compartimentada, diferente dos espaços das *siedlungens,* que apresentavam uma multifuncionalidade aliada a certa flexibilidade. Adequações ao mercado imobiliário, meras soluções projetuais, enfim, o fato é que tanto no trabalho de Le Corbusier como no de Walter Gropius, as referências das tradicionais casas burguesas ficam mais evidenciadas na medida em que o programa se aproxima das classes abastadas, e as reflexões sobre os espaços internos são mais expressivas e significativas em projetos de espaços mínimos destinados às classes econômicas.

3.7 O *boom* imobiliário e a produção dos condomínios de apartamentos

Como já observamos anteriormente, no ano de 1950 a cidade de São Paulo já apresentava um crescimento vertical visível em blocos, não só nos bairros próximos ao centro, como nos mais afastados (Somekh, 1997, p. 80). Entretanto, na década de 1950 a cidade foi marcada por um *boom* imobiliário, caracterizado pela expansão de áreas periféricas ainda não verticalizadas e pelo adensamento das áreas próximas ao centro, onde os edifícios altos se destacavam. Esse crescimento foi possibilitado também em função da legislação vigente, que até 1957 estabelecia um generoso coeficiente de aproveitamento do solo, que variava de oito a dez vezes a área do terreno. Em certos casos, o coeficiente de aproveitamento chegava até 22 vezes, como no caso do edifício Martinelli (Coccaro, 2000, p. 50). A partir de 1957, com a edição da Lei nº 5.261, tais coeficientes foram restringidos a seis vezes a área do terreno no caso de uso comercial, e a quatro para uso residencial. Ainda assim, o edifício de apartamentos transformou-se em um dos marcos mais reveladores dos novos modos de vida da sociedade paulistana (Meyer, 1991, p. 35).

As formas cúbicas e geométricas do movimento modernista já faziam parte do vocabulário arquitetônico paulistano nesse período, visível nos inúmeros edifícios modernistas construídos na cidade. Entretanto, a verdadeira inovação desse momento foi a introdução de uma nova modalidade de comercialização e de administração no mercado imobiliário: o condomínio. Esse sistema cooperativista de construção e gestão de edifícios de apartamentos surgiu por volta de 1948 e tornou-se conhecido popularmente como "condomínios pelo preço de custo" (Lemos, 1989b, p. 58). Depois de idealizado o empreendimento, os especuladores procuravam vender as unidades antes mesmo do início da construção, ou mesmo durante a execução da obra, e o futuro proprietário comprava o número de cotas desejado.

3 Apartamento modernista: experimentações em meio à produção comercial

Fig. 3.42 *(A) Siedlung Dammerstock, em Karlsruhe, e (B) esquema gráfico das suas plantas-tipo A e B. Arquiteto Walter Gropius, 1927*
Fonte: *(A) Berdini (1986) e (B) baseado em Berdini (1986).*

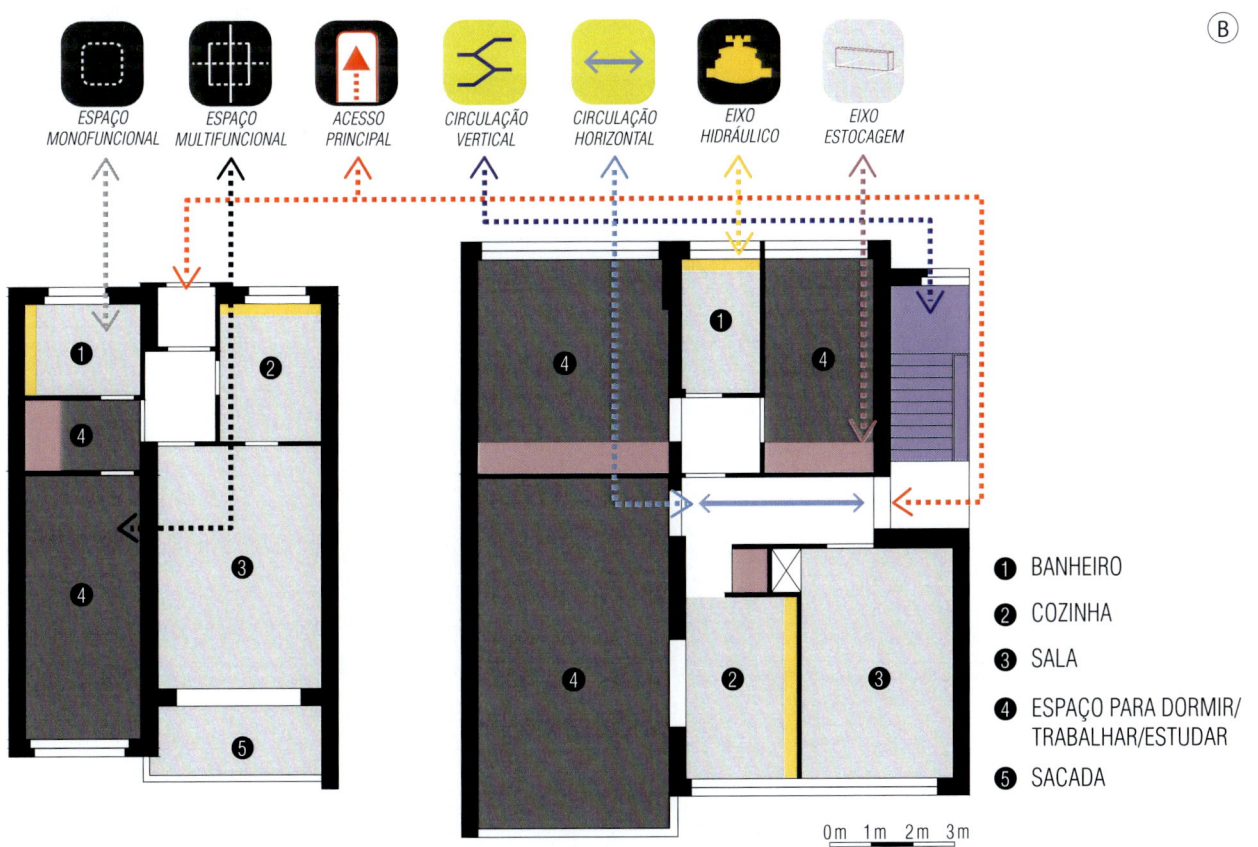

ESPAÇO MONOFUNCIONAL
ESPAÇO MULTIFUNCIONAL
ACESSO PRINCIPAL
CIRCULAÇÃO VERTICAL
CIRCULAÇÃO HORIZONTAL
EIXO HIDRÁULICO
EIXO ESTOCAGEM

❶ BANHEIRO
❷ COZINHA
❸ SALA
❹ ESPAÇO PARA DORMIR/TRABALHAR/ESTUDAR
❺ SACADA

0m 1m 2m 3m

Os primeiros apartamentos comercializados sob a forma de condomínios possuíam apenas um dormitório ou eram do tipo *kitchenettes*, e constituíram uma rentável forma de investimento e lucratividade aos especuladores (Rossetto, 2002). Em seguida, o sistema foi estendido aos apartamentos de dois e três dormitórios, e foi então que os condomínios se transformaram no grande destaque dos anos 1950 e 1960.

Dentro dessa nova forma de organização comercial havia – tanto quanto em outros momentos, mas talvez agora de forma mais acentuada – duas categorias de projetos e de realizações: a produção assinada, comprometida com as propostas arquitetônicas eruditas veiculadas internacionalmente, e a produção comercial, comprometida com a aceitação segura do mercado (Meyer, 1991, p. 37).

morar em apartamento

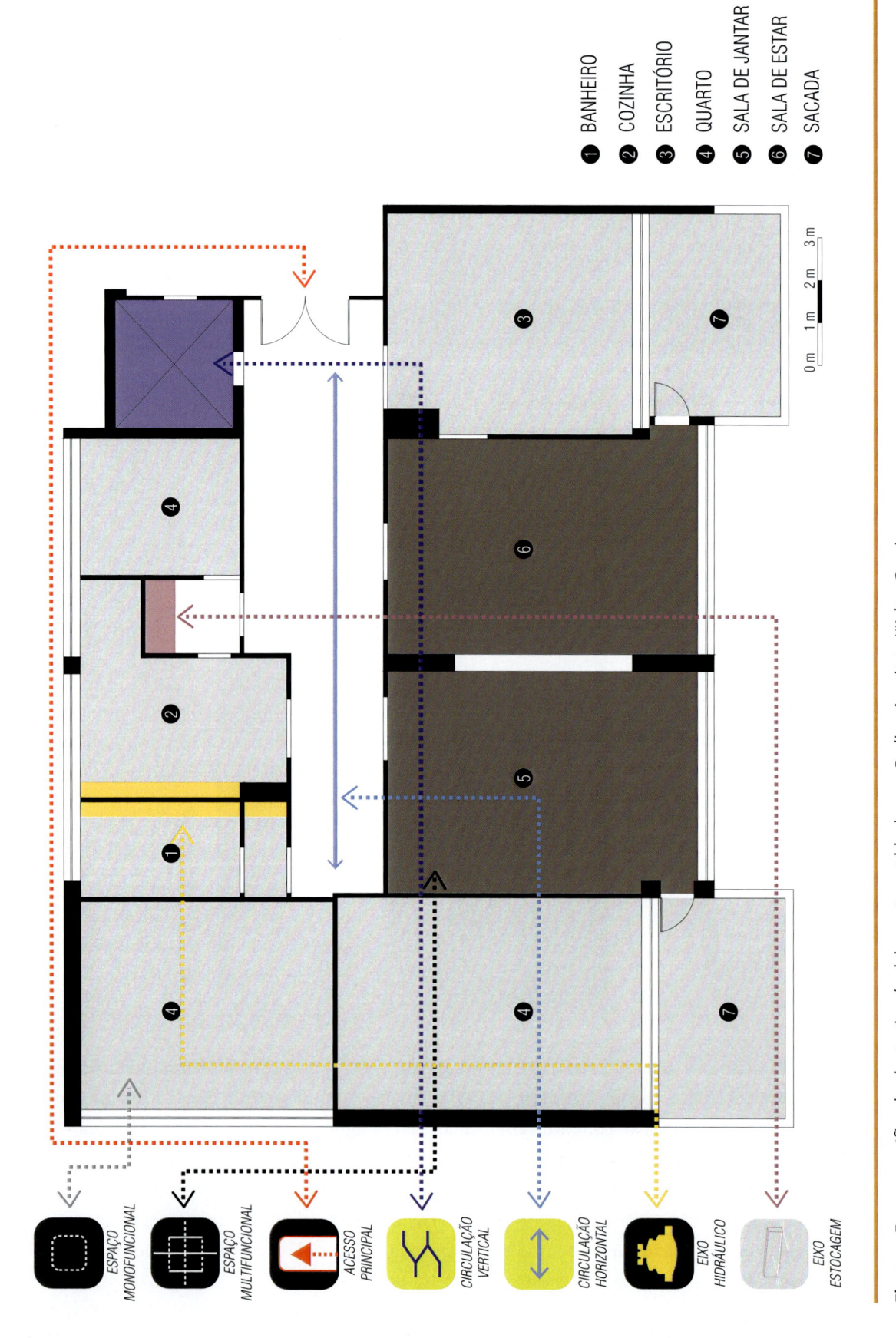

1. BANHEIRO
2. COZINHA
3. ESCRITÓRIO
4. QUARTO
5. SALA DE JANTAR
6. SALA DE ESTAR
7. SACADA

ESPAÇO MONOFUNCIONAL
ESPAÇO MULTIFUNCIONAL
ACESSO PRINCIPAL
CIRCULAÇÃO VERTICAL
CIRCULAÇÃO HORIZONTAL
EIXO HIDRÁULICO
EIXO ESTOCAGEM

Fig. 3-43 *Esquema gráfico da planta-tipo do slab apartment blocks, em Berlim. Arquiteto Walter Gropius, 1931*
Fonte: baseado em Berdini (1986).

3 Apartamento modernista: experimentações em meio à produção comercial

> "A produção assinada, comprometida com as propostas arquitetônicas eruditas veiculadas internacionalmente, e a produção comercial, comprometida com a aceitação segura do mercado"

> "Quase nenhum dos apartamentos construídos apresentou inovações na forma de organizar o espaço interior, excetuados alguns exemplos de habitação de interesse social"

Pilotis, brise-soleil e panneaux de verre eram elementos constantes em edifícios produzidos por arquitetos renomados como Oscar Niemeyer (Edifício Copan – 1951/1952), Abelardo de Souza (Edifício Nações Unidas – 1953), Adolf Franz Heep (Edifício Lausanne – 1953), Plínio Crocce, Roberto Aflalo e Salvador Candia (Edifício João Ramalho – 1953) e Jacques Pilon (Edifício Paulicéia – 1956). Grandes referências da arquitetura modernista brasileira no que diz respeito à plástica e às soluções técnicas usadas nos edifícios foram erguidas nos anos 1950 e 1960. No entanto, é curioso notar que quase nenhum dos apartamentos construídos apresentou inovações na forma de organizar o espaço interior, exceto alguns exemplos de habitação de interesse social. As salas permaneciam bem amplas, apresentando layouts que denotavam certa multifuncionalidade no espaço; entretanto, o restante dos cômodos se mantinha monofuncional (Fig. 3.44).

Segundo Bruand (1991, p. 20-21), os apartamentos chegariam ao final dos anos 1960 como uma das principais modalidades habitacionais do Brasil, na época construídos única e exclusivamente pela iniciativa privada. Em depoimento sobre a classificação dos edifícios modernistas brasileiros, Bruand diz que os profissionais da construção civil tiveram o mais vasto campo de ação de que dispunham na execução de edifícios.

Porém, teria havido uma desproporcionalidade entre as realizações de caráter social (cujos canteiros ficaram muito secundários e não deram origem senão a algumas poucas tentativas válidas, como Pedregulho, Gávea etc.), as realizações para classes intermediárias, mais abundantes, mas sem interesse profundo, e as casas ou apartamentos de luxo que dominaram o mercado pelo número e pela qualidade. "Esta última série é que examinamos de modo mais essencial, por razões evidentes: ela constituiu a parte dominante da obra da maioria dos arquitetos e, em muitos casos, a parte onde eles conseguiram expressar-se melhor" (Bruand, 1991, p. 375). Sua condição de símbolo de modernidade e sucesso social, entretanto, não parece ter estimulado em seus idealizadores maiores reflexões sobre as recentes transformações por que passava a sociedade, e, inevitavelmente, observamos nesses apartamentos os

Fig. 3.44 (A) Edifício Nações Unidas, na avenida Brigadeiro Luiz Antônio.
Fonte: Revista Habitat, n. 12, p. 57.

morar em apartamento

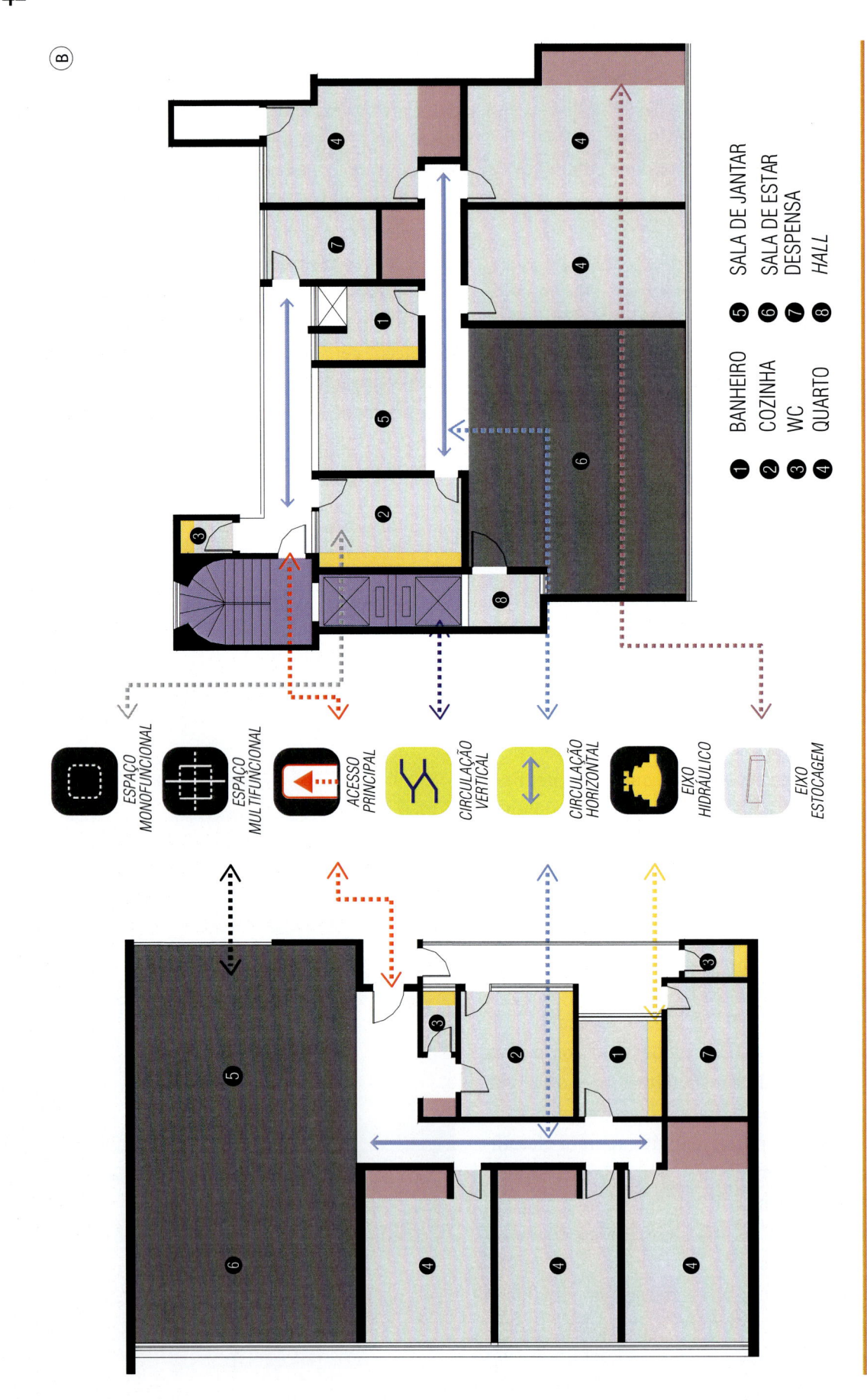

Fig. 3.44 (B) *Esquema gráfico das suas plantas-tipo A e B. Arquiteto Abelardo de Souza, 1953*
Fonte: baseado em Revista Habitat, n. 12, p. 57.

1 BANHEIRO
2 COZINHA
3 WC
4 QUARTO
5 SALA DE JANTAR
6 SALA DE ESTAR
7 DESPENSA
8 HALL

ESPAÇO MONOFUNCIONAL
ESPAÇO MULTIFUNCIONAL
ACESSO PRINCIPAL
CIRCULAÇÃO VERTICAL
CIRCULAÇÃO HORIZONTAL
EIXO HIDRÁULICO
EIXO ESTOCAGEM

3 Apartamento modernista: experimentações em meio à produção comercial

princípios de organização da casa isolada tradicional: estanqueidade entre cômodos, entre áreas e entre circulações. Podemos notar tais características, por exemplo, no Edifício Lausanne, projetado por Franz Heep, no qual certa multifuncionalidade é percebida somente no ambiente da sala (Figs. 3.45 a 3.47).

> Em geral, não há pesquisas novas como, por exemplo, na unidade habitacional de Le Corbusier, em Marselha; trata-se simplesmente de uma sobreposição de residências, numa versão desmesuradamente ampliada do prédio para aluguel que esteve muito em voga na Europa do século XIX. Nada de surpreendente, já que ambos os modelos tinham exatamente o mesmo fim especulativo, com a diferença de que, agora, a propriedade é condominial ao invés de concentrar-se nas mãos de um só dono. (Bruand, 1991, p. 21).

> "Excepcionalmente havia um desejo, ainda que incipiente, de flexibilização dos espaços em alguns projetos"

Nesses apartamentos assinados por arquitetos filiados aos movimentos internacionais, desde os pequenos até os de maior área, observamos que os espaços continuam a ser organizados da maneira tradicional. Entretanto, percebemos que havia um desejo, ainda que incipiente, de flexibilização dos espaços em alguns projetos. Isso pode ser percebido principalmente no trabalho de Rino Levi na maioria de seus edifícios de apartamentos, quando notamos a presença sempre possível de divisórias leves e, em alguns casos, móveis, em cômodos que permitiam diferentes utilizações (Figs. 3.48 e 3.49). Interessante também é a maneira como Levi organizou os espaços hidráulicos (banheiro e cozinha) em um de seus projetos de apartamentos no ano de 1957, concentrando-os em uma espécie de cabine funcional na qual as atividades de higienização pessoal, limpeza de roupas e preparo de alimentos poderiam ser realizadas na mesma área (Fig. 3.48). Essa é uma das raras reflexões realizadas no campo da organização espacial nos projetos dos apartamentos paulistanos dos anos 1950 e 1960.

A segunda categoria de apartamentos produzida nos anos 1950 e 1960 foi a chamada *produção comercial*, que contribuiu de maneira decisiva ao *boom* imobiliário ocorrido no período, na cidade de São Paulo. Vários foram os personagens participantes dessa trama, dos quais se destacavam os engenheiros e as construtoras, com especial ênfase para a Construtora e Imobiliária Monções. Esta se notabilizou pela realização de um número expressivo de apartamentos residenciais que, sob a forma de condomínios, apresentavam programas "descritos como confortáveis, sóbrios e racionais" (Meyer, 1991, p. 38). Parte desses empreendimentos foi assinada por Artacho Jurado, que criou, com suas realizações "românticas", um estilo próprio ao usar e abusar de ladrilhos decorados e painéis de pastilhas com tons como rosa e verde-claro (Lemos, 1989b, p. 58). O trabalho de Artacho Jurado refletiu o viés de uma época atravessada pelos filmes hollywoodianos, através da criação de uma arquitetura cênica. Nessa época,

> o público passava a ter contato com um luxo e uma grandiosidade aos quais não estava acostumado. O sonho de conforto, de beleza e de prazer tinha, desta maneira, seu correspondente na tela de cinema. É esta noção de cenário, ligada ao cinema, que Artacho Jurado incorporava em suas construções, fosse por uma necessidade estética, fosse por uma necessidade meramente mercadológica. (Barreto; Perissinoto, 1999).

Mesmo proibido de assinar suas obras pelo Instituto dos Arquitetos do Brasil, o qual alegava que ele carecia de formação universitária, as criações de Artacho Jurado se tornaram um sucesso entre a população de São Paulo. Com o intuito de alcançar total sucesso nas vendas do empreendimento, os edifícios eram comercializados sob a expressão-chave das *comodidades extras*, oferecendo ao público

morar em apartamento

Fig. 3.45 *Edifício Lausanne, na avenida Higienópolis. Arquiteto A. Franz Heep, 1953*
Fonte: cortesia de Leonardo Finotti.

Fig. 3.46 *Hall e vista interior da sala de estar do edifício Lausanne, na avenida Higienópolis. Arquiteto A. Franz Heep, 1953*
Fonte: cortesia de Leonardo Finotti.

3 Apartamento modernista: experimentações em meio à produção comercial

- ① QUARTO DE EMPREGADOS
- ② ÁREA DE SERVIÇO
- ③ BANHEIRO
- ④ COZINHA/COPA
- ⑤ QUARTO
- ⑥ SALA DE JANTAR/SALA DE ESTAR
- ⑦ WC
- ⑧ HALL
- ⑨ TERRAÇO

0m 1m 2m 3m

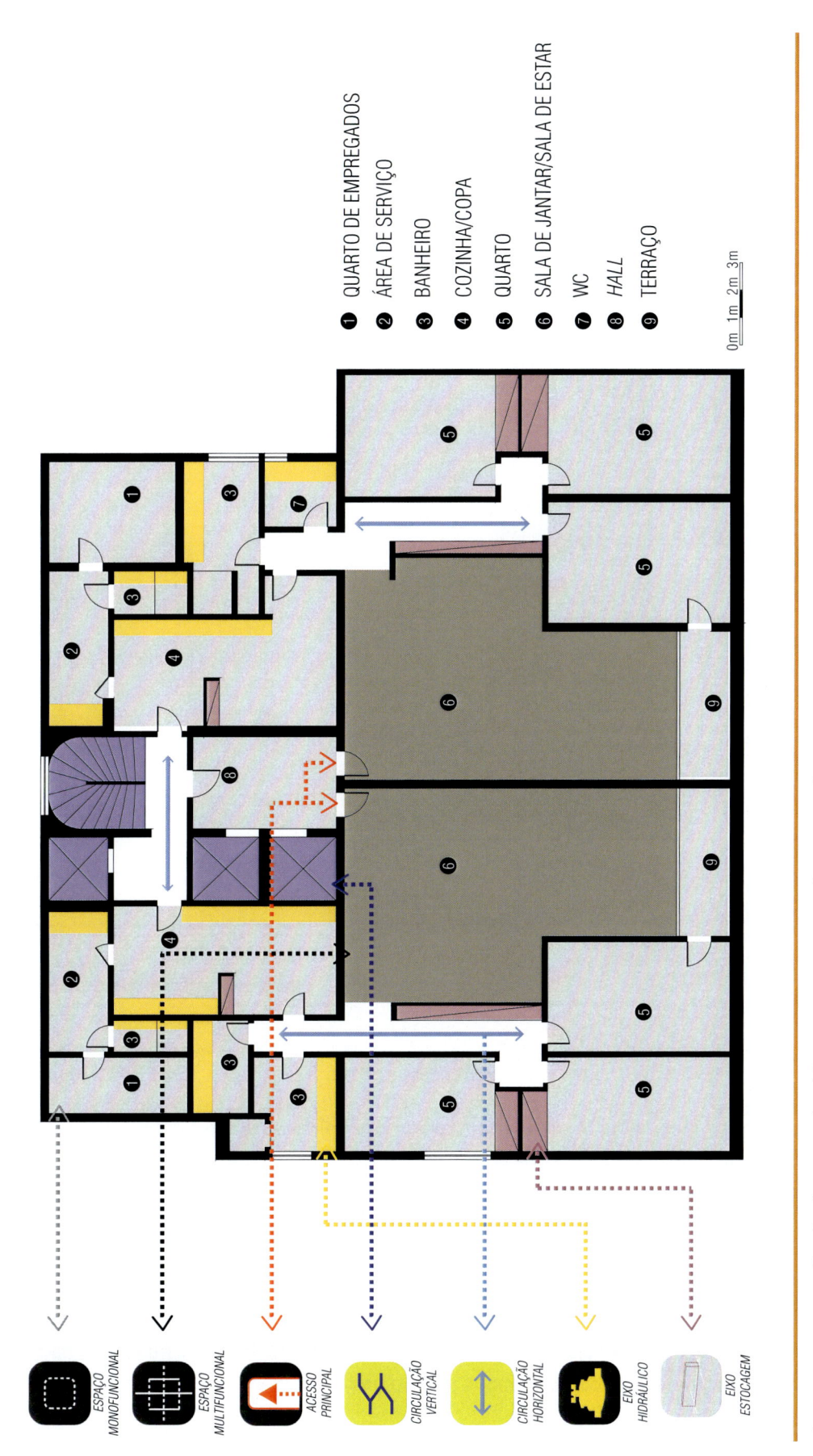

ESPAÇO MONOFUNCIONAL
ESPAÇO MULTIFUNCIONAL
ACESSO PRINCIPAL
CIRCULAÇÃO VERTICAL
CIRCULAÇÃO HORIZONTAL
EIXO HIDRÁULICO
EIXO ESTOCAGEM

Fig. 3-47 *Esquema gráfico da planta-tipo do edifício Lausanne, na avenida Higienópolis. Arquiteto A. Franz Heep, 1953*

Fonte: baseado em Revista Acrópole, n. 239.

ESPAÇO MONOFUNCIONAL

ESPAÇO MULTIFUNCIONAL

ACESSO PRINCIPAL

CIRCULAÇÃO VERTICAL

CIRCULAÇÃO HORIZONTAL

EIXO HIDRÁULICO

EIXO ESTOCAGEM

❶ BANHEIRO
❷ DUCHA
❸ COZINHA
❹ QUARTO/SALA

Fig. 3.48 *Esquema gráfico da planta-tipo do edifício Jovira Rolim Toledo, em São Paulo. Arquiteto Rino Levi, 1957*
Fonte: baseado em Revista Acrópole, n. 226.

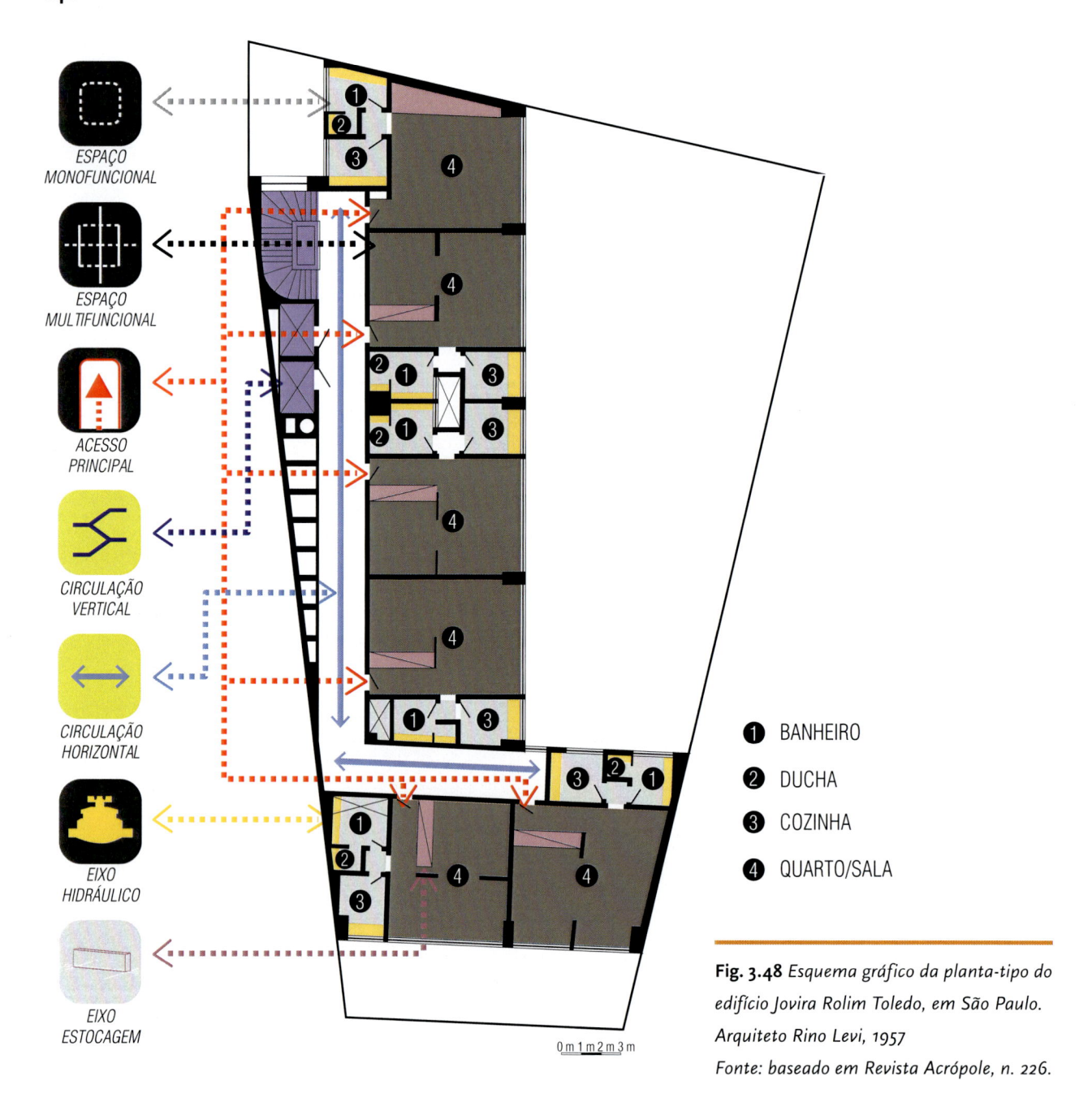

uma série de equipamentos que ilustravam a ideia de vida moderna. Segundo o texto de apresentação do condomínio Bretagne, de 1953, o edifício oferecia, além de ótima localização no bairro de Higienópolis, filiação à Arquitetura Moderna, salão de chá, salão de esportes, salão para as crianças, piscina para adultos e crianças, vestiário, átrio coberto, terraço suspenso ajardinado, grande praça ajardinada, restaurante, garagens e lavanderia (de acordo com o relatório anual da construtora e imobiliária Monções, 1954) (Fig. 3.50).

"Aproveitamento máximo e total da área edificável do empreendimento"

"Organização dos interiores baseada na tripartição das áreas"

3 Apartamento modernista: experimentações em meio à produção comercial

Fig. 3.49 *Esquema gráfico das plantas duplex do edifício Florentina de Falco, na avenida Nove de Julho. Arquiteto Rino Levi*
Fonte: baseado em Arquivo FAU/USP.

1. WC
2. COZINHA
3. TERRAÇO
4. ÁREA DE SERVIÇO
5. SALA DE ESTAR/SALA DE JANTAR
6. QUARTO
7. BANHEIRO
8. VESTÍBULO

ESPAÇO MONOFUNCIONAL
ESPAÇO MULTIFUNCIONAL
ACESSO PRINCIPAL
CIRCULAÇÃO VERTICAL
CIRCULAÇÃO HORIZONTAL
EIXO HIDRÁULICO
EIXO ESTOCAGEM

Nos apartamentos produzidos pelo mercado notamos, especialmente nos programas menores, uma lógica projetual baseada no aproveitamento máximo e total da área edificável do empreendimento, fato visto principalmente nos espaços internos das unidades, onde cantos e recortes ganham forma (Fig. 3.51).

Filiados ou não aos preceitos internacionais da arquitetura modernista, a maioria dos edifícios de apartamentos produzidos nas décadas de 1950 e 1960 continuou a organizar seus interiores baseados na tripartição das áreas. Nos programas de um dormitório ou mesmo nas *kitchenettes*, nota-se uma maneira de organização espacial bastante semelhante à dos anos 1940, apenas uma incidência maior de apartamentos com divisórias móveis que separam os cômodos. Percebe-se uma pequena redução nas áreas desses apartamentos e na diminuição, ou quase abolição, dos incrementos dados a estes na década de 1940, como bares, salas distintas separadas por arco, *hall* etc. (Fig. 3.52).

Nesse momento, o foco principal do mercado imobiliário seria a produção dos grandes edifícios destinados às classes mais abastadas. As *kitchenettes*, que denotavam um programa mais econômico, pareciam perder mais espaço ainda no terreno da incorporação e do sistema de condomínios tão em voga.

Do lado oposto, os apartamentos destinados às classes mais ricas construídos nos anos 1950 apresentam alguns destaques em sua concepção espacial, prevendo atividades como o trabalho realizado em casa, no dormitório ou num cômodo separado, e o aparecimento, ainda em poucos casos, da suíte e do *closet* (Fig. 3.53). As suítes e os escritórios serão a grande novidade dos anos 1960, quando começam a constar de maneira mais significativa nos apartamentos da elite. Lembramos, no entanto, que suítes já são encontradas em apartamentos produzidos na cidade de São Paulo no final dos anos 1930 e durante os anos 1940.

Fig. 3.50 *Condomínio Bretagne, em Higienópolis. Artacho Jurado, 1953*
Fonte: *Revista Projeto, n. 133.*

3 Apartamento modernista: experimentações em meio à produção comercial

ESPAÇO MONOFUNCIONAL · ESPAÇO MULTIFUNCIONAL · ACESSO PRINCIPAL · CIRCULAÇÃO VERTICAL · CIRCULAÇÃO HORIZONTAL · EIXO HIDRÁULICO · EIXO ESTOCAGEM

① BANHEIRO
② COZINHA
③ WC
④ QUARTO
⑤ VESTÍBULO
⑥ SALA DE ESTAR
⑦ TERRAÇO
⑧ DESPENSA
⑨ HALL

Fig. 3.51 *Esquema gráfico da planta-tipo do edifício Washington, na avenida General Olímpio da Silveira. Arquiteto Bernardo Rzezak, 1953*
Fonte: baseado em Revista Habitat, n. 12.

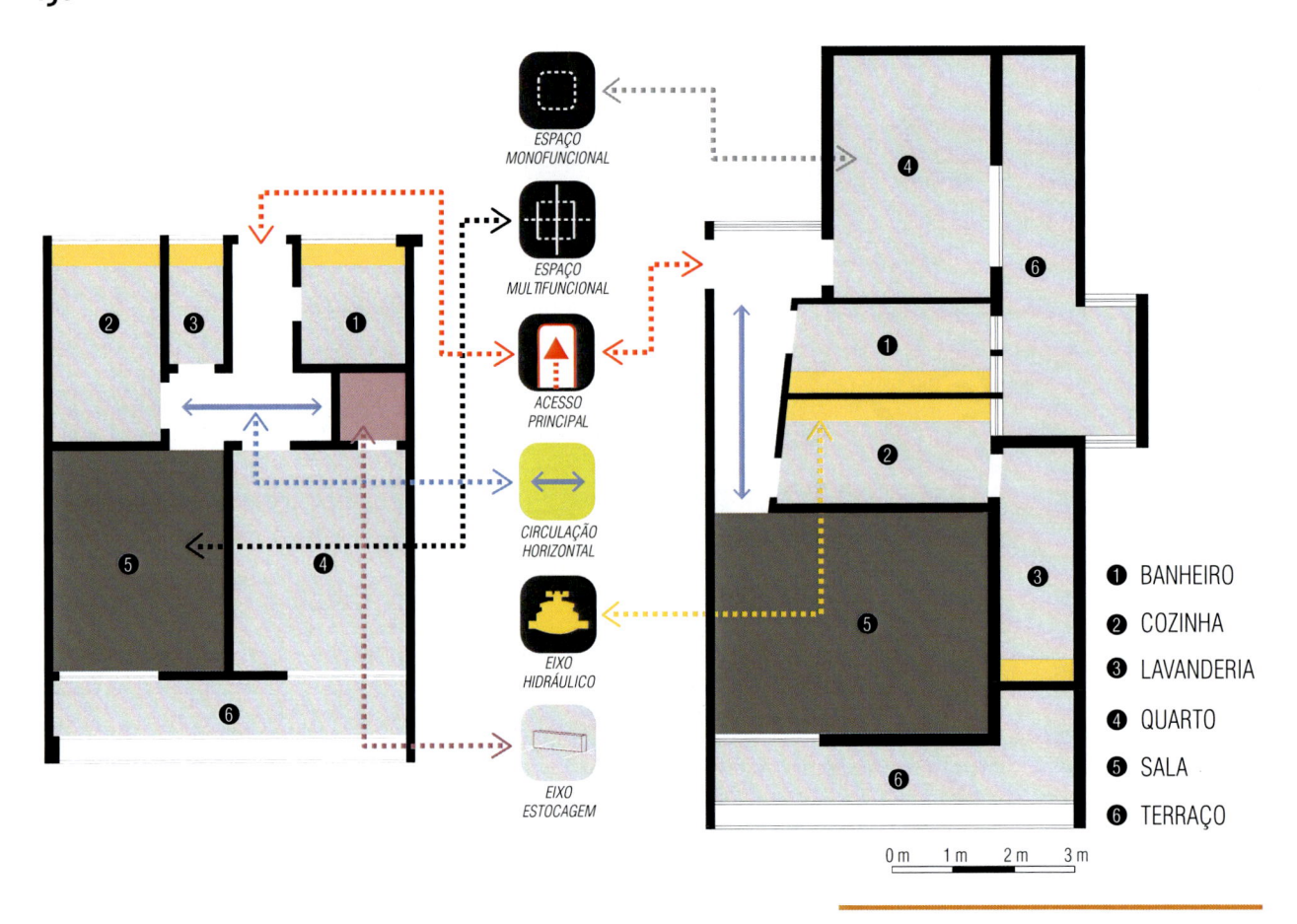

Fig. 3.52 *Esquema gráfico das plantas dos apartamentos de um dormitório do edifício Ibaté, na rua Antônio Carlos. Arquiteto Arnold François Heep, 1956*
Fonte: baseado em Revista Habitat, n. 29.

É interessante observar que, nos anos 1960, muitas plantas apresentavam o escritório, ou mesmo a biblioteca, como um cômodo localizado ao lado dos outros dormitórios do apartamento, como se ele pudesse se tornar um dormitório também, caso fosse necessário (Fig. 3.58). Seria a origem da ideia do *terceiro reversível*, solução bastante utilizada nas décadas de 1970 e 1980? Talvez, já que o cômodo reversível costuma situar-se entre duas das três áreas do apartamento haussmanniano, permitindo a ampliação de uma delas.

Nos anos 1960, os grandes apartamentos ganharam destaque no cenário imobiliário paulistano. Dotados de garagens, jardins, portarias enormes, *playgrounds* e abandonando a antiga tradição de edifícios altos que localizavam o comércio no piso térreo, os apartamentos dos ricos obedecem à seguinte relação: quanto maior sua área, mais estanques e compartimentados seus espaços. Nesses casos, os programas serão extensos, incluindo bibliotecas, salas, *halls* e a manutenção de cômodos de empregados, configurados, algumas vezes, em formatos pouco convencionais (Figs. 3.54 a 3.57).

> "Quanto maior sua área, mais estanques e compartimentados seus espaços"

Nesse período, pudemos perceber certo incremento nos equipamentos coletivos externos dos apartamentos, principalmente dos maiores, como forma de estimular a comercialização das

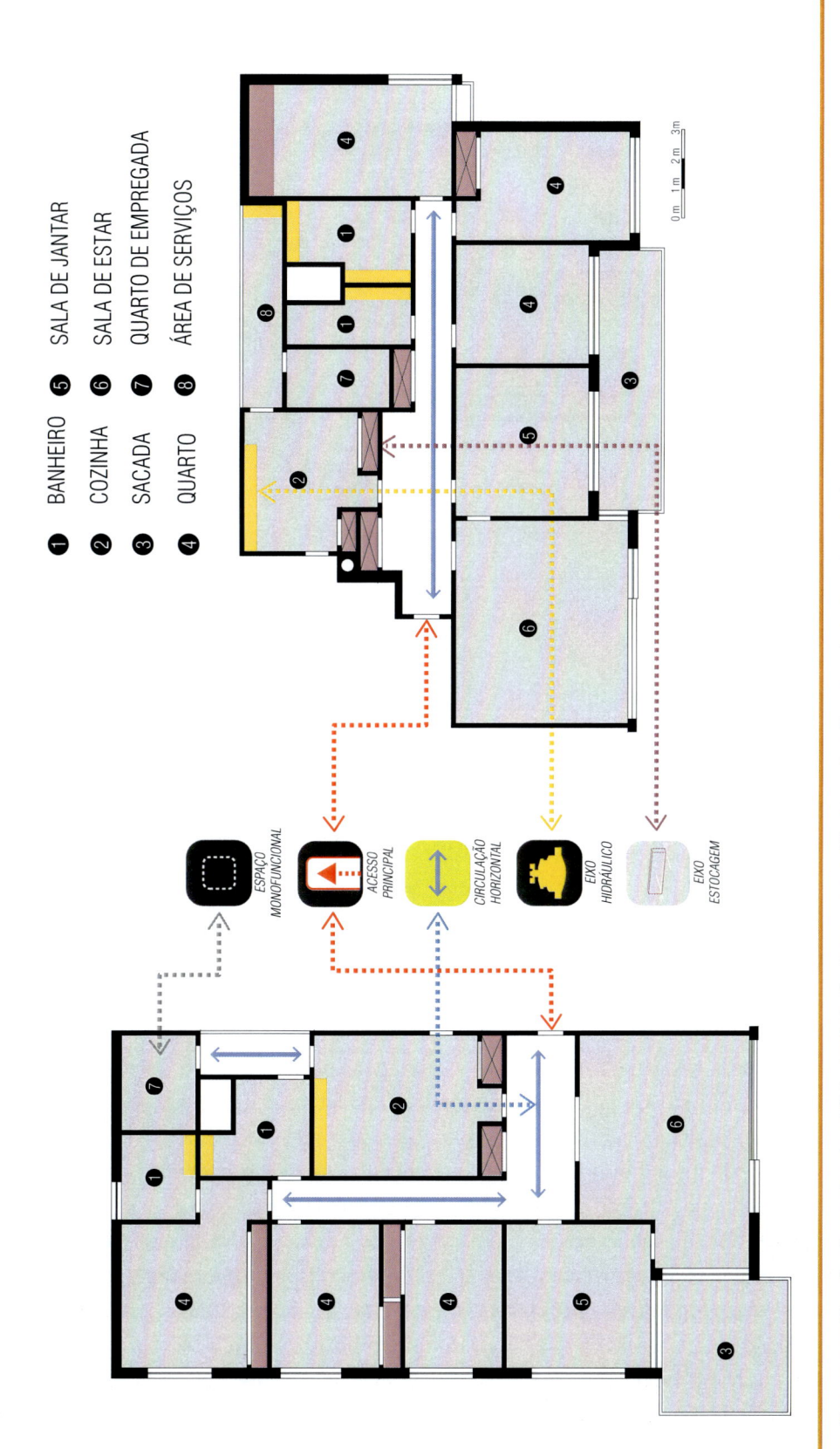

3 Apartamento modernista: experimentações em meio à produção comercial

Fig. 3.53 *Esquema gráfico da planta-tipo do edifício Antônio Devisate, na avenida Nove de Julho. Arquiteto Francisco Beck, 1955*

Fonte: baseado em Revista Acrópole, n. 202.

morar em apartamento

ESPAÇO MONOFUNCIONAL
ESPAÇO MULTIFUNCIONAL
ACESSO PRINCIPAL
CIRCULAÇÃO VERTICAL
CIRCULAÇÃO HORIZONTAL
EIXO HIDRÁULICO
EIXO ESTOCAGEM

❶ HALL
❷ WC
❸ DESPENSA
❹ COZINHA
❺ SALA
❻ QUARTO
❼ BANHEIRO
❽ BIBLIOTECA
❾ TERRAÇO
❿ ÁREA DE SERVIÇO

Fig. 3.54 *Esquema gráfico da planta-tipo do edifício de apartamentos, na alameda Rio Claro. Arquitetos Maurício Kogan e Samuel Szpigel, 1961*
Fonte: baseado em Revista Acrópole, n. 337.

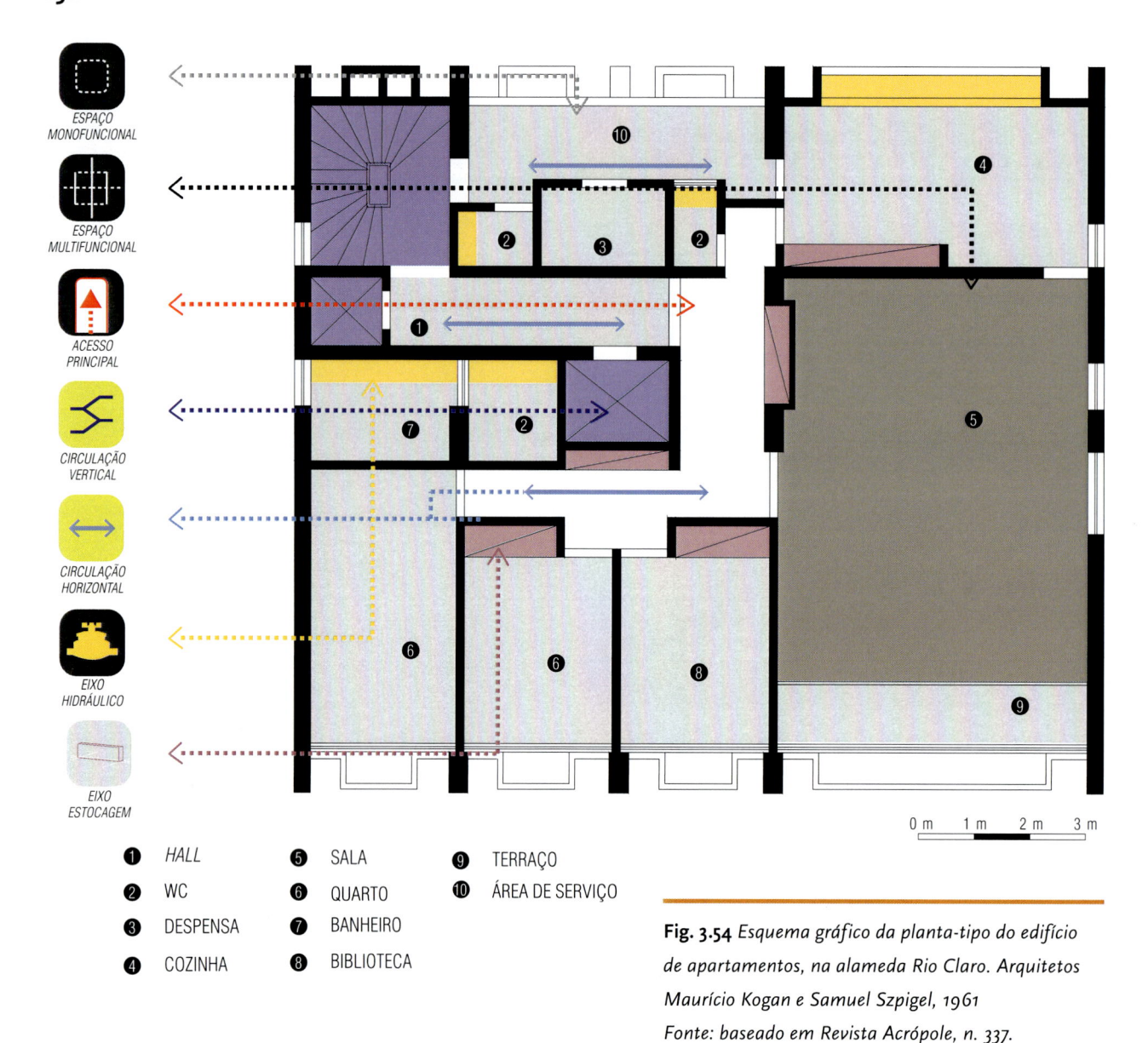

unidades. Dos anos 1950 para os anos 1960 houve um aumento significativo no número de edifícios de apartamentos dotados de garagens. Isso certamente ocorreu devido ao grande aumento da frota de veículos que aconteceu na cidade de São Paulo na época, em função da ampliação de seu mercado. Nos edifícios mais caros tornam-se mais frequentes também os *playgrounds*, salões de festas e áreas ajardinadas. A grande novidade seria a piscina que, apesar de pontualmente, marca o início de uma série de equipamentos que irão completar o quadro das *comodidades extras*.

No final da década de 1970 e início dos anos 1980, esses itens constam na maioria dos apartamentos produzidos pelo mercado imobiliário destinados às classes mais ricas. O que ocorre é que essa modalidade habitacional – o edifício de apartamentos – vai, ao longo dos anos, especializando-se e tornando-se um empreendimento estritamente residencial. Nos anos 1950, ainda é bastante comum a presença de comércio no térreo ou primeiro pavimento dos edifícios, principalmente nos programas menores. Já nos anos 1960, essa ocorrência diminui significativamente.

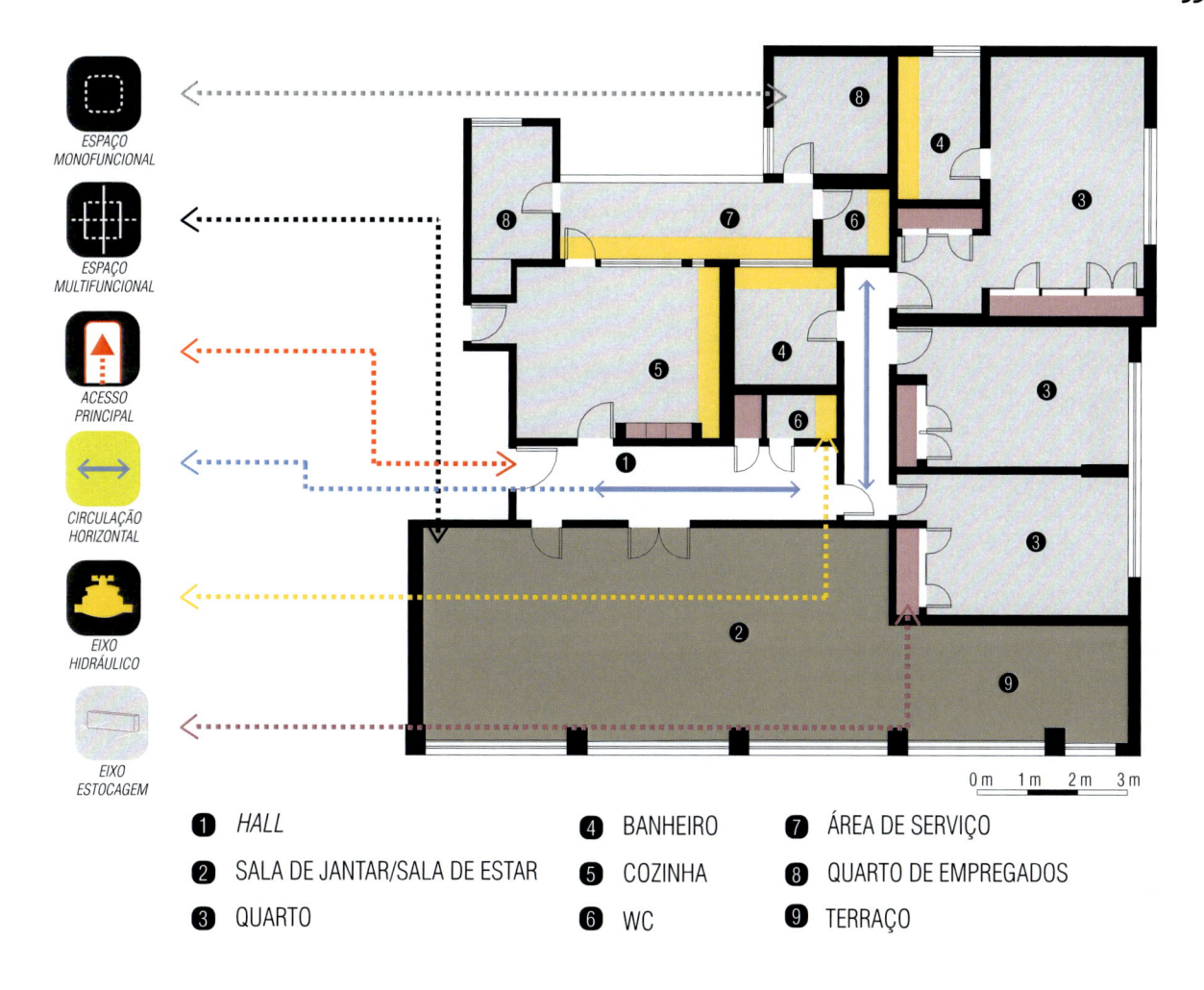

3 Apartamento modernista: experimentações em meio à produção comercial

ESPAÇO MONOFUNCIONAL
ESPAÇO MULTIFUNCIONAL
ACESSO PRINCIPAL
CIRCULAÇÃO HORIZONTAL
EIXO HIDRÁULICO
EIXO ESTOCAGEM

1. HALL
2. SALA DE JANTAR/SALA DE ESTAR
3. QUARTO
4. BANHEIRO
5. COZINHA
6. WC
7. ÁREA DE SERVIÇO
8. QUARTO DE EMPREGADOS
9. TERRAÇO

Fig. 3.55 *Esquema gráfico da planta-tipo de um edifício de apartamentos, na rua Bahia. Arquiteto Francisco Beck, 1964*
Fonte: baseado em Revista Acrópole, n. 309.

Em relação aos programas de dois e três dormitórios, foi durante as décadas de 1950 e 1960 que se difundiu a redução de áreas do modelo tripartido, que descrevemos anteriormente com características básicas: além da redução da área dos cômodos, a distinção entre entrada social e de serviços e a presença de cômodos de empregados (Figs. 3.58 e 3.59). Podemos perceber algumas diferenças nesse quadro. Dentro desse programa existiam os apartamentos mais baratos – com áreas menores e cômodos suprimidos – e os maiores – que eram completos. Entretanto, nessas décadas ainda se encontravam apartamentos espaçosos, com áreas bem superiores às das décadas seguintes.

Foi nesses apartamentos menores, de dois e três dormitórios, que pudemos perceber de forma mais expressiva as influências do *american way of life*. Em decorrência da redução geral de área, sua organização espacial interna foi assemelhando-se mais e mais aos modelos norte-americanos, na medida em que a cozinha foi se integrando cada vez mais à sala de jantar ou mesmo diretamente ao *living* e, em alguns casos, a separação entre circulações social e de serviços e as dependências de empregados foram suprimidas (Figs. 3.60 e 3.61).

Portanto, é no final dos anos 1960 o início da consolidação dessa tipologia de habitação, em que esse modelo de apartamento reduzido tripartido

ESPAÇO
MONOFUNCIONAL

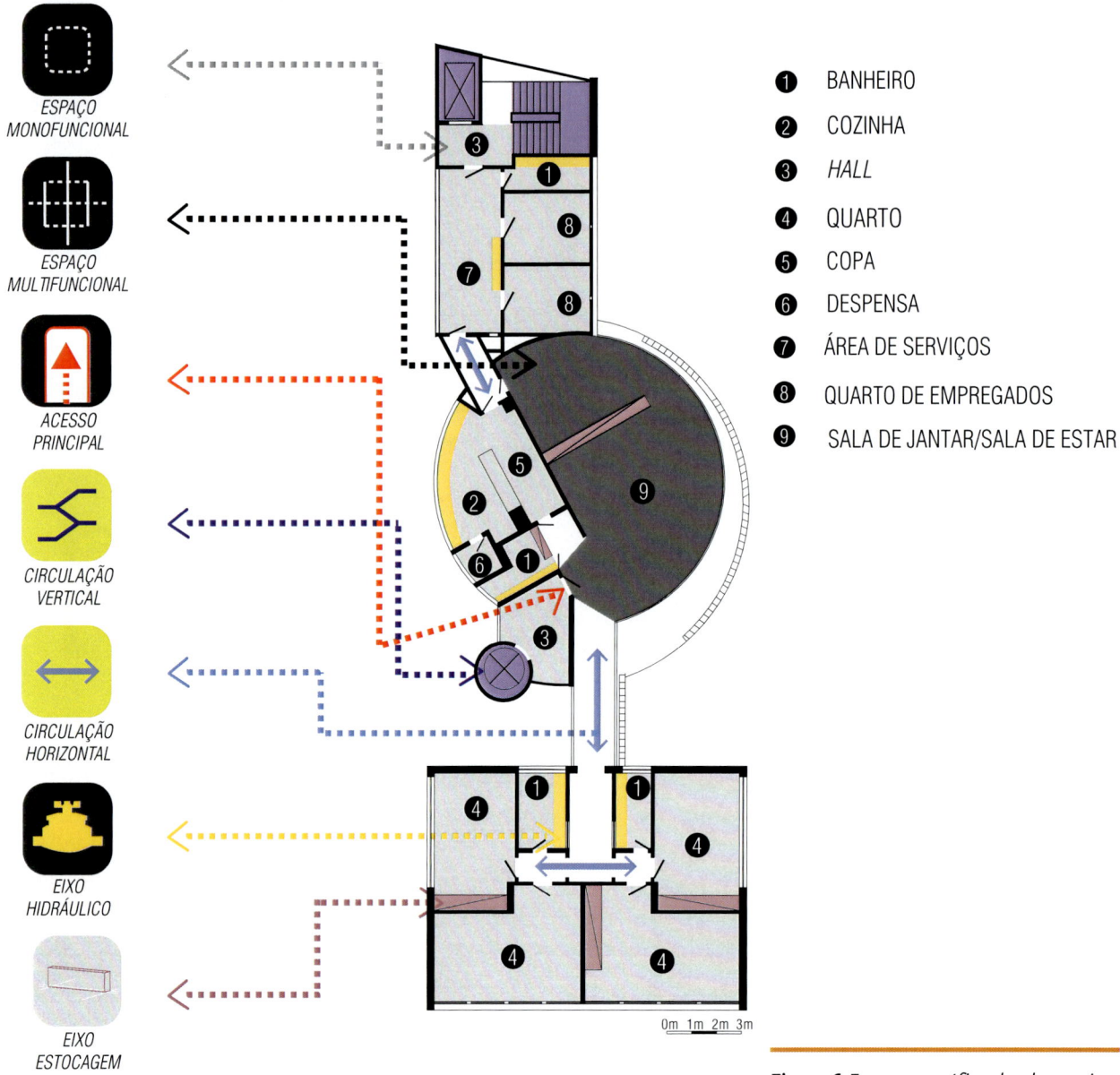

ESPAÇO
MULTIFUNCIONAL

ACESSO
PRINCIPAL

CIRCULAÇÃO
VERTICAL

CIRCULAÇÃO
HORIZONTAL

EIXO
HIDRÁULICO

EIXO
ESTOCAGEM

❶ BANHEIRO
❷ COZINHA
❸ *HALL*
❹ QUARTO
❺ COPA
❻ DESPENSA
❼ ÁREA DE SERVIÇOS
❽ QUARTO DE EMPREGADOS
❾ SALA DE JANTAR/SALA DE ESTAR

Fig. 3.56 *Esquema gráfico da planta-tipo do edifício Olívio Gomes, na rua Bahia. Arquiteto Rino Levi, 1951*
Fonte: baseado em Arquivo FAU/USP.

se repetirá infinitamente no cenário imobiliário paulistano dos anos 1970 (Figs. 3.62 e 3.63). Durante as décadas anteriores já pode ser notada essa organização espacial, mas apresentando algumas variações de áreas. O mais interessante é que podemos identificá-la tanto nos edifícios de apartamentos produzidos pelos interesses puramente mercadológicos, como nos grandes exemplos da produção assinada.

"A cozinha foi se integrando cada vez mais à sala de jantar ou mesmo diretamente ao *living* e, em alguns casos, a separação entre circulações social e de serviço e as dependências de empregados foram suprimidas"

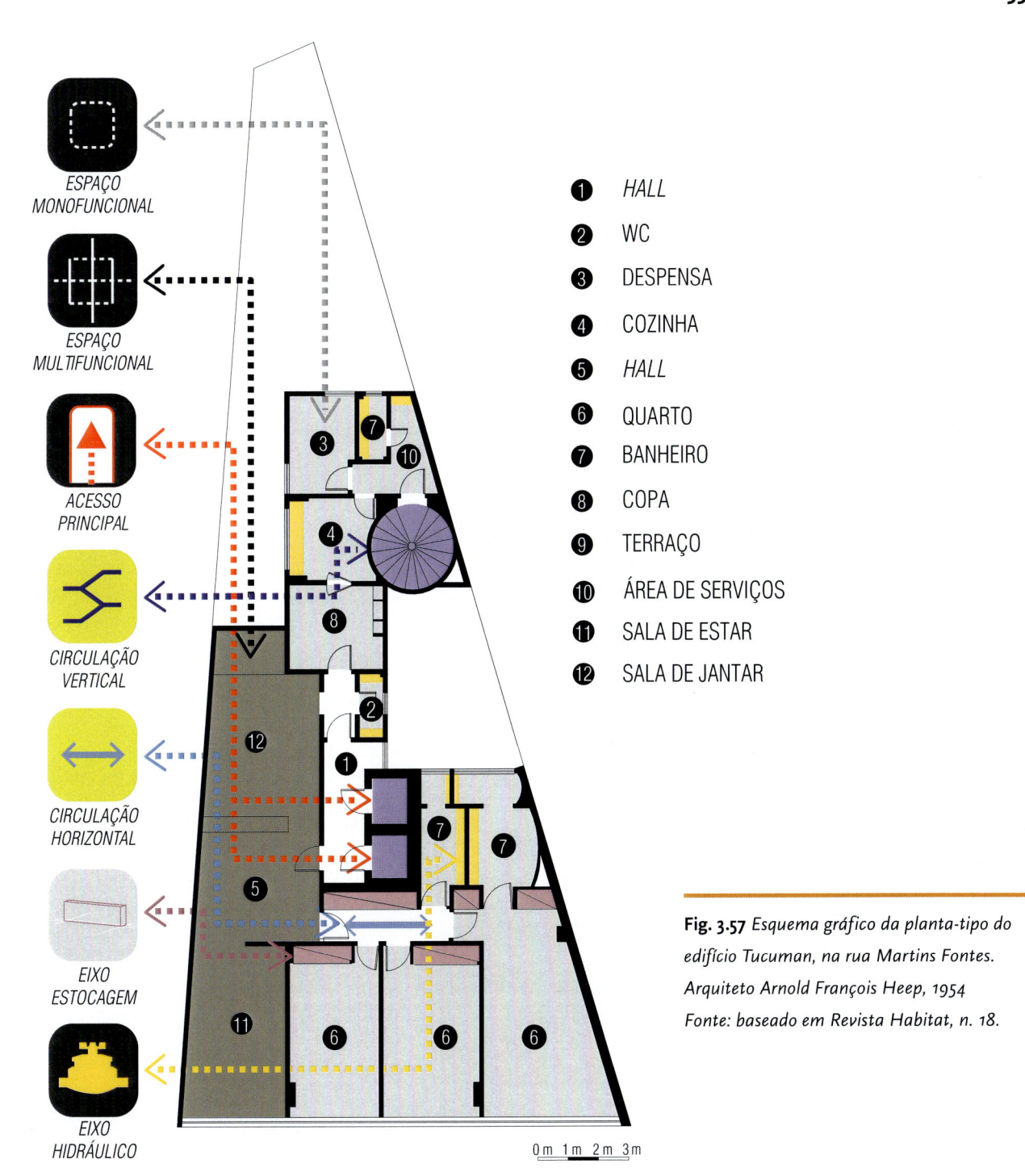

3 Apartamento modernista: experimentações em meio à produção comercial

ESPAÇO MONOFUNCIONAL

ESPAÇO MULTIFUNCIONAL

ACESSO PRINCIPAL

CIRCULAÇÃO VERTICAL

CIRCULAÇÃO HORIZONTAL

EIXO ESTOCAGEM

EIXO HIDRÁULICO

1. HALL
2. WC
3. DESPENSA
4. COZINHA
5. HALL
6. QUARTO
7. BANHEIRO
8. COPA
9. TERRAÇO
10. ÁREA DE SERVIÇOS
11. SALA DE ESTAR
12. SALA DE JANTAR

Fig. 3.57 *Esquema gráfico da planta-tipo do edifício Tucuman, na rua Martins Fontes. Arquiteto Arnold François Heep, 1954 Fonte: baseado em Revista Habitat, n. 18.*

morar em apartamento

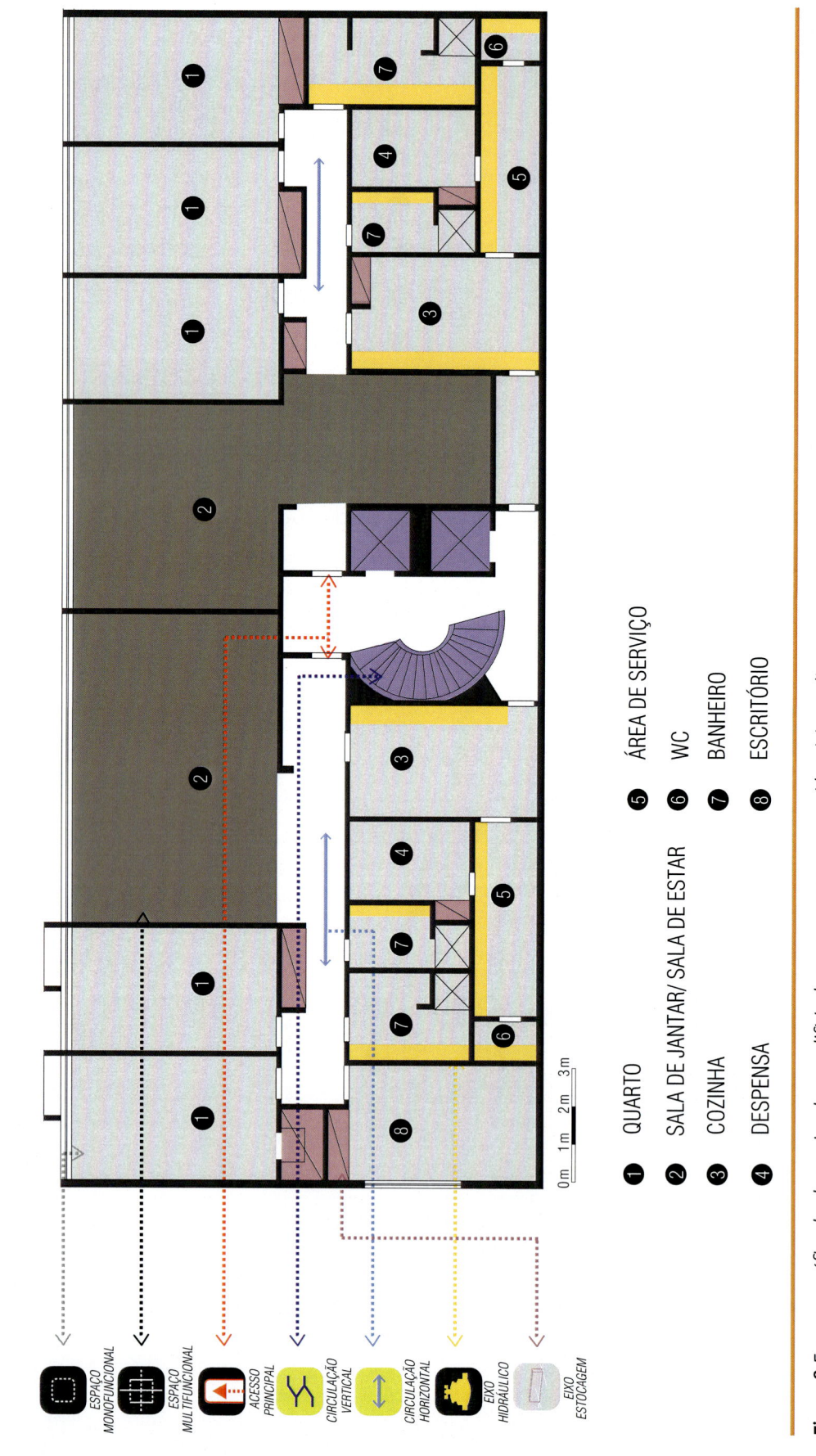

❶	QUARTO
❷	SALA DE JANTAR/ SALA DE ESTAR
❸	COZINHA
❹	DESPENSA
❺	ÁREA DE SERVIÇO
❻	WC
❼	BANHEIRO
❽	ESCRITÓRIO

ESPAÇO MONOFUNCIONAL
ESPAÇO MULTIFUNCIONAL
ACESSO PRINCIPAL
CIRCULAÇÃO VERTICAL
CIRCULAÇÃO HORIZONTAL
EIXO HIDRÁULICO
EIXO ESTOCAGEM

Fig. 3.58 *Esquema gráfico da planta-tipo de um edifício de apartamentos, na avenida Higienópolis. Arquiteto Franz Heep, 1962*
Fonte: baseado em Revista Acrópole, n. 287.

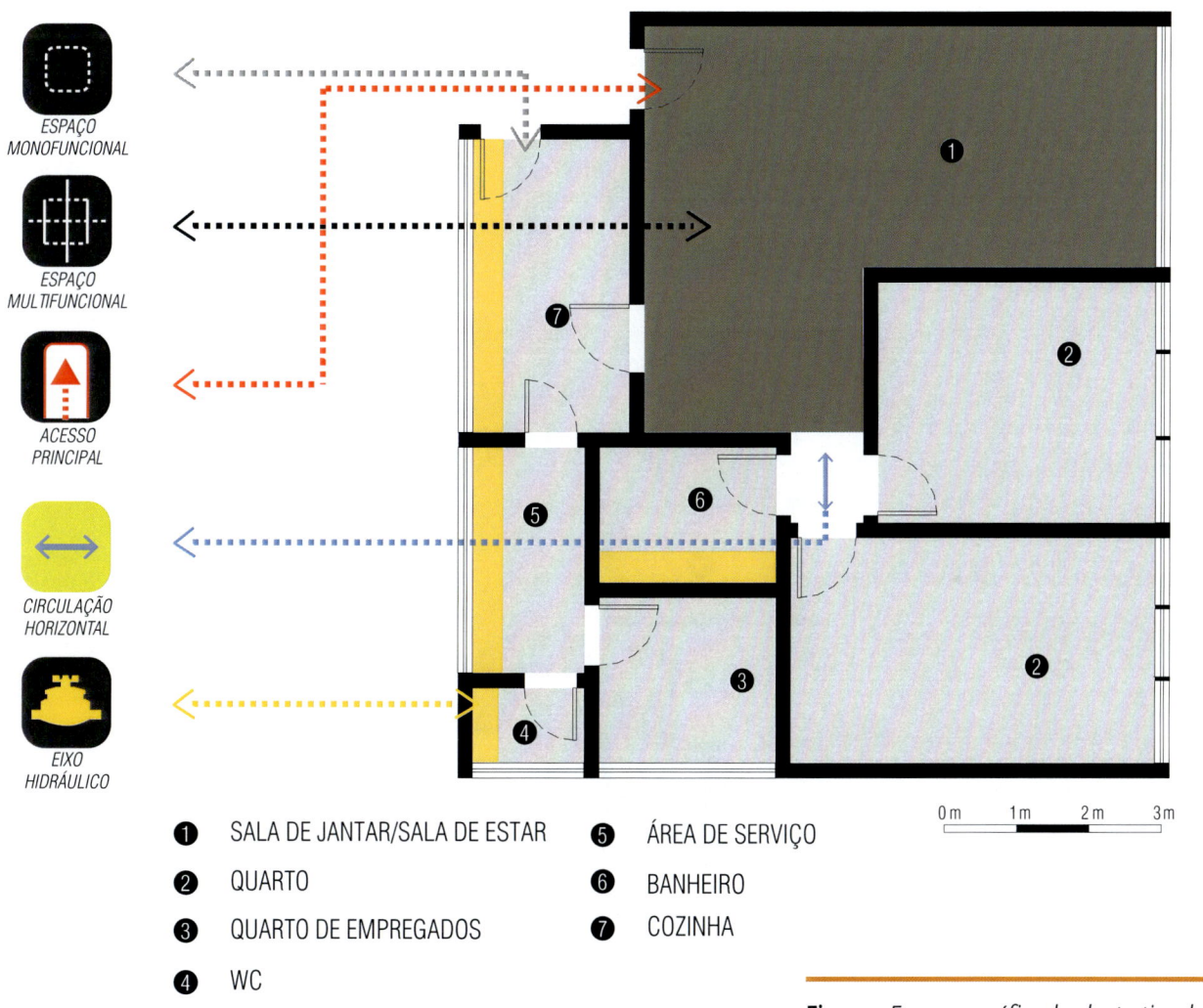

3 Apartamento modernista: experimentações em meio à produção comercial

ESPAÇO MONOFUNCIONAL

ESPAÇO MULTIFUNCIONAL

ACESSO PRINCIPAL

CIRCULAÇÃO HORIZONTAL

EIXO HIDRÁULICO

❶ SALA DE JANTAR/SALA DE ESTAR
❷ QUARTO
❸ QUARTO DE EMPREGADOS
❹ WC
❺ ÁREA DE SERVIÇO
❻ BANHEIRO
❼ COZINHA

Fig. 3.59 *Esquema gráfico da planta-tipo do conjunto Jardim Ana Rosa, na Vila Mariana. Arquitetos Plínio Croce e Roberto Aflalo, 1951 Fonte: baseado em Revista Acrópole, n. 158.*

morar em apartamento

1 HALL
2 SALA
3 QUARTO
4 COZINHA
5 BANHEIRO
6 ÁREA DE SERVIÇO
7 WC
8 DESPENSA/ QUARTO DE EMPREGADA

0m 1m 2m 3m

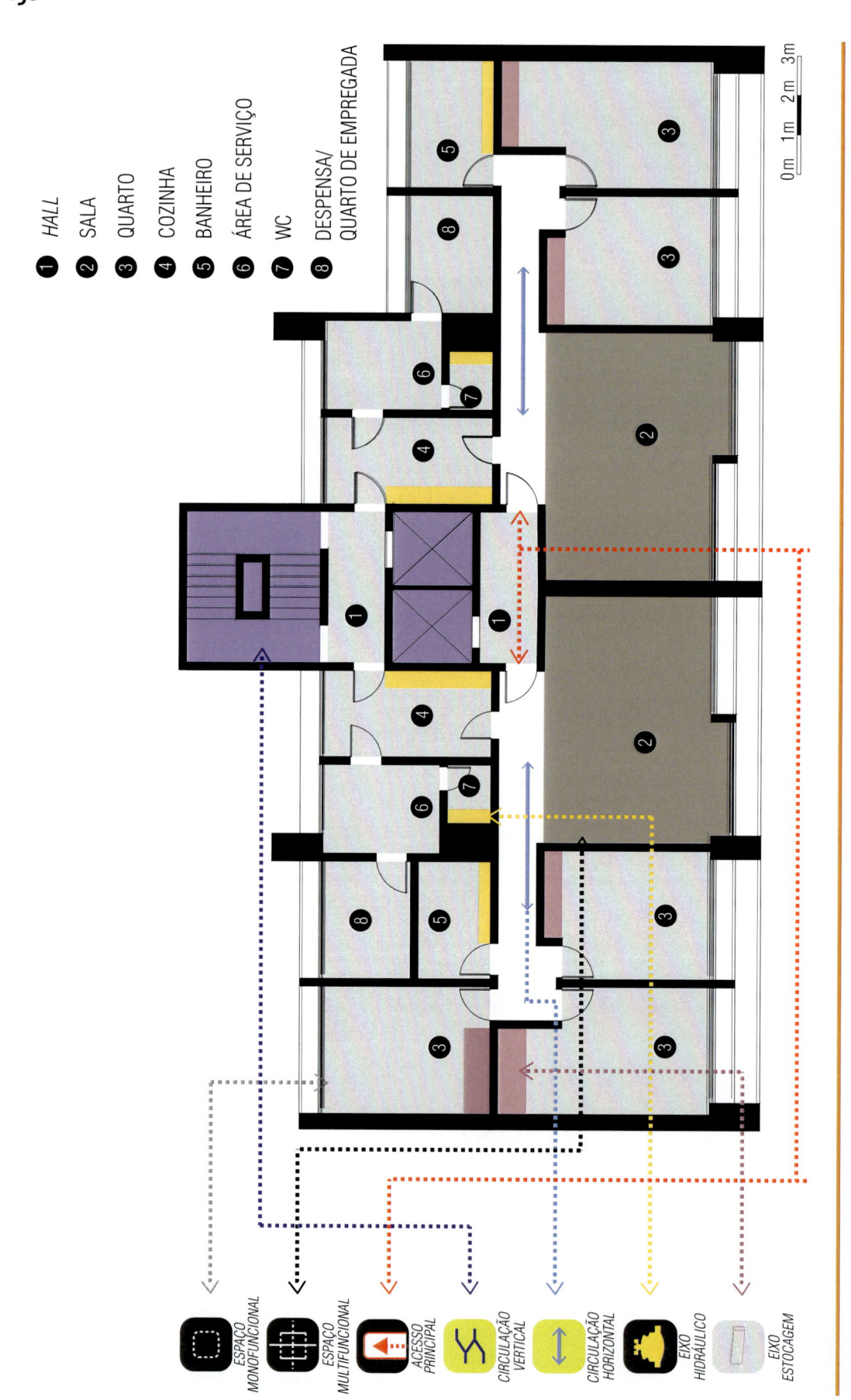

ESPAÇO MONOFUNCIONAL
ESPAÇO MULTIFUNCIONAL
ACESSO PRINCIPAL
CIRCULAÇÃO VERTICAL
CIRCULAÇÃO HORIZONTAL
EIXO HIDRÁULICO
EIXO ESTOCAGEM

Fig. 3.60 *Esquema gráfico da planta-tipo do edifício João Ramalho, na rua João Ramalho. Arquitetos Plínio Croce, Roberto Aflalo e Salvador Candia, 1953*
Fonte: baseado em Xavier, Lemos e Corona (1983).

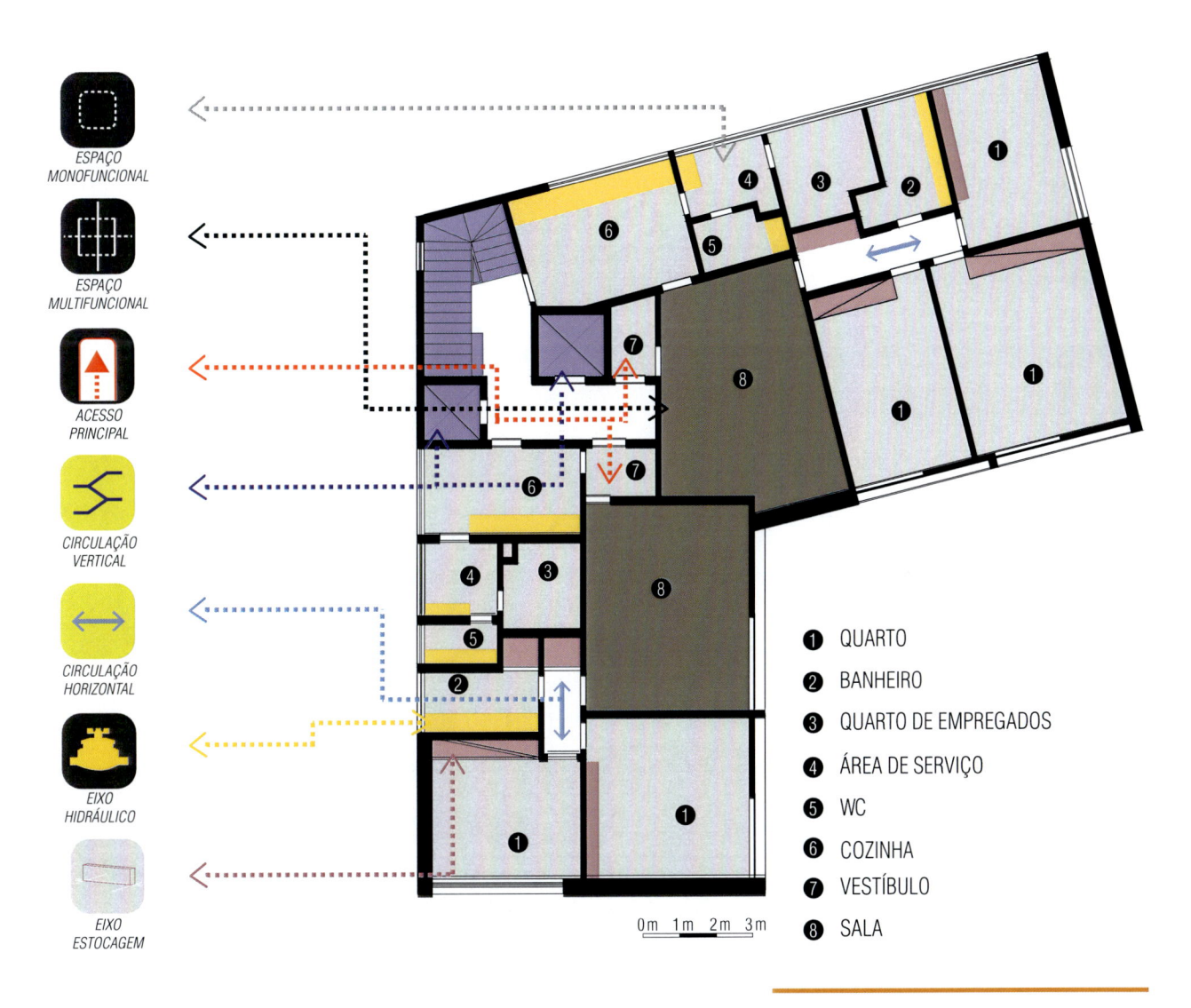

3 Apartamento modernista: experimentações em meio à produção comercial

ESPAÇO MONOFUNCIONAL

ESPAÇO MULTIFUNCIONAL

ACESSO PRINCIPAL

CIRCULAÇÃO VERTICAL

CIRCULAÇÃO HORIZONTAL

EIXO HIDRÁULICO

EIXO ESTOCAGEM

1. QUARTO
2. BANHEIRO
3. QUARTO DE EMPREGADOS
4. ÁREA DE SERVIÇO
5. WC
6. COZINHA
7. VESTÍBULO
8. SALA

Fig. 3.61 *Esquema gráfico da planta-tipo de um edifício de apartamentos, em São Paulo. Arquiteto Oswaldo Arthur Bratke, 1953*
Fonte: baseado em Revista Acrópole, n. 182.

morar em apartamento

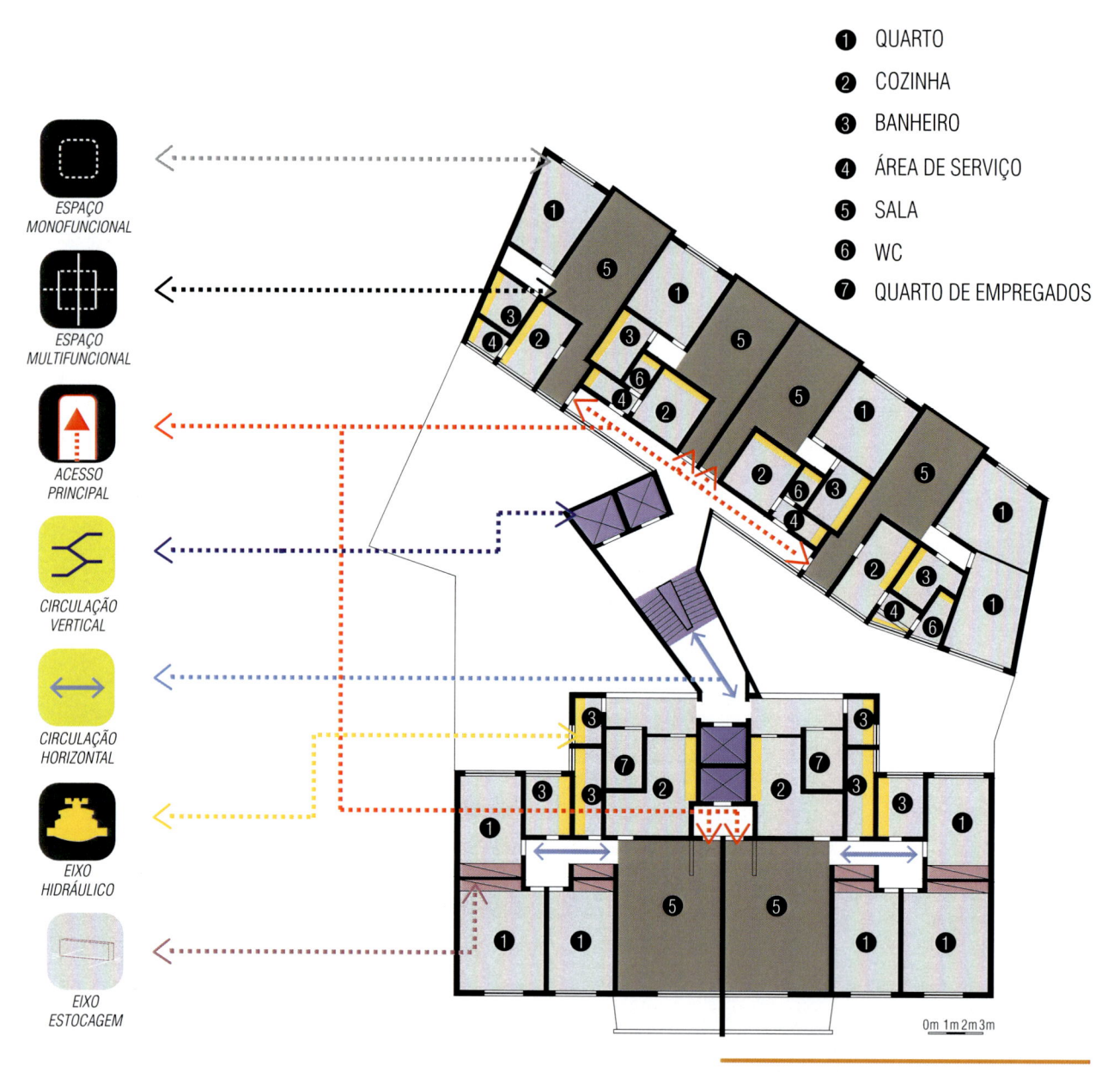

- ❶ QUARTO
- ❷ COZINHA
- ❸ BANHEIRO
- ❹ ÁREA DE SERVIÇO
- ❺ SALA
- ❻ WC
- ❼ QUARTO DE EMPREGADOS

ESPAÇO MONOFUNCIONAL

ESPAÇO MULTIFUNCIONAL

ACESSO PRINCIPAL

CIRCULAÇÃO VERTICAL

CIRCULAÇÃO HORIZONTAL

EIXO HIDRÁULICO

EIXO ESTOCAGEM

Fig. 3.62 *Esquema gráfico da planta-tipo do edifício Aníbal Ribeiro de Lima, na rua Martins Fontes. Arquiteto Gregori Warchavchil, 1958*
Fonte: baseado em Revista Acrópole, n. 240.

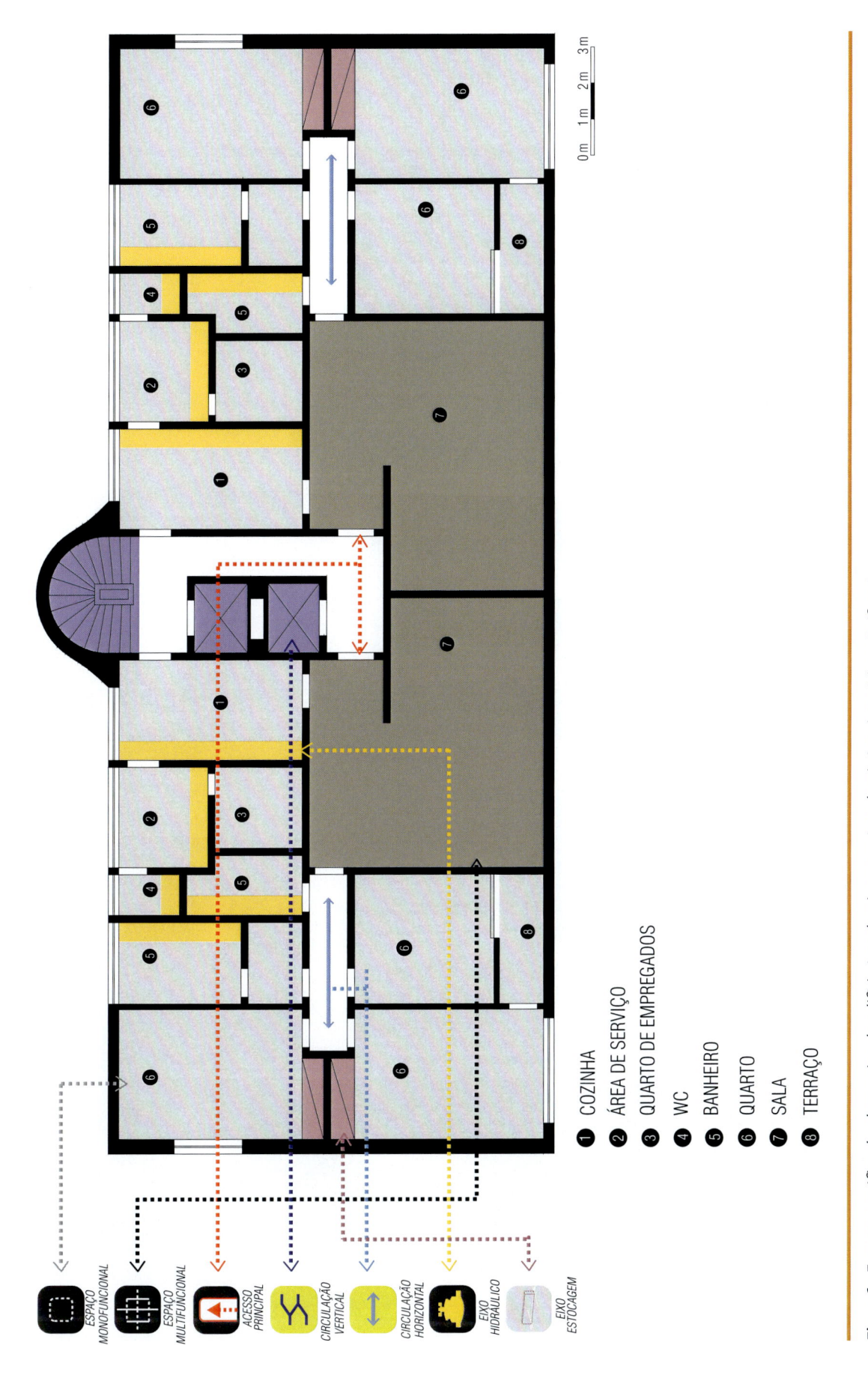

3 Apartamento modernista: experimentações em meio à produção comercial

- COZINHA
- ÁREA DE SERVIÇO
- QUARTO DE EMPREGADOS
- WC
- BANHEIRO
- QUARTO
- SALA
- TERRAÇO

ESPAÇO MONOFUNCIONAL
ESPAÇO MULTIFUNCIONAL
ACESSO PRINCIPAL
CIRCULAÇÃO VERTICAL
CIRCULAÇÃO HORIZONTAL
EIXO HIDRÁULICO
EIXO ESTOCAGEM

Fig. 3.63 *Esquema gráfico da planta-tipo do edifício Itacolomi, na rua Itacolomi. Arquiteto Victor Reif, 1964*
Fonte: baseado em Revista Acrópole, n. 7.

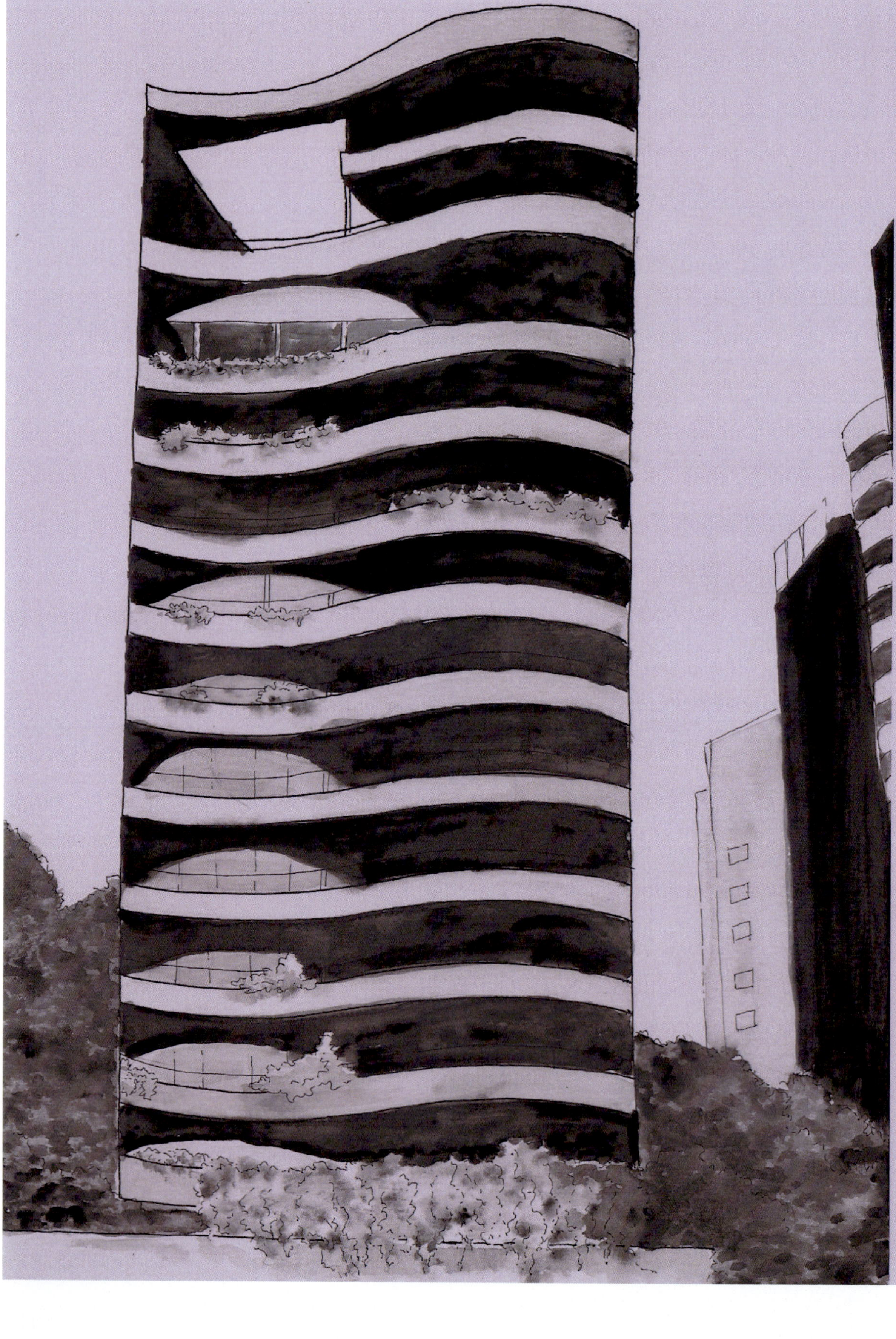

4 APARTAMENTO CONTEMPORÂNEO: A CONSOLIDAÇÃO DE TIPOLOGIAS DE MORAR

Se o edifício de apartamento figurou até os anos 1960 como um dos exemplos da modernidade, foi a partir dos anos 1970 que ele se consolidou como uma modalidade efetiva de habitação no cenário da cidade, que não parava de crescer. A cidade de São Paulo, durante as décadas de 1970 até 1990, foi palco de uma profusão de tipos e padrões de apartamentos, desde os mais caros aos mais baratos, que procuravam se acomodar às novas demandas mercadológicas, normas urbanísticas e econômicas, além de às transformações sociais e culturais profundas que influenciaram significativamente as formas de morar. Entretanto, observamos, nesse período, o estabelecimento de tipologias padronizadas de morar em alturas, que variavam conforme o tamanho do bolso de seus compradores e notadamente se inspiravam nos modelos tradicionais oitocentistas burgueses.

4.1 A década do milagre econômico

Foi nos governos militares do Marechal Costa e Silva (1967-1969) e do General Garrastazu Médici (1969-1974) que se configurou o que os economistas chamaram de "milagre brasileiro", período de crescimento econômico expressivo. Nesse período, boa parte das cidades brasileiras contou com uma transformação física e social nunca antes observada na história do Brasil. Na construção civil, esses números se refletiram em um visível aquecimento do mercado consubstanciado à construção de equipamentos estatais e privados. Entre os estatais, destacou-se a construção de usinas hidrelétricas, centrais de abastecimento, terminais rodoviários, metroviários e aeroportos, escolas, universidades e centros administrativos. Já no setor privado, destacou-se a construção de indústrias, equipamentos comerciais e de serviços e habitações (Segawa, 1998).

Foi dado um significativo impulso no campo da habitação com a implementação do Banco Nacional da Habitação (BNH), em 1965. Sua criação tinha, entre outras aspirações, a de combater o grande déficit habitacional do país. Segawa observa, entretanto, que "distorções da política habitacional do período pós-1964 levaram o BNH a contemplar, sobretudo, o financiamento de moradias para as classes média e alta" (Segawa, 1998, p. 181). Uma das consequências desse comportamento foi, além do acréscimo no número de unidades habitacionais construídas, o seu enquadramento na categoria dos bens de consumo acessíveis a uma faixa populacional desprovida de capital de giro. Em outras palavras, é a partir do início dos anos 1970 que se consolida a noção de que a moradia também é um bem com valor de troca.

> "É a partir do início dos anos 1970 que se consolida a noção de que a moradia também é um bem com valor de troca, e o apartamento irá se destacar nesse cenário"

Talvez a modalidade habitacional mais contemplada pelas ações do BNH tenha sido o apartamento, cuja grande aceitação, ocorrida na década de 1960, recebe na década seguinte um significativo impulso pelo financiamento estatal (Shimbo, 2010). Em São Paulo, uma matéria do Jornal Folha de S.Paulo de 1973 indicava que, a cada hora, mais de 1.000 m² de área construída eram aprovados pela Prefeitura. A reportagem apontava que, dos quase quatro milhões de m² construídos no primeiro semestre de 1972, aproximadamente dois milhões destinavam-se a edifícios de apartamentos, número que duplicaria no segundo semestre daquele ano. Uma ideia do sucesso dessa categoria pode ser expressa pela somatória do número de apartamentos colocados à venda nas cidades de São Paulo e Rio de Janeiro, que chegava a 950 unidades por semana naquele mesmo ano, segundo o Jornal Folha de S.Paulo de 13/2/1973. Com relação à venda dessas unidades, o sociólogo Rui Costa lembra que "os estandes de venda eram luxuosos; garçons uniformizados serviam clientes, já seduzidos por vendedores equipados com o que havia de mais atual em tecnologia eletrônica: as glamorosas e minúsculas calculadoras japonesas" (Arruda; Costa, 1995, p. 44).

No intuito de ampliar cada vez mais os índices de lucratividade, os incorporadores trataram de pressionar a aprovação da Lei Adiron (n° 8.001/73), que permitia a elevação de todos os coeficientes para o uso residencial verticalizado, favorecendo ainda mais seus interesses, já que, no ano de 1971, o Plano Diretor de Desenvolvimento Integrado (PDDI) havia restringido o coeficiente de aproveitamento do solo de seis para quatro e, na maior parte da cidade, era permitido apenas construir-se uma vez e meia a área do terreno (Hoyler, 2014).

4.2 Rumo a megalópoles

Durante a década de 1970, São Paulo passou por uma das várias metamorfoses que marcaram sua história: a transição de cidade grande dos anos 1950 e 1960 para megalópole atual. Acontecimentos das mais variadas ordens contribuíram para tal mudança. De um lado, São Paulo era uma cidade de trabalhadores exaustos que dificilmente se divertiam, a não ser aos domingos, quando o Aeroporto de Congonhas se enchia de curiosos para ver o sobe e desce das aeronaves (Arruda; Costa, 1995, p. 44). De outro, foi nessa década que a cidade viveu uma efervescência cultural, mesmo sob as rédeas curtas e limitadoras do regime militar, com a apresentação dos mais variados tipos de espetáculos. As sinfonias convencionais foram cedendo lugar aos concertos internacionais de outros estilos musicais e à música popular. O terno e o vestido preto com colar de pérolas foram substituídos pelos ponchos, congas, calças vermelhas, jeans, camisas coloridas, bijuterias e vastas cabeleiras ruivas e morenas. Vale dizer que esse não foi um fenômeno paulistano, mas apenas um reflexo de mudanças mundiais.

> "Acontecimentos das mais variadas ordens contribuíram para a mudança de São Paulo de uma cidade grande para uma megalópole"

No mercado foi possível encontrar todas as facilidades da vida moderna: testes rápidos de gravidez, fraldas descartáveis e absorventes íntimos. Já as mulheres ganharam um Dia Internacional, direito ao divórcio e estabilidade no emprego durante a gestação. A TV exibiu *Malu Mulher*, que quebrava um tabu ao retratar as dificuldades de uma jovem que decide terminar o casamento e recomeçar a vida (Arruda; Costa, 1995).

Também a música popular foi se renovando, em meio aos grandes *hits* estrangeiros que faziam ferver as pistas das discotecas e através do retorno à televisão dos shows de música popular. No teatro, peças ditas comerciais compunham um mercado ascendente, com produções caras e bem-acabadas, nas quais brilhavam artistas como Bibi Ferreira e Paulo Autran.

Em relação à moda e aos costumes, Arruda e Costa (1995, p. 50) descreveram em seu texto "São Paulo nos anos 70" a forte influência que o cinema exercia. Inspirados em *Cabaret*, estrelado por Liza Minnelli, inúmeros shows e festas tentavam reproduzir os ambientes berlinenses do entreguerras, e o sucesso absoluto de *O Poderoso Chefão*, com o então restaurado Marlon Brando, ditou moda. "As mulheres apressaram-se em providenciar terninhos de risca de giz e lenço colorido no bolso. E alguns rapazes harmonizavam camisas laranjas e gravatas brancas".

A vida cotidiana ficou mais colorida a partir da introdução dos televisores em cores no mercado. Apesar de a princípio serem extremamente grandes e caros, aos poucos eles foram sendo comercializados através de consórcios para os menos abastados. As telenovelas também ganharam cores e procuraram aproximar-se de uma representação do cotidiano, especialmente o das grandes cidades.

Pessoas enchiam os recém-inaugurados hipermercados não somente para consumir produtos, mas também para se divertir, já que os poucos *shopping centers* existentes em São Paulo não eram ainda os principais pontos de lazer e de comércio da cidade. Ruas como a Augusta ainda atraíam grande parte da população de consumidores. Entretanto, já havia os que se apegavam à onda alternativa das iogas, da alimentação macrobiótica e da cultura indiana. Aos poucos, o cuidado com o corpo passava a fazer parte do cotidiano da população paulistana. A grande novidade da época foi o método Cooper, que atraía cada vez mais pessoas correndo pelos parques e ruas de São Paulo e do Brasil (Arruda; Costa, 1995).

4.3 A sólida modalidade!

Nesses anos de transformação econômica e social, o mercado paulistano passou a oferecer uma gama bastante ampla de edifícios de apartamentos. Variavam principalmente as áreas, os padrões de acabamento e as soluções adotadas, tanto nos espaços internos quanto nos externos. Essa diversidade atestava, de um lado, o enorme poder do mercado imobiliário em condicionar necessidades, já que, para garantir o lucro do empreendimento, buscava estimular demandas através de apelos publicitários. De outro, demonstrava o sucesso da modalidade habitacional, já bem aceita pela sociedade.

> "Nesses anos de transformação econômica e social, foi oferecida no mercado paulistano uma gama bastante ampla de edifícios de apartamentos"

Em um cenário em que os clientes mais cortejados pertenciam às classes mais ricas da população, poucos parecem ter sido os apartamentos de um dormitório ou mesmo *kitchenettes* construídos na cidade de São Paulo. Quando ocorriam, geralmente eram generosos em área e alguns apresentavam até suíte (Figs. 4.1 e 4.2).

Nessa década, um dos grandes apelos do mercado imobiliário foi a presença da suíte nos apartamentos de dois, três e quatro dormitórios, desaparecendo conforme se diminuía a área e o padrão do empreendimento (Fig. 4.3). Esse é o caso dos edifícios de dois ou três dormitórios compostos de sala única, cozinha, banheiro e área de serviço. A inclusão frequente de suítes nos apartamentos fez aumentar o número de banheiros por unidade.

Essa presença de suítes nos apartamentos não era um fenômeno estritamente paulistano. A maioria das grandes cidades brasileiras já possuía apartamentos com suítes desde os anos 1960. A suíte representou um atrativo enfatizado pelos vendedores e incorporadores imobiliários. Por outro lado, sua presença no apartamento indicava a tendência, já iniciada nas décadas anteriores, de individualização ainda mais acentuada dos membros da família (Tramontano, 1998b). Nos apartamentos produzidos para as famílias brasileiras, desde os mais caros aos mais baratos, sempre parece ter havido separação entre os cômodos de dormir, ainda que se utilizando de um banheiro comum. A suíte, entretanto, representava um avanço em direção à individualidade.

Os anos 1970 ficaram marcados pelo desenvolvimento dos programas de dois, três e quatro dormitórios. As plantas que mais refletem o aumento do poder aquisitivo da sociedade, fruto do chamado "milagre econômico", são as dos grandes apartamentos de três e quatro dormitórios (Fig. 4.4). Caracterizados pela segregação das entradas social e de serviços, esses apartamentos apresentam, em sua maioria, também *halls* distintos entre social e de serviços. Com o claro intuito de resgatar a sofisticação e a generosidade espacial dos antigos palacetes, a grande maioria desses apartamentos ricos possuía copa, vestíbulo, escritório (no lugar do antigo *fumoir*), mais de uma sala, além da suíte. Os espaços eram realmente generosos – encontravam-se no mercado apartamentos de até 450 m². Nos apartamentos de quatro dormitórios, era frequente a ocorrência de duas suítes com, pelo menos, uma delas servida por *closet*. Os lavabos eram grandes e as áreas de serviço possuíam um número maior de cômodos – dois

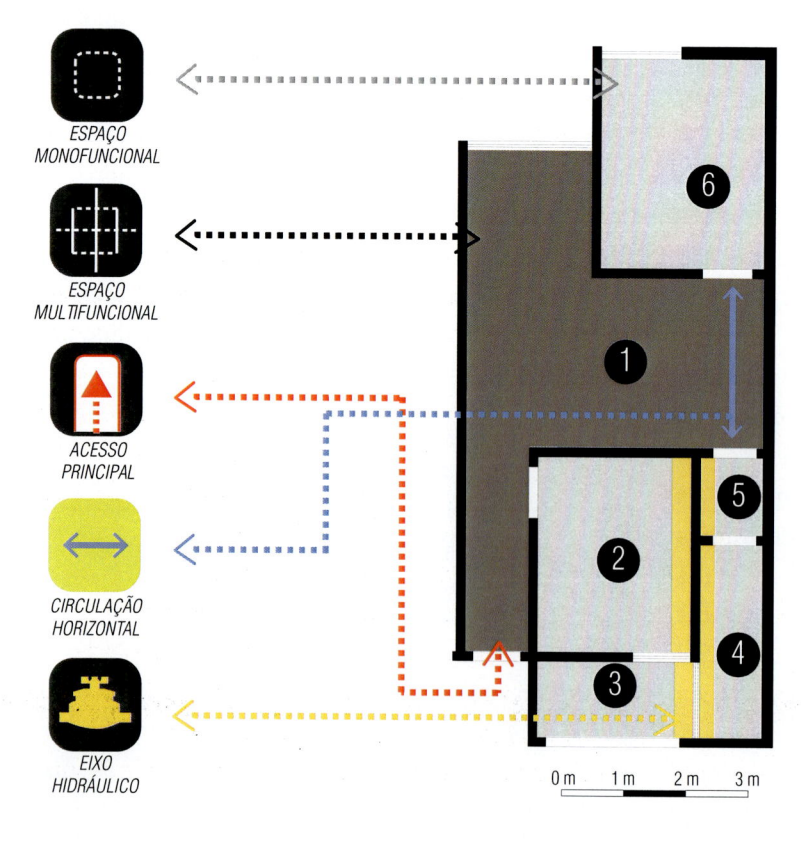

Fig. 4.1 *Esquema gráfico da planta-tipo de edifício na Alameda Nothmann. Sem identificação do autor, 1973*
Fonte: baseado em Jornal Folha de S. Paulo, 25/3/1973.

4 Apartamento contemporâneo: a consolidação de tipologias de morar

ESPAÇO MONOFUNCIONAL

ESPAÇO MULTIFUNCIONAL

ACESSO PRINCIPAL

CIRCULAÇÃO HORIZONTAL

EIXO HIDRÁULICO

EIXO ESTOCAGEM

1. SALA
2. TERRAÇO
3. QUARTO
4. BANHEIRO
5. COZINHA
6. ÁREA DE SERVIÇO

Fig. 4.2 *Esquema gráfico da planta-tipo de edifício na rua dos Buritis. Sem identificação do autor, 1979*
Fonte: baseado em Jornal Folha de S.Paulo, 25/3/1973 e 19/7/1979.

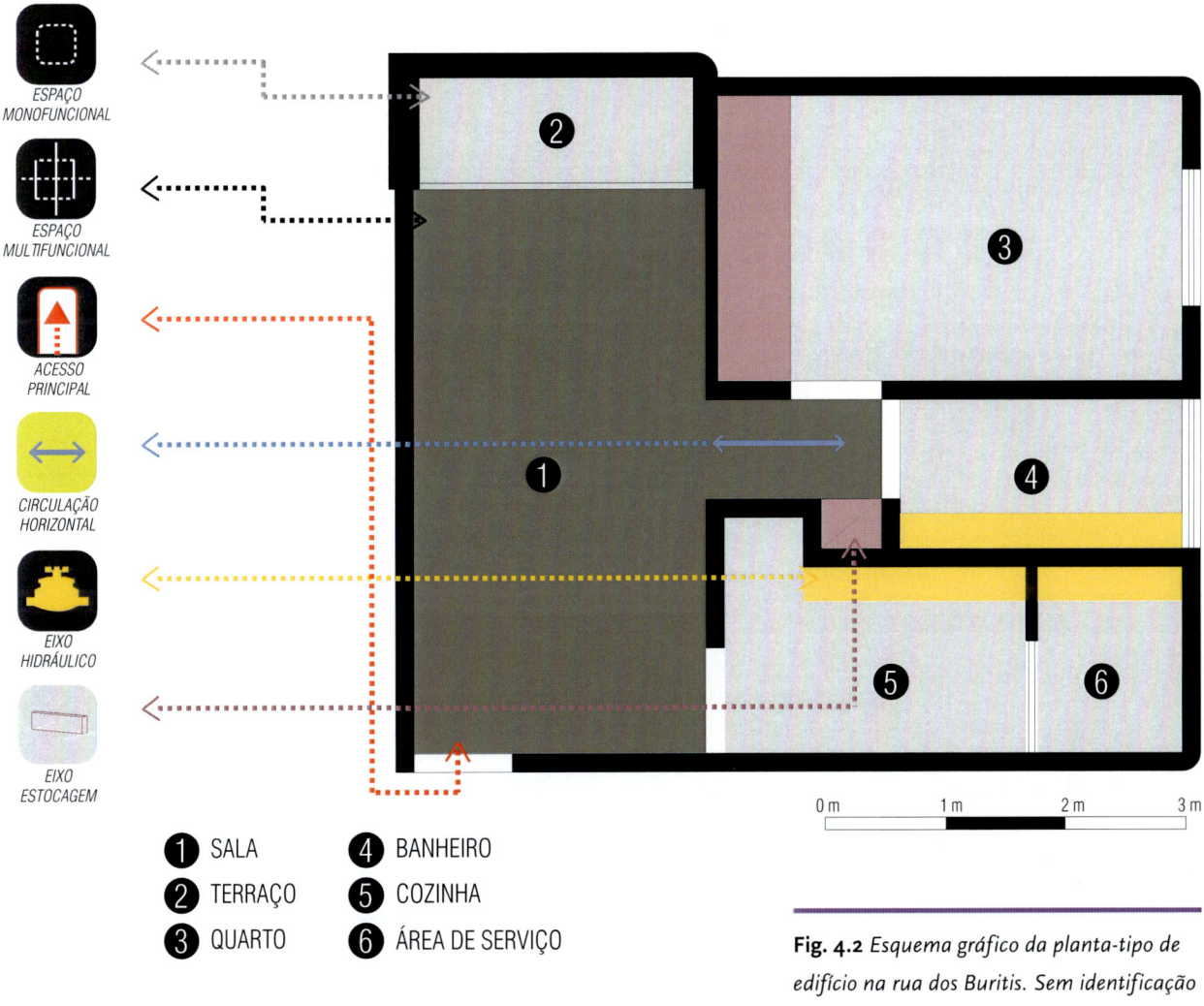

dormitórios de empregados, banheiros, lavanderia e, em alguns casos, despensa, além da copa e da cozinha. Outro apelo mercadológico apareceu utilizando as paredes curvas, arcos e sacadas ondulantes, que marcavam o chamado estilo mediterrâneo, apregoado em várias peças publicitárias.

> "Outro apelo mercadológico apareceu utilizando as paredes curvas, arcos e sacadas ondulantes, que marcavam o chamado estilo mediterrâneo, apregoado em várias peças publicitárias"

Nesses apartamentos maiores, era bastante evidente a referência burguesa oitocentista quando observamos a setorização e a compartimentação dos espaços internos nas áreas social, íntima e de serviços. Novamente, tais referências parecem estar intimamente ligadas ao alto poder aquisitivo dos moradores. Por exemplo, a distinção entre a sala de jantar e o *living*, ou sala de estar, era estabelecida na maioria desses apartamentos por passagens em arco.

Observa-se, nessa década, uma pequena redução da área de todos os cômodos de serviços – cozinha, terraço, dormitórios e banheiros de empregados. Entretanto, o dormitório de empregados foi o cômodo que mais perdeu área dentro dos aparta-

morar em apartamento

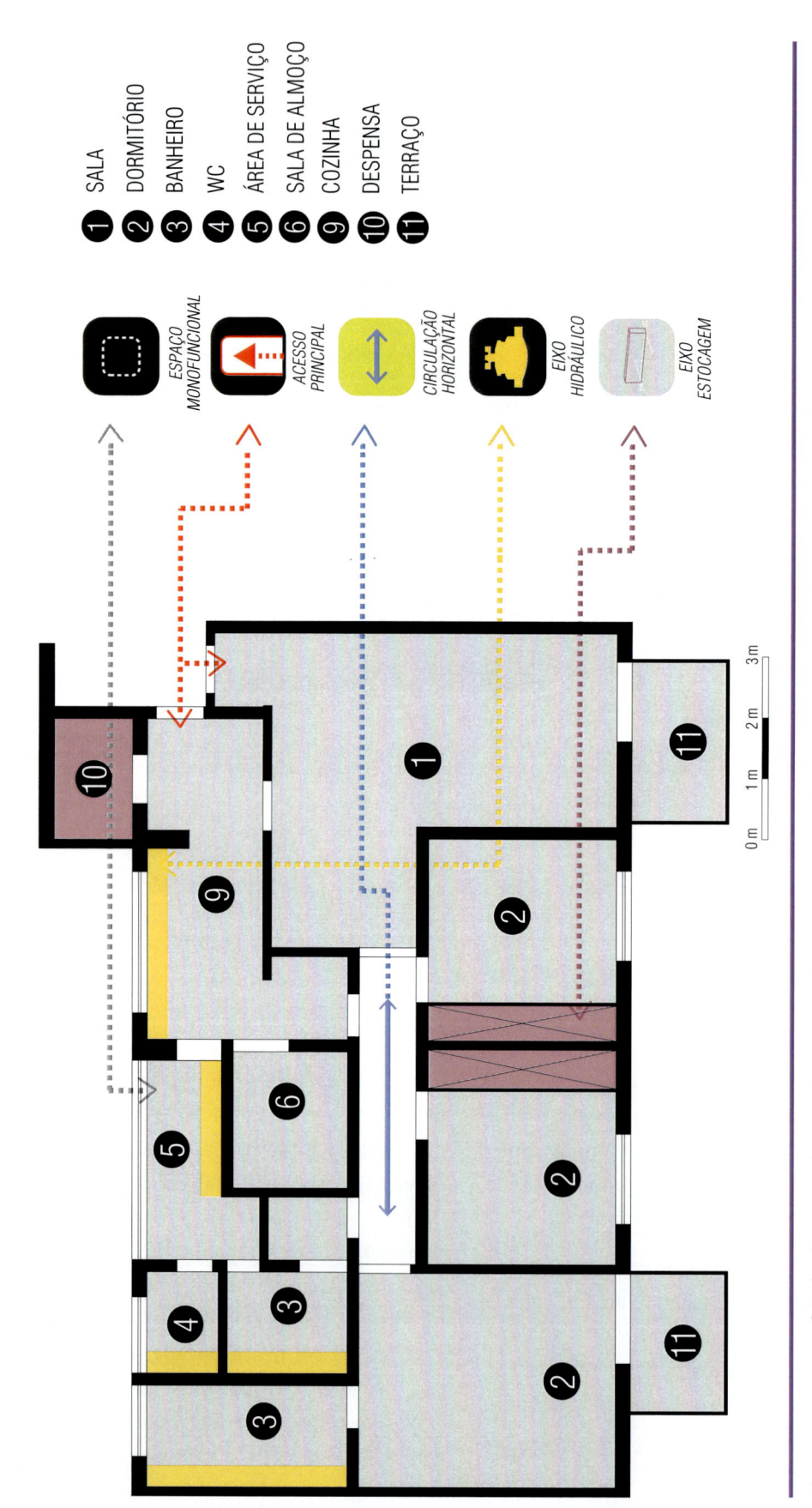

1 SALA
2 DORMITÓRIO
3 BANHEIRO
4 WC
5 ÁREA DE SERVIÇO
6 SALA DE ALMOÇO
9 COZINHA
10 DESPENSA
11 TERRAÇO

ESPAÇO MONOFUNCIONAL
ACESSO PRINCIPAL
CIRCULAÇÃO HORIZONTAL
EIXO HIDRÁULICO
EIXO ESTOCAGEM

Fig. 4.3 *Esquema gráfico da planta-tipo do conjunto residencial Pirineus, na estrada de Itapecerica. Sem identificação do autor, 1978*
Fonte: baseado em Jornal Folha de S.Paulo, 15/3/1978.

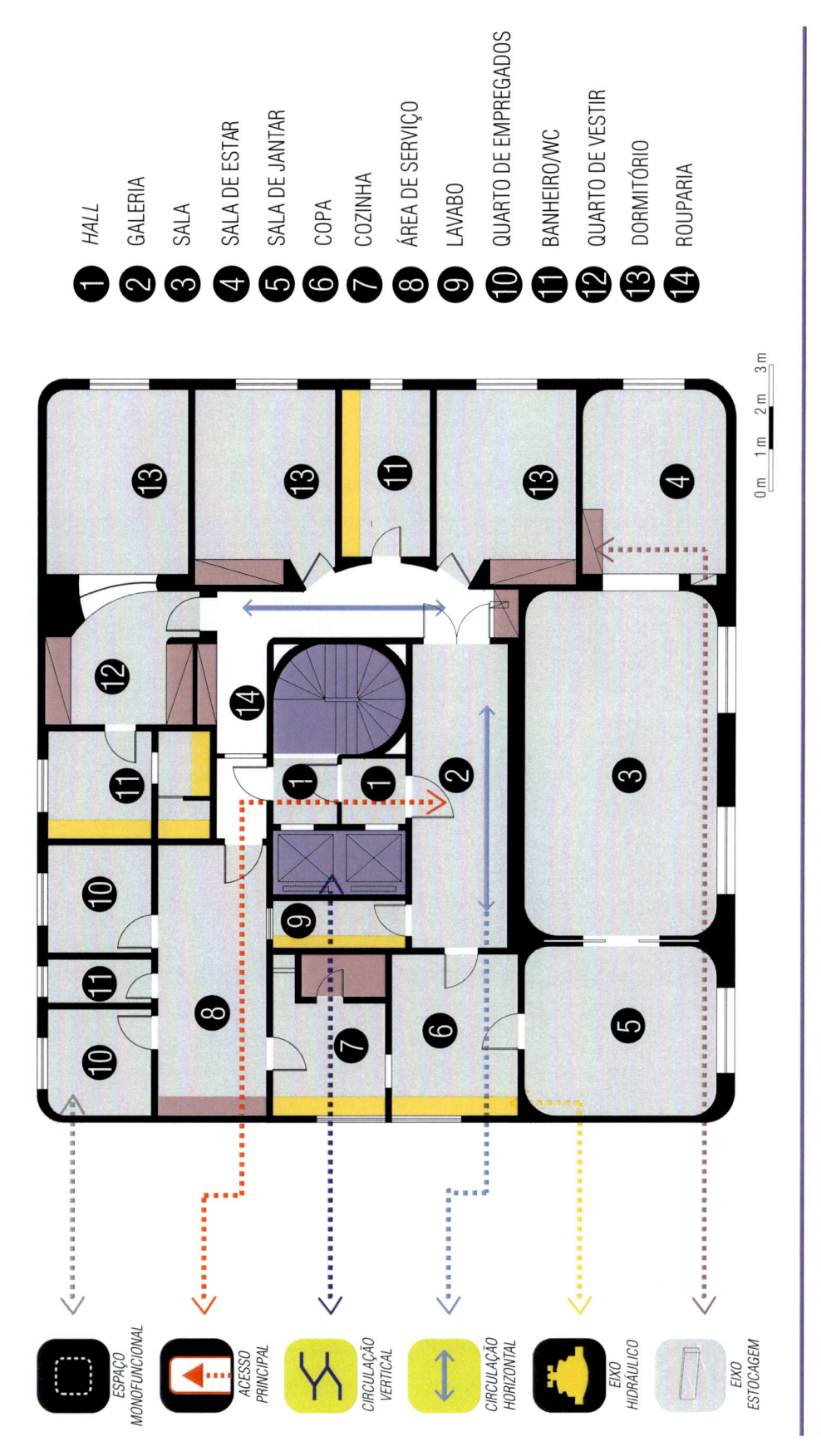

4 Apartamento contemporâneo: a consolidação de tipologias de morar

1. HALL
2. GALERIA
3. SALA
4. SALA DE ESTAR
5. SALA DE JANTAR
6. COPA
7. COZINHA
8. ÁREA DE SERVIÇO
9. LAVABO
10. QUARTO DE EMPREGADOS
11. BANHEIRO/WC
12. QUARTO DE VESTIR
13. DORMITÓRIO
14. ROUPARIA

- ESPAÇO MONOFUNCIONAL
- ACESSO PRINCIPAL
- CIRCULAÇÃO VERTICAL
- CIRCULAÇÃO HORIZONTAL
- EIXO HIDRÁULICO
- EIXO ESTOCAGEM

Fig. 4.4 *Esquema gráfico da planta-tipo de edifício na rua Barão de Capanema. Sem identificação do autor, 1972*

Fonte: baseado em Jornal Folha de S.Paulo, 25/3/1972.

mentos, do mais caro ao mais barato. Geralmente sua área, de 2,5 m², era suficiente para comportar apenas uma cama de solteiro e um minúsculo armário de roupas (Fig. 4.5).

Notamos que nesses anos o cômodo de empregados era o último a ser suprimido no caso de redução de custos, devido, talvez, à sua capacidade de agregar valor ao imóvel. Esse abatimento de áreas de serviço pode ser mais bem notado no final da década de 1970, quando observamos também, mesmo nos apartamentos maiores, a fusão da copa com a cozinha em um espaço minimizado.

Em grande parte desses apartamentos, principalmente nos maiores, constatamos a presença de uma cozinha ligeiramente maior, só que agora dividindo o espaço com uma pequena copa, configurando a conhecida copa-cozinha (Figs. 4.6 a 4.8). Talvez a previsão desse espaço denote, além de mais um atrativo imobiliário, um hábito comum de reunir a família na cozinha em vários momentos do dia, ainda sabendo que, em alguns apartamentos, a copa-cozinha possuía dimensões inferiores até às de uma cozinha convencional de décadas anteriores.

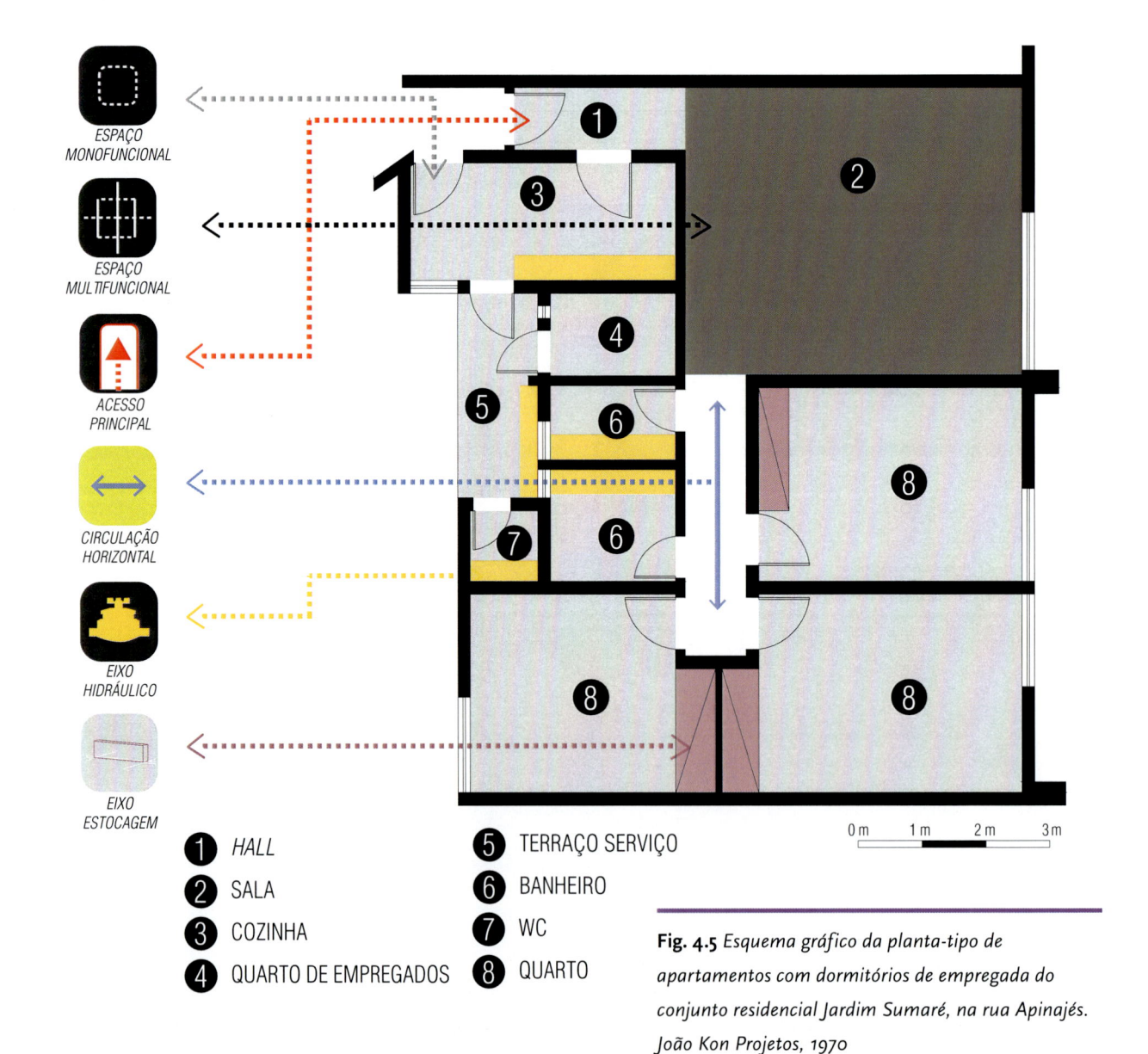

Fig. 4.5 *Esquema gráfico da planta-tipo de apartamentos com dormitórios de empregada do conjunto residencial Jardim Sumaré, na rua Apinajés. João Kon Projetos, 1970*

Fonte: baseado em Jornal Folha de S.Paulo, 20/3/1970.

Legenda:
- ESPAÇO MONOFUNCIONAL
- ESPAÇO MULTIFUNCIONAL
- ACESSO PRINCIPAL
- CIRCULAÇÃO HORIZONTAL
- EIXO HIDRÁULICO
- EIXO ESTOCAGEM

1. HALL
2. SALA
3. COZINHA
4. QUARTO DE EMPREGADOS
5. TERRAÇO SERVIÇO
6. BANHEIRO
7. WC
8. QUARTO

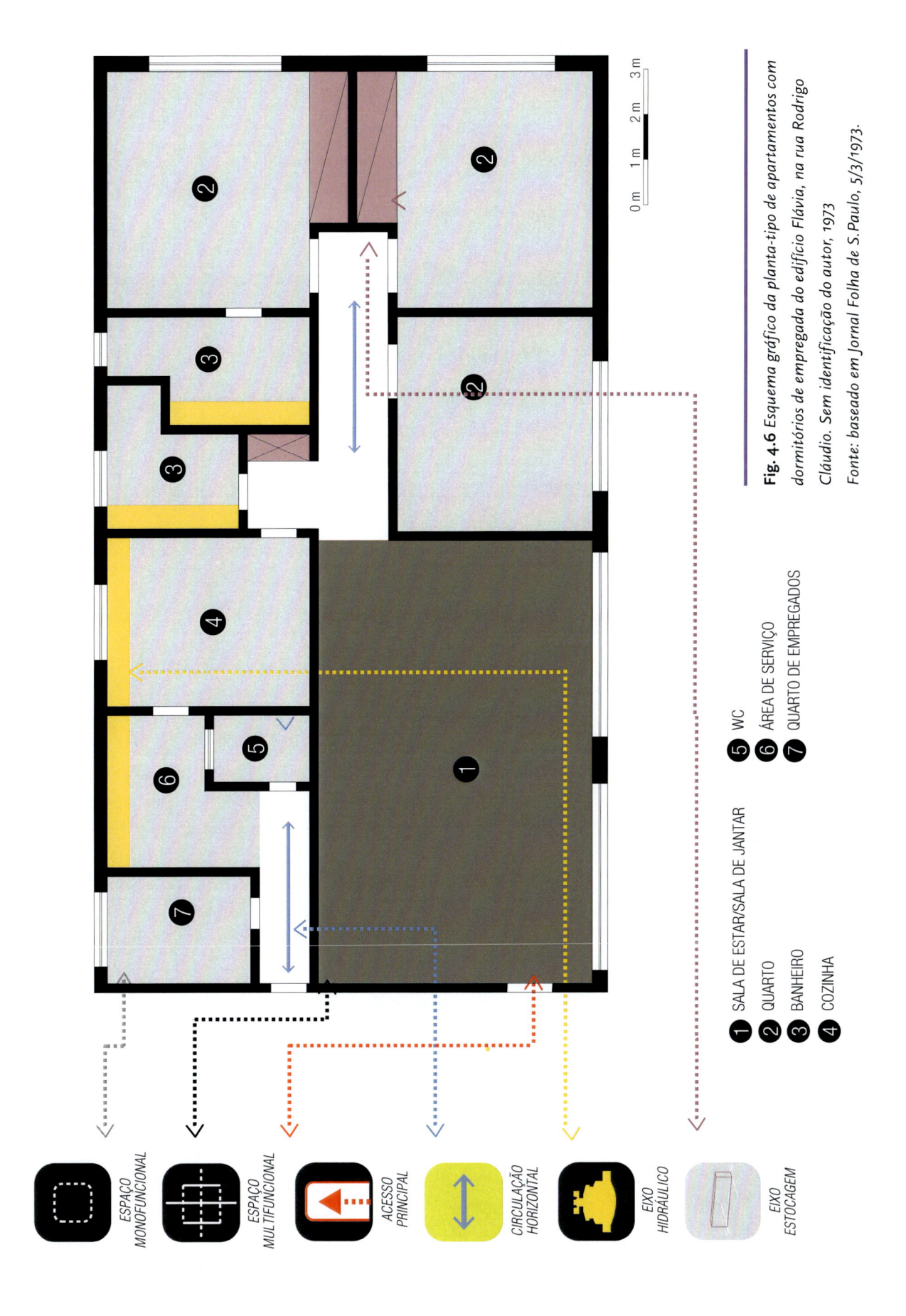

4 Apartamento contemporâneo: a consolidação de tipologias de morar

Fig. 4.6 *Esquema gráfico da planta-tipo de apartamentos com dormitórios de empregada do edifício Flávia, na rua Rodrigo Cláudio. Sem identificação do autor, 1973*
Fonte: baseado em Jornal Folha de S.Paulo, 5/3/1973.

① SALA DE ESTAR/SALA DE JANTAR
② QUARTO
③ BANHEIRO
④ COZINHA
⑤ WC
⑥ ÁREA DE SERVIÇO
⑦ QUARTO DE EMPREGADOS

ESPAÇO MONOFUNCIONAL
ESPAÇO MULTIFUNCIONAL
ACESSO PRINCIPAL
CIRCULAÇÃO HORIZONTAL
EIXO HIDRÁULICO
EIXO ESTOCAGEM

morar em apartamento

Fig. 4.7 *Esquema gráfico da planta-tipo do edifício Indiana, na rua Indiana. Sem identificação do autor, 1977*
Fonte: baseado em Jornal Folha de S.Paulo, 10/7/1977.

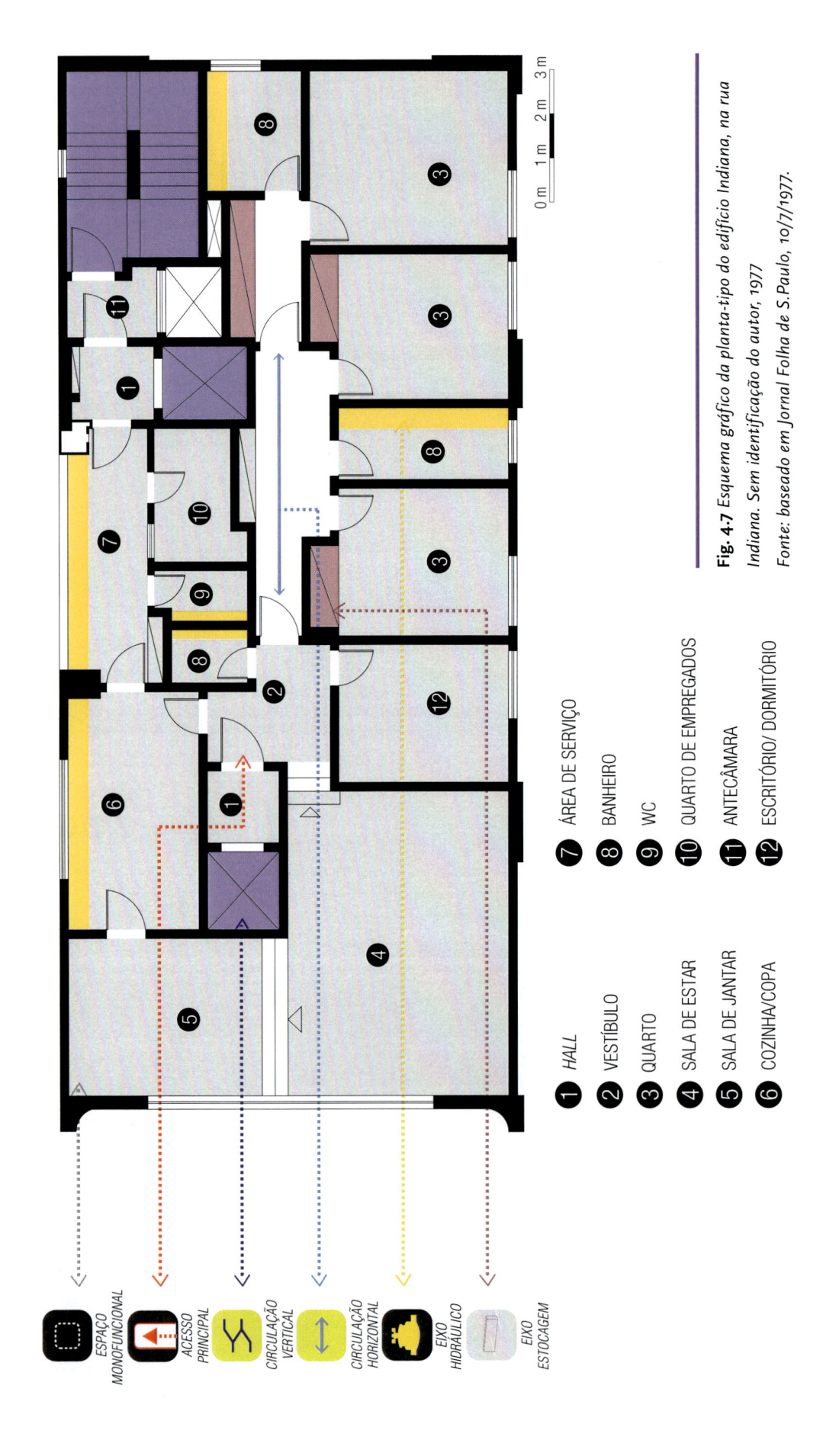

1. HALL
2. VESTÍBULO
3. QUARTO
4. SALA DE ESTAR
5. SALA DE JANTAR
6. COZINHA/COPA
7. ÁREA DE SERVIÇO
8. BANHEIRO
9. WC
10. QUARTO DE EMPREGADOS
11. ANTECÂMARA
12. ESCRITÓRIO/ DORMITÓRIO

ESPAÇO MONOFUNCIONAL
ACESSO PRINCIPAL
CIRCULAÇÃO VERTICAL
CIRCULAÇÃO HORIZONTAL
EIXO HIDRÁULICO
EIXO ESTOCAGEM

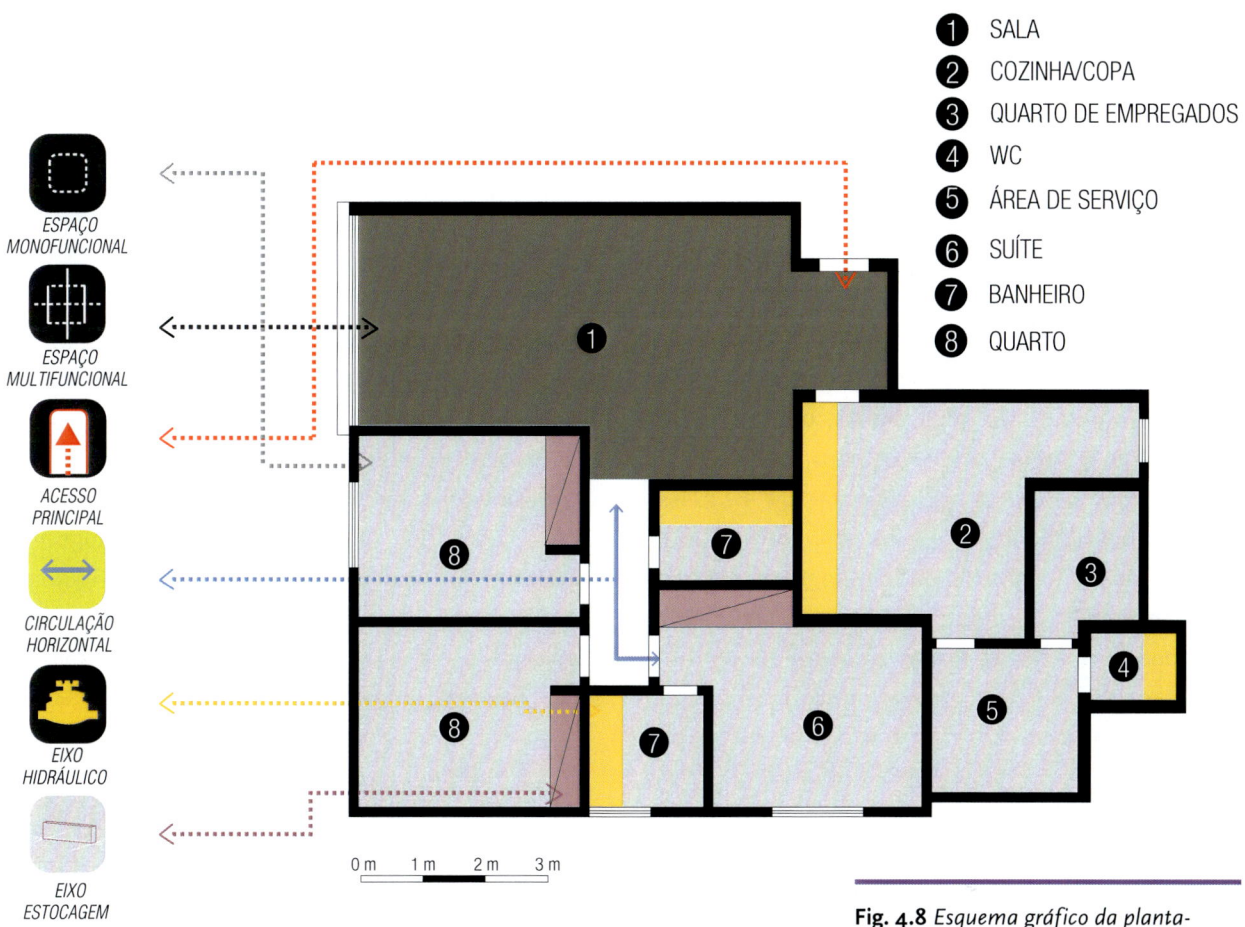

4 Apartamento contemporâneo: a consolidação de tipologias de morar

Legenda:
- ESPAÇO MONOFUNCIONAL
- ESPAÇO MULTIFUNCIONAL
- ACESSO PRINCIPAL
- CIRCULAÇÃO HORIZONTAL
- EIXO HIDRÁULICO
- EIXO ESTOCAGEM

1. SALA
2. COZINHA/COPA
3. QUARTO DE EMPREGADOS
4. WC
5. ÁREA DE SERVIÇO
6. SUÍTE
7. BANHEIRO
8. QUARTO

Fig. 4.8 *Esquema gráfico da planta-tipo de edifício de apartamentos na rua Santa Helena. Sem identificação do autor, 1974*
Fonte: baseado em Jornal Folha de S.Paulo, 27/3/1974.

Já as banheiras, tão presentes nos apartamentos das décadas de 1950 e 1960, perderam espaço nos anos 1970. Sua frequência foi maior nos programas mais caros, e geralmente estava localizada na suíte. Já os habitantes de apartamentos mais baratos e menores tiveram que se contentar com ducha, vaso, bidê e pia. A nosso ver, essa diminuição no número de banheiras pode ser explicada, por um lado, pelo fato de nessa década ter crescido a demanda por maior número de banheiros por apartamento. Nesse caso, a solução adotada quase sempre foi a extinção das banheiras, numa atitude de redução de custos. Por outro lado, a supressão da banheira significava economia de área, atitude tomada sempre pelo empreendedor imobiliário, às voltas com o vertiginoso aumento do preço dos terrenos na capital.

> "Foi nos programas mais baratos, de dois ou três dormitórios, que pudemos perceber a definição de uma tipologia mínima de apartamento, já esboçada em décadas anteriores"

Foi nos programas mais baratos, de dois ou três dormitórios, que pudemos perceber a definição de uma tipologia mínima de apartamento, já esboçada em décadas anteriores. Apesar de o mercado apresentar apartamentos de dois e três dormitórios das mais diversas soluções e áreas, passa a ser visível a tipologia marcada por: acesso único à unidade, sala de dois pequenos ambientes, cozinha, área de serviço, banheiro de serviço, dois ou três dormitórios e banheiro social (Figs. 4.9 e 4.10). As possíveis variações poderiam incluir a entrada de serviço pela cozinha, de cômodos de empregados e ainda uma suíte.

Os apartamentos de três dormitórios, com menor incidência, podiam contar com a presença de um dormitório dotado de duas portas, uma orientada para a área de serviço e outra para o corredor de distribuição dos dormitórios (Figs. 4.11 e 4.12). Isso indica a possibilidade dupla de uso: dormitório de empregada ou dormitório da família. Seria o dormitório reversível, já aparecendo nos apartamentos dos anos 1970, e que se tornaria bastante recorrente na década de 1980. Nota-se que o reversível se situa entre duas áreas (íntima e de serviços), permitindo o aumento de área de uma ou outra ou a comunicação entre elas.

> "Seria o dormitório reversível, já aparecendo nos apartamentos dos anos 1970"

Nessa década, houve um considerável incremento na produção de mobiliários padronizados destinados à classe média. Jogos completos de sala, quarto e cozinha eram vendidos em grandes lojas como Ultralar, Paschoal Bianco, entre outras. Esses mobiliários eram produzidos por algumas fábricas que, atentas à ascensão dessa tipologia mínima de morar, passaram a não só oferecer mobiliários de dimensões apropriadas a tais espaços, como também a contextualizá-los em um *layout*

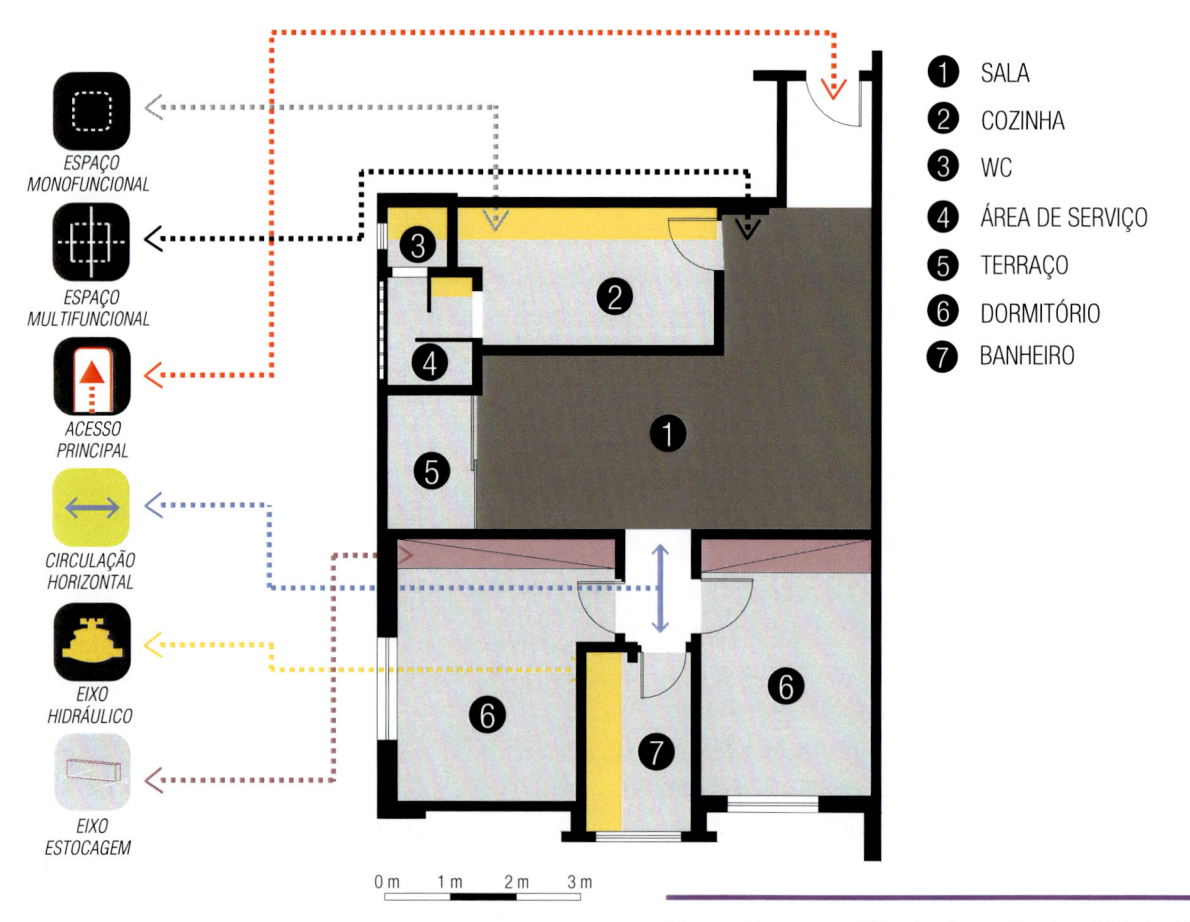

Fig. 4.9 *Esquema gráfico da planta-tipo do edifício Jardim Grajaú, na rua Miguel Teles Jr. Sem identificação do autor, 1971*
Fonte: baseado em Jornal Folha de S.Paulo, 16/7/1971.

4 Apartamento contemporâneo: a consolidação de tipologias de morar

ESPAÇO MONOFUNCIONAL

ESPAÇO MULTIFUNCIONAL

ACESSO PRINCIPAL

CIRCULAÇÃO HORIZONTAL

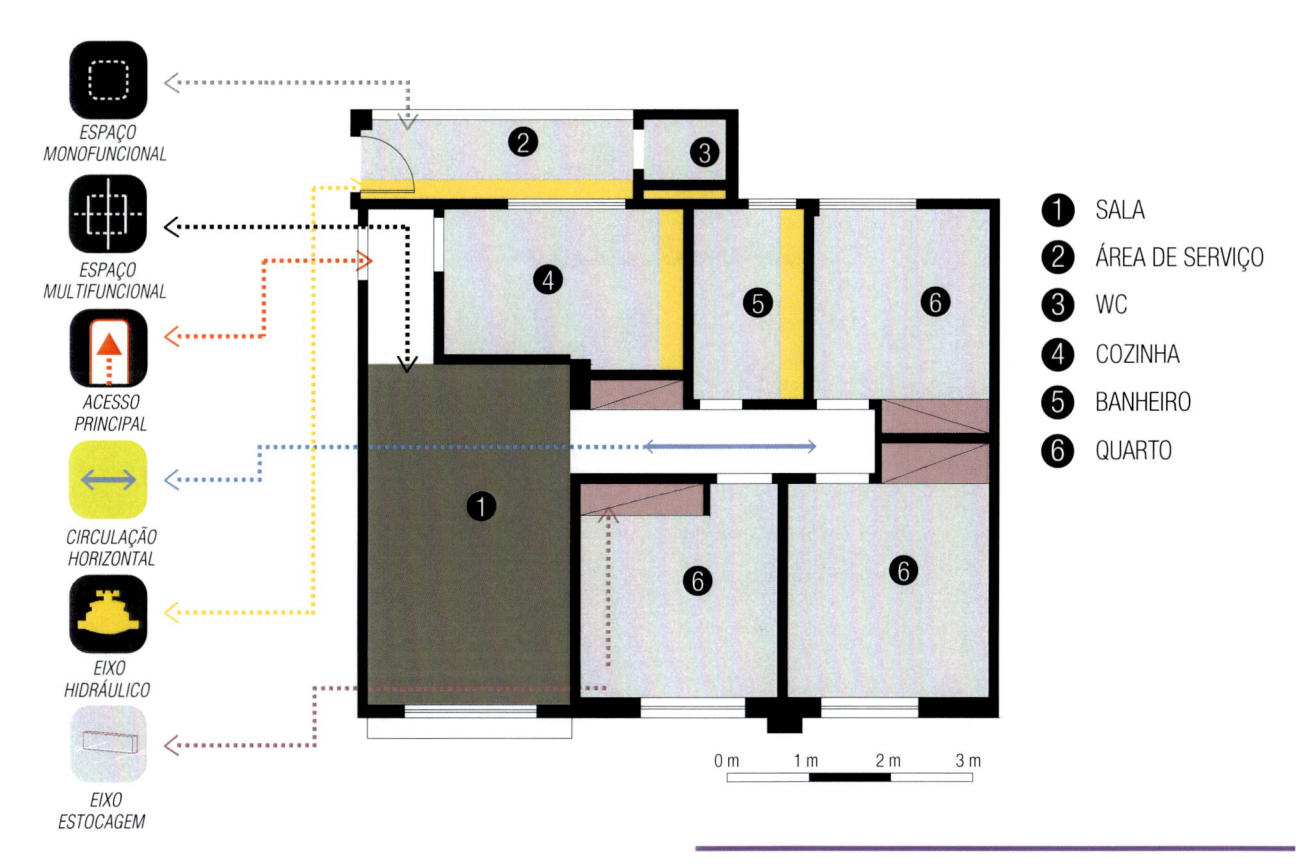

EIXO HIDRÁULICO

EIXO ESTOCAGEM

1. SALA
2. ÁREA DE SERVIÇO
3. WC
4. COZINHA
5. BANHEIRO
6. QUARTO

Fig. 4.10 *Esquema gráfico da planta-tipo do edifício Jardim Alvorada, na rua Barão de Iguape. Sem identificação do autor, 1972*
Fonte: baseado em Jornal Folha de S.Paulo, 10/3/1972.

que buscava compatibilizar as novas funções com o reduzido espaço disponível. Nessa categoria se enquadram, por exemplo, a estante que conjuga TV, bar, *buffet* e prateleiras para livros e objetos de decoração, ou um conjunto de estofados cuja disposição tornava seu uso possível até em pequenas salas, ambos anunciados, por exemplo, na Folha de S.Paulo, em 1974 (Jornal Folha de S.Paulo, 3/3/1974). Esses móveis, além de caberem nos apartamentos menores, cabiam também nos bolsos dos compradores, que podiam financiá-los em até 24 pagamentos (Fig. 4.13).

Comprar ou mesmo alugar qualquer tipo de apartamento na cidade de São Paulo nos anos 1970 não parecia difícil. Os maiores jornais em circulação apresentavam suas páginas repletas de anúncios dos mais variados tamanhos e programas. Em meio ao chamado "milagre econômico", além de empresas consolidadas, inúmeros profissionais liberais se arriscavam no mercado da construção de edifícios de apartamentos, fazendo surgir uma gama variadíssima de nomes de escritórios de engenharia e arquitetura e pequenas e recém-inauguradas construtoras.

Os apelos publicitários enfatizavam principalmente a localização do imóvel, o nome do bairro e a proximidade com a então nova linha Norte-Sul do metrô, além do destaque que se dava aos apartamentos dotados de áreas verdes, *playground* e salão de festas: o suficiente para minimizar o estresse da vida na metrópole. Fala-se das crianças, que poderiam brincar livremente, mas ainda não se enfatiza a questão da segurança, mencionada somente em raros casos.

Iniciou-se, nessa época, uma profusão de estilos arquitetônicos em que as fachadas dos edifícios

morar em apartamento

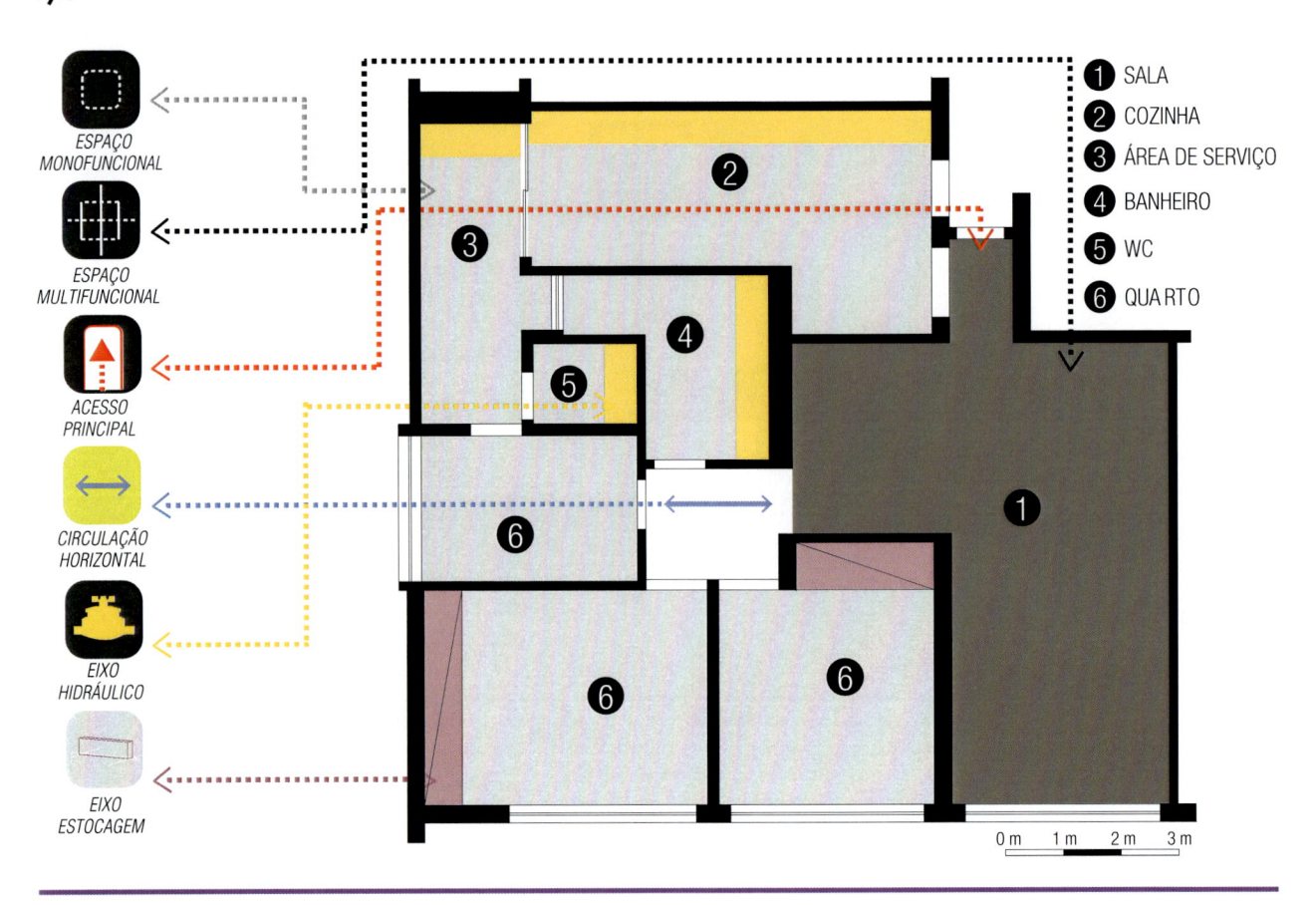

ESPAÇO MONOFUNCIONAL
ESPAÇO MULTIFUNCIONAL
ACESSO PRINCIPAL
CIRCULAÇÃO HORIZONTAL
EIXO HIDRÁULICO
EIXO ESTOCAGEM

1. SALA
2. COZINHA
3. ÁREA DE SERVIÇO
4. BANHEIRO
5. WC
6. QUARTO

Fig. 4.11 *Esquema gráfico da planta de apartamentos com terceiro dormitório reversível no edifício Maison du Soleil, na avenida Agami. Sem identificação do autor, 1972*
Fonte: baseado em Jornal Folha de S.Paulo, 25/3/1972.

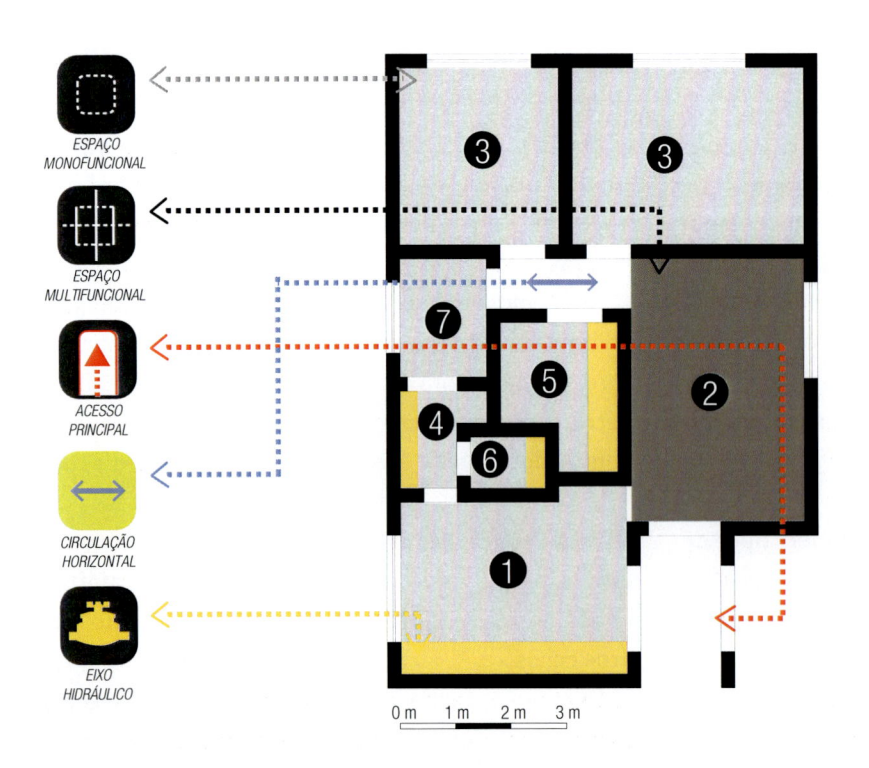

ESPAÇO MONOFUNCIONAL
ESPAÇO MULTIFUNCIONAL
ACESSO PRINCIPAL
CIRCULAÇÃO HORIZONTAL
EIXO HIDRÁULICO

1. COZINHA
2. SALA
3. QUARTO
4. ÁREA DE SERVIÇO
5. BANHEIRO
6. WC
7. QUARTO REVERSÍVEL

Fig. 4.12 *Esquema gráfico da planta de apartamentos com terceiro dormitório reversível em edifício da avenida Nove de Julho. Sem identificação do autor, 1975*
Fonte: baseado em Jornal Folha de S.Paulo, 18/7/1975.

4 Apartamento contemporâneo: a consolidação de tipologias de morar

Fig. 4.13 *Móveis e decorações para o lar, vendidos nas Lojas Ultralar na cidade de São Paulo, década de 1970*
Fonte: Jornal Folha de S.Paulo, 3/3/1974.

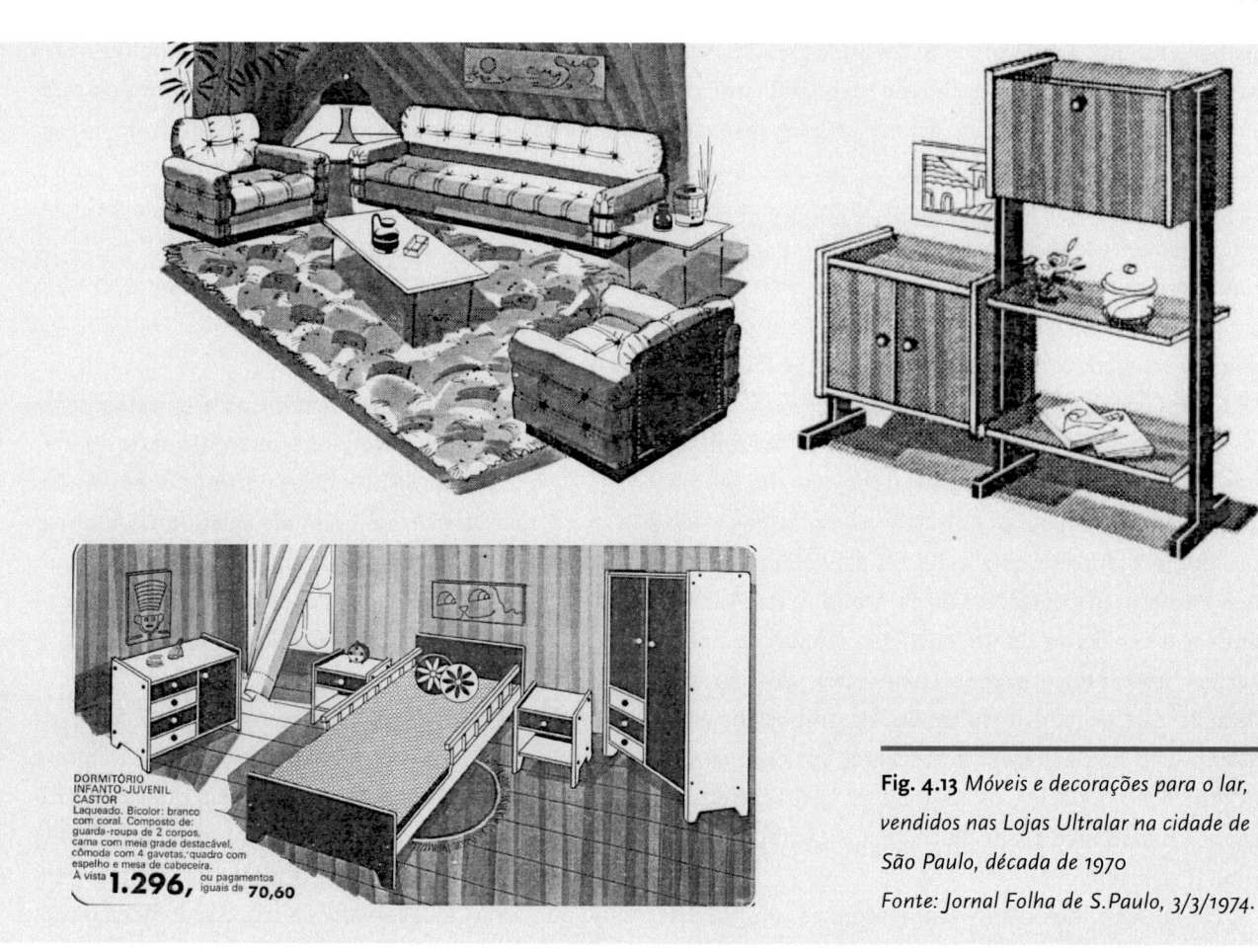

apresentavam formas, muitas vezes, não convencionais. Além do estilo mediterrâneo, retomaram-se alguns elementos do estilo neoclássico e do colonial americano e brasileiro, na maioria dos casos mal desenhados e mal executados.

4.4 Algumas referências da escola paulista?

A chamada *arquitetura paulista de modelo*, como referida por Zein (1988), refere-se a um período que se inicia em meados de 1950 e se caracteriza mais claramente a partir de 1960, perdendo vigor no início da década de 1970. Essa arquitetura cujas características formais e construtivas priorizavam o uso do concreto aparente, possuía "intenção ética, estética, embutida no discurso de suas obras". No campo da habitação, quando um arquiteto brutalista elaborava uma casa, segundo Zein (1988, p. 54-55), "não fazia uma casa, mas *a casa*: modelo da casa, e de como esse modelo poderia ser reproduzido".

Entretanto, essa postura arquitetônica da chamada escola paulista esteve mesmo presente na produção de edifícios de apartamentos da cidade de São Paulo nos anos 1970? Parece-nos que, em alguns casos, as referências se limitaram às formas aparentes das fachadas e à plástica dos edifícios, ainda que se possa verificar no trabalho dos arquitetos Paulo Mendes da Rocha e Ruy Ohtake menções mais consistentes aos conceitos brutalistas.

> "A postura arquitetônica da chamada escola paulista esteve mesmo presente na produção de edifícios de apartamentos da cidade de São Paulo nos anos 1970?"

No ano de 1964, em parceria com João Eduardo de Gennaro, Mendes da Rocha concebeu o edifício Guaimbê com grande parte dos preceitos do brutalismo paulista. Estrutura em cortinas de concreto armado aparente, continuidade espacial interna e a possibilidade de que sejam criados espaços inusitados através do emprego de paredes curvas (Fig. 4.14A). Constituiu o edifício, "verdadeiro desafio às solicitações mercadológicas da época, pois havia até então uma quase que total subserviência às imposições do gosto da classe média compradora, sempre apegada a 'acabamentos nobres de fachada'" (Xavier; Lemos; Corona, 1983, p. 76).

Integrando áreas de estar com circulação através do emprego de paredes curvas, resulta numa continuidade espacial – outra peculiaridade do projeto. A planta resgata a fluidez espacial presente nos projetos de residências de Mendes da Rocha, apesar de se tratar de um edifício coletivo de habitação, portanto, havendo restrições de caráter técnico que acabam resultando em imposições na elaboração dos espaços. Entretanto, em termos de organização espacial, os ambientes apresentam-se monofuncionais, apesar da fluidez espacial pretendida (Fig. 4.14B).

Já no ano de 1984, Paulo Mendes da Rocha elaborou seu segundo projeto de edifícios de apartamentos: o edifício Jaraguá, construído no ano de 1988. Nesse projeto, destaca-se sua implantação, que buscava acentuar os diferentes ângulos privilegiados de visão a partir do interior dos apartamentos, principalmente da sala (Fig. 4.15). As soluções de distribuição dos espaços tiveram que se acomodar ao desnível entre as lajes. Esse deslocamento da laje possibilita uma visão completa e ampla a partir de qualquer lugar da sala, perpassando pela cozinha, que acompanha o deslocamento da laje para baixo. Um dos quartos tem sua iluminação por ali. Em relação à planta, é interessante notar o resgate das cozinhas lineares e da fluidez do espaço social da casa, como já acontecera com o edifício Guaimbê. Nesse caso, percebe-se, a partir das propostas de *layout* para os apartamentos e da própria dimensão dos cômodos, que a sala e o escritório são caracterizados como multifuncionais.

Já a contribuição de Ruy Ohtake no campo da habitação verticalizada foi dada no ano de 1972 com a construção do edifício de apartamentos Quatiara (Fig. 4.16). Esse edifício foi concebido como componente de um conjunto residencial constituído de três prédios e demais dependências no embasamento, com *playground*, piscina, garagem etc. A ideia inicial foi abandonada, sendo utilizada somente parte do terreno original. Segundo Xavier, Lemos e Corona (1983, p. 147),

> A planta do pavimento tipo é extremamente engenhosa, fazendo resultarem quatro apartamentos de 60 m² cada, a partir de duas paredes que se cruzam, estando neste núcleo situados os elementos de circulação vertical, que, juntamente com as quatro paredes laterais, se constituem nos elementos de sustentação.

A ideia básica que norteou o projeto foi a de evitar corredores e criar espaços inusitados numa programação como essa – sala e dois quartos, cozinha, quarto de empregada e dormitórios, resultando em um núcleo hidráulico de desenho circular, em cuja periferia se desenvolve a circulação horizontal.

É importante lembrarmos que esse edifício se encontra num período – de 1960 a 1975 – em que surgem no mercado de apartamentos da cidade de São Paulo os prédios de dois dormitórios, de interesse da classe média. Porém, esse edifício nos mostra uma área já minimizada – fato que se tornará latente a partir da década de 1980 – quando, habitualmente nessa época, os edifícios de dois dormitórios possuíam em média 120 m² (Embraesp apud Souza, 1994). De certa forma, isso demonstra a vinculação da produção de Ruy Ohtake com o mercado imobiliário, fato que se tornará patente em todos os edifícios produzidos por ele na década de 1980.

Nos projetos de edifícios de apartamento produzidos na década de 1980 em São Paulo, Ruy Ohtake empregou as curvas livres nas fachadas como signo identificador de suas obras.

> O ritmo nervoso dos terraços cilíndricos no Ginza de Flat (1986); o questionamento dos limites planos dos muros divisórios no Tomie

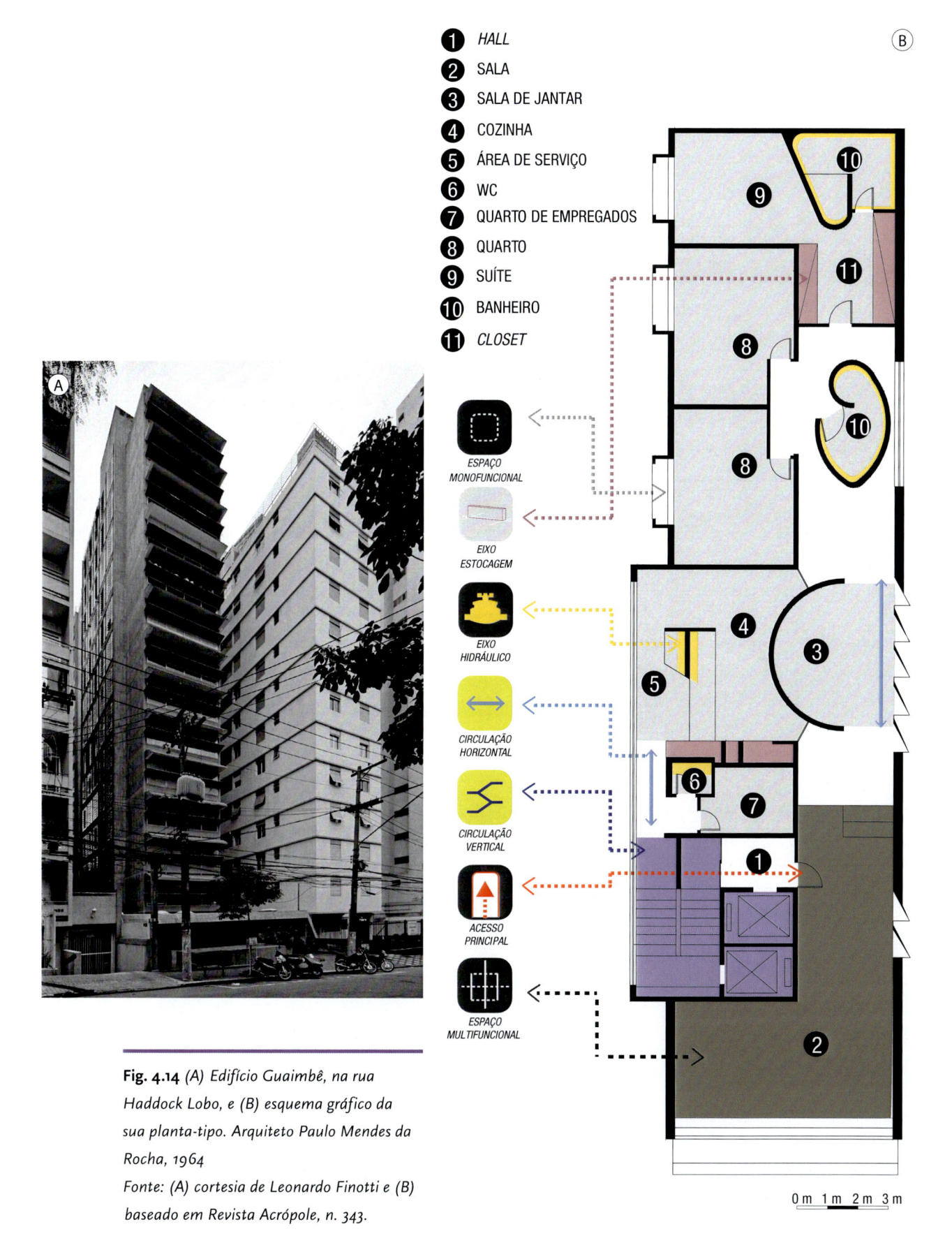

4 Apartamento contemporâneo: a consolidação de tipologias de morar

① HALL
② SALA
③ SALA DE JANTAR
④ COZINHA
⑤ ÁREA DE SERVIÇO
⑥ WC
⑦ QUARTO DE EMPREGADOS
⑧ QUARTO
⑨ SUÍTE
⑩ BANHEIRO
⑪ CLOSET

ESPAÇO MONOFUNCIONAL
EIXO ESTOCAGEM
EIXO HIDRÁULICO
CIRCULAÇÃO HORIZONTAL
CIRCULAÇÃO VERTICAL
ACESSO PRINCIPAL
ESPAÇO MULTIFUNCIONAL

Fig. 4.14 *(A) Edifício Guaimbê, na rua Haddock Lobo, e (B) esquema gráfico da sua planta-tipo. Arquiteto Paulo Mendes da Rocha, 1964*
Fonte: *(A) cortesia de Leonardo Finotti e (B) baseado em Revista Acrópole, n. 343.*

morar em apartamento

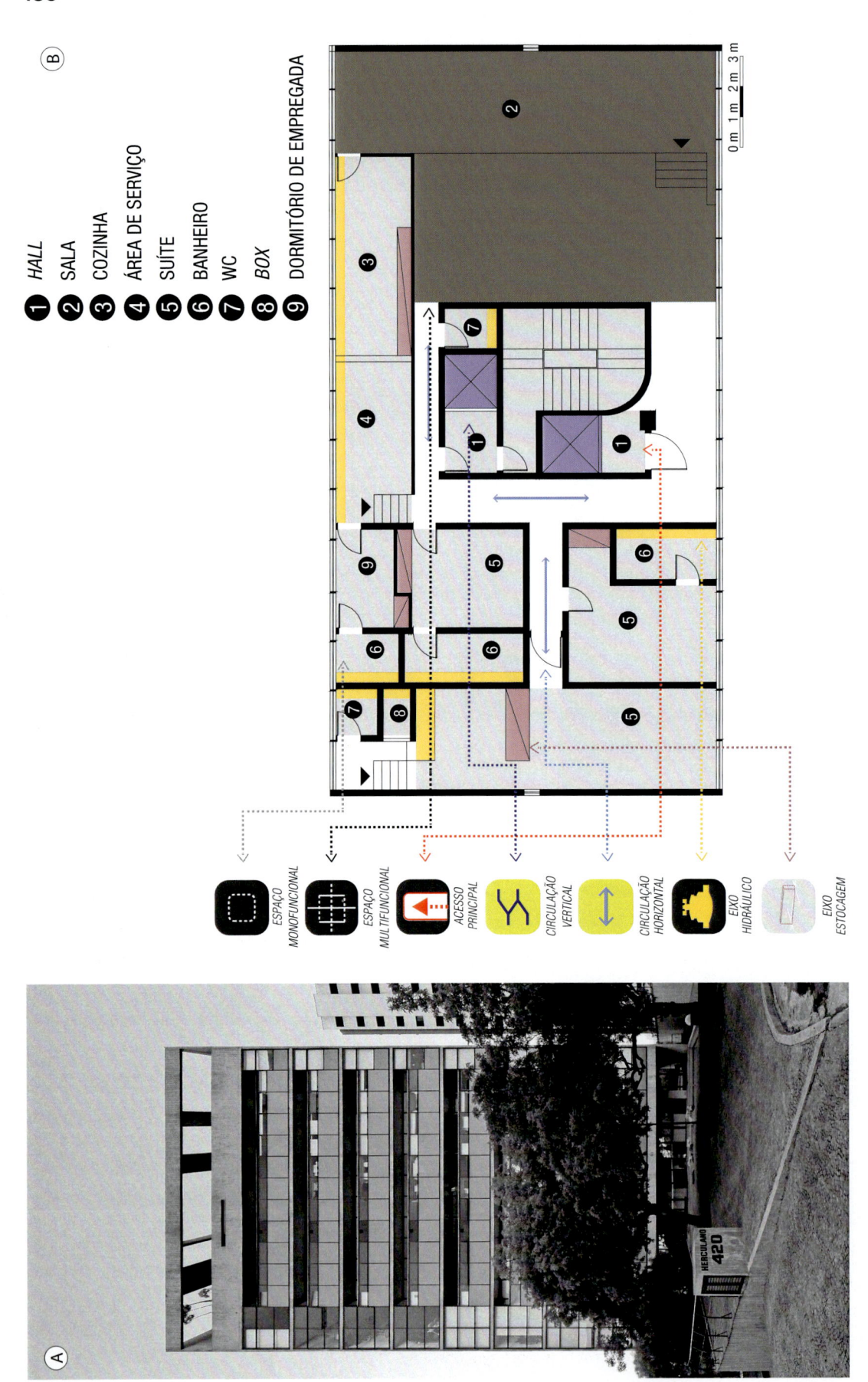

1 HALL
2 SALA
3 COZINHA
4 ÁREA DE SERVIÇO
5 SUÍTE
6 BANHEIRO
7 WC
8 BOX
9 DORMITÓRIO DE EMPREGADA

ESPAÇO MONOFUNCIONAL
ESPAÇO MULTIFUNCIONAL
ACESSO PRINCIPAL
CIRCULAÇÃO VERTICAL
CIRCULAÇÃO HORIZONTAL
EIXO HIDRÁULICO
EIXO ESTOCAGEM

Fig. 4.15 (A) Edifício Jaraguá e (B) esquema gráfico da sua planta-tipo. Arquiteto Paulo Mendes da Rocha, 1984-1988
Fonte: (A) cortesia de Leonardo Finotti e (B) baseado em Rocha (1996).

4 Apartamento contemporâneo: a consolidação de tipologias de morar

B

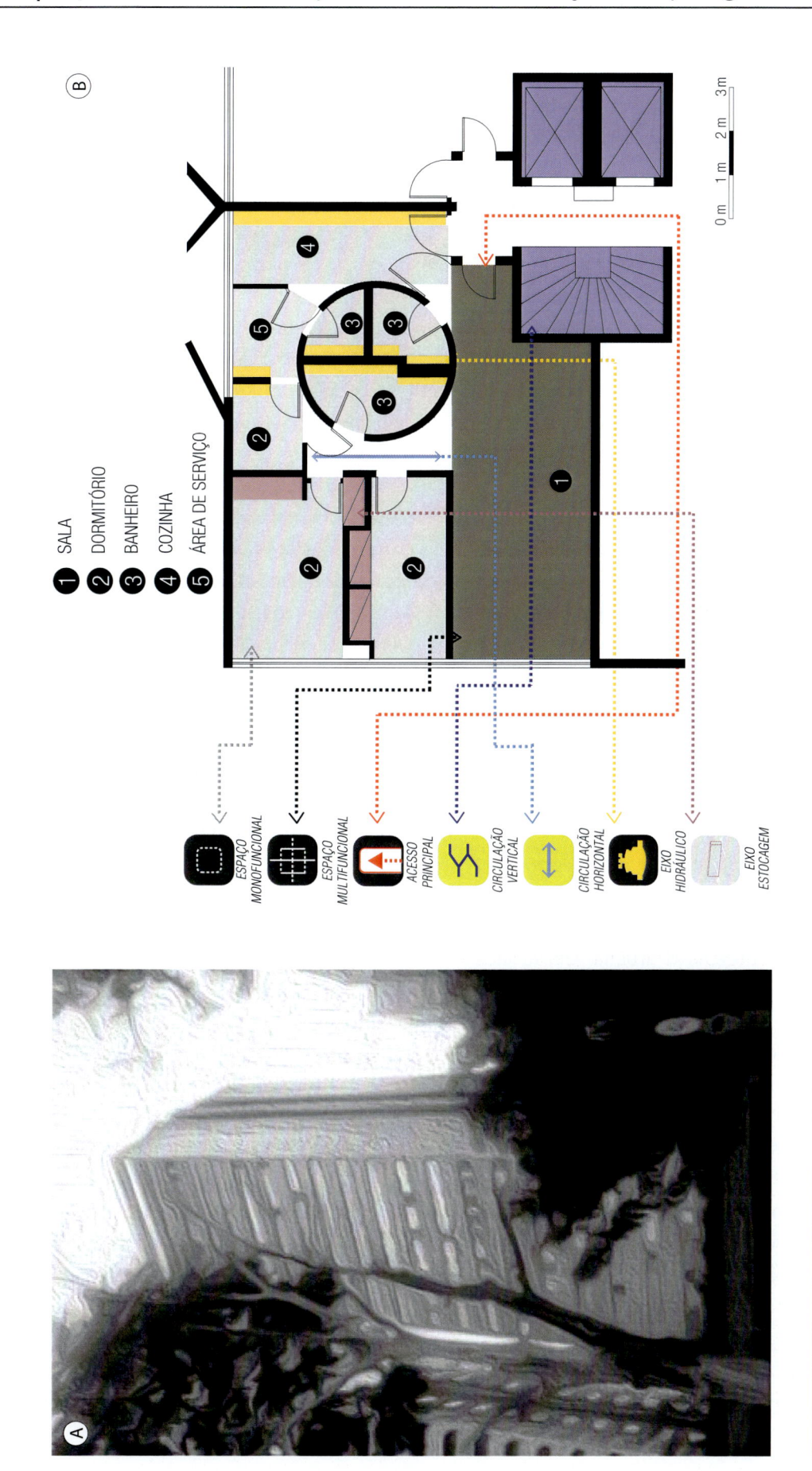

1. SALA
2. DORMITÓRIO
3. BANHEIRO
4. COZINHA
5. ÁREA DE SERVIÇO

ESPAÇO MONOFUNCIONAL
ESPAÇO MULTIFUNCIONAL
ACESSO PRINCIPAL
CIRCULAÇÃO VERTICAL
CIRCULAÇÃO HORIZONTAL
EIXO HIDRÁULICO
EIXO ESTOCAGEM

Fig. 4.16 (A) *Edifício Quatiara, na avenida Caxingui, e* (B) *esquema gráfico da sua planta-tipo. Arquiteto Ruy Ohtake, 1972*

Fonte: (A) Ilustração de Marina Almeida e (B) baseado em Xavier, Lemos e Corona (1983).

Ohtake (1985); a quebra de continuidade da linha no Arte 1 (1985), o agressivo expressionismo da Maison de Mouette (1988) e as diferenças e repetições do conjunto de oito blocos do Portal da Cidade (1986) sobressaem no insípido panorama de abstratos e rígidos caixotes perfurados, delimitados por cegas paredes. Obras demarcadas por parâmetros rígidos de especulação imposta pelo capitalismo selvagem e, sem dúvida, factíveis pela existência de empresas que associam a mais-valia a uma identificação cultural, como a Cia. City de São Paulo, facilitando graus de criatividade e inovação no difícil âmbito da megalópolis. (Segre, 1995, p. 66).

Ao elaborar projetos, preocupamo-nos fundamentalmente com a proposta dos desenhos da cidade com que poderíamos contribuir. É nossa visão física de uma ocupação urbana generosa e bonita. A intervenção em áreas urbanas tem compromisso com nossa cultura e nossa história. E procuramos propô-la bela, criadora e contemporânea. (Ruy Ohtake apud Revista Projeto, 1988, p. 98).

Essa preocupação do arquiteto por um ideal da cidade é demonstrado através da produção de alguns edifícios em que o volume curvo funciona como elemento na integração urbana. Curva esta que, segundo o arquiteto, quebra a rigidez da paisagem e proporciona maior fluidez ao espaço interno.

Os principais edifícios de apartamentos produzidos nesse padrão foram o edifício Triomphe, de 1984 (Fig. 4.17), o Tomie Ohtake, de 1985 (Fig. 4.18), o conjunto Portal da Cidade, de 1986, o Maison de Mouette, de 1988, entre outros. Ruy Ohtake justifica o emprego da curva nas sacadas dos apartamentos em um texto explicativo do projeto: "Aqui, a curva figura internamente, destacando-se no grande terraço que procura, com a contribuição do uso generoso do vidro, resgatar o espaço aberto típico das residências unifamiliares" (Revista Projeto, 1988, p. 98-103). Realmente há a intenção de proporcionar fluidez aos espaços internos através do uso da curva. A maioria dos espaços de convívio dos apartamentos é ampla e usufrui dessa extensão da sala, a varanda. Mas parece que essa amplitude é característica dessa categoria de habitação – edifício de alto padrão – e a intenção de causar fluidez ao espaço se esgota na mera representação do elemento curvo. A curva, talvez, tenha sido usada muito mais como um elemento esteticamente diferenciado que define a fachada do que condicionador de certa fluidez espacial.

Em relação à curva, esse elemento arquitetônico, aplicado à maneira Ruy Ohtake, foi e ainda é usado *ad infinitum* pelos construtores comerciais e por alguns arquitetos. Essa caracterização do elemento curvo como símbolo de *status* de habitações da classe alta ocorreu, principalmente, pelo sucesso da construtora Encol – realizadora dos projetos de apartamentos de Ruy nos anos 1980 até meados de 1990, disseminando para algumas cidades maiores essa "tipologia" de fachadas.

Apesar de pertencerem à mesma "escola paulista", Paulo Mendes da Rocha e Ruy Ohtake apresentam diferentes atuações na produção de edifícios altos. Não podemos afirmar se o são por questões conceituais diversas ou por condicionantes externas. Sabemos que os edifícios produzidos por Mendes da Rocha diferem-se dos de Ruy Ohtake em alguns aspectos, como os resultados formais e a abordagem dos espaços internos. Porém, um fator parece determinante: o cliente. Paulo Mendes, em todos os seus edifícios, contou com certa flexibilidade dos clientes que, conscientes de sua opção, esperavam espaços diferenciados dos convencionais – facilmente encontrados no mercado imobiliário. Fica evidente que Paulo Mendes da Rocha não esteve disposto a seguir o que o mercado imobiliário queria ou impunha. Talvez daí a pequena produção de apartamentos realizada por seu escritório.

Já Ruy Ohtake, a partir do final da década de 1970, parece se conectar de forma mais intensa às condicionantes do mercado imobiliário. Em consonância ao atendimento às demandas desse mercado, suas propostas demonstravam muito pouca adesão às teorias projetuais do começo de sua carreira, tão presentes nas residências *casa-praça*.

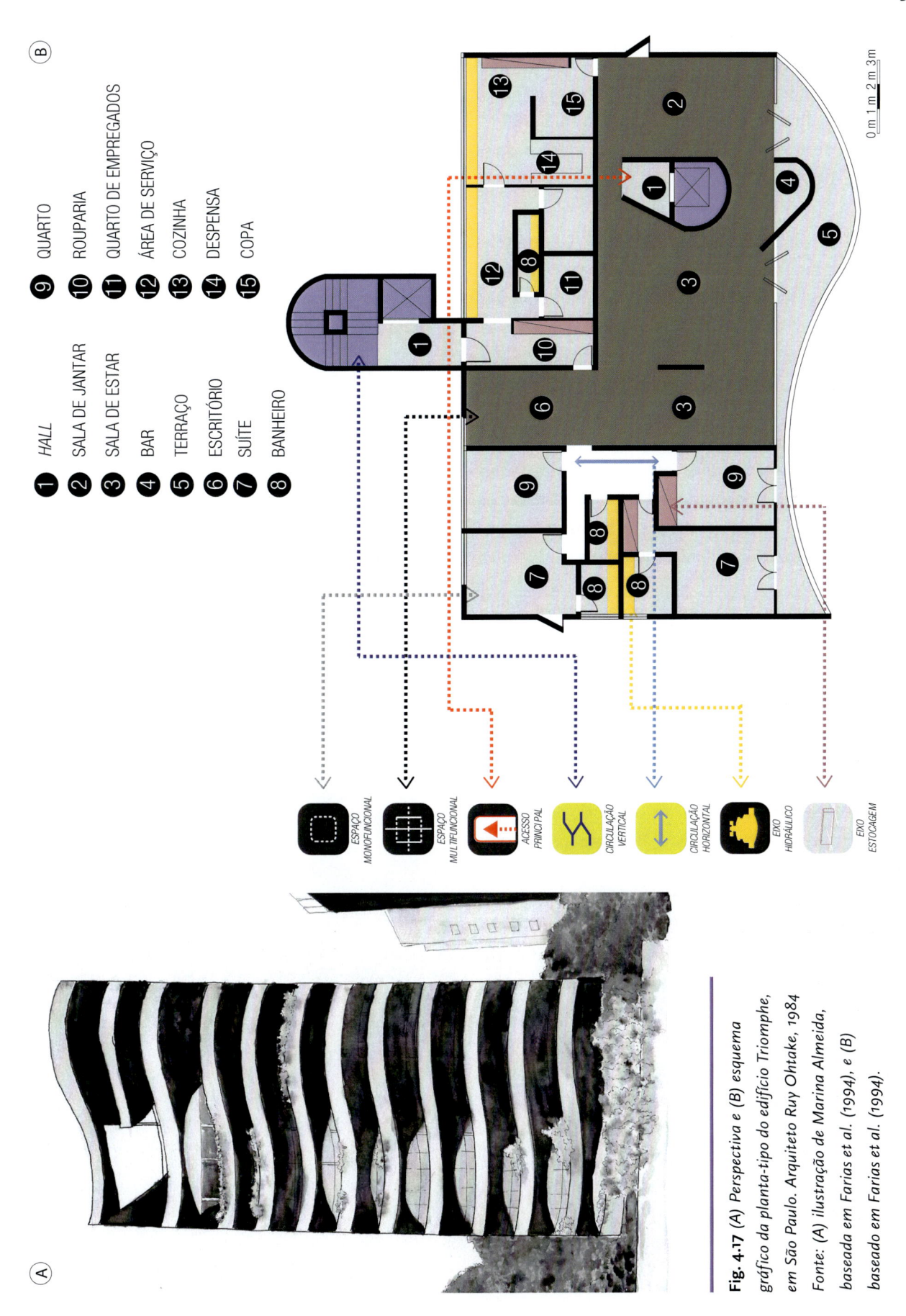

4 Apartamento contemporâneo: a consolidação de tipologias de morar

① HALL
② SALA DE JANTAR
③ SALA DE ESTAR
④ BAR
⑤ TERRAÇO
⑥ ESCRITÓRIO
⑦ SUÍTE
⑧ BANHEIRO
⑨ QUARTO
⑩ ROUPARIA
⑪ QUARTO DE EMPREGADOS
⑫ ÁREA DE SERVIÇO
⑬ COZINHA
⑭ DESPENSA
⑮ COPA

ESPAÇO MONOFUNCIONAL
ESPAÇO MULTIFUNCIONAL
ACESSO PRINCIPAL
CIRCULAÇÃO VERTICAL
CIRCULAÇÃO HORIZONTAL
EIXO HIDRÁULICO
EIXO ESTOCAGEM

Fig. 4.17 (A) Perspectiva e (B) esquema gráfico da planta-tipo do edifício Triomphe, em São Paulo. Arquiteto Ruy Ohtake, 1984
Fonte: (A) ilustração de Marina Almeida, baseada em Farias et al. (1994), e (B) baseado em Farias et al. (1994).

> "Em face da especulação imobiliária de que tais apartamentos eram alvos, a arquitetura dos edifícios altos parece ter se resumido ao atendimento de demandas estruturais das classes de renda mais alta"

Em face da especulação imobiliária de que tais apartamentos eram alvos, a arquitetura dos edifícios altos parece ter se resumido ao atendimento de demandas estruturais das classes de renda mais alta, que podem ser sintetizadas em questões de segurança, lazer e de certa estética decorativa de seus espaços. Nenhuma discussão acerca da pertinência do desenho dos espaços de morar foi lançada, nem pelos arquitetos ditos comerciais, nem pelos empreendedores imobiliários. Apesar de assinadas por arquitetos famosos, essas obras se inserem num mar de edificações comuns na metrópole paulista.

4.5 A década do *terceiro reversível*

Na década de 1980, a cidade de São Paulo e a maioria das cidades grandes brasileiras viram consolidar-se um quadro bastante definido das tipologias básicas de apartamentos disponíveis no mercado imobiliário. A diversidade de áreas das unidades ainda era grande. Já os programas e as soluções projetuais seguiam, na maioria dos casos, basicamente quatro configurações:

I. apartamentos de um dormitório ou tipo *kitchenettes*;
II. apartamentos de dois e três dormitórios menores – que apresentavam um modelo reduzido de sala, cozinha, área de serviço, dormitório de empregada (ou não), banheiro e dormitórios;
III. apartamentos de dois e três dormitórios maiores – com o mesmo programa dos menores, entretanto, com a presença da suíte, copa e, principalmente, salas com áreas mais generosas;
IV. apartamentos de quatro ou mais dormitórios – com o programa amplo.

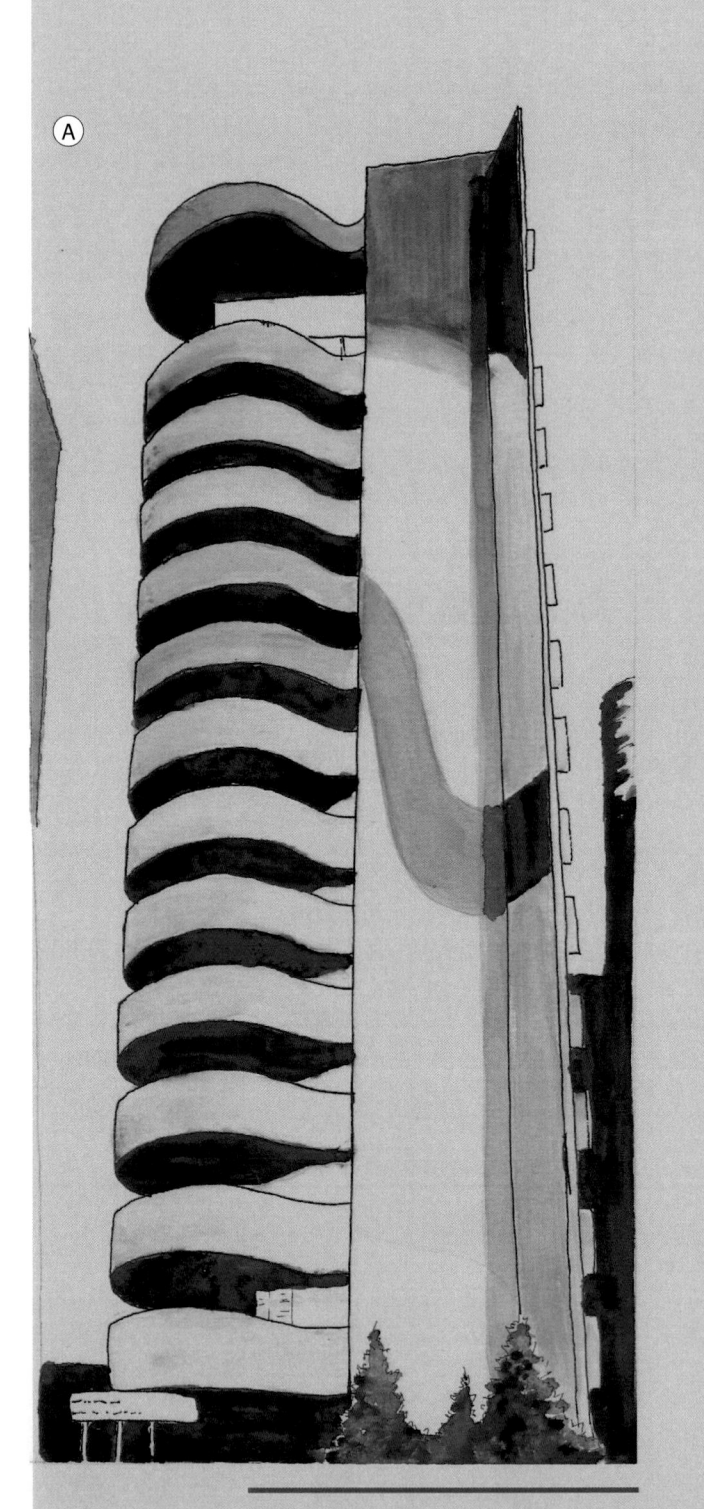

Fig. 4.18 *(A) Edifício Tomie Ohtake, em São Paulo*
Fonte: (A) ilustração de Marina Almeida, baseada em Farias et al. (1994).

4 Apartamento contemporâneo: a consolidação de tipologias de morar

(B)

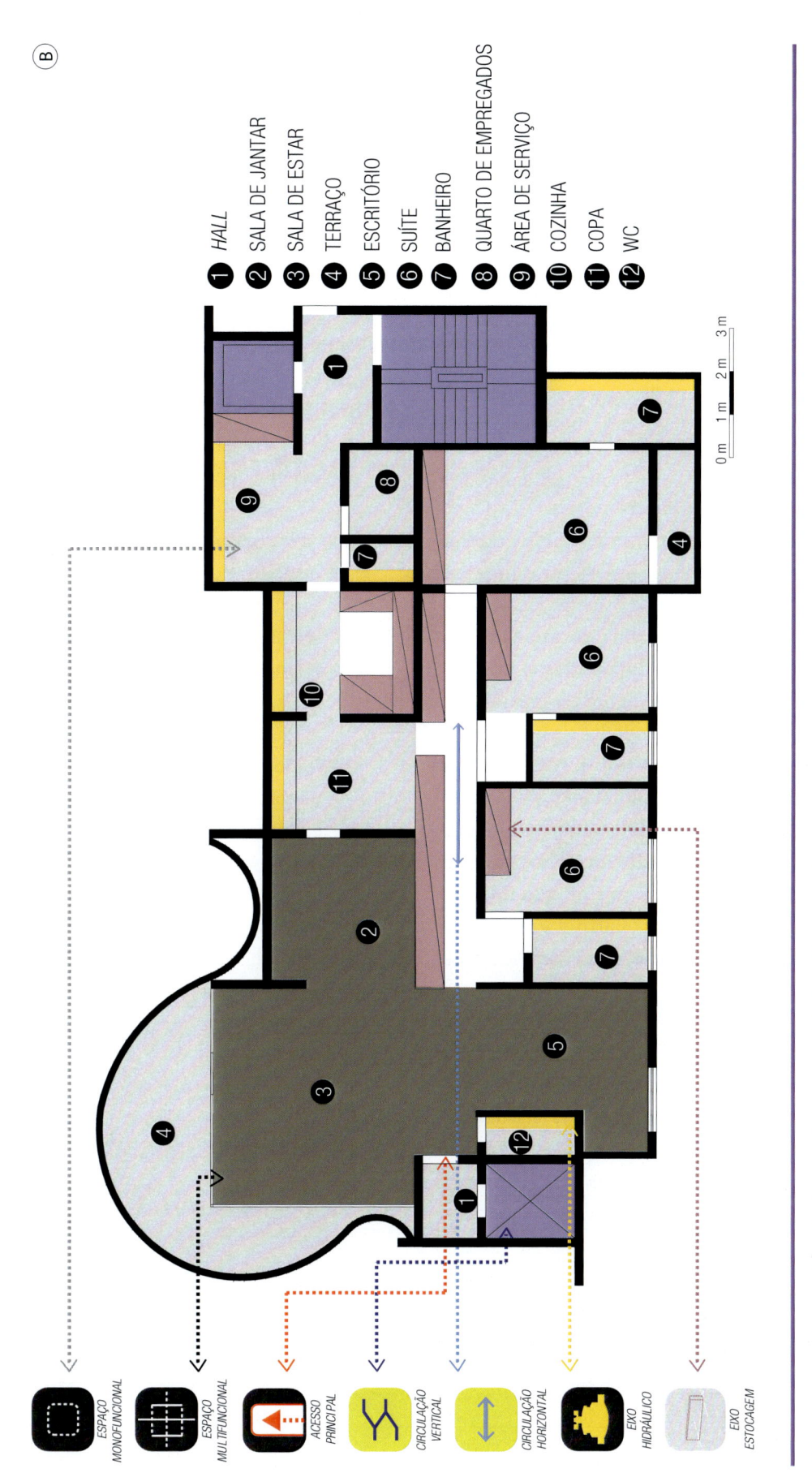

1. HALL
2. SALA DE JANTAR
3. SALA DE ESTAR
4. TERRAÇO
5. ESCRITÓRIO
6. SUÍTE
7. BANHEIRO
8. QUARTO DE EMPREGADOS
9. ÁREA DE SERVIÇO
10. COZINHA
11. COPA
12. WC

ESPAÇO MONOFUNCIONAL
ESPAÇO MULTIFUNCIONAL
ACESSO PRINCIPAL
CIRCULAÇÃO VERTICAL
CIRCULAÇÃO HORIZONTAL
EIXO HIDRÁULICO
EIXO ESTOCAGEM

Fig. 4.18 (B) *Esquema gráfico da sua planta-tipo. Arquiteto Ruy Ohtake, 1985*
Fonte: (B) baseado em Farias et al. (1994).

Essas tipologias, ao longo das décadas passadas, principalmente a partir dos anos 1950, foram se consolidando, impulsionadas especialmente pelos atores do mercado imobiliário, que viam nessa padronização uma maneira de atender a fatias cada vez maiores da sociedade.

> "As tipologias foram se consolidando, impulsionadas especialmente pelos atores do mercado imobiliário, que viam nessa padronização uma maneira de atender a fatias cada vez maiores da sociedade"

Se nessa época observamos a especialização de tais configurações, e também importantes diferenciações em relação às décadas anteriores, a mudança mais significativa, porém, diz respeito à totalidade dos empreendimentos colocados no mercado e se refere à diminuição de áreas dos apartamentos. Esse fenômeno, iniciado principalmente em meados dos anos 1970, tornou-se mais evidente nas décadas de 1980 e 1990. Segundo dados da Empresa Brasileira de Estudos de Patrimônio (Embraesp, 1985-2017), entre 1980 e 1987 as áreas totais médias dos apartamentos diminuíram 8% nos de um dormitório, 12% nos de dois dormitórios e 6% nos de três dormitórios. Já nos apartamentos de quatro dormitórios os dados indicam um aumento de área total média de 26,5% (Tab. 4.1).

> "A mudança mais significativa diz respeito à diminuição de áreas dos apartamentos"

As causas dessa redução de área são variadas e podem ser bastante complexas. Notamos que o crescente mercado de apartamentos destinado a classes de menor renda, durante essa década de 1980, acabou por resultar em oferta de apartamentos de menores dimensões. Isso pode ser percebido de maneira mais expressiva a partir do final da década de 1980. Segundo Tramontano,

> por um lado, é verdade, um empobrecimento generalizado da população após tantas crises, pacotes e planos econômicos. Por outro, um real e constante aumento do número de consumidores que não possuem as mesmas fortunas da elite de então, mas que se dispõem a empenhar-se financeiramente para obter a tão sonhada casa própria, abrindo, para isso, magras carteiras. O mercado imobiliário – tanto o de unidades particulares quanto o de unidades públicas – reagiu oferecendo casas e apartamentos cada vez menores e desprovidos de equipamentos, na esperança de chegar a um produto pelo qual o consumidor-alvo pudesse pagar. Basta ler matérias especializadas e anúncios nos jornais da época para dar-se conta dessas mudanças. Os bairros

Tab. 4.1 Evolução das áreas totais médias dos apartamentos por número de dormitórios no município de São Paulo (1980-1987)

	Tipo de unidade/área total média			
Período	1 dorm.	2 dorm.	3 dorm.	4 dorm.
1980	86,70	118,98	188,31	381,84
1981	87,05	118,30	182,69	509,12
1982	88,58	113,87	202,31	409,34
1983	84,22	90,90	151,03	318,46
1984	84,65	115,20	256,20	473,48
1985	82,18	114,68	205,78	354,30
1986	88,07	110,69	190,08	375,53
1987	79,64	105,69	177,64	482,92

Fonte: Embraesp (1988).

4 Apartamento contemporâneo: a consolidação de tipologias de morar

das grandes cidades foram inundados por lançamentos de apartamentos pequenos que insistiam em abrigar famílias nucleares inteiras em áreas cada vez menores. (Tramontano, 1998b, p. 279).

Essa redução de áreas dos apartamentos, principalmente de dois e três dormitórios, pode ser verificada através de um exame das soluções espaciais. O uso frequente de chanfros, resultado do encontro de paredes anguladas a 45°, era uma dessas soluções com o intuito de ampliar a usabilidade dos espaços. Como consequência, itens como pias de banheiro e boxes de chuveiro também acabavam por acompanhar o chanfro.

Uma possível consequência dessa redução de área nos apartamentos pode estar associada ao surgimento da tipologia do *terceiro reversível*. Configurada como uma novidade nos apartamentos dessa época, seria caracterizada pela presença de um cômodo com função reversível, geralmente dormitório/escritório. Tal solução passou a ocupar lugar de destaque no mercado imobiliário ao longo de toda década de 1980, o que incluía apartamentos para todos os preços e dimensões (Figs. 4.19 e 4.20).

Nesse período, de maneira geral, as cozinhas ainda eram consonantes com a invasão dos novos eletrodomésticos e equipamentos facilitadores das atividades domésticas. As salas foram aumentadas, ainda que às vezes apenas visualmente, pois receberam varandas,

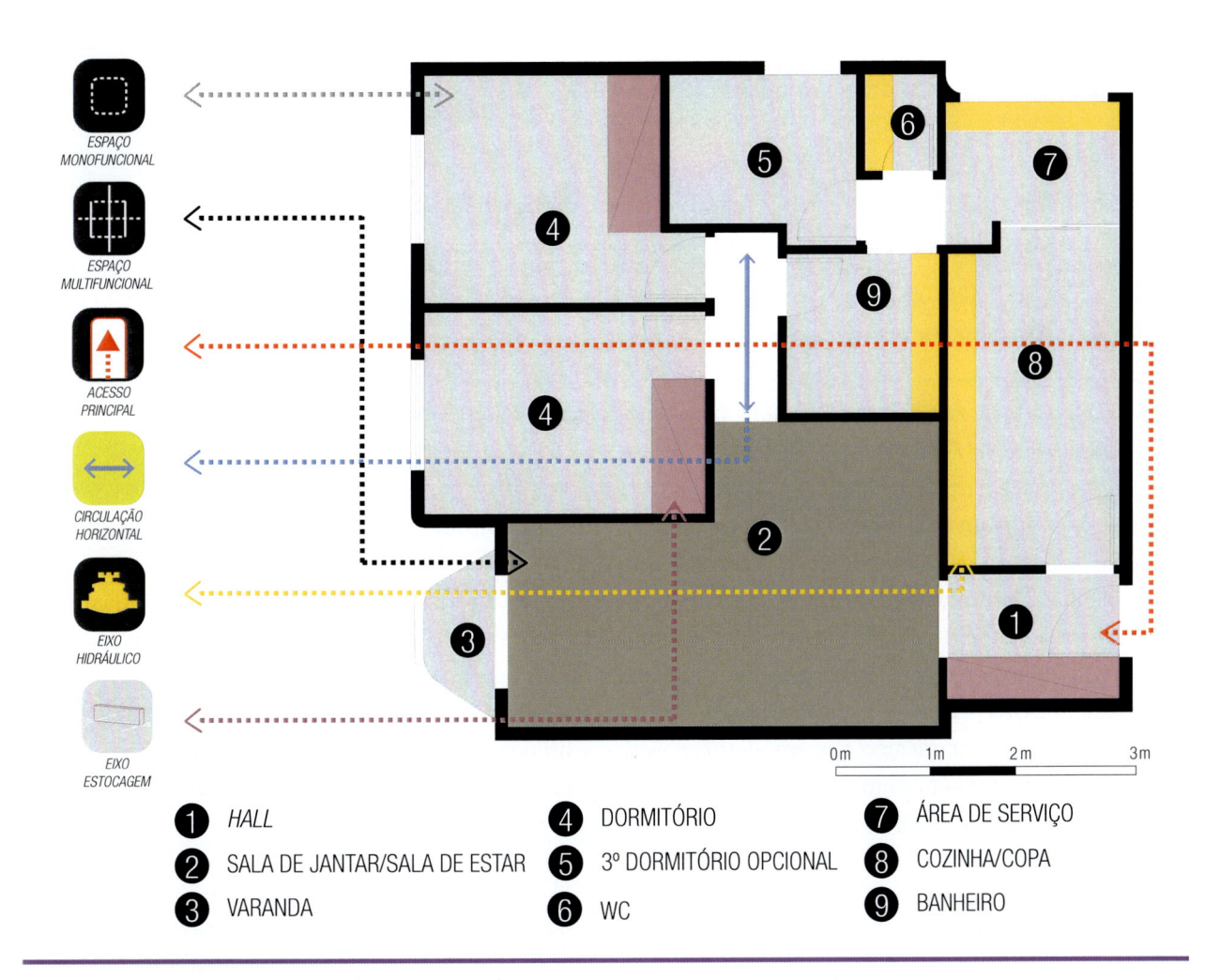

Fig. 4.19 *Esquema gráfico da planta-tipo de apartamentos com dormitório reversível do edifício Vila Romana, na rua Croata. Sem identificação do autor, 1984*

Fonte: baseado em Jornal Folha de S.Paulo, 17/7/1984.

ESPAÇO
MONOFUNCIONAL

ESPAÇO
MULTIFUNCIONAL

ACESSO
PRINCIPAL

CIRCULAÇÃO
HORIZONTAL

EIXO
HIDRÁULICO

EIXO
ESTOCAGEM

1. SALA
2. TERRAÇO
3. DORMITÓRIO
4. 3º DORMITÓRIO OPCIONAL
5. WC
6. ÁREA DE SERVIÇO
7. COZINHA
8. BANHEIRO

Fig. 4.20 *Esquema gráfico da planta-tipo de edifício da rua Bernardino de Campos. Sem identificação do autor, 1983*
Fonte: baseado em Jornal Folha de S.Paulo, 16/3/1983.

as quais configuravam uma espécie de "respiro" diante da supressão de áreas dos cômodos internos dos apartamentos. Na cidade de São Paulo, nessa época, foi crescente o número de apartamentos dotados de varandas, que funcionavam como um diferencial para o apelo de vendas, além de permitirem um maior contato com o exterior, mesmo que em alguns casos esses espaços se configurassem mínimos.

Ao longo dos anos 1980, os apartamentos de um dormitório passariam a ter maior sofisticação, visando descaracterizar sua habitual imagem de moradia para classes menos favorecidas (Fig. 4.21). Algumas empresas chegaram a lançar apartamentos de um dormitório para públicos específicos, como, por exemplo, jovens executivos. A maioria desses empreendimentos oferecia a seus moradores uma gama de serviços e entretenimentos, tais como sala de bronzeamento, academia de ginástica e forno de micro-ondas (equipamento ainda inovador para a época). Isso foi apenas o início de uma tendência forte que se verifica até hoje, a qual aproxima os edifícios de apartamentos da configuração de *flats*, atendendo aos públicos que moram sozinhos, como jovens, empresários e até idosos.

> "Uma diferenciação ocorreu nos apartamentos de um dormitório, que passaram a ser dotados, ao longo dos anos 1980, de uma sofisticação visando descaracterizar sua habitual imagem de moradia para classes menos favorecidas"

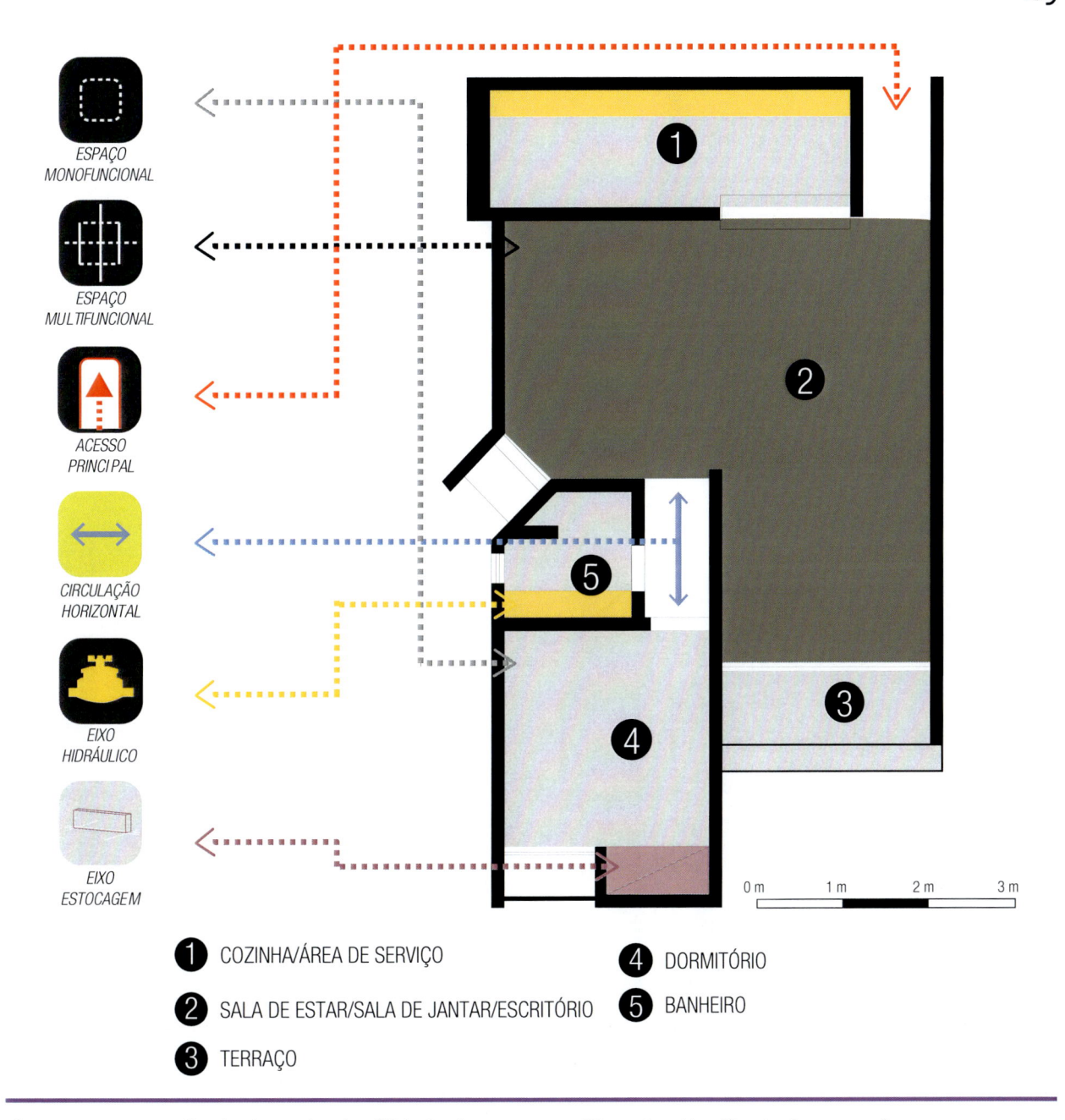

4 Apartamento contemporâneo: a consolidação de tipologias de morar

ESPAÇO MONOFUNCIONAL

ESPAÇO MULTIFUNCIONAL

ACESSO PRINCIPAL

CIRCULAÇÃO HORIZONTAL

EIXO HIDRÁULICO

EIXO ESTOCAGEM

① COZINHA/ÁREA DE SERVIÇO
② SALA DE ESTAR/SALA DE JANTAR/ESCRITÓRIO
③ TERRAÇO
④ DORMITÓRIO
⑤ BANHEIRO

Fig. 4.21 *Esquema gráfico da planta-tipo do edifício Studium 77, na rua Edson. Sem identificação do autor, 1982*
Fonte: baseado em Jornal Folha de S.Paulo, 18/3/1982.

Na contramão da redução de área ocorrida nos apartamentos de um, dois e três dormitórios, a área das unidades de quatro dormitórios aumentou significativamente. Em meio às pontuais crises econômicas ocorridas no país durante a década de 1980, a produção de grandes e mais caros apartamentos manteve boa parte das incorporadoras e vendedoras no mercado. Oferecia-se um produto de alto valor à parcela da população que sofria menos com as crises, e que mantinha, portanto, o poder de compra. Como explica Cardoso (1996, p. 129), nos anos 1980, houve um redirecionamento da produção de empreendimentos habitacionais para setores de mais alta renda, concentrando a produção em bairros mais valorizados.

Outra razão dessa escolha pode estar associada à crescente violência na metrópole paulistana e ao apelo publicitário que divulgava o condomínio de apartamentos como um local imune aos seus efeitos.

> "A escolha de morar em alturas pode estar associada à crescente violência na metrópole paulistana e ao apelo publicitário que vinculava o condomínio de apartamentos como um local imune aos seus efeitos"

No final dos anos 1980, não eram poucos os anúncios que se utilizavam desse expediente. Mas, apesar de tudo, a questão da segurança ainda dividia espaço com outros itens nas peças publicitárias, principalmente os materiais de acabamento e novidades. A palavra *segurança* começa a aparecer em anúncios em 1982, aumentando gradativamente seu destaque até chegar ao final da década dividindo o foco com outros atrativos, como armários embutidos, carpetes, produtos de acabamento, garagens privativas, cozinhas *american style*, além do acesso às novas mídias, como antena coletiva de TV, FM e interfone, e, a partir de 1985, do *computer hall* – espaço supostamente destinado ao recém-domesticado computador (Fig. 4.22).

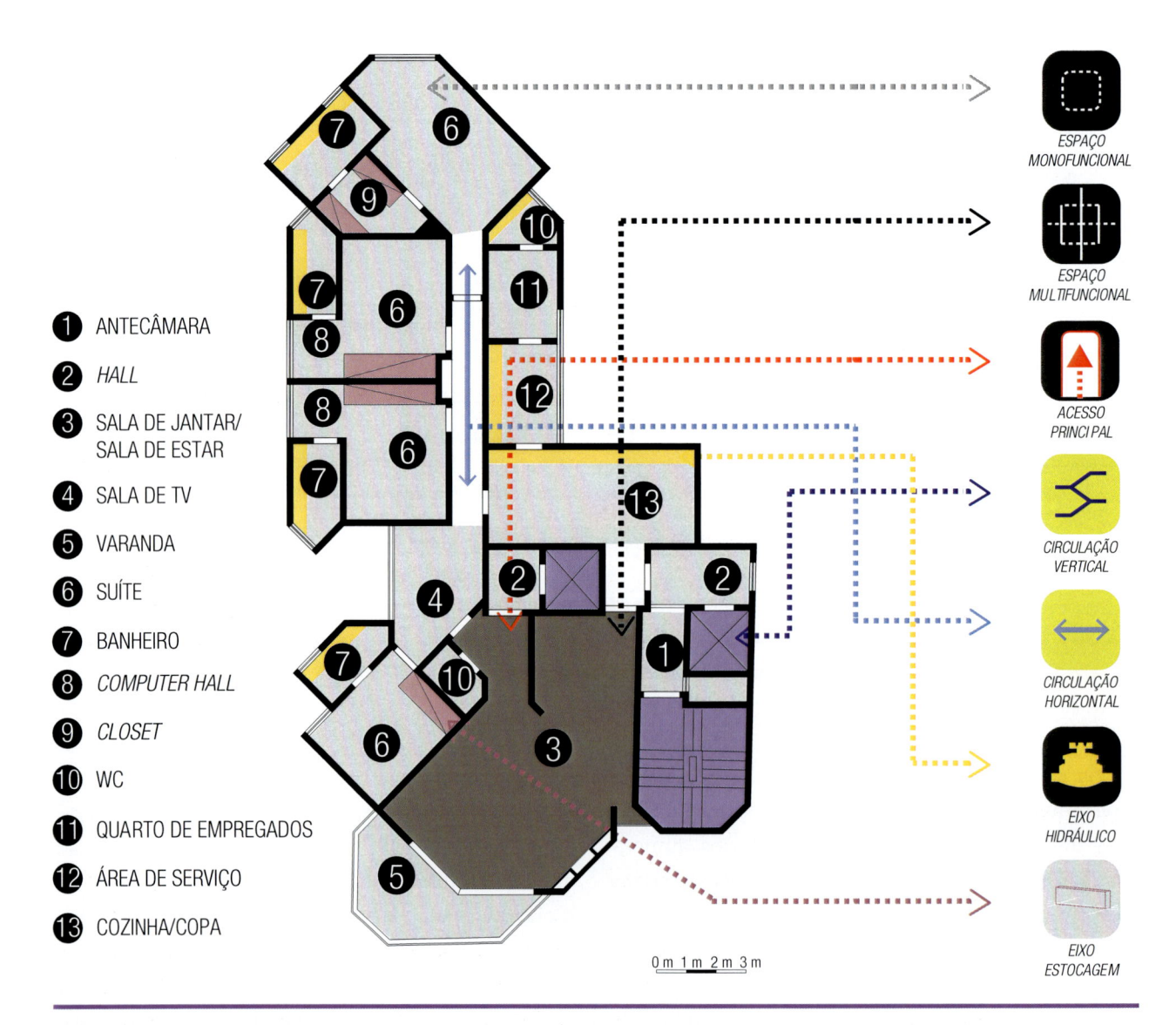

1. ANTECÂMARA
2. HALL
3. SALA DE JANTAR/ SALA DE ESTAR
4. SALA DE TV
5. VARANDA
6. SUÍTE
7. BANHEIRO
8. *COMPUTER HALL*
9. *CLOSET*
10. WC
11. QUARTO DE EMPREGADOS
12. ÁREA DE SERVIÇO
13. COZINHA/COPA

ESPAÇO MONOFUNCIONAL
ESPAÇO MULTIFUNCIONAL
ACESSO PRINCIPAL
CIRCULAÇÃO VERTICAL
CIRCULAÇÃO HORIZONTAL
EIXO HIDRÁULICO
EIXO ESTOCAGEM

Fig. 4.22 *Esquema gráfico da planta-tipo do edifício Cosmos, na rua Visconde da Luz. Sem identificação do autor, 1985*
Fonte: baseado em Jornal Folha de S.Paulo, 29/3/1985.

O item segurança foi destaque em uma matéria da Revista Projeto, no ano de 1984, intitulada *Apartamentos de alto luxo, um mercado em expansão*. O texto deixava claro que a segurança passaria a ganhar maior importância nos empreendimentos desse tipo:

> [...] como segurança é a palavra-chave para esse segmento do mercado, as construtoras têm procurado se superar nesse item, inclusive importando ideias, como aparelhos de circuito interno de TV espalhados pelos corredores, escadas, elevadores, garagens, entradas de serviço e social, e ligados à guarita dos vigilantes, possibilitando o controle de qualquer pessoa que entre no edifício. (Revista Projeto, n. 57).

Outro destaque da publicidade envolvendo os anúncios de venda de apartamentos foi o uso cada vez mais frequente de palavras e expressões em inglês. Em uma única frase de um dos anúncios analisados foi possível contabilizar seis expressões americanas: "sempre um *touch of class*, varanda com *flower beds*, apartamento *up-to-date-living*, jardim *self-growing*, cozinha *american style*, e o melhor *next door*" (Jornal Folha de S.Paulo, 1982).

Com uma área útil variando entre 150 m² e 700 m², os apartamentos de quatro dormitórios ofereciam, além de sofisticados aparatos, como os já mencionados interfones, armários e produtos de acabamentos diferenciados, outros itens exclusivos desse nível de empreendimento, como banheiras com formas arredondadas nas suítes e salas de jantar com piso em desnível ou sobrelevado em relação à sala de estar. Como novidade, alguns empreendimentos apresentavam suítes com dois banheiros e dois *closets* separados, um para o marido e outro para a esposa, o que denotava uma maior demanda por privacidade (Figs. 4.23 e 4.24).

4.6 E os apartamentos não param de diminuir

Em geral, todos os imóveis tinham diminuído de tamanho, mas os apartamentos de três dormitórios tinham se reduzido mais, segundo números da Embraesp (1985-2017). Segundo eles, em 1985, um apartamento de três dormitórios tinha em torno de 115 m², em 2000 o mesmo programa teria que se adequar em 81 m², significando uma redução de quase 30% da área anterior. Os apartamentos menores, de dois dormitórios, perderam 18% da área, vendo sua área média migrar de 65 m² para 53 m², no mesmo período. Já os de um dormitório ou *kitchenettes* ficaram 21% menores, diminuindo de 42 m² para 32 m². No caso dos de quatro dormitórios houve uma redução geral de 5% – entretanto, houve um desenvolvimento bastante irregular no período, diminuindo em alguns anos e aumentando em outros (Tab. 4.2). A área média desses apartamentos passou de 191 m² para 181 m², entre 1985 e 2000 (Embraesp, 1985-2017). Essa irregularidade pode ser percebida mesmo nos anos 1980, em função, sobretudo, das flutuações da economia.

Os dados permitem várias reflexões sobre a redução desses espaços. Os apartamentos cujo tamanho mais se reduziu foram os de dois e três dormitórios, talvez por serem as configurações mais acessíveis para a grande maioria da população paulistana, tanto pelo programa que oferecem como pelo custo mais baixo. De um lado, percebemos a população demandante por espaços para morar, entretanto, com limitações de diferentes ordens, como a financeira, ou mesmo por causa da localização. De outro lado, notamos o mercado imobiliário barateando o preço final dos apartamentos, reduzindo suas áreas, principalmente as úteis, no afã de atingir cada vez mais compradores.

> "Os apartamentos cujo tamanho mais se reduziu foram os de dois e três dormitórios"

Durante esse período, algumas oscilações ocorreram na contramão dos dados, mesmo que por um curto prazo e de maneira pontual. Segundo Tramontano (1998b, p. 280), os resultados de uma pesquisa da Datafolha para o Jornal Folha de S.Paulo referente ao período entre 1992 e 1994 apresentavam

morar em apartamento

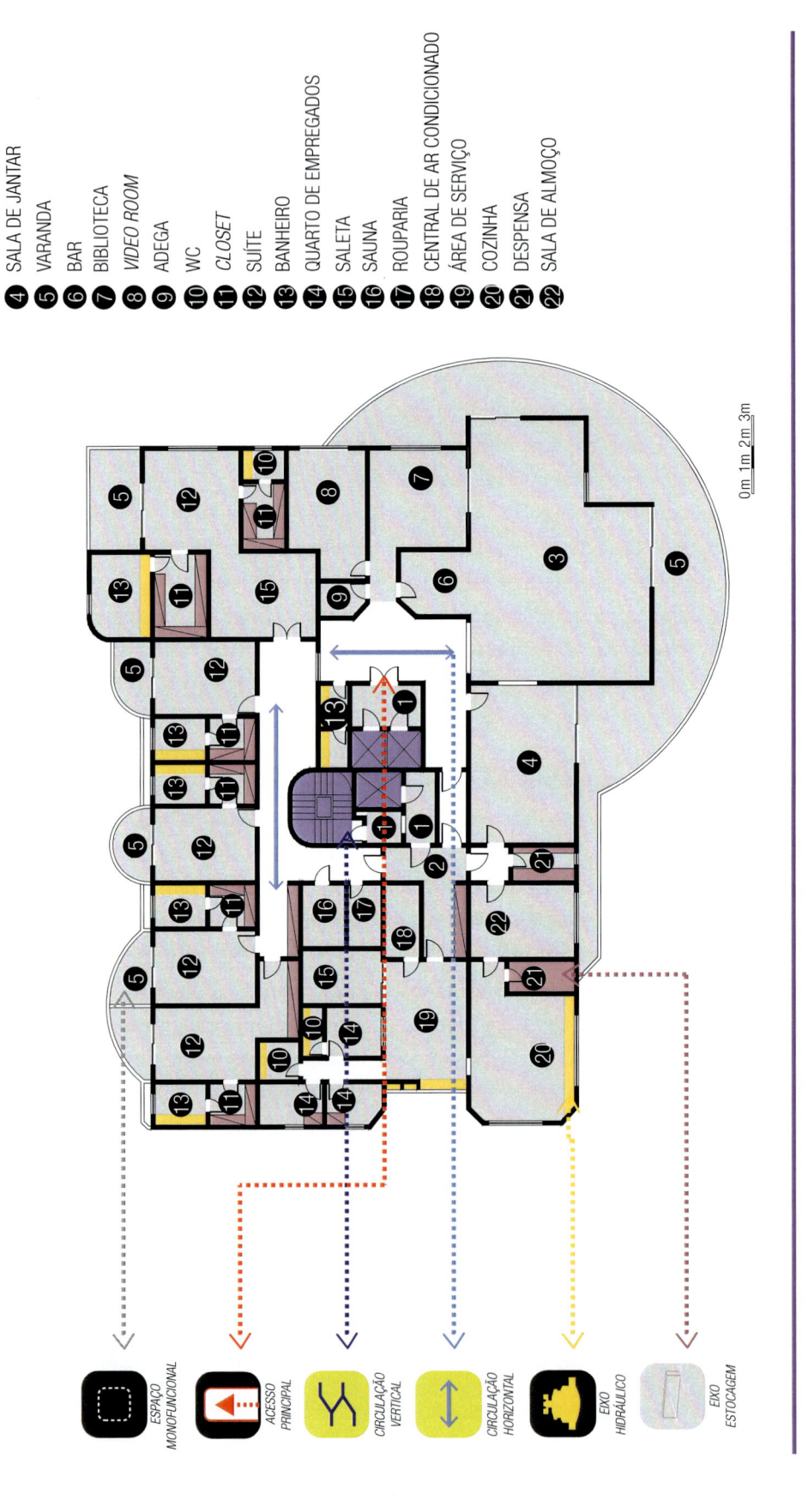

1. HALL
2. VESTÍBULO
3. SALA DE ESTAR
4. SALA DE JANTAR
5. VARANDA
6. BAR
7. BIBLIOTECA
8. VIDEO ROOM
9. ADEGA
10. WC
11. CLOSET
12. SUÍTE
13. BANHEIRO
14. QUARTO DE EMPREGADOS
15. SALETA
16. SAUNA
17. ROUPARIA
18. CENTRAL DE AR CONDICIONADO
19. ÁREA DE SERVIÇO
20. COZINHA
21. DESPENSA
22. SALA DE ALMOÇO

ESPAÇO MONOFUNCIONAL
ACESSO PRINCIPAL
CIRCULAÇÃO VERTICAL
CIRCULAÇÃO HORIZONTAL
EIXO HIDRÁULICO
EIXO ESTOCAGEM

Fig. 4.23 *Esquema gráfico da planta-tipo do edifício Vol D'oiseau, no Morumbi. Construtora Olímpia, 1985*
Fonte: baseado em Jornal Folha de S.Paulo, 5/7/1985.

4 Apartamento contemporâneo: a consolidação de tipologias de morar

Fig. 4.24 *Esquema gráfico da planta-tipo do edifício Itacuruça, na rua Tupi. Sem identificação do autor, 1985*
Fonte: baseado em Jornal Folha de S. Paulo, 5/7/1985.

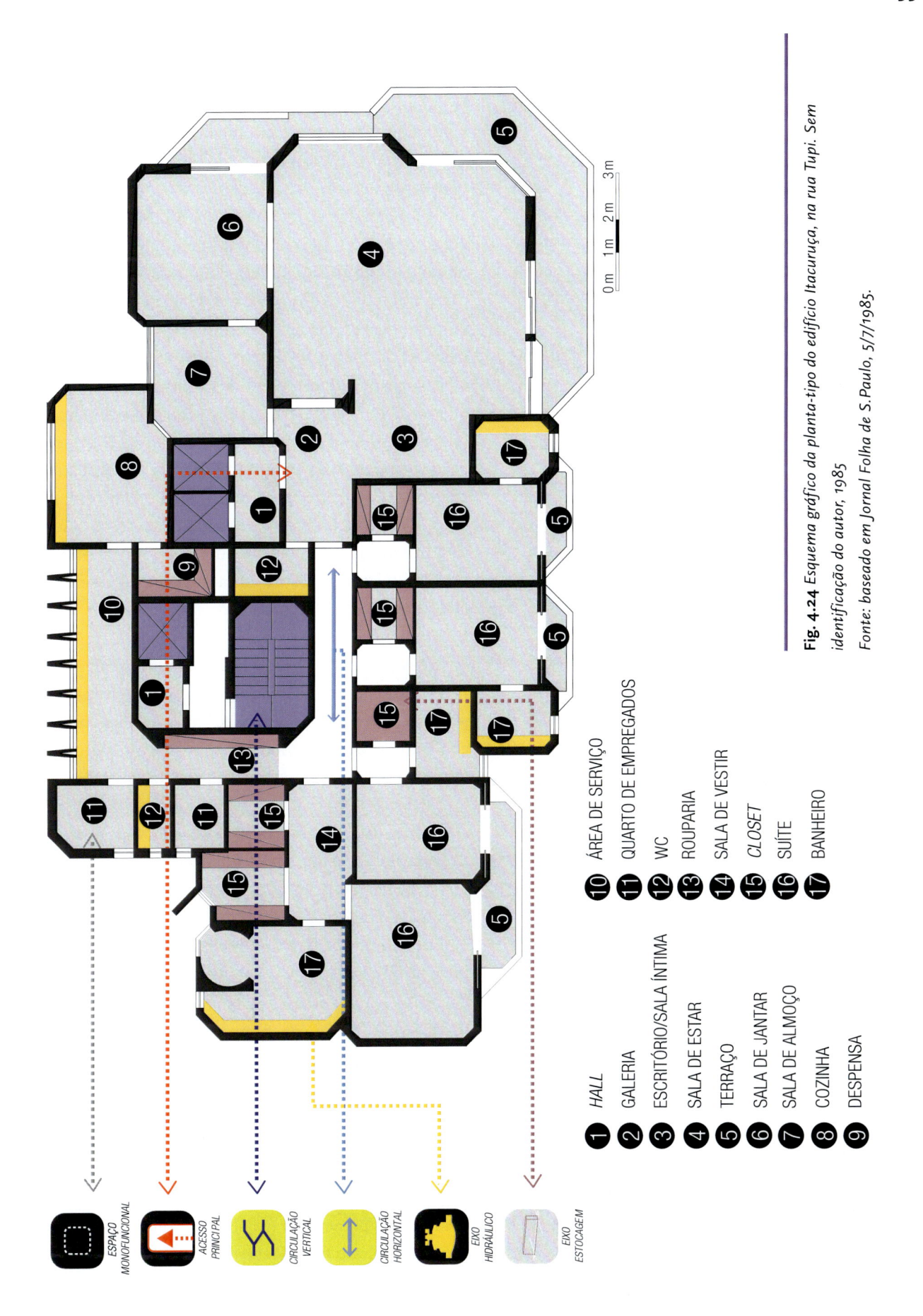

1. HALL
2. GALERIA
3. ESCRITÓRIO/SALA ÍNTIMA
4. SALA DE ESTAR
5. TERRAÇO
6. SALA DE JANTAR
7. SALA DE ALMOÇO
8. COZINHA
9. DESPENSA
10. ÁREA DE SERVIÇO
11. QUARTO DE EMPREGADOS
12. WC
13. ROUPARIA
14. SALA DE VESTIR
15. *CLOSET*
16. SUÍTE
17. BANHEIRO

ESPAÇO MONOFUNCIONAL
ACESSO PRINCIPAL
CIRCULAÇÃO VERTICAL
CIRCULAÇÃO HORIZONTAL
EIXO HIDRÁULICO
EIXO ESTOCAGEM

Tab. 4.2 Evolução das áreas úteis médias dos apartamentos por número de dormitórios no município de São Paulo (1985-2000)

Período	Áreas úteis médias (m²)			
	1 dorm.	2 dorm.	3 dorm.	4 dorm.
1985	40,77	64,87	114,03	191,34
1986	42,81	62,64	105,36	200,62
1987	40,28	59,24	97,69	251,13
1988	41,39	55,56	88,97	185,13
1989	38,08	60,11	98,72	218,09
1990	37,76	59,57	86,54	209,53
1991	40,23	57,51	98,51	168,04
1992	40,72	57,96	84,08	195,90
1993	39,42	55,65	82,50	175,49
1994	39,52	56,19	82,35	150,20
1995	40,14	57,04	83,37	158,96
1996	31,00	56,12	75,27	213,38
1997	30,87	54,63	74,93	205,53
1998	33,81	57,46	80,10	174,41
1999	31,21	54,34	79,17	193,13
2000	33,82	52,19	79,41	181,18

Fonte: Embraesp (1985-2017).

um aumento de área de 1,8% do apartamento de dois dormitórios, enquanto, durante um período de apenas dois anos, as demais tipologias continuavam a cair: 1,7% – um dormitório, 7,2% – três dormitórios, 11,5% – quatro dormitórios e 31,1% – cinco dormitórios, em apenas dois anos. Esse aumento de área em apartamentos de dois dormitórios pode estar associado ao fato de eles abrigarem, com frequência cada vez maior, pessoas vivendo só, casais sem filhos ou com um único filho, com poder aquisitivo mais elevado, que preferem não ter muito trabalho com os cuidados da casa, mas que querem, por exemplo, poder receber amigos em uma sala maior. Já os números relativos aos apartamentos de quatro ou mais dormitórios oscilavam, ora aumentavam, ora diminuíam, o que pode ser explicado, principalmente, pelo menor número de lançamentos com tais configurações. Por outro lado, a construção de alguns empreendimentos com áreas úteis e totais fora de padrão acabava por mascarar os dados.

4.7 Habitação e clube?

A partir dos anos 1970 os empreendimentos, principalmente de alto luxo, iniciaram um processo que iria se desenvolver com toda a força a partir da década de 2000: o da valorização da esfera coletiva dos edifícios de apartamentos, caracterizada pelo surgimento de equipamentos de uso comum. Foi nesse período que aumentou o número de empreendimentos dotados de *playground*, salão de festas, área verde externa e piscinas. Entretanto, foi durante as décadas de 1980 e 1990 que esse processo se intensificou, principalmente em decorrência da redução de áreas úteis nos apartamentos e da sua tipificação (Fig. 4.25). Com o intuito de oferecer aos moradores certa compensação pela perda de áreas na esfera privada, o mercado imobiliário começou a ofertar empreendimentos que valorizavam a esfera coletiva. Além disso, a presença de tais equipamentos poderia funcionar como uma espécie de diferencial diante da já consolidada padronização dos apartamentos.

Nos anos 1980, a lista de equipamentos coletivos nos empreendimentos aumentaria, visto que, nesse período, boa parte do mercado imobiliário se dedicou à produção de edifícios de apartamentos de alto luxo (Fig. 4.26). Piscina com *deck*, sauna e salão de jogos (*snooker*), sala de repouso, salão de ginástica equipado, salão de recepção decorado, bar, quadra de esportes e lavanderia seriam, entre outros, os atrativos dos edifícios caros de apartamentos dessa década, além dos equipamentos de segurança, como circuitos internos e externos de câmeras, fechaduras eletrônicas etc.

> "Com o intuito de oferecer aos moradores certa compensação pela perda de áreas na esfera privada, o mercado imobiliário começou a ofertar empreendimentos que valorizavam a esfera coletiva"

Segundo corretores de imóveis, a presença desses equipamentos fazia "com que a balança pendesse para o lado destes edifícios-com-ares-de-

Fig. 4.25 *Publicidade do edifício Flamboyant, na rua Dr. César, 338*

Fig. 4.26 *Foto da área de lazer do conjunto Portal da Cidade. Arquiteto Ruy Ohtake, 1986*
Fonte: ilustração de Marina Almeida, baseada em Farias et al. (1994).

-clube quando a dúvida confrontava o comprador a apartamentos com acomodações e dimensões semelhantes – o que não era difícil, dada a uniformidade das plantas" (Tramontano, 1998b, p. 281-282). Já nos edifícios de apartamentos menores, por razões econômicas, os equipamentos de uso coletivo se restringiam a pelo menos um *playground* e um salão de festas – qualquer projeto dessa época deveria ter, pelo menos, um salão de festa, mesmo que fosse mínimo.

Algumas análises podem ser tecidas em relação a esses fenômenos de valorização das esferas coletivas nos edifícios de apartamentos. Sua consolidação pode estar associada a duas questões. Por um lado, vemos a tentativa do mercado imobiliário de atrair maiores públicos na medida em que oferece tais "atrativos", ampliando a viabilidade do negócio, mesmo que tais atrativos não significassem, de fato, uma demanda da sociedade. Por outro lado, vemos os potenciais moradores à procura de atrativos que possam compensar a restrição de áreas dos já reduzidos apartamentos. Esses moradores poderiam estar interessados em encontrar, na presença dos equipamentos coletivos, como piscinas, quadras e academias de ginástica, um modo de vida mais saudável e prazeroso. Nesse sentido, Tramontano (1998b, p. 282) aponta duas razões importantes por trás dessas escolhas, que se desdobrariam nas décadas seguintes. "De um lado, a extrema preocupação com o próprio corpo, subproduto do individualismo, que se acentuava à medida que o grupo familiar perdia importância social", e que, segundo os corretores de imóveis, estava associada ao lazer, principalmente ao lazer coletivo. De outro lado, "a chamada escalada da violência, agravada, por sua vez, pelo empobrecimento da população".

Essa tendência de supervalorização da esfera coletiva do edifício em curso parecia, aos olhos dos agentes do mercado imobiliário, uma solução ideal, já que piscinas e quadras não custavam muito caro e davam *status* aos moradores. Por outro lado, a violência das grandes cidades alcançava números expressivos e amedrontava boa parte da população, principalmente os mais ricos, que preferiam deixar seus filhos acompanhados de suas babás brincando em seus prédios cercados e sob vigilância a permitir brincadeiras nas praças, consideradas perigosas e desprotegidas. Tais razões conduziam, cada vez mais, à privatização de atividades antes realizadas na esfera pública da cidade, tornando esses empreendimentos verdadeiras fortalezas. Isso pode ser observado notadamente com a profusão de dispositivos de segurança modernos e espaços destinados às crianças nos empreendimentos.

> "A presença de equipamentos coletivos nos edifícios de apartamentos conduzia, cada vez mais, à privatização de atividades antes realizadas na esfera pública da cidade, tornando esses empreendimentos verdadeiras fortalezas"

Macedo (1991b apud Tramontano, 1998b) enxerga essa questão pelo prisma das alterações das exigências e necessidades do consumidor em função das ofertas do mercado. No período de 1980 a 1986, quase todos os novos prédios de apartamento de São Paulo continham, "pelo menos, um reduzido *playground*, condição não exigida há alguns anos. O mesmo podendo se dizer de muros, recuos laterais e até piscinas". Essas alterações se processam "à medida que novos produtos surgem no mercado, fazendo com que soluções aceitáveis há dez anos ou menos sejam inaceitáveis ou pouco vendáveis em um momento mais recente" (Macedo, 1991b, p. 70 apud Tramontano, 1998b, p. 282-283).

Durante a década de 1990, os conceptores de edifícios de alto luxo não mediam esforços para ver seus empreendimentos comercializados, já que piscinas, *playgrounds*, salões de festa, saunas, duchas e salas de musculação faziam parte da maioria dos edifícios de apartamentos médios da cidade de São Paulo em diferentes medidas, dos mais baratos aos mais sofisticados. O repertório de equipamentos ampliou-se, passando a oferecer, também, piscinas aquecidas e *decks* de madeira, a separação dos salões de festa e de jogos – para crianças e adultos –, além de acrescentar à sauna a sala de massagem e introduzir a sala com *home theater*, a churrasqueira e fornos de pizza (Tramontano, 1998b, p. 283).

> "Na década de 1980, na maioria dos anúncios publicitários de ofertas de apartamentos para venda, a ênfase era dada sobre o produto – materiais de acabamento, interfones, armários embutidos de tal madeira, elevadores de tal marca etc. –; a partir de meados da década de 1990, os estilos de vida começaram a ser valorizados"

Se, por um lado, na década de 1980, na maioria dos anúncios publicitários de ofertas de apartamentos para venda, a ênfase era dada sobre o produto – materiais de acabamento, interfones, armários embutidos de tal madeira, elevadores de tal marca etc. –, a partir de meados da década de 1990, os estilos de vida começaram a ser valorizados. Não bastava que os edifícios de apartamentos fossem dotados de variada gama de equipamentos coletivos, tornava-se importante explicitar de que forma estes poderiam influir no *status* social dos moradores. Itens essenciais para se viver bem passaram a ser enfatizados na maioria dos lançamentos de apartamentos da cidade de São Paulo. Entre os mais comuns está a presença de áreas verdes, agora como uma opção de lazer, desenhada por paisagistas conhecidos. Uma vida supostamente mais agradável e mais próxima da natureza passou a ser oferecida através da implantação de plantas frutíferas em meio a gazebos, viveiros de pássaros, quiosques para permanência e recreação infantil. Essa opção foi bastante utilizada pelos conceptores de edifícios de apartamentos, já que custava muito pouco dotar as áreas externas de tais empreendimentos de jardins e o preço final do condomínio era reduzido em função do baixo custo de manutenção das áreas, se comparado com, por exemplo, as piscinas. Resultados expressivos foram obtidos nas vendas desses empreendimentos, já que ofereciam a uma população carente de espaços verdes e estressada pelo contato diário com os entraves da cidade grande a imagem de um pequeno paraíso particular. Vale notar que as piscinas continuarão a existir durante as próximas décadas e se constituirão como itens de valorização. Entretanto, observa-se, com alguma frequência, a adoção da piscina de única raia, mais barata, sublinhando seu caráter prioritariamente vinculado ao exercício físico.

Nos anos 1990, ganharam força os chamados condomínios verticais que ofereciam, além das áreas verdes e sistemas de segurança, uma gama infindável de equipamentos de uso coletivo. Segundo matéria do Jornal Folha de S.Paulo (1994), os lançamentos valorizavam instalações de lazer, como salas de ginástica, quadras e ciclovias, que deixavam de ser atrativos exclusivos dos condomínios de alto padrão. Inúmeros empreendimentos desse porte foram lançados nesses anos em diferentes áreas da cidade, destinando-se, na maioria dos casos, a uma classe média que não dispunha de condições econômicas para frequentar clubes e restaurantes, e que via nessa opção de moradia o conforto, a segurança e o lazer a preços reduzidos.

4.8 Novas configurações de apartamentos para novos perfis familiares

No caso da Região Metropolitana de São Paulo, 12,6% da população moravam em apartamentos no ano de 1994, número que aumentou para 17,9% em 1998 (São Paulo, 1999, p. 49). As razões para tal aumento podem ser inúmeras. Algumas delas podem estar associadas à localização privilegiada – no caso de São Paulo, onde a maioria dos edifícios de apartamentos estão situados em áreas centrais ou circunvizinhas –, à imagem de local seguro, enfatizada pelo mercado imobiliário, e ao custo acessível a um número maior de consumidores.

Dentro desse cenário de progresso e sucesso da modalidade habitacional "apartamento", variações foram se delineando, no sentido de ampliar a viabilidade e a lucratividade do negócio imobiliário. Foi no final da década de 1990 que as empresas imobiliárias paulistanas começaram a contar, de forma mais efetiva, com o apoio de profissionais da área de propaganda e *marketing*, que pareciam estar atentos às necessidades dos usuários.

Nesse período, já eram significativas as mudanças na estrutura e na composição familiar da sociedade brasileira, o que alterava diretamente a relação entre os moradores e as suas moradias.

> "Nesse período já eram significativas as mudanças na estrutura e na composição familiar da sociedade brasileira, o que alterava diretamente a relação entre os moradores e as suas moradias"

Sobre essas mudanças demográficas, é importante lembrar que elas aconteceram de forma gradual ao longo do século XX, porém foi a partir do final dos anos 1960, em grande parte do mundo ocidentalizado, que novos perfis familiares passaram a ter uma participação mais expressiva no total de grupos, dividindo espaço nas estatísticas com a tradicional família nuclear. Notamos a presença mais significativa de famílias monoparentais, casais com dupla renda e sem filhos (Double Income, No Kids ou DINKs, em inglês), uniões livres – incluindo casais homoafetivos –, grupos coabitando sem ligações conjugais ou de parentesco entre seus membros e a família nuclear renovada. Ainda dominante nas estatísticas, essa família renovada começava, no entanto, a passar por transformações que levariam à maior autonomia de seus membros e ao declínio da autoridade dos pais (Tramontano, 1998b, p. 196).

Essas alterações demográficas têm ocorrido de maneira muito semelhante tanto no Brasil quanto em países mais industrializados. Aparentemente, o processo de alteração de modos de vida, decorrente dessas alterações demográficas, é irreversível, conforme apontam diversos autores em todo o mundo (Cohen; Fuku, 1993), e identificável, sobretudo, em meio urbano e, mais precisamente, em áreas metropolitanas ou sob forte influência cultural de metrópoles, seja de maneira direta, pelo deslocamento de pessoas, seja pela circulação de informações via meios de comunicação de massa (Tramontano, 1998b).

> "Essas alterações demográficas têm ocorrido de maneira muito semelhante tanto no Brasil quanto em países mais industrializados"

As alterações da família brasileira contemporânea vêm sendo assunto em diversas publicações nos meios de comunicação de grande circulação, como a revista Veja (1999, p. 111-113) e o Jornal Folha de S.Paulo (1998), bem como em excelentes publicações de demógrafos, sociólogos e arquitetos, como Berquó (1998), Biderman et al. (1994), Bilac (1991), Bruschini (1990), Castelo Branco (1989), Taschner (1997) e outros. Conforme escreve a demógrafa Neide Patarra em matéria publicada na Revista Veja, um primeiro indicador das mudanças em curso são as flutuações da taxa de fecundidade. Na década de 1960, considerando-se o conjunto da população brasileira, esta taxa foi alta, de 5,8 filhos por mulher, caindo para 4,3 no período entre 1975 e 1980, com uma diminuição de 25,9%. (Patarra, 1988).

Os dados para 1990 apontam um declínio ainda mais marcante, atingindo o valor de 3,5 filhos por mulher, o que significa uma queda de quase 40% em apenas 20 anos. A Contagem de População de Meio de Década, feita em 1995 pelo IBGE (1995), também constatou esse declínio. A fecundidade foi de apenas 2,05 filhos por mulher nas áreas urbanas paulistas, comprovando as diferenças regionais no Brasil – ligeiramente acima do Rio de Janeiro, por exemplo, onde a taxa foi de apenas 1,9 (Taschner, 1997).

> Longe de ser um fenômeno unicamente brasileiro, o *turning point* da fecundidade parece situar-se no ano de 1965, como apontam tanto os Censos e Pesquisas Nacionais por Amostras de Domicílios brasileiros (PNADs), como sociólogos e demógrafos europeus e japoneses. (Tramontano, 1998b, p. 197).

Segundo Bonvalet (1988 apud Tramontano, 1998b), o número de filhos por casal diminuiu na França, o que se deve essencialmente à possibilidade de se evitar gravidezes indesejadas a partir do surgimento de métodos contraceptivos eficazes, como a pílula anticoncepcional, disseminada em todo o mundo – inclusive no Brasil – a partir de 1965.

> Por trás da queda de fecundidade encontra-se uma mulher que reivindica, entre outras coisas, um lugar no mercado de trabalho, a liberdade de ter relações sexuais dissociadas da obrigatoriedade católica de procriação, o direito de escolher quando ter – ou não ter – filhos, o direito de separar-se do parceiro – ou parceira. [...] Esta nova postura feminina, respaldada pela difusão de métodos contraceptivos mais

acessíveis e eficazes, vai tornar-se passagem obrigatória de qualquer reflexão sobre as alterações nos padrões de comportamento herdados dos anos 1960. (Tramontano, 1998b, p. 198).

Citando dados do IBGE (Castelo Branco, 1989), as causas diretas da diminuição do tamanho do grupo familiar em todo o mundo ocidentalizado, incluindo o Brasil, têm sido a redução da fecundidade e o envelhecimento da população. A família brasileira que consistia de, em média, cinco pessoas em 1960, foi se reduzindo até atingir 4,34 pessoas em 1981, 4,2 pessoas em 1987, e 3,87 pessoas em 1990. Permaneceu, contudo, maior do que a família paulista média que, em 1981, consistia de apenas 3,98 pessoas e em 1990, de 3,64 pessoas (IBGE, 1994). "Nos últimos cinquenta anos, vem caindo no país o número médio de pessoas por unidade domiciliar, o qual de 5,1 passou a 3,6 entre 1950 e 1995" (Berquó, 1998, p. 423).

> "As causas diretas da diminuição do tamanho do grupo familiar em todo o mundo ocidentalizado, incluindo o Brasil, têm sido a redução da fecundidade e o envelhecimento da população"

Outra razão para o surgimento de novos grupos domésticos e do aumento do número de unidades domiciliares é o crescimento acentuado do número de separações e divórcios, os quais, em sua grande maioria, levam os ex-cônjuges a demandar outro espaço doméstico, constituindo, ao mesmo tempo, um novo formato familiar. Segundo Berquó (1998, p. 422-423), de 17,6 milhões de unidades domiciliares em 1970, passou-se a 26,3 milhões dez anos mais tarde, um aumento anual de 4,1%. Dados de 1995 registram 42 milhões de unidades, o que representa uma alta anual de 2,8% em relação a 1991. Os padrões de nupcialidade dos brasileiros nas últimas décadas se alteraram em alguns aspectos, mantendo-se estáveis em outros: o número de separações e divórcios aumentou, a média das idades ao casar permaneceu inalterada e as uniões não legalizadas cresceram na preferência das pessoas (Berquó, 1998, p. 415). Esses dados, como causas diretas do aumento do número de formatos familiares, apesar de resumidos já mostram com clareza que

> organizações consideradas até pouco tempo "incomuns" envolvem hoje milhões de brasileiros. São 3,2 milhões de mães solteiras: 1,7 milhão criam seus filhos sozinhas e 1,5 milhão, na casa dos pais. Separados ou viúvos com filhos são 6,1 milhões; 2,1 milhões de solteiros com mais de 40 anos ainda moram com os pais. (Jornal Folha de S.Paulo, 1998, p. 1).

Perante tais transformações da sociedade, o mercado imobiliário iniciou uma tentativa de atendimento aos perfis familiares em ascensão, segmentando seus empreendimentos. Nesse período, já notávamos o aumento significativo no número de descasados, casais cujos filhos já haviam deixado suas casas, casal de idosos, solteiros e DINKs. Foi nesse cenário que começaram a surgir empreendimentos pouco convencionais: os *flats, lofts, butler services* e uma valorização das antigas *kitchenettes*.

> "Perante tais transformações da sociedade, o mercado imobiliário iniciou uma tentativa de atendimento aos perfis familiares em ascensão, segmentando seus empreendimentos"

Sobre a origem dessas tipologias não convencionais, Tramontano (1998b, p. 290) indica que, "em 1975, surgiu o primeiro edifício de *flats* de São Paulo, trombeteado por campanhas publicitárias que desafiavam o público a conhecer o 'jeito moderno de morar' e vendiam o *apart-hotel* como 'casa do futuro', lembra a jornalista Maria Edicy Moreira (1987)".

Segundo Saab e Gimenez (2001), *flats* são apartamentos que dispõem de serviços hoteleiros, em geral com sala, dormitório, banheiro e cozinha americana. O conceito de *flat* surgiu entre as décadas de 1970 e 1980 em São Paulo, quando as construtoras atravessavam um período de crise, necessitando de um novo produto (Saab; Gimenez, 2001, p. 139).

Entretanto, foi nas décadas seguintes que essa modalidade habitacional teve maior repercussão, consolidando-se como mais uma opção verticalizada de morar, frequentemente procurada por pessoas solteiras, separadas ou divorciadas, casais sem filhos, casais com filhos já criados e aposentados. Com área útil média de 30 m², os *flats* representam uma mistura de habitação e hotel, oferecendo aos moradores, ou locatários, a condição de possuir um espaço individualizado e privado, servido por facilidades de um hotel, além de representar uma forma de investimento e renda.

Outro segmento do mercado foram os *flats* que tinham como público-alvo profissionais liberais em início de carreira, que não possuíam condições financeiras para montar seu próprio escritório. Tais apartamentos foram dotados de serviços como fax, computadores com acesso à internet, atendimento, salas de reunião, secretárias em *pool*, *office-boy* etc.

> "Foi nesse cenário que começaram a surgir empreendimentos pouco convencionais: os *flats*, *lofts*, *butler services* e uma valorização das antigas *kitchenettes*"

Em frente a tantas comodidades, a tipologia dos *flats* logo se estendeu aos programas de três ou mais dormitórios. As incorporadoras equiparam os edifícios de apartamentos médios com infraestrutura de hotelaria, criaram-lhes fachadas chamativas, implantando-os em grandes terrenos em bairros da elite, dotando-os de serviços de lavanderia, administração, cozinha, transporte, *babysitting* etc., e lançaram os primeiros *flats* familiares em São Paulo. Os chamados *butler services* atendiam principalmente aos desejos das mulheres, jovens esposas que não estavam mais preocupadas apenas com os filhos e marido, mas também com sua realização profissional. As facilidades, como destacavam as matérias publicitárias de tais empreendimentos, eram inúmeras, desde governança, serviços de compra em supermercado, lavagem de carros e de roupas e até cabeleireiros.

Dividindo espaço com os *flats* e com os tradicionais apartamentos de um dormitório, os *lofts* ganharam lugar no mercado imobiliário paulistano a partir dos anos 1990 (Fig. 4.27). Versão reduzida do *loft* norte-americano, esses apartamentos menos compartimentados (em geral, em dois pisos, sendo o piso superior um simples mezanino aberto para o estar), com espaço de dormir e de banho, possui, na maioria das vezes, áreas que variam de 30 m² a 120 m². Novamente notamos uma estratégia de mercado que busca vender mais caro os apartamentos menores.

Já os apartamentos de um dormitório, destinados aos menos abastados, aumentaram sua participação no cenário imobiliário paulistano a partir do final dos anos 1980, de 8% em 1987 a 11,6% em 1991 (Embraesp apud Jornal Folha de S.Paulo, 1991). Os chamados *prédios-gabiru*, localizados em áreas privilegiadas da cidade, confinavam, em 1991, 300 mil paulistanos, geralmente jovens de alta renda que preferiam imóveis minúsculos a ter que morar na periferia. O aumento na venda dessas unidades, novas ou não, refletia a queda do poder aquisitivo da classe média. Após o final do Plano Cruzado, em 1987, o mercado não parou mais de ofertar tais apartamentos (Jornal Folha de S.Paulo, 1991). Vale observar que, de maneira geral, os apartamentos de um dormitório para os ricos são os *lofts* – que nada têm de *lofts* –, os *flats* – sem, oficialmente, serem *flats* –, e os apartamentos convencionais – mais raros.

Outro recurso utilizado pelos vendedores de edifícios de apartamentos, sob o pretexto de responder à diversidade de perfis familiares, foi o de oferecer, ainda na fase de pré-construção, opções de organização interna das unidades. Uma boa parte dos lançamentos de edifícios de apartamentos de três dormitórios da cidade de São Paulo apresentava, a partir do final da década de 1990, as chamadas plantas flexíveis (Fig. 4.28). Eram colocadas à disposição dos compradores várias opções de planta interna, que, nos dizeres mercadológicos, atendiam melhor às necessidades e ao estilo de vida

4 Apartamento contemporâneo: a consolidação de tipologias de morar

Fig. 4.27 *Perspectiva ilustrada em peça publicitária do* loft *São Paulo I, de 1999. Essa é a configuração frequentemente utilizada para os chamados* lofts *brasileiros*
Fonte: Jornal Folha de S.Paulo, 14/5/1999.

de cada um. O problema dessas plantas é manter a estrutura convencional de cômodos monofuncionais e a tripartição social-íntimo-serviços, sem questionar se esse modelo ainda é adequado aos modos de vida contemporâneos. Algumas possibilidades de reorganização oferecidas limitam-se à alteração do uso de alguns cômodos. Outras pressupõem o deslocamento de portas, a construção ou não de certas paredes e diferentes possibilidades de uso para o dormitório de empregada. Às vezes, chega-se a oferecer uma centena de possibilidades de plantas. Trata-se, no entanto, de uma flexibilidade inicial controlada pelo projeto, que pode ser bom e, muitas vezes, por se utilizarem de painéis leves para divisórias, permitem alterações futuras sem grandes reformas.

Analisando tanto as novas tipologias de apartamentos como as tradicionais utilizadas no mercado paulistano, notamos que a tripartição dos espaços da habitação em áreas social, íntima e de serviços insiste em dominar os partidos arquitetônicos, mesmo quando se trata de unidades que não se destinam às famílias nucleares. A resposta do mercado tem sido, via de regra, uma associação entre o modelo habitacional burguês oitocentista e o modelo funcional veiculado pela Arquitetura Moderna. Entretanto, algumas dessas novas configurações apresentam soluções que caminham para a integração dos espaços e sobreposição das funções, como é o exemplo dos apartamentos pequenos nos quais a sala de estar se funde com a cozinha, separadas, às vezes, apenas por uma mesa de refeições fixa (Fig. 4.29). Essa solução, no entanto, não é uma inovação recente, já que as chamadas cozinhas americanas se difundiram na década de 1920.

> "A resposta do mercado tem sido, via de regra, uma associação entre o modelo habitacional burguês oitocentista e o modelo funcional veiculado pela Arquitetura Moderna"

morar em apartamento

202

(A)

1 SALA DE JANTAR/ SALA DE ESTAR
2 TERRAÇO
3 SUÍTE
4 BANHEIRO
5 ÁREA DE SERVIÇO
6 COZINHA
7 WC
8 DORMITÓRIO DE EMPREGADOS

ESPAÇO MONOFUNCIONAL
ESPAÇO MULTIFUNCIONAL
ACESSO PRINCIPAL
CIRCULAÇÃO HORIZONTAL
EIXO HIDRÁULICO
EIXO ESTOCAGEM

0 m   1 m   2 m   3 m

(B)

1 SALA DE JANTAR/ SALA DE ESTAR
2 TERRAÇO
3 SUÍTE
4 BANHEIRO
5 ÁREA DE SERVIÇO
6 COZINHA
7 WC
8 DORMITÓRIO EMPREGADA
9 *CLOSET*
10 DESPENSA

ESPAÇO MONOFUNCIONAL
ESPAÇO MULTIFUNCIONAL
ACESSO PRINCIPAL
CIRCULAÇÃO HORIZONTAL
EIXO HIDRÁULICO
EIXO ESTOCAGEM

0 m   1 m   2 m   3 m

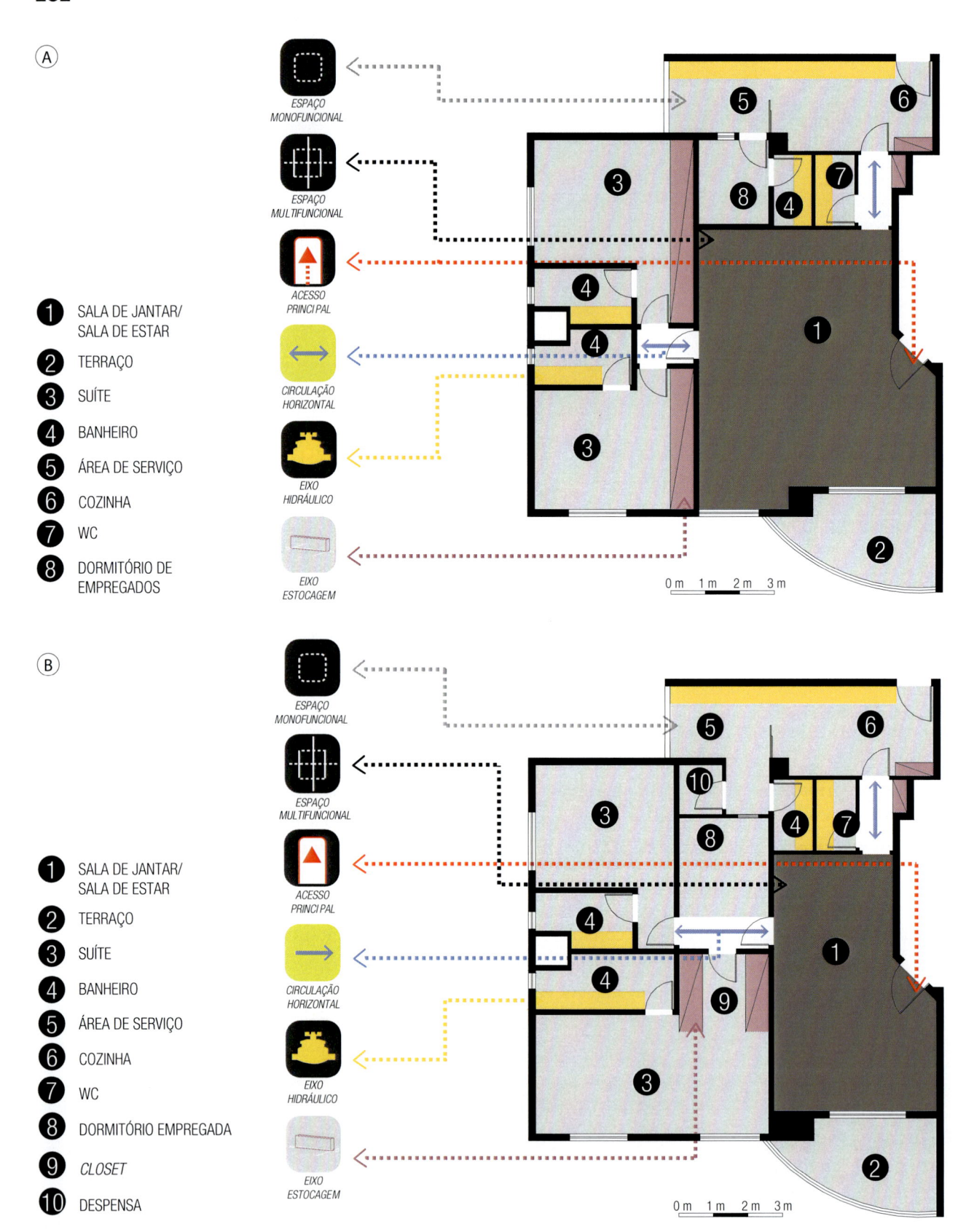

Fig. 4.28 *Esquemas gráficos das plantas-tipo de edifício da rua Aimberê: (A) opção 1 e (B) opção 2*

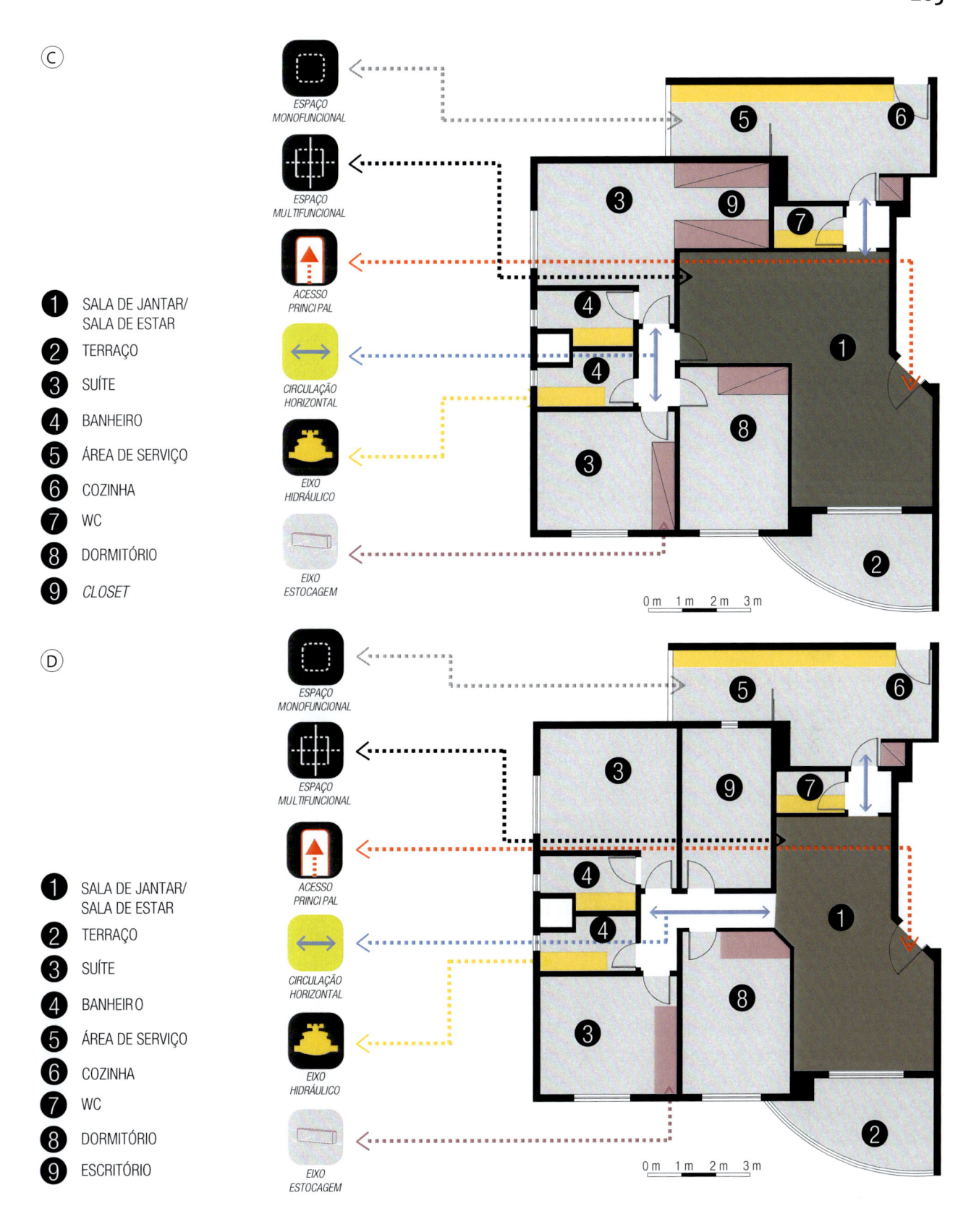

4 Apartamento contemporâneo: a consolidação de tipologias de morar

(C)

ESPAÇO MONOFUNCIONAL
ESPAÇO MULTIFUNCIONAL
ACESSO PRINCIPAL
CIRCULAÇÃO HORIZONTAL
EIXO HIDRÁULICO
EIXO ESTOCAGEM

1. SALA DE JANTAR/ SALA DE ESTAR
2. TERRAÇO
3. SUÍTE
4. BANHEIRO
5. ÁREA DE SERVIÇO
6. COZINHA
7. WC
8. DORMITÓRIO
9. *CLOSET*

(D)

ESPAÇO MONOFUNCIONAL
ESPAÇO MULTIFUNCIONAL
ACESSO PRINCIPAL
CIRCULAÇÃO HORIZONTAL
EIXO HIDRÁULICO
EIXO ESTOCAGEM

1. SALA DE JANTAR/ SALA DE ESTAR
2. TERRAÇO
3. SUÍTE
4. BANHEIRO
5. ÁREA DE SERVIÇO
6. COZINHA
7. WC
8. DORMITÓRIO
9. ESCRITÓRIO

Fig. 4.28 *(C) Opção 3 e (D) opção 4. Arquiteto Roberto Candusso, 1999*
Fonte: baseado em material publicitário do empreendimento, fornecido por Roberto Candusso.

morar em apartamento

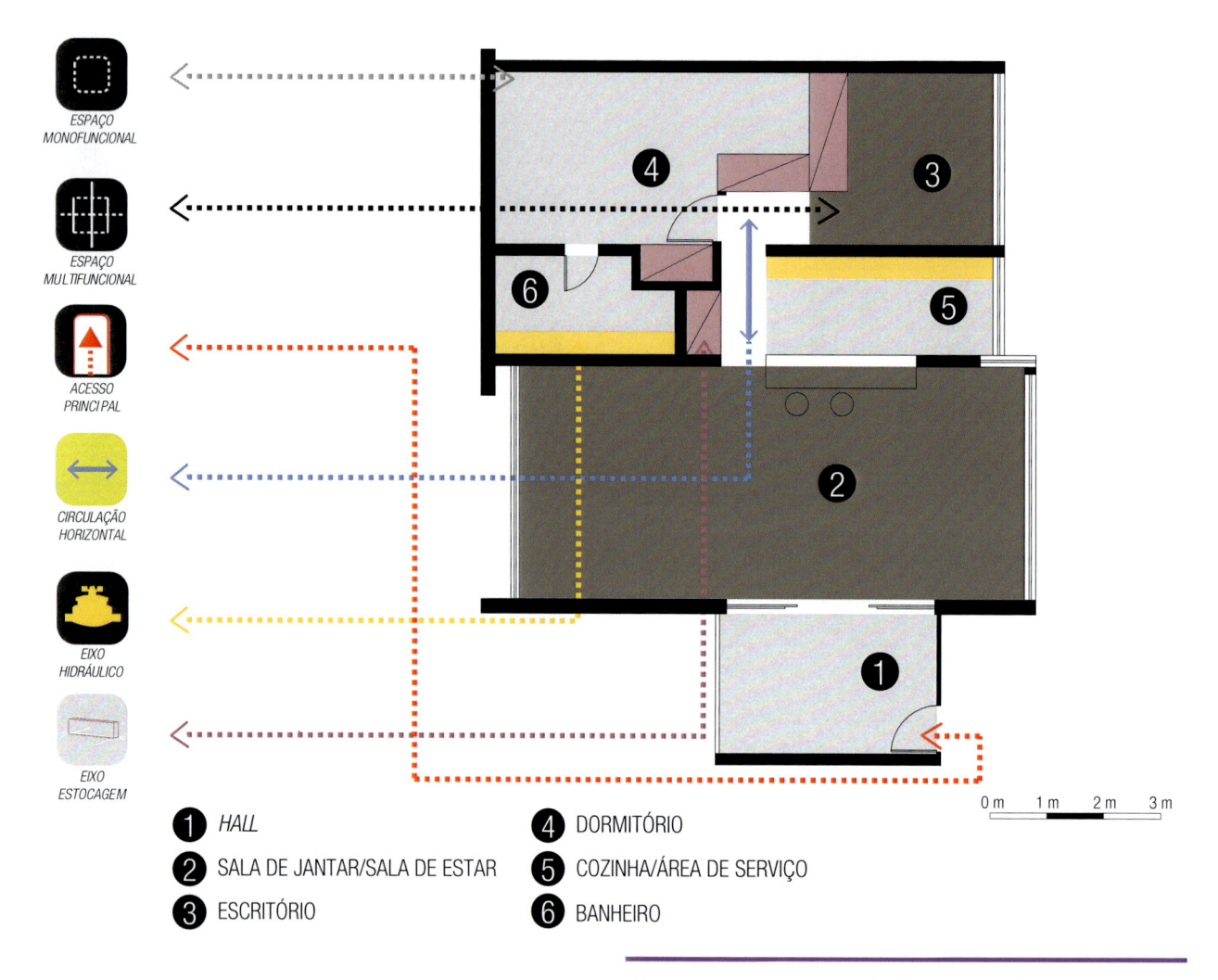

ESPAÇO MONOFUNCIONAL
ESPAÇO MULTIFUNCIONAL
ACESSO PRINCIPAL
CIRCULAÇÃO HORIZONTAL
EIXO HIDRÁULICO
EIXO ESTOCAGEM

① HALL
② SALA DE JANTAR/SALA DE ESTAR
③ ESCRITÓRIO
④ DORMITÓRIO
⑤ COZINHA/ÁREA DE SERVIÇO
⑥ BANHEIRO

Fig. 4.29 *Esquema gráfico da planta-tipo do edifício Spazio 222, em Sumaré. Arquiteto Décio Tozzi, 1996*
Fonte: baseado em Revista Projeto, n. 240.

4.9 O palacete e a caixinha de fósforos: modelos de morar em alturas

Desde os anos 1950, os apartamentos de dois e três dormitórios começaram a constituir uma categoria de apartamentos médios, que veio a tornar-se bastante difundida nas últimas décadas do século XX. As áreas foram se reduzindo – situando-se hoje, basicamente, entre 55 m² e 70 m² –, os cômodos suprimidos, e essa fórmula espacial acabou se tornando mais comum do que se imaginava. Tornaram-se tão comuns que, principalmente a partir da segunda metade da década de 1990, suas peças publicitárias não mais continham planta. Afinal, para que demonstrar uma organização espacial que todos já tinham em mente? A França, no ano de 1999, em uma reportagem da Revista Veja, apelidou as duas tipologias de apartamentos bastante comuns na capital paulista: o "palacete", relativo aos grandes e caros apartamentos, e a "caixinha de fósforo", designando os apertados apartamentos destinados às classes média e baixa da sociedade.

> "As fórmulas espaciais dos apartamentos acabaram se tornando tão comuns que, principalmente a partir da segunda metade da década de 1990, suas peças publicitárias suprimiam sua planta"

4 Apartamento contemporâneo: a consolidação de tipologias de morar

Ao observarmos a distribuição interna desses apartamentos produzidos a partir da segunda metade da década de 1990, notamos que a produção imobiliária não parece ter se interessado em oferecer, especialmente no caso da "caixinha de fósforo", novas organizações espaciais que respondessem às recentes necessidades dos modos de vida contemporâneos. As soluções continuaram convencionais e totalmente estanques, na qual a tripartição em zonas íntima, social e de serviços era ainda a regra.

> "A fórmula frequentemente adotada pelo mercado imobiliário era a de estruturar o projeto em três núcleos, articulados sempre de maneira semelhante, característica essa que se manteve até os dias atuais"

Apresentando um desenho que se repetia em quase todas as tipologias, incluindo as de um dormitório, a fórmula frequentemente adotada pelo mercado imobiliário era a de estruturar o projeto em três núcleos, articulados sempre de maneira semelhante, característica essa que se manteve até os dias atuais. A seguir pode ser vista uma descrição desses núcleos.

4.9.1 Espaços de estar e de jantar

Na grande maioria dos apartamentos pequenos e médios paulistanos, frequentemente a sala de estar e de jantar foram cômodos configurados em um mesmo ambiente, com o acesso próximo à cozinha (Figs. 4.30 e 4.31). Mais especificamente o acesso se dava em um reduzido *hall* de entrada, lembrando a galeria de tempos passados. A sala de estar, quase sempre conjugada ao espaço de refeições, prolon-

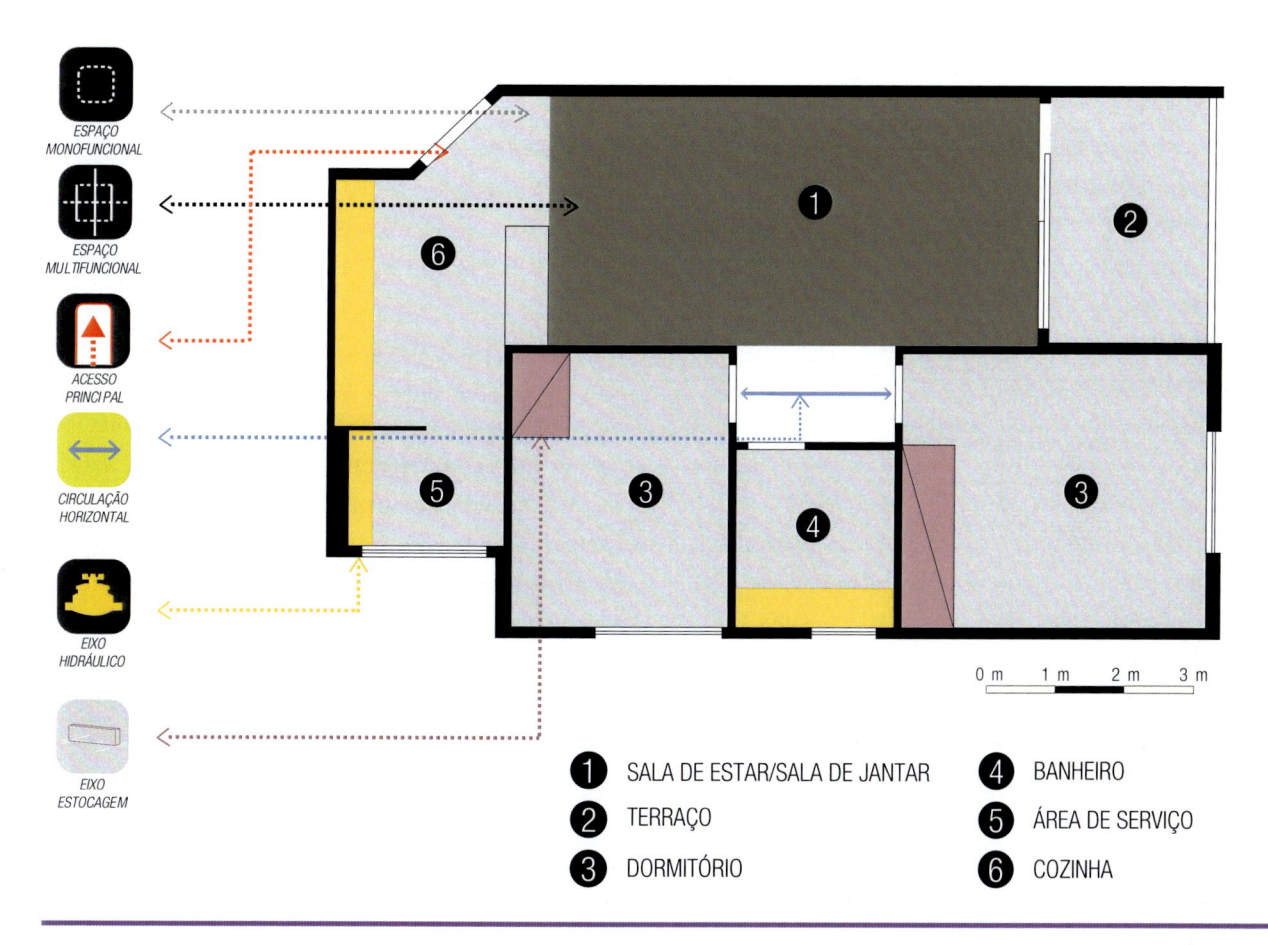

Fig. 4.30 *Esquema gráfico da planta-tipo do edifício Splendid, em São Paulo. Sem identificação do autor, década de 1990*
Fonte: baseado em Concord Imóveis (<www.concordimoveis.com.br>).

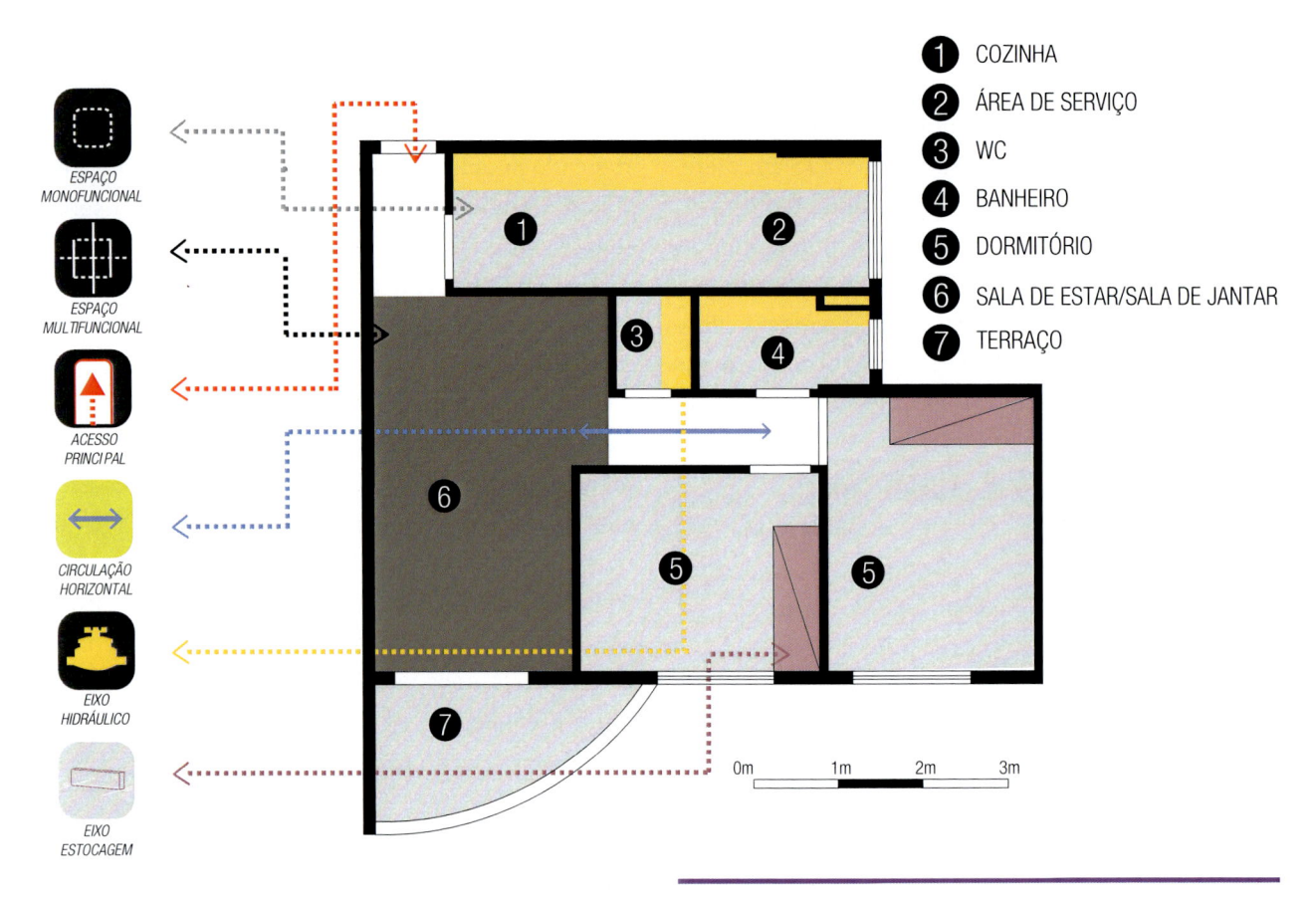

gava-se, na maioria dos casos, em uma varanda, que variava de tamanho. O mobiliário, frequentemente tradicional, era o que costumava qualificar cada parte desse espaço, dotando-o de usos.

Entretanto, notamos, a partir de análise detalhada sobre as diversas atividades propostas para serem realizadas em apartamentos (Delarisse, 2001), que esse conjunto de sala de estar, jantar e varanda podia ser usado de outras maneiras. No caso dos apartamentos médios de dois e três dormitórios, verificamos que além de a sala ser, em 68% dos casos, um espaço principalmente de alimentação e, em 70%, de recepção, os moradores realizariam suas atividades de relaxamento ou lazer nesse espaço, como é proposto em 44% dos apartamentos analisados. Também se sugere o uso da sala como um local de estocagem, devido à redução que todos os cômodos têm sofrido nas ultimas décadas. Isso ocorre em 36% dos casos estudados (Delarisse, 2001). Essa sobreposição de funções ocorre em um espaço desenhado para a realização de atividades compartimentadas e estanques, na qual o mobiliário define o uso.

Fig. 4.31 *Esquema gráfico da planta-tipo do edifício Plaza Athenée, em São Paulo. Sem identificação do autor, década de 1990*
Fonte: baseado em Concord Imóveis (<www.concordimoveis.com.br>).

4.9.2 Cozinha

Cômodo que abrigava também a área de serviço, quase sempre sem nenhuma divisão. Esse núcleo era sempre acessado por uma porta próxima da entrada principal (Fig. 4.32). Raros são os exemplos de apartamentos dessa categoria com entrada de serviço e dormitórios de empregados. Esses elementos, característicos dos apartamentos brasileiros, durante consecutivas décadas, foram sistematicamente suprimidos nos empreendimentos construídos para bolsos menores sob o argumento da redução de custos. Não só a questão econômica, mas também o aumento da quantidade de equipamentos coletivos do edifício e o próprio modo de vida mais moderno dos moradores, além da profissionalização do pessoal doméstico, fizeram com que esses cômodos

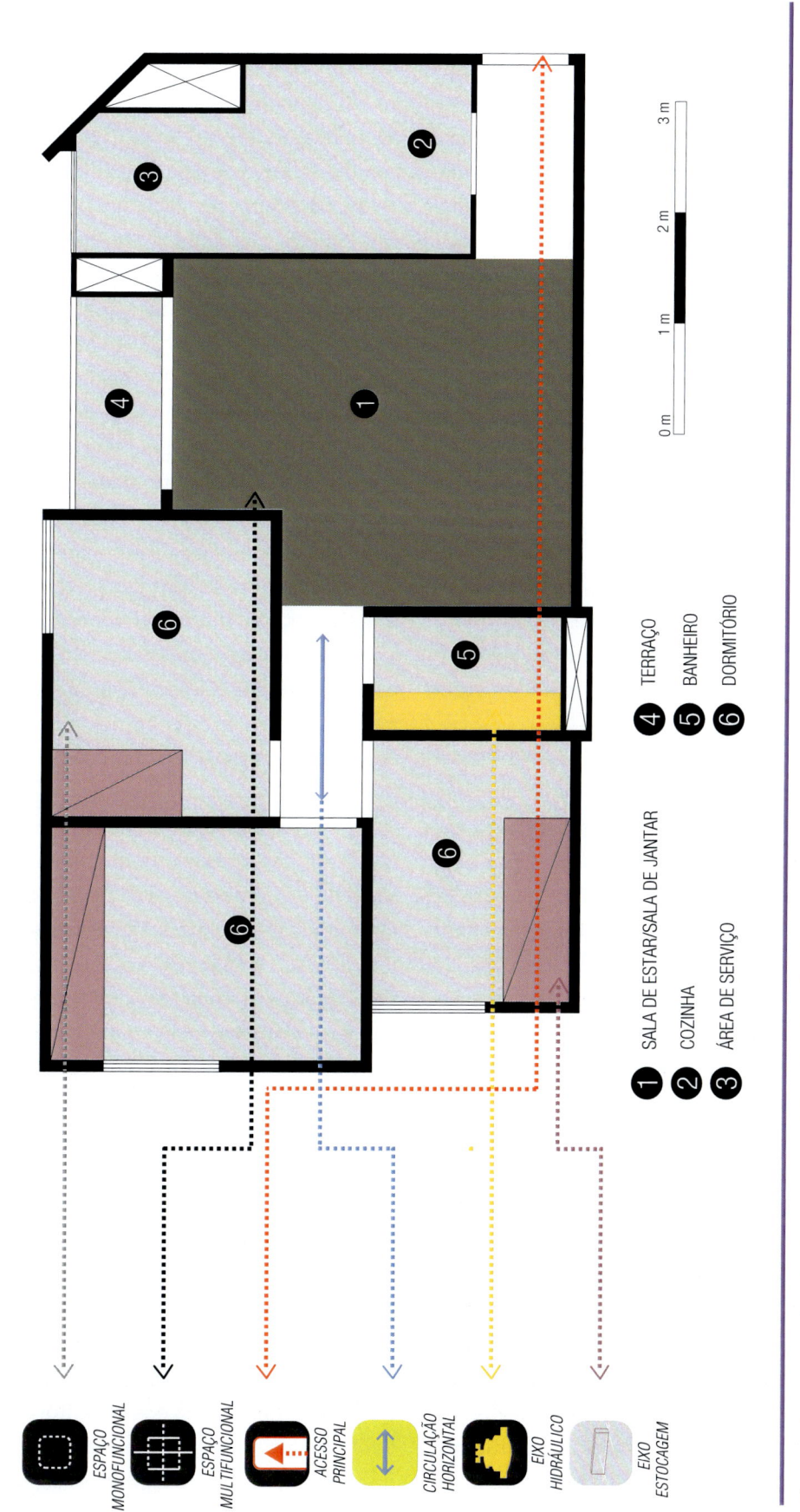

4 Apartamento contemporâneo: a consolidação de tipologias de morar

① SALA DE ESTAR/SALA DE JANTAR
② COZINHA
③ ÁREA DE SERVIÇO
④ TERRAÇO
⑤ BANHEIRO
⑥ DORMITÓRIO

ESPAÇO MONOFUNCIONAL
ESPAÇO MULTIFUNCIONAL
ACESSO PRINCIPAL
CIRCULAÇÃO HORIZONTAL
EIXO HIDRÁULICO
EIXO ESTOCAGEM

Fig. 4.32 *Esquema gráfico da planta-tipo do edifício New York Condominium, em São Paulo. Sem identificação do autor, década de 1990*
Fonte: baseado em <www.romeuchapchap.com.br>.

perdessem sua importância nesses apartamentos menores. Atividades anteriormente reservadas à empregada doméstica, como o preparo de alimentos, foram sendo realizadas cada vez mais fora de casa. Também se supõe um aumento do número de moradores que prefeririam empregadas diaristas, o que acabou levando o dormitório de empregada, quando presente nos apartamentos, a assumir outras funções. Entretanto, sua presença sempre denotou um diferencial de comercialização para as famílias mais abastadas, que geralmente o utilizavam como uma despensa ou depósito.

Geralmente a cozinha era dotada de armários, eletrodomésticos e pia, dispostos de maneira a concentrar as atividades e manter o mínimo de conforto para utilizá-las. Devido à exiguidade de sua área, o consumo de refeições foi sendo transferido para a sala. Já refeições rápidas, como o café da manhã, eram, em geral, tomadas em espaços menos confortáveis, como balcão, mesa dobrável na cozinha etc., enquanto jantares mais demorados eram feitos à mesa de jantar, na sala.

4.9.3 Dormitórios

Cômodo que apresentava um agenciamento interno limitado em função das dimensões reduzidas, com sua abertura para iluminação no centro da parede, armários e circulação cruzada, que acabavam limitando as possibilidades de posicionamento do mobiliário a uma única solução, na maioria dos casos. Os *layouts* frequentemente oferecidos se mantiveram intactos por décadas, mesmo que, no comércio, soluções mais flexíveis de camas e escrivaninhas já se encontrassem disponíveis. Interessante perceber que, no dormitório, a sobreposição de atividades já acontecia, e ações mais privativas se misturavam com ações coletivas, no âmbito da família.

Nesse sentido, a presença de suíte foi vista como sinônimo de conforto e de independência em relação ao grupo, o que implicava valorização para comercialização, reafirmando, no entanto, a priorização do modelo familiar nuclear (Fig. 4.33). Também foi crescente o número de apartamentos em que um dos dormitórios era utilizado para atividades de trabalho remunerado, configurando-se como um escritório. Considerando que o dormitório era um dos lugares da habitação em que mais se realizavam atividades, principalmente no caso de apartamentos reduzidos, verificamos que ações como estudar, trabalhar, fazer sexo, relaxar e entreter-se pareciam ser cada vez mais frequentes em seu espaço, somadas a atividades como comer e conviver, que tradicionalmente eram realizadas em outros espaços da habitação. Em pesquisa realizada pelo Nomads.usp em 2001, 48,30% dos entrevistados que possuíam TV declararam assisti-la no dormitório, que era o lugar preferido do isolamento de 54,04% dos entrevistados. Nesse espaço, comumente se realizam atividades como leitura não relacionada ao trabalho (74,47%), fazer sexo (67,87%), falar ao telefone (59,36%), e apenas 4,89% declararam que costumam usar o dormitório somente para dormir. Dotados de computadores, leitores de vídeos e de telefones, os dormitórios representavam microcosmos individuais no universo coletivo que era o apartamento reduzido, onde os membros do grupo conviviam em espaços mínimos.

4.9.4 Banheiros

Nos programas mais enxutos, a partir do final dos anos 1990, o banheiro foi o cômodo que mais perdeu área útil, junto às áreas de serviços. Obedecendo a um padrão rigoroso de acabamento que desconsidera qualidade espacial, tais banheiros possuíam pia, vaso sanitário, bidê ou ducha higiênica e o boxe com chuveiro. Costumavam apresentar pequenas aberturas e, por isso, frequentemente eram iluminados artificialmente por lâmpadas fluorescentes e ofereciam poucos espaços para estocagem de bens pessoais, geralmente localizados sob a pia ou atrás do espelho. De forma geral, o número de banheiros e seu nível de equipamentos e qualidade de acabamentos influenciava diretamente nos preços dos imóveis. Os apartamentos mais simples possuíam apenas um banheiro, que se localizava, de maneira geral, ao lado dos dormitórios. Já o segundo banheiro, se houvesse, era mais frequente na suíte dos pais (Fig. 4.33). Em alguns casos, nos apartamen-

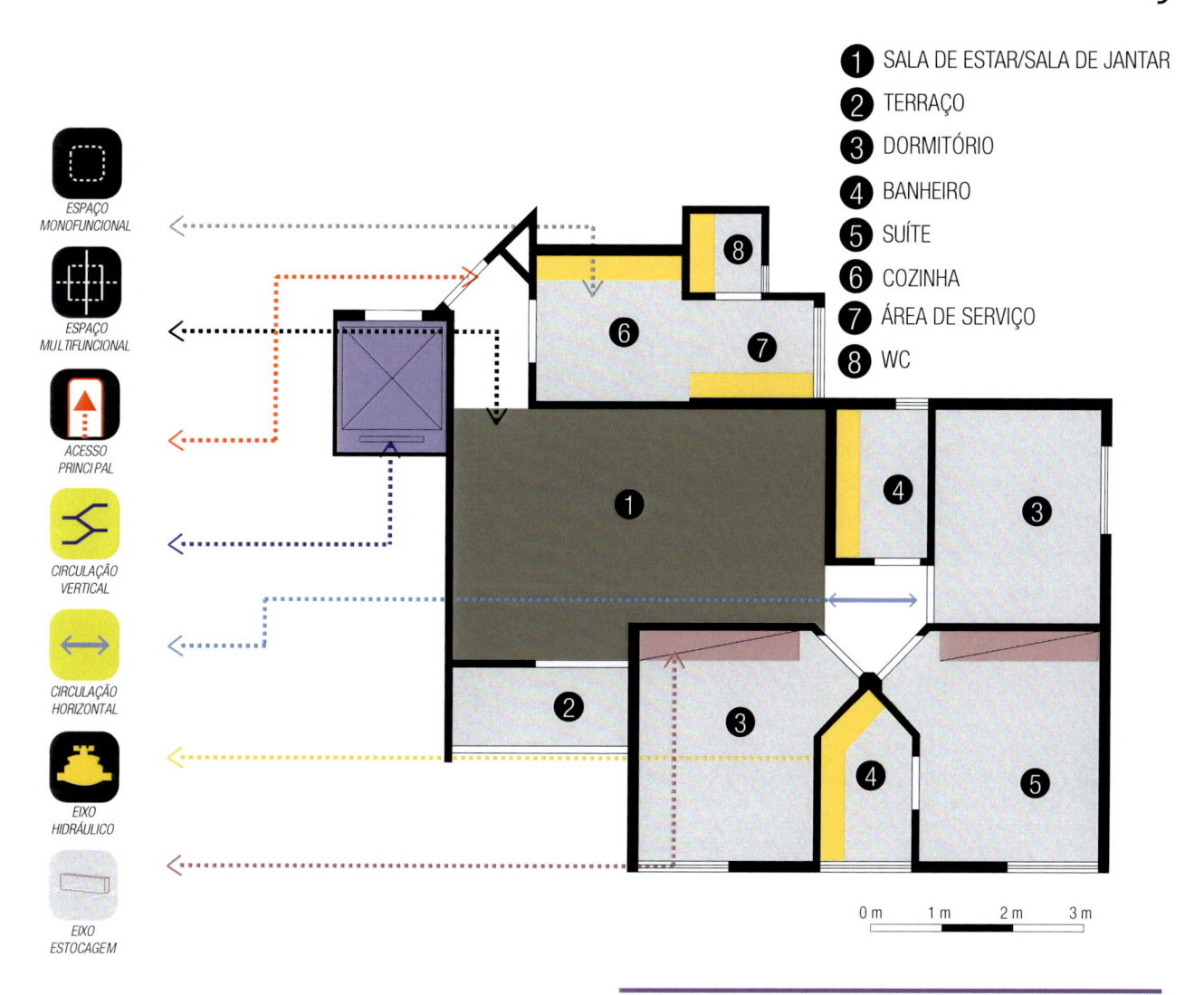

4 Apartamento contemporâneo: a consolidação de tipologias de morar

Legenda do esquema:

- ESPAÇO MONOFUNCIONAL
- ESPAÇO MULTIFUNCIONAL
- ACESSO PRINCIPAL
- CIRCULAÇÃO VERTICAL
- CIRCULAÇÃO HORIZONTAL
- EIXO HIDRÁULICO
- EIXO ESTOCAGEM

Cômodos:
1. SALA DE ESTAR/SALA DE JANTAR
2. TERRAÇO
3. DORMITÓRIO
4. BANHEIRO
5. SUÍTE
6. COZINHA
7. ÁREA DE SERVIÇO
8. WC

Fig. 4.33 *Esquema gráfico da planta-tipo do edifício Condomínio Nova América, em São Paulo. Sem identificação do autor, década de 1990*
Fonte: baseado em <www.romeuchapchap.com.br>.

tos maiores, notávamos a presença de banheiros de empregados e um lavabo que se localizava próximo à sala.

Outra configuração importante no mercado imobiliário paulistano da segunda metade da década de 1990 foi a dos apartamentos de alto luxo, com quatro ou mais dormitórios, apelidados aqui de "palacete". Foi aí que as referências do modelo francês se mostraram mais explícitas, inclusive por esses apartamentos exibirem uma compartimentação que previa o maior número possível de cômodos diferenciados para cada atividade dos moradores. Se na análise dos apartamentos menores verificamos que a estruturação espacial das mansões vinha sendo copiada sem nenhuma reavaliação além da simples redução de áreas, no caso dos apartamentos de alto padrão o modelo dos palacetes se repete (Figs. 4.34 a 4.36). Serão apartamentos de grandes dimensões marcados por divisões fixas que delimitavam cômodos funcionalmente estanques.

A semelhança entre o desenho e a disposição dos cômodos desses grandes apartamentos paulistanos e o modelo francês do século XIX ficava evidenciada, entre outras soluções, na separação das circulações de patrões e de empregados, tanto nas áreas comuns dos edifícios como dentro das unidades, e na adoção de termos antigos para cômodos de representação, como a galeria – vestíbulo com grandes espelhos e diversas portas que se abrem para os espaços de representação. Com área útil que podia variar de 150 m² a 800 m², essas unidades mostravam que o aumento de sua área se dava mais pelo acréscimo no número de cômodos do que necessariamente pela ampliação da área de cada cômodo.

Verificávamos que nesses apartamentos maiores ocorria uma somatória de cômodos aos três núcleos: social, íntimo e de serviços. Nas áreas sociais havia um incremento representativo de salas com funções definidas, constituindo uma versão contemporânea dos vários *salons* presentes no modelo francês: *grand salon*, para receber, *petit salon*, para o convívio doméstico, *boudoir*, para as mulheres, e *fumoir*, para os homens. Com dimensões consideravelmente maiores, a varanda se tornava indispensável nesses apartamentos (Fig. 4.34), que se destacavam no mercado imobiliário pela "grande área externa privativa com vista especial denominada terraço panorâmico" (Revista Style, n. 35, 2002, p. 15). Nesse sentido, uma nova área externa privativa tratada como *loggia*, e não como varanda, seria acoplada aos espaços de refeição, abrigando uma churrasqueira, e uma sala de TV seria vinculada à sala de almoço, dando origem a um novo cômodo, o *family room*. Este equivalia ao espaço de convívio dos apartamentos menores dentro da unidade maior. O restante dos cômodos de representação, como as salas maiores, geralmente destinavam-se às ocasiões especiais, ocupando quase metade da área total do apartamento, que corria o risco de não ser muito utilizada.

A presença de cômodos de empregados tinha significado, ao longo da história dos apartamentos, um diferencial de comercialização do empreendimento.

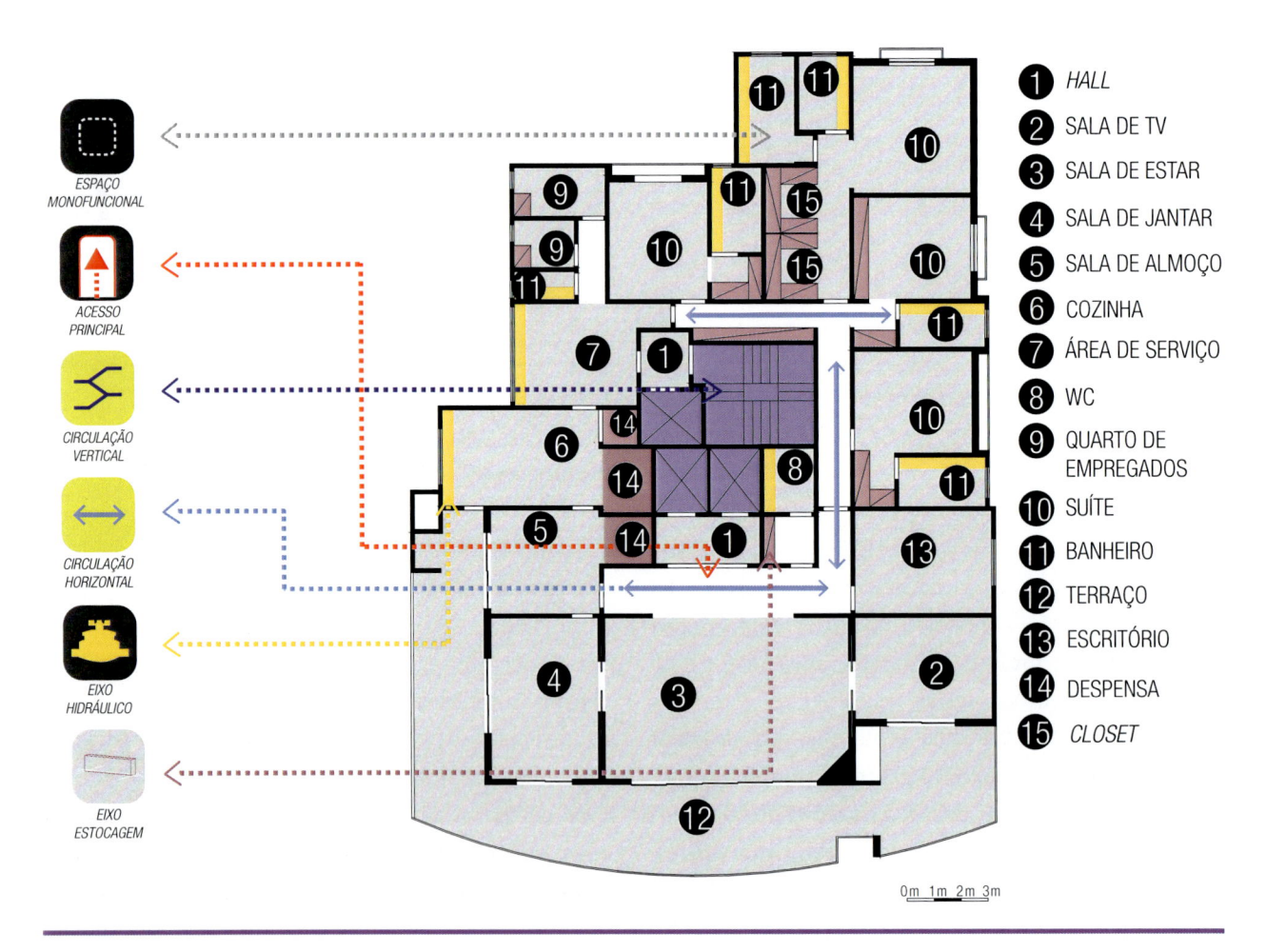

Fig. 4.34 *Esquema gráfico da planta-tipo do edifício Espaço Tangará, na rua Deputado Laércio Corte. Arquiteto Israel Rewin, 1998 Fonte: baseado em peça publicitária.*

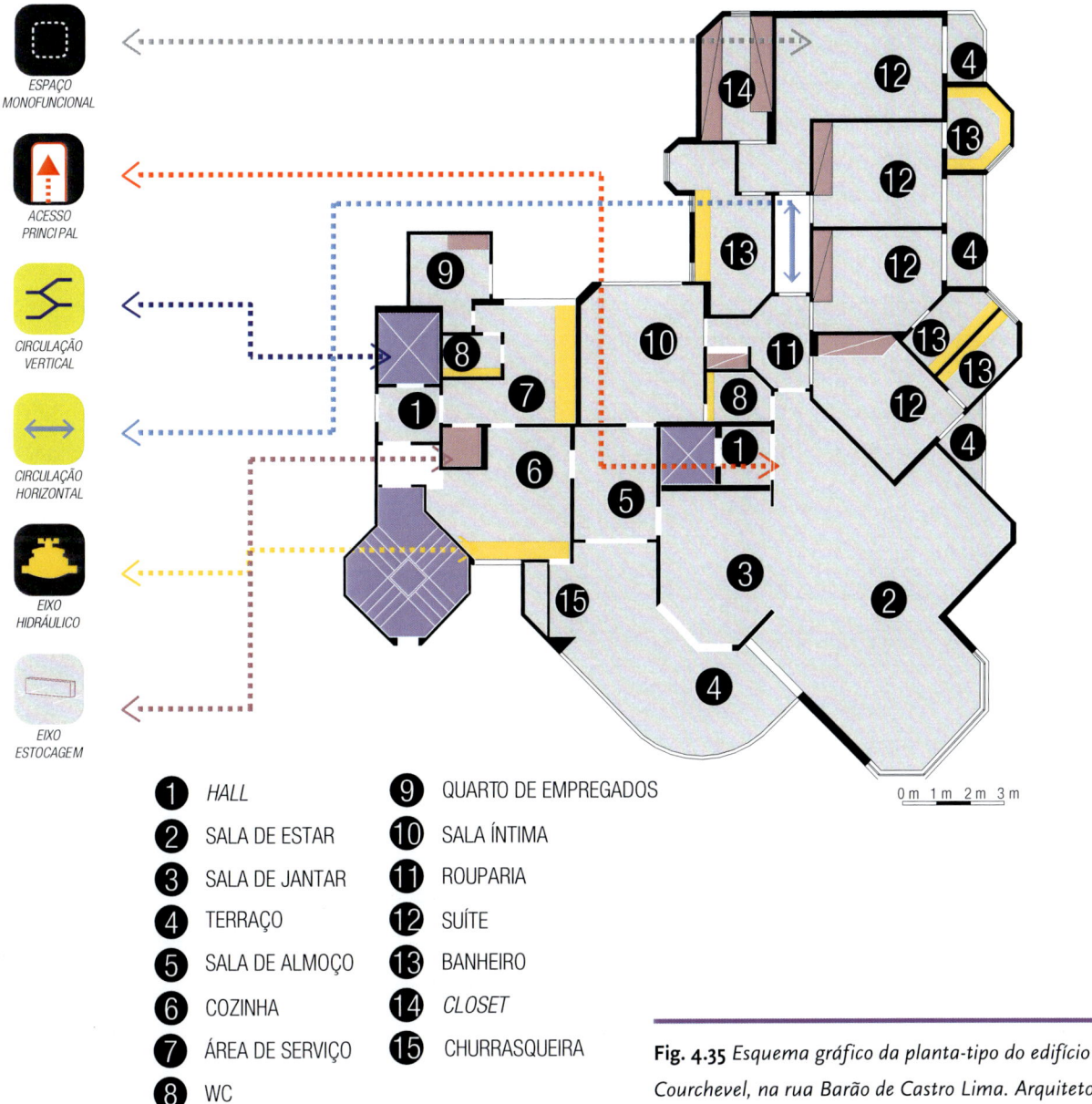

4 Apartamento contemporâneo: a consolidação de tipologias de morar

ESPAÇO MONOFUNCIONAL

ACESSO PRINCIPAL

CIRCULAÇÃO VERTICAL

CIRCULAÇÃO HORIZONTAL

EIXO HIDRÁULICO

EIXO ESTOCAGEM

1. HALL
2. SALA DE ESTAR
3. SALA DE JANTAR
4. TERRAÇO
5. SALA DE ALMOÇO
6. COZINHA
7. ÁREA DE SERVIÇO
8. WC
9. QUARTO DE EMPREGADOS
10. SALA ÍNTIMA
11. ROUPARIA
12. SUÍTE
13. BANHEIRO
14. CLOSET
15. CHURRASQUEIRA

Fig. 4.35 *Esquema gráfico da planta-tipo do edifício Courchevel, na rua Barão de Castro Lima. Arquiteto José Lucena, 1999*
Fonte: baseado em Revista Vejinha-SP, out. 1999.

Entretanto, em vários desses grandes apartamentos, além de um ou dois dormitórios e um banheiro, as áreas de serviços eram dotadas de uma pequena sala de estar para os empregados (Fig. 4.33). Essa inserção dava outra dimensão ao apartamento como um todo, que passava a constituir-se efetivamente de duas unidades: a dos patrões, bastante grande, e a dos empregados – composta por sala, dois dormitórios, banheiro e cozinha –, com uma metragem quadrada e um nível de acabamentos que, muitas vezes, excedia àqueles vendidos pelo mercado nas categorias populares de apartamentos de dois dormitórios.

Já o desenho dos banheiros desses apartamentos passou por uma mudança substancial. A individualidade de cada membro da família foi acentuada e garantida pela inserção de banheiros nos dormitórios, transformando-se em suítes, e também pela separação dos espaços de higiene do casal. Esses banheiros separados do casal apresentavam-se como amplas salas de banho dotadas de ducha, banheira de hidromassagem, sauna, entre outros equipamentos que propiciavam momentos individuais de relaxamento, de cuidados com o corpo, enfim, comportamentos emergentes da vida contemporânea (Fig. 4.33). O espaço de banho, tradicionalmente fechado e estanque, vai tornando-se palco de encontro do casal, para conversas durante a higiene pessoal ou para momentos íntimos. Em geral, o que se separavam no banheiro do casal eram os equipamentos destinados à higiene; já aqueles destinados ao relaxamento pareciam ser usados em comum. Os demais banheiros do apartamento se configuravam de maneira tradicional, apresentando desenho e dimensões muito similares àqueles de outras configurações menores.

Os dormitórios desses apartamentos de alto luxo apresentavam desenho e dimensões idênticas aos dos apartamentos menores, mas notamos uma especialização de seu mobiliário. Dispondo de maior poder aquisitivo, geralmente o número de dormitórios desses apartamentos se referia, no mínimo, ao número de filhos do casal, fazendo com que fosse dispensada, por exemplo, uma segunda cama, sobrando espaço para outros móveis e equipamentos, como televisores, aparelhos de som, telefones, computadores, frigobar etc. Segundo dados de recenseamentos gerais, os grupos domésticos de renda mais alta costumam ter menor número de filhos, o que gerava mais individualidade, menos mobiliário e mais espaço útil nos dormitórios (Figs. 4.36 e 4.37).

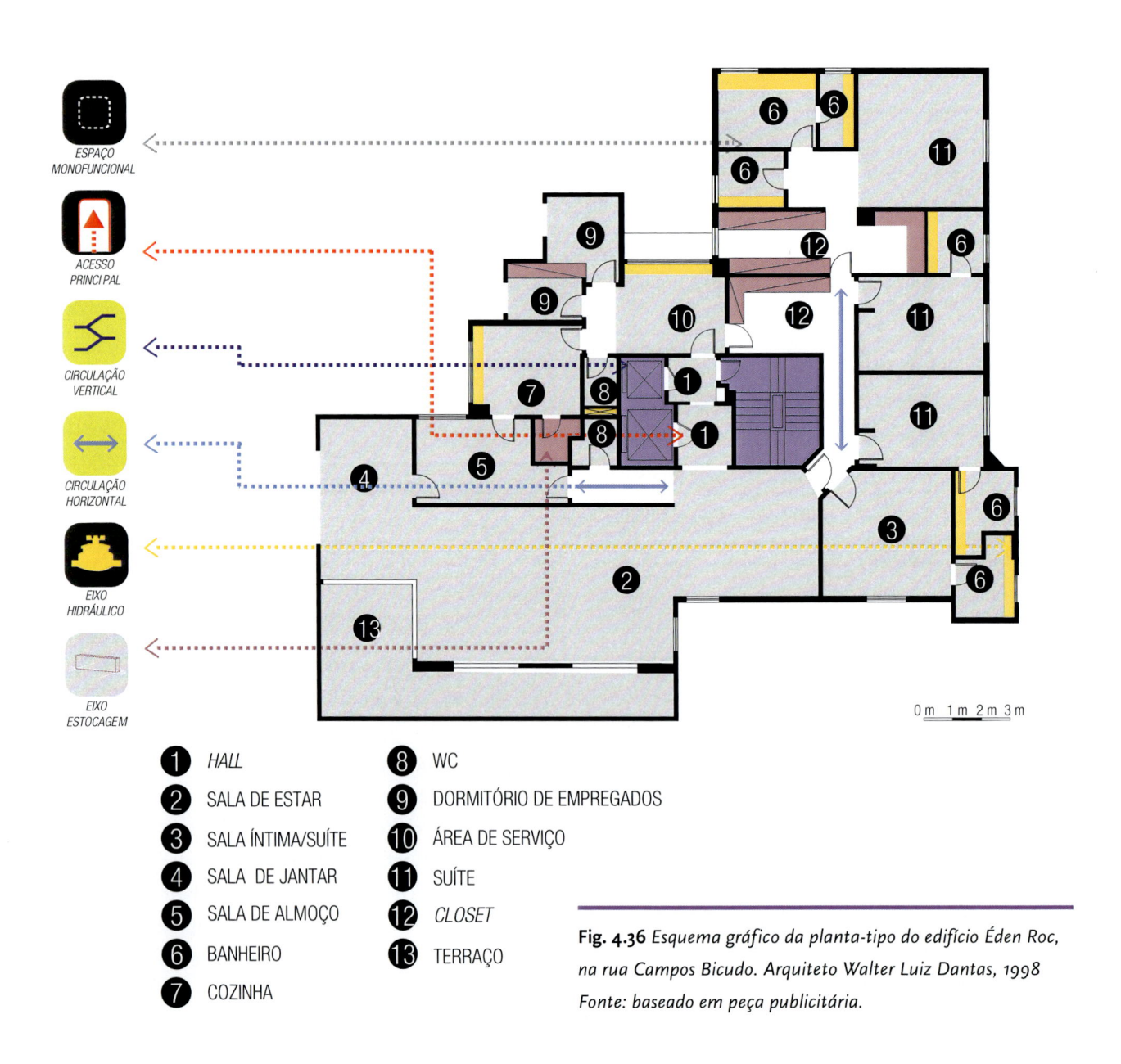

Fig. 4.36 *Esquema gráfico da planta-tipo do edifício Éden Roc, na rua Campos Bicudo. Arquiteto Walter Luiz Dantas, 1998 Fonte: baseado em peça publicitária.*

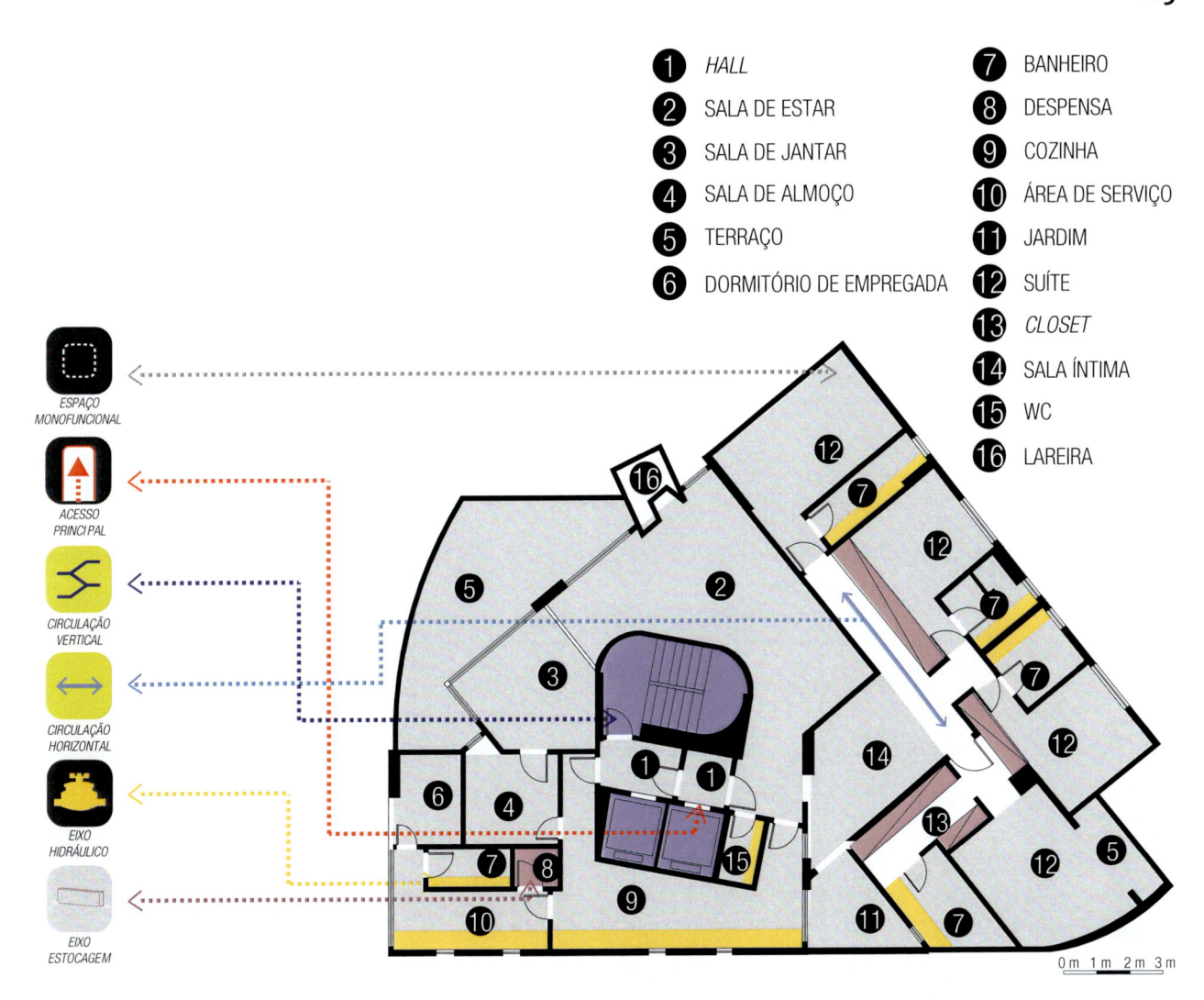

4 Apartamento contemporâneo: a consolidação de tipologias de morar

① HALL
② SALA DE ESTAR
③ SALA DE JANTAR
④ SALA DE ALMOÇO
⑤ TERRAÇO
⑥ DORMITÓRIO DE EMPREGADA
⑦ BANHEIRO
⑧ DESPENSA
⑨ COZINHA
⑩ ÁREA DE SERVIÇO
⑪ JARDIM
⑫ SUÍTE
⑬ CLOSET
⑭ SALA ÍNTIMA
⑮ WC
⑯ LAREIRA

ESPAÇO MONOFUNCIONAL
ACESSO PRINCIPAL
CIRCULAÇÃO VERTICAL
CIRCULAÇÃO HORIZONTAL
EIXO HIDRÁULICO
EIXO ESTOCAGEM

Fig. 4.37 *Esquema gráfico da planta-tipo do edifício Ana Luiza, no bairro Paraíso. Arquitetos Padovano & Associados, 1996*
Fonte: baseado em Revista Projeto, n. 260.

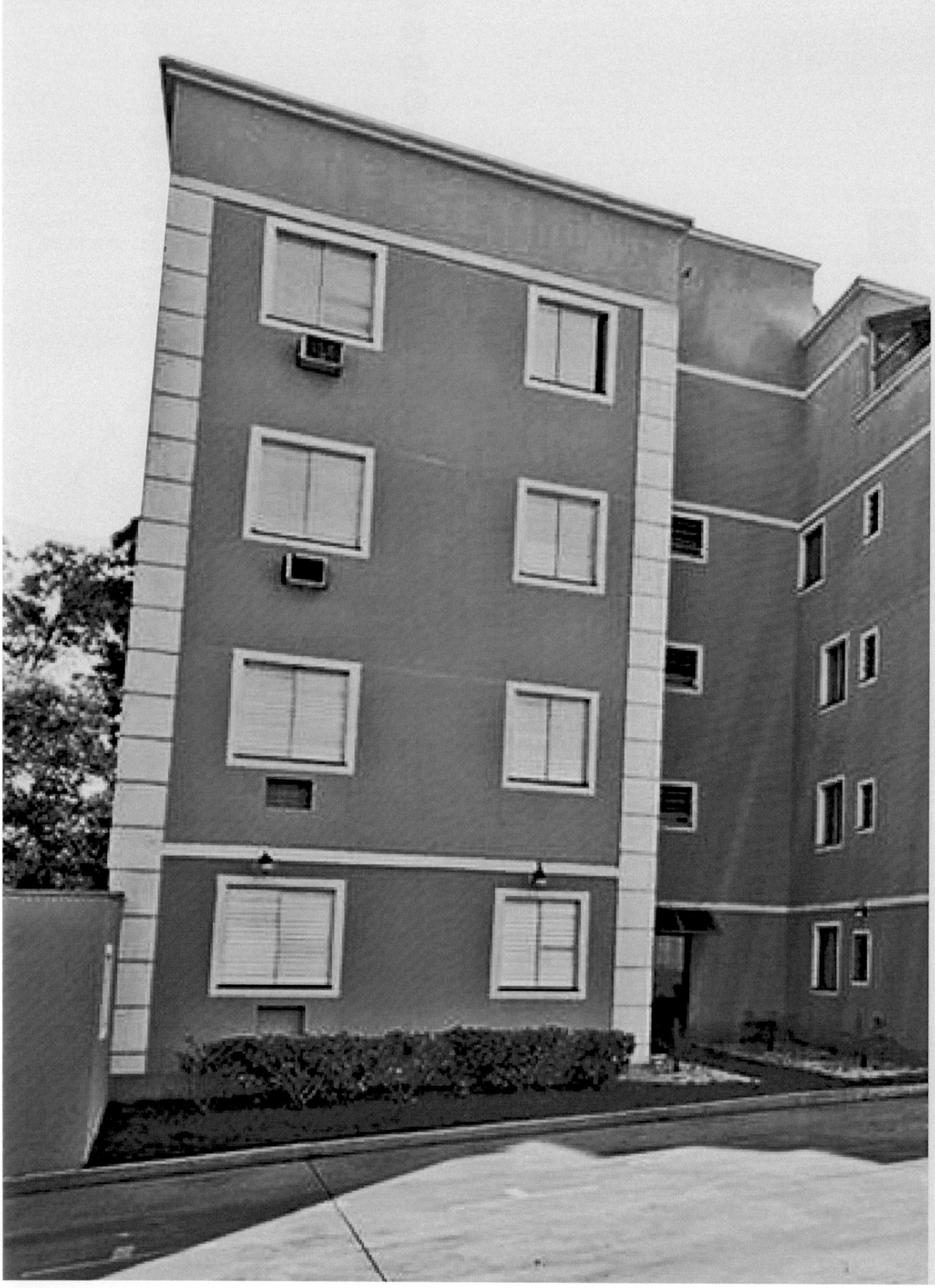

5 DEPOIS DO TIPO: AINDA APARTAMENTO CONTEMPORÂNEO?

Durante a primeira década do século XXI, com um quadro tipológico bastante consolidado, o edifício de apartamentos navegou em mares favoráveis. Com um mercado imobiliário bastante aquecido, o número de lançamentos na cidade de São Paulo superou algumas marcas de até então. De um lado, aparecem os programas governamentais, que ampliaram a demanda por moradia. De outro lado, encontra-se a sociedade, potencial compradora, com seus modos de viver e padrões sociais já bastante transformados, sedentos por morar bem. Salvo algumas exceções, em resposta a esse processo, o mercado repetiu a fórmula de morar nas alturas, já conhecida em décadas passadas: apartamentos menores com os mesmos programas de sempre, alicerçados pela publicidade, que tentava vender soluções para a vida contemporânea, principalmente por meio da presença de equipamentos coletivos nos edifícios.

5.1 Produto imobiliário x novas possibilidades programáticas

No início da década de 2000, o quadro geral dos apartamentos construídos na cidade de São Paulo não se alterou muito. Em meio a uma diversidade cada vez maior de perfis de grupos domésticos e das alterações cada vez mais múltiplas de seus modos de vida, os conceptores de edifícios de apartamentos, associados a incorporadores e vendedores, pareciam responder a essas demandas de uma maneira pouco consistente. Aparentemente, o mercado imobiliário, durante os anos 2000 a 2010, apresentou algumas novidades em relação aos apartamentos oferecidos nas décadas anteriores. No entanto, como em outras épocas, o desejo e as necessidades dos moradores eram, de maneira geral, atendidos minimamente sob a alegação de que se havia chegado a resultados projetuais economicamente viáveis.

> "No início da década de 2000, o quadro geral dos apartamentos construídos na cidade de São Paulo não se alterou muito"

O fim do século XX e início do século XXI no Brasil foi um período marcado pelo aumento do emprego e da renda, seguido por inflação baixa e crédito mais barato. Dessa forma, o brasileiro das classes médias viu seu poder de compra aumentar e ser aplicado principalmente na aquisição da casa própria e do automóvel. A expressão dessa nova classe C podia ser vista no contingente de cerca de 23 milhões de habitantes que, entre 2002 e 2010, passaram a integrá-la, entrando, assim, no ciclo do consumo (Lamounier; Souza, 2010). O ciclo se completou com a disposição de programas governamentais de acesso a crédito e subsídios para a moradia, que tiveram como consumidores vorazes os habitantes da classe C, visando fazer frente ao histórico déficit habitacional brasileiro.

Dessa vez, os programas contaram com forte participação do setor privado, que encontrou uma demanda enorme e também um produto-tipo para esse público-alvo: o apartamento de dois e três dormitórios com área reduzida. Esse produto, que se espalharia pelos mais diversos cantos do país, sempre com tipologias parecidas – senão idênticas –, era implantado e comprado em ritmo vertiginoso por um público interessado em sair do aluguel

Fig. 5.1 *Peças gráficas de publicidade do edifício Voxy Ipiranga, em São Paulo. Tecnisa, 2017*
Fonte: Tecnisa (<https://www.tecnisa.com.br/imoveis/sp/sao-paulo/apartamentos/voxy-ipiranga/216>).

e ter a casa própria. Para o público-alvo desses empreendimentos, a qualidade da arquitetura e do urbanismo – e, por consequência, da habitação – parecia ter pouca importância, se comparada com o valor da prestação. De fato, a emergência da classe C nesse momento foi criticada por ter sido forjada via consumo, e não pelo acesso à educação ou às reformas estruturais de Estado (Lamounier; Souza, 2010). O tipo de produto vendido para esse público deixou evidente o fato de que o imóvel era tratado como produto de consumo, vendido inclusive em feirões, reforçando a ideia de que o fator definidor da compra do produto era o valor da parcela, e não seu preço final (Figs. 5.1 a 5.3).

O produto imobiliário, termo utilizado na linguagem empresarial, foi concebido com um intuito mercadológico no qual a rápida circulação da mercadoria e a expansão constante dos mercados consumidores eram os pontos-chave (Villa, 2008). Para o mercado imobiliário, a magnitude da conjunção financiamento a juros baixos/subsídios, a grande demanda por unidades habitacionais e o consumidor pouco exigente geraram um produto de baixíssimo risco, também representado pelo pequeno investimento tecnológico, além do nível de inovação reduzido. É sob essa lógica de mercado que se edificaram, durante os anos 2000 a 2010, partes significativas da habitação no Brasil, em certo descompasso com as alterações profundas nos formatos familiares e modos de vida de sua população.

A produção imobiliária residencial, tendo como cliente uma unidade familiar, deveria estar atenta às significativas mudanças pelas quais têm passado os arranjos familiares da população brasileira, decorrentes das transformações de natureza demográfica e socioeconômica, já percebidas durante as décadas de 1990.

Entre as transformações de ordem demográfica, destacam-se a diminuição da fecundidade e o envelhecimento da população. No que se refere às transformações socioeconômicas, destacam-se o menor número de matrimônios, aumento das sepa-

Fig. 5.2 *Peças gráficas de publicidade do edifício Just Brigadeiro Apartment, na Bela Vista. Paulo Mauro, 2016*
Fonte: Paulo Mauro Construtora (<http://www.paulomauro.com.br/just.html>).

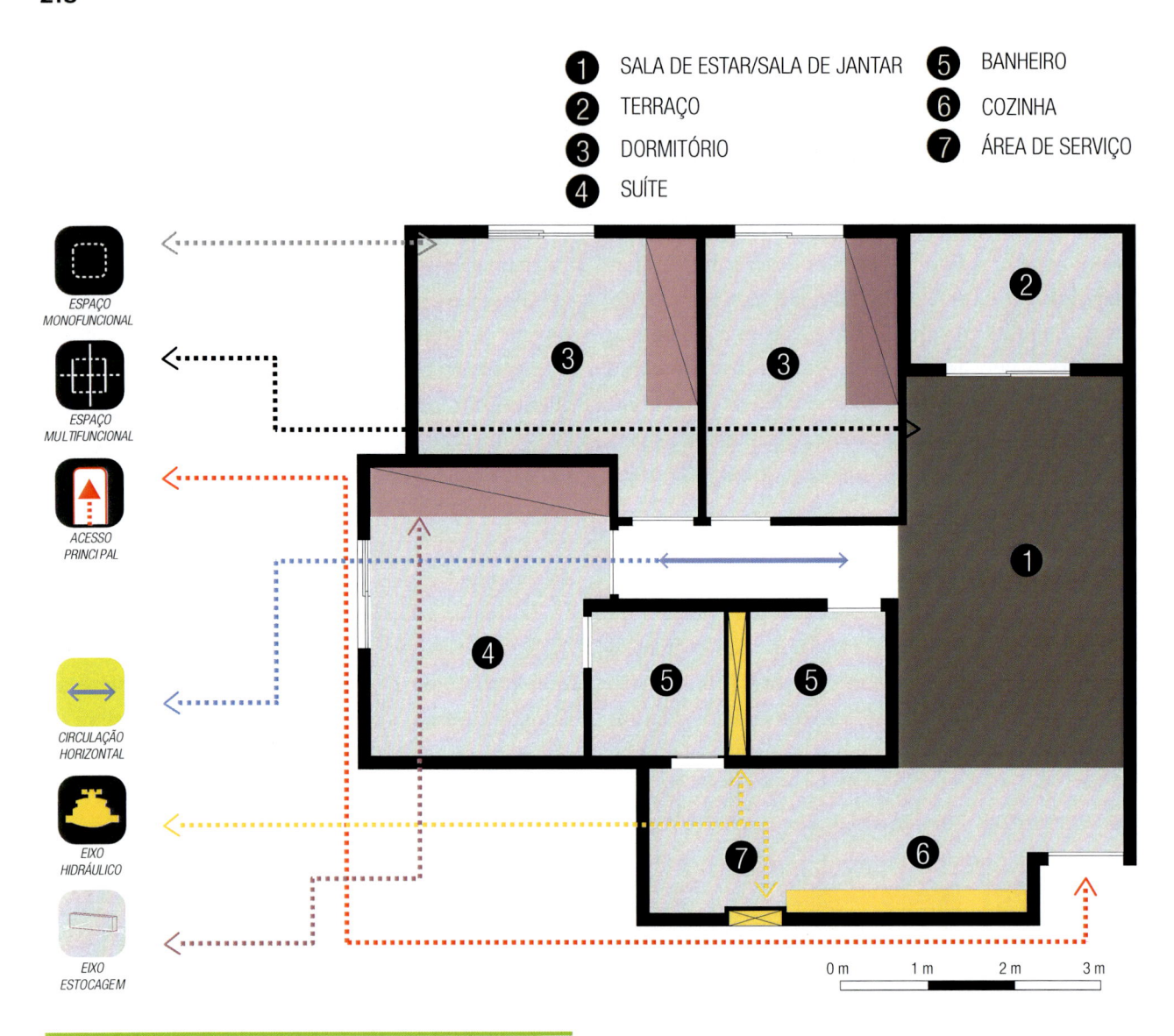

Fig. 5.3 *Esquema gráfico da planta-tipo de dois dormitórios do Giro Vila Matilde, na Vila Matilde. Tibério, 2014*
Fonte: baseado em Tibério (<http://www.tiberio.com.br/imoveis/sp/sao-paulo/vila-matilde/giro-vila-matilde>).

rações e atraso das uniões, conjuntamente com o novo papel da mulher na família e no trabalho, o qual teve importantes implicações nas relações de gênero (Villa, 2008).

Tais mudanças, que podem ser observadas de forma mais expressiva nessas primeiras décadas do século XXI em quase todo o Brasil e no mundo, continuam em curso. Segundo Perucchi e Beirão (2007), o modelo patriarcal de família, caracterizado pelo arranjo composto de pai, mãe e filhos que convivem sob a égide da autoridade do primeiro sobre os demais, está em crise. Isso se deve, em boa parte, à realidade construída historicamente pelas lutas de emancipação feminina e de conscientização das mulheres em um contexto de transformações no mercado de trabalho, na ciência tecnológica e na economia globalizada (Castells, 1999).

> "Os novos modos de vida, percebidos já nas décadas de 1990 e reforçados no início do século XXI, têm gerado novas relações com o espaço doméstico"

Os novos modos de vida, percebidos já nas décadas de 1990 e reforçados no início do século XXI, têm gerado novas relações com o espaço doméstico; alguns se destacam: (I) a inserção de tecnologias avançadas; (II) as noções de privacidade e individualidade; (III) as alterações nos papéis sociais; (IV) os rearranjos familiares; e (V) a nova configuração da pirâmide populacional. "Os efeitos desses eventos geram demandas em todos os âmbitos da vida, das políticas públicas ao universo familiar, sendo que a casa, diante de tais mudanças, consubstancia-se como a menor unidade a refleti-las" (Griz; Amorim; Loureiro, 2008, p. 30). A partir das principais questões demográficas e sociais apontadas acima, resta-nos indagar: como deveria se configurar o projeto residencial vertical contemporâneo? Quais seriam as demandas espaciais dessa sociedade em transformação? É possível atender às diversas maneiras de morar? Uma das respostas poderia ser alcançada por meio de uma reflexão mais profunda desses dados em busca de um redesenho do espaço doméstico.

5.2 Uma sociedade em transformação

Durante a primeira década do século XXI, os fatores que influenciaram de forma mais preponderante as transformações demográficas – a redução das taxas de fecundidade e mortalidade e a inserção da mulher no mercado de trabalho – continuaram a se alterar. Enquanto na década de 1970, considerando-se o conjunto da população brasileira, a taxa de fecundidade era de 5,8 filhos por mulher, em 2015 esse número cai para 1,72, índice inferior ao da reposição (IBGE, 2015) (Fig. 5.4).

A queda da fecundidade, da mortalidade e o aumento da esperança de vida continuaram sendo as causas diretas da diminuição do tamanho do grupo familiar em todo o mundo ocidentalizado, incluindo o Brasil. A família brasileira, que se compunha por, em média, 4,2 pessoas em 1991, foi se reduzindo e, em 2011, alcançou 3,2 pessoas por família (IBGE, 2010b). Entretanto, diferenças podem ser observadas no número médio de pessoas por

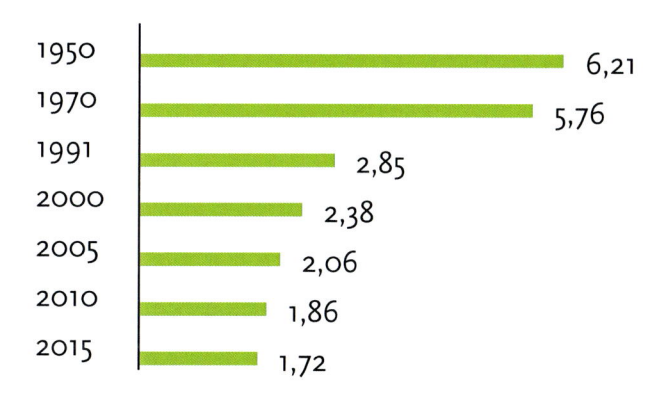

Ano	Taxa
1950	6,21
1970	5,76
1991	2,85
2000	2,38
2005	2,06
2010	1,86
2015	1,72

Fig. 5.4 *Taxa de fecundidade total por ano – TFT (filhos por mulher). Brasil: 1950-2015*
Fonte: IBGE (2015).

unidades domiciliares, tanto em relação às regiões brasileiras como nas classes de rendimentos mensais da família. Já o envelhecimento da população brasileira e o novo papel social da mulher também continuaram, nesse início de século, figurando como alterações sociais significativas, que influem diretamente na configuração de novos grupos domésticos e na revisão de seus papéis.

> "A família brasileira, que se compunha por, em média, 4,2 pessoas em 1991, foi se reduzindo e, em 2011, alcançou 3,2 pessoas por família (IBGE, 2010b)"

Sobre o novo papel social da mulher, veremos que as mudanças de papéis exercidos pelos membros familiares têm relação com as alterações do cotidiano feminino. A partir dessa perspectiva, as mulheres brasileiras se inseriram em um processo de reestruturação social que contribuiu para mudar seu papel na família. O acesso da mulher ao mercado de trabalho é um dos elementos centrais na compreensão das alterações familiares, já que afeta (I) seu tamanho, através da decorrente alteração do comportamento da fecundidade; (II) sua hierarquia social interna, por meio da desintegração do papel provedor, antes reservado ao elemento masculino adulto, e feminização de parte das fontes da renda familiar; e (III) sua dinâmica de formação, acelerando as mudanças e dissolvendo os laços familiares, devido à maior autonomia feminina promovida pelos frutos de sua ocupação (Garcia; Rodarte; Costa, 2004).

> "As mulheres brasileiras se inseriram em um processo de reestruturação social que contribuiu para mudar seu papel na família"

Outro dado significativo sobre o novo papel da mulher na família foi o aumento expressivo, nos últimos dez anos, de sua participação na chefia dos arranjos familiares tradicionais (casal com filhos) e nas famílias que optaram por não ter filhos.

Sobre o envelhecimento populacional, por sua vez, notamos que foi se consolidando como um fenômeno mundial:

> O envelhecimento da população contribuiu para modificar a composição das diversas etapas do ciclo de vida familiar (nascimento, consolidação e saída do lar) e alterar a composição e o tamanho das famílias devido à subdivisão de configurações familiares anteriores. (Leone; Maia; Baltar, 2010).

Segundo os autores, o aumento da esperança de vida ao nascer em combinação com a queda do nível geral de fecundidade resulta no aumento absoluto e relativo da população idosa. Taxas elevadas de crescimento – em função de altos índices de fecundidade no passado – e a redução da mortalidade nas idades avançadas se traduzem no aumento do número de idosos no Brasil (Leone; Maia; Baltar, 2010).

> "Dados indicam que há um movimento da população brasileira de rápida contração e de superenvelhecimento, que deverá atingir seu ponto máximo aproximadamente até 2020"

A melhoria das condições de vida dos idosos, tanto na situação da renda quanto na saúde, acarretou mudanças na posição familiar, principalmente no tocante à dependência em relação aos filhos. Cada vez mais, mulheres aposentadas estão chefiando famílias na condição de provedoras de filhos e netos e das despesas domésticas. De 1980 a 2000, a proporção de mulheres idosas sem rendimento declinou de 63,6% para 20,2%; e o grupo das que recebem benefícios oficiais aumentou de 6,7% para 74,5% (Camarano, 2003). Esses dados indicam que há um movimento da população brasileira de rápida contração e de superenvelhecimento, que deverá atingir seu ponto máximo aproximadamente até 2020.

As mudanças ocorridas na sociedade, principalmente nas últimas décadas, passam por alterações de valores, crenças e sentimentos, atingindo todos os segmentos sociais. Os valores tradicionalmente associados à família, apoiados no princípio que atrelava sexualidade, reprodução e casamento passam a ser transformados gradativamente. Segundo Fukui (1998), as representações de família na sociedade brasileira foram sendo alteradas em função de modificações essenciais que ocorreram no plano das práticas, repercutindo no plano dos valores.

> "As mudanças ocorridas na sociedade, principalmente nas últimas décadas, passam por alterações de valores, crenças, sentimentos, atingindo todos os segmentos sociais"

Diversos fatores também influenciaram as mudanças nos formatos familiares ao longo dos anos, como as relações de trabalho, o poder aquisitivo das pessoas, as crenças na ciência e na legislação, a diminuição do número de casamentos e o crescimento acentuado do número de separações e divórcios. A proporção de uniões consensuais aumentou – de 28,6% em 2000 para 36,4%; já a de casamentos, civis ou religiosos, diminuiu de 49,2% para 42,9% (IBGE, 2010b).

Mesmo que novos formatos familiares aumentem cada vez mais sua participação no total de grupos, a grande maioria dos habitantes ainda vive sob a égide da família nuclear. Predominante no

Brasil, o arranjo familiar casal com filhos, porém, vem decrescendo ao longo do tempo (Fig. 5.5). De 1992 para 2014, houve uma redução de 18% dessas famílias no Brasil (Ipea, 2015). Esse tipo de arranjo, que representava 49,9% do total de arranjos em 2009, se caracteriza pela predominância de chefes homens, e na década de 1940 chegou a alcançar mais de 80% do total. O modelo casal com filhos passa, em todos os países ocidentalizados, por dois tipos de diminuição: a do número de filhos, contribuindo para a redução do tamanho médio dos grupos familiares, e a de sua participação no total dos grupos domésticos (Castelo Branco, 1989).

"A família nuclear, mesmo configurando-se ainda como a grande maioria do total dos arranjos familiares brasileiros, passou por profundas alterações em suas relações internas"

A família nuclear, mesmo configurando-se ainda como a grande maioria do total dos arranjos familiares brasileiros, passou por profundas alterações em suas relações internas, frente às mudanças que afetaram essas sociedades nas últimas décadas. Baseado nos argumentos já citados, o formato familiar mudou devido a (I) redistribuição da autoridade, com o deslocamento da função de provedor para outro membro do grupo, ou até a falta de consenso sobre quem é realmente o chefe; (II) aumento do número de mães trabalhando fora – revendo a própria estrutura da família nuclear baseada na divisão sexual do trabalho; (III) tarefa da educação dividida dos filhos – ou até mesmo descarregada – com as escolas; e (IV) independência social, cultural e econômica cada vez mais acentuada de seus membros, entre outros aspectos. Essas questões contribuíram, e continuam a contribuir, para que a família deixe de ser uma microssociedade, uma instituição, para se tornar um simples ponto de encontro de vidas privadas (Tramontano, 1998b).

Nesse contexto socioeconômico da realidade brasileira, a família e as relações de parentalidade são temas que têm sido discutidos pela psicologia e entendidos como construções sociais estabelecidas a partir de vínculos genéticos e/ou de convívio. Construções que se processam em campos sociais marcados por relações de afeto e poder. (Perucchi; Beirão, 2007, p. 59).

O processo de enfraquecimento da família patriarcal tradicional e a generalização do processo de queda da fecundidade colocaram em dúvida a necessidade da procriação e a filiação, que deixaram de ser fundamentais para a constituição da família em parcelas crescentes da população.

"Cresce o número de mulheres e homens que não possuem filhos"

Nesse cenário, também cresce o número de mulheres e homens que não possuem filhos, enquanto ainda é tímido o fenômeno das famílias heteroafetivas e homoafetivas sem filhos e sem descendência (Barros; Alves; Cavenaghi, 2008). O número de casais sem filhos, no qual estão inclusos os DINKs (Double Income, No Kids, em inglês), aumentou no Brasil, representando 11,7% do total de arranjos familiares em 1992 e 18,8% no ano de 2014 (Fig. 5.5).

Os DINKs costumam estar entre os 10% mais ricos da população.

> A família DINK surge e ganha força como o tipo específico de arranjo familiar, mesmo que ainda pequeno em termos quantitativos, exatamente em um contexto de generalização da regulação da fecundidade, da entrada da mulher no mercado de trabalho, de uma legislação civil mais igualitária em termos de padrões matrimoniais, de dinâmicas demográficas com abundância de oferta de trabalho e dinâmica econômica marcada pelo crescimento da produtividade e avanços tecnológicos. (Barros; Alves; Cavenaghi, 2008, p. 10).

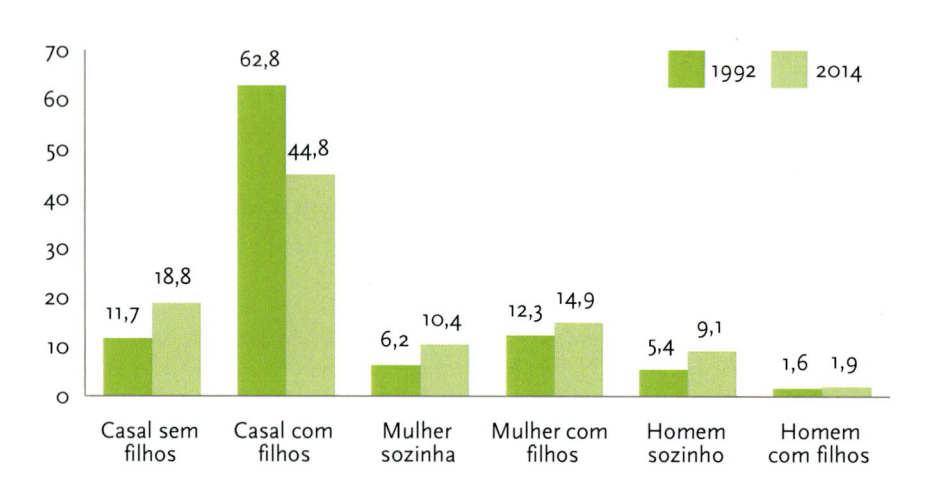

Fig. 5.5 *Distribuição percentual dos arranjos familiares brasileiros pelo tipo de arranjo*
Fonte: IBGE (2009b, 2014).

Apesar de ser um fenômeno recente e estar ganhando destaque gradualmente, a família DINK carrega simbolismos que apontam para um novo contexto social e novas formas de relacionamentos. Nesse sentido, os DINKs têm sido a expressão mais singular das transformações econômicas e sociais do século XX, pois neles estão consolidados padrões sociais inovadores que se contrapõem aos tradicionais. Papéis sociais e econômicos igualitários entre pares, a dissociação entre sexualidade e procriação, laços de afeto e carinho construídos não necessariamente na consanguinidade e liberdade de expressão são, entre outras, as prerrogativas dessa família contemporânea.

Pessoas morando sozinhas no Brasil compõem uma parcela crescente da população: o número de pessoas vivendo sós subiu de 11,7%, em 1992, para 18,8%, em 2014 (IBGE, 1993, 2014). O grande crescimento de famílias unipessoais no país se deve principalmente (I) ao aumento da esperança de vida, principalmente para as mulheres; (II) ao crescimento do número de divórcios e das separações conjugais; e (III) ao intenso processo de urbanização que a grande maioria das cidades brasileiras tem passado, no qual se ampliam as possibilidades de alojamento específico e mais adequados a esse arranjo.

> "Pessoas morando sozinhas no Brasil compõem uma parcela crescente da população"

Quanto à escolaridade, estudos indicam que há uma relação diretamente proporcional em relação ao crescimento no número de pessoas vivendo sozinhas e o aumento no número de anos de estudo. Sobre a faixa etária desse grupo doméstico, destaca-se uma tendência de predomínio de pessoas idosas, de adultos de 40 a 50 anos e de grupos jovens com até 29 anos predominantemente femininos (Carvalho; Alves; Cavenaghi, 2009).

> Nas idades mais avançadas o crescente número de mulheres vivendo sozinhas decorre do aumento da longevidade feminina em um quadro que os diferenciais de esperança de vida por sexo são muito elevados. Entre os adultos cresce o número de homens e mulheres vivendo sozinhos, pois existe, apesar de um aumento das taxas de nupcialidade, maior número de divórcios e separações, e sem o aumento correspondente das uniões reconstituídas. (Carvalho; Alves, 2010, p. 2).

As pessoas que moram sozinhas, por não possuírem dependentes, frequentemente gozam de melhores condições de vida em relação aos integrantes de outros arranjos familiares. Normalmente essas pessoas estão concentradas nas faixas de idade mais produtivas, portanto, no auge de suas vidas profissionais (Garcia; Rodarte; Costa, 2004).

Outro perfil familiar também em crescimento no Brasil é a família monoparental. De 1992 para 2014, o número de mães que moram sós com os filhos aumentou de 12,3% para 14,9%, já o número de pais morando apenas com filhos se manteve bem menor, de 1,6% para 1,9% (Ipea, 2015). Tal crescimento é justificado por Goldani (2002), quando revela que as famílias brasileiras vivenciam uma maior diversidade de arranjos, novas tecnologias reprodutivas, um aumento de mulheres na força de trabalho, elevadas taxas de divórcio etc.

Outros perfis demográficos também contribuem para o aumento no número de famílias monoparentais – em número menor, os casos de viuvez, predominantemente relacionado às mulheres, e o crescente número de mães solteiras, que também pode estar refletindo uma nova postura da mulher com relação à reprodução e à estrutura familiar. A monoparentalidade, independente do lugar de sua manifestação, vem, em geral, atrelada a uma queda do poder aquisitivo dessas famílias, ou mesmo a uma situação de pobreza. Em função de características bastante específicas, esse arranjo familiar se apresenta na grande maioria dos casos com renda menor e maior número de dependentes, convertendo-se na mais vulnerável de todas as tipologias familiares no Brasil (Garcia; Rodarte; Costa, 2004).

5.3 Novos padrões de renda e consumo

Junto a esses processos contínuos e aparentemente irreversíveis de alterações demográficas e socioculturais, novos padrões de renda e consumo se delinearam, notadamente no início do século XXI.

Leone, Maia e Baltar (2010) indicam que vivemos uma realidade brasileira na qual a família e as relações entre seus membros são temas debatidos pela Psicologia e compreendidos como construções sociais que se processam em campos sociais, caracterizados por relações de afeto e de poder, estabelecidas a partir de vínculos genéticos e/ou de convívio. Mesmo com papéis tradicionalmente transformados, a família continua sendo considerada

> [...] a esfera responsável pela qualidade de vida de seus membros e nela são tomadas uma série de decisões relativas à moradia, alimentação, educação, tratamento de saúde, consumo em geral e, sobretudo, em relação a participação na atividade econômica de seus membros, a qual define a principal fonte de renda para a grande maioria das famílias. (Leone; Maia; Baltar, 2010, p. 60).

Segundo o IBGE (2010a), o papel da família na reprodução da sociedade é reconhecidamente muito significativo – é nas famílias que a renda é reunida para organizar um orçamento comum que satisfaça as necessidades de cada membro e são esses proventos que, basicamente, definem as possibilidades de aquisição de bens e serviços.

Observando os dados no Brasil, notou-se que em 2014 ainda era grande (19,7%) a quantidade de arranjos familiares com renda *per capita* de até ½ salário mínimo (IBGE, 2014). Entretanto, devemos reconhecer que esse número diminuiu devido às condições econômicas do Brasil observadas no início de século XXI, mudando o cenário das desigualdades de renda, uma vez que, segundo o PNAD de 2009 (IBGE, 2009b), 22,9% da população possuía renda *per capita* de até ½ salário mínimo. A expansão, a partir dos anos 2010, de programas de transferência de renda focalizados na população mais pobre, como o Bolsa Família, o Benefício de Prestação Continuada da Assistência Social (BPC-LOAS), entre outros de âmbitos estadual e municipal, contribuiu para uma redistribuição interna entre as diversas partes componentes do rendimento familiar total (IBGE, 2010a).

> "Durante a década de 2000, pôde-se notar um significativo aumento no quesito posse de alguns bens, além da existência de serviços de energia elétrica, telefonia e internet nos domicílios brasileiros"

Durante a década de 2000, pôde-se notar um significativo aumento no quesito posse de alguns bens, além da existência de serviços de energia elétrica, telefonia e internet nos domicílios brasileiros – em 2009, 49,1% dos domicílios possuía telefone fixo e, em 83,1% deles, pelo menos um morador tinha telefone celular. Isso indica, principalmente em função da debilidade de oferta aliada a altos custos desse serviço, a predileção da população pelo uso da telefonia móvel, que cresceu em 58% em relação a 2004. Ainda no Brasil, também foi expressivo o crescimento no número de domicílios com acesso à internet, que saltou de 14,2% em 2004 para 31,5% em 2009. No mesmo período, dobrou a posse de computadores nos lares urbanos do país (39,3%), estando presentes em mais de 45% dos domicílios das Regiões Sudeste e Sul. Além disso, equipamentos como geladeira e TV em cores foram constatados em mais de 96% dos domicílios em 2009 (IBGE, 2010a).

Esses indicadores de ampliação nos padrões de renda e consumo observados até 2010 podem ser justificados pelo processo de ascensão social coletiva que o país vinha assistindo nos anos anteriores. Em consequência da tão almejada estabilidade econômica, durante a década de 1990, o Brasil desencadeou um importante processo de reformas estruturais, com forte impulso dado à privatização e à reorientação da política social. Esse conjunto de transformações alterou profundamente as percepções e estratégias normais de ascensão social, deixando de ser individual e tornando-se coletiva.

> Impulsionados pelo aumento do emprego e da renda, em condições de inflação baixa e crédito farto, milhões de brasileiros puderam aumentar nos últimos anos seu poder de compra e começaram a adquirir casa própria e automóvel – símbolos mais vistosos de ingresso na classe média –, além de uma vasta gama de bens de consumo. (Dantas, 2010).

Essa nova classe média brasileira, como normalmente foi chamada, ganhava mensalmente de R$ 1.115 a R$ 4.807 por família e cresceu de 42% da população em 2003 para 53% em 2009 (IBGE, 2009a). No início dos anos 2000, havia previsões de que mais 20 milhões de pessoas ascenderiam à classe média até 2014, alcançando um total de 56% da população brasileira da época, o que de fato ocorreu. Indicadores econômicos registravam que a classe média dominaria o mercado residencial brasileiro nos anos seguintes. De acordo com projeções, essa classe teria, até 2016, uma demanda habitacional potencial por 10,4 milhões de imóveis (Dantas, 2010).

Perante os novos padrões de renda e consumo e as transformações demográficas e socioculturais em curso, o mercado imobiliário mergulhou em um cenário turbulento de mudanças.

> "No início dos anos 2000, havia previsões de que mais 20 milhões de pessoas ascenderiam à classe média até 2014, alcançando um total de 56% da população brasileira da época"

5.4 Apartamentos menores, com o mesmo programa

Durante as primeiras décadas do século XXI, as áreas úteis dos apartamentos lançados pelo mercado imobiliário paulistano continuaram a diminuir, notadamente nos programas de dois e três dormitórios (Embraesp, 1985-2017). Do ponto de vista do mercado, essa redução veio seguindo *pari passu* o encurtamento do tamanho da família. Houve uma percepção de que apartamentos menores atenderiam bem às famílias menores. Contudo, propiciaram também lucros maiores para as empresas, já que as soluções propostas diminuiriam sensivelmente os custos de sua produção. O produto configurado por essa demanda – famílias menores de renda limitada – enquadrou-se em um processo de produção focado prioritariamente no custo e liquidez, com baixo investimento em projeto de arquitetura e em inovações de materiais e métodos construtivos, o que poderia, de certa forma, resolver a relação de exiguidade entre a área e a qualidade da habitação.

> "Observa-se uma espécie de "pasteurização" de soluções, baseada em tipologias de habitar estandardizadas, reduzidas e organizadas espacialmente na tripartição oitocentista"

5 Depois do tipo: ainda apartamento contemporâneo?

Nesse cenário, observa-se uma espécie de "pasteurização" de soluções, baseada em tipologias de habitar estandardizadas, reduzidas e organizadas espacialmente na tripartição oitocentista. Também apresentam uma lógica repetitiva de supervalorização das áreas coletivas dos empreendimentos, na qual espaços de uso comum, muitas vezes com pouco uso, são destacados nas propagandas e material publicitário de venda (Fig. 5.6). Uma análise das propagandas em jornais e revistas dos lançamentos de edifícios de apartamentos espalhados pelo país deixa evidente a repetição de soluções arquitetônicas. Inúmeros empreendimentos residenciais foram construídos nas cidades brasileiras desconsiderando contextos locais, os quais incluem o ambiente, a economia, a cultura, a sociedade e, principalmente, o usuário. Em texto reflexivo, o urbanista Jorge Wilheim tece sua crítica a essa produção:

Fig. 5.6 *Similaridade das peças publicitárias de empreendimentos lançados em São Paulo, na década de 2000*

quando plantas dos apartamentos são publicadas, espanta-me a similitude dos programas e dimensionamentos: parece que há um único protagonista a desenhar com sua "mão escondida" todas as plantas, com iguais dimensões dos quartos, denominações sempre que possível em inglês e a presença inevitável, esta brasileira, da churrasqueira. (Wilheim, 2008).

> "Inúmeros empreendimentos foram construídos desconsiderando contextos locais, os quais incluem o ambiente, a economia, a cultura, a sociedade e, principalmente, o usuário"

> "A redução de áreas úteis dos apartamentos torna-se um argumento projetual"

Dado esse contexto, a redução de áreas úteis dos apartamentos torna-se um argumento projetual. Os apartamentos de dois e três dormitórios destinados às classes médias continuam sendo os mais afetados por essa redução. Há casos em que a área útil de um apartamento de dois dormitórios chega a 43,92 m², uma redução de cerca de 40% em relação aos exemplares construídos na década de 1970 (Tab. 5.1). A média da área útil dos apartamentos de dois e três dormitórios no ano de 1990 era de respectivamente 59,57 m² e 86,54 m². Já no ano de 2016, a área útil média dos mesmos apartamentos foi de, respectivamente, 51,30 m² e 83,60 m² (Tab. 5.2).

Algumas reflexões podem ser tecidas em relação à manutenção da tripartição em espaços reduzidos. A configuração interna dos apartamentos atuais muito se relaciona com a casa tripartida oitocentista burguesa, que foi estabelecida a partir da relação muito intensa entre o papel da mulher e o espaço doméstico, já que durante muitas décadas este foi palco de suas realizações. Durante muitos anos, as mulheres o tinham como único domínio possível o universo doméstico feminino, em contraposição ao mundo público masculino. O novo papel social da mulher e o envelhecimento da população brasileira são alterações sociais significativas que influem diretamente na configuração do espaço doméstico.

Aprendemos a morar em casas tripartidas onde, em sua origem, os papéis sociais de seus moradores foram definidores do espaço doméstico. Separada em três grandes zonas – social, íntima e de serviços –, a casa possuía uma intensa especialização dos cômodos, estabelecendo maneiras de morar rituali-

Tab. 5.1 Áreas úteis médias dos apartamentos por número de dormitórios, lançadas no município de São Paulo em janeiro e julho (2001-2012)

Período		1 dorm.	2 dorm.	3 dorm.	4 dorm.
2001	Jan.	36,72	51,10	91,63	*
	Jul.	18,93	54,12	85,01	178,43
2002	Jan.	34,32	52,12	59,30	*
	Jul.	41,06	49,90	77,23	292,79
2003	Jan.	33,55	54,05	84,35	158,94
	Jul.	41,98	59,68	84,63	164,45
2004	Jan.	*	54,52	139,90	*
	Jul.	41,93	51,35	113,87	307,15
2005	Jan.	53,30	49,96	80,60	173,46
	Jul.	*	50,53	87,83	134,90
2006	Jan.	42,24	54,42	89,45	211,07
	Jul.	*	43,92	69,21	193,81
2007	Jan.	*	60,68	99,81	248,71
	Jul.	45,99	44,16	66,73	156,72
2008	Jan.	*	47,56	67,40	131,60
	Jul.	*	46,64	70,98	146,68
2009	Jan.	*	60,58	74,27	177,90
	Jul.	*	46,14	67,67	255,98
2010	Jan.	*	54,81	90,48	*
	Jul.	47,43	58,38	78,20	333,20
2011	Jan.	43,61	54,81	77,22	*
	Jul.	55,96	57,13	75,51	154,56
2012	Jan.	*	53,47	93,93	166,50

Área útil do período: MENOR / MAIOR

* Período sem contagem

Fonte: Embraesp (1985-2017).

5 Depois do tipo: ainda apartamento contemporâneo?

Tab. 5.2 Evolução das áreas úteis médias dos apartamentos por número de dormitórios no município de São Paulo (1985-2016)

Período	Áreas úteis médias (m²)			
	1 dorm.	2 dorm.	3 dorm.	4 dorm.
1985	40,77	64,87	114,03	191,34
1986	42,81	62,64	105,36	200,62
1987	40,28	59,24	97,69	251,13
1988	41,39	55,56	88,97	185,13
1989	38,08	60,11	98,72	218,09
1990	37,76	59,57	86,54	209,53
1991	40,23	57,51	98,51	168,04
1992	40,72	57,96	84,08	195,90
1993	39,42	55,65	82,50	175,49
1994	39,52	56,19	82,35	150,20
1995	40,14	57,04	83,37	158,96
1996	31,00	56,12	75,27	213,38
1997	30,87	54,63	74,93	205,53
1998	33,81	57,46	80,10	174,41
1999	31,21	54,34	79,17	193,13
2000	33,82	52,19	79,41	181,18
2001	30,70	51,22	80,97	188,75
2002	39,99	55,63	84,85	174,25
2003	33,00	57,98	88,37	166,50
2004	52,44	59,65	87,29	184,52
2005	41,92	54,42	87,73	178,21
2006	40,41	52,65	88,82	175,55
2007	44,23	51,81	84,17	165,40
2008	49,14	51,96	81,23	170,24
2009	55,69	52,81	82,92	160,61
2010	47,55	56,20	84,05	165,99
2011	46,14	57,57	80,74	166,73
2012	39,51	56,29	85,48	185,23
2013	40,52	56,82	86,76	191,60
2014	36,45	56,40	87,65	163,11
2015	34,62	51,34	85,17	216,89
2016	36,16	51,30	83,60	164,49

Fonte: Embraesp (1985-2017).

zadas, como já abordado no Cap. 2. Essa maneira estanque e compartimentada de morar procurava evitar a sobreposição das atividades nos ambientes, por meio do aumento do número de cômodos. A estanqueidade funcional dos ambientes era determinada por sua utilização, estipulando a função, os horários e os papéis (Homem, 1996). Verificando os apartamentos atuais, nota-se que eles continuam a referenciar-se predominantemente em modelos compartimentados, estanques, monofuncionais e, portanto, com áreas úteis menores.

"Empreendimentos residenciais deveriam revisar não somente a área útil dos apartamentos, mas também a sua organização espacial, levando em consideração as alterações sociais e culturais brasileiras"

O projeto habitacional tripartido pressupõe maiores áreas em função de suas características espaciais e sua eficiência, totalmente ligadas à manutenção de áreas mínimas de circulação. Tal aspecto, na grande maioria dos casos, é impossível de ser alcançado em áreas tão pequenas. A exiguidade de áreas não é um fator preponderante para a baixa qualidade dos projetos, notadamente porque poderia estar justificada pela redução do tamanho da família brasileira. No entanto, o produto imobiliário ofertado não parece demonstrar essa relação. A resposta do mercado continua sendo, via de regra, uma associação entre o modelo habitacional burguês oitocentista e aspectos do modelo funcionalista veiculado pela Arquitetura Modernista (Figs. 5.7 a 5.9). Empreendimentos residenciais deveriam revisar não somente a área útil dos apartamentos, mas sua organização espacial, levando em consideração as alterações sociais e culturais brasileiras.

Outra noção que merece destaque nessa análise é a privacidade. Acompanhando as transformações sociais ocorridas nos últimos tempos, a noção da privacidade talvez tenha sido o aspecto que mais se transformou na sociedade. Primeiramente porque as relações pessoais, tanto no espaço doméstico como

Fig. 5.7 *Tipologias de apartamentos frequentemente ofertadas no Brasil: modelos compartimentados, estanques e monofuncionais em áreas úteis reduzidas*
Fonte: baseado em Rossi Residencial (<http://www.rossiresidencial.com.br/>) e OR (<http://www.orealizacoes.com.br>).

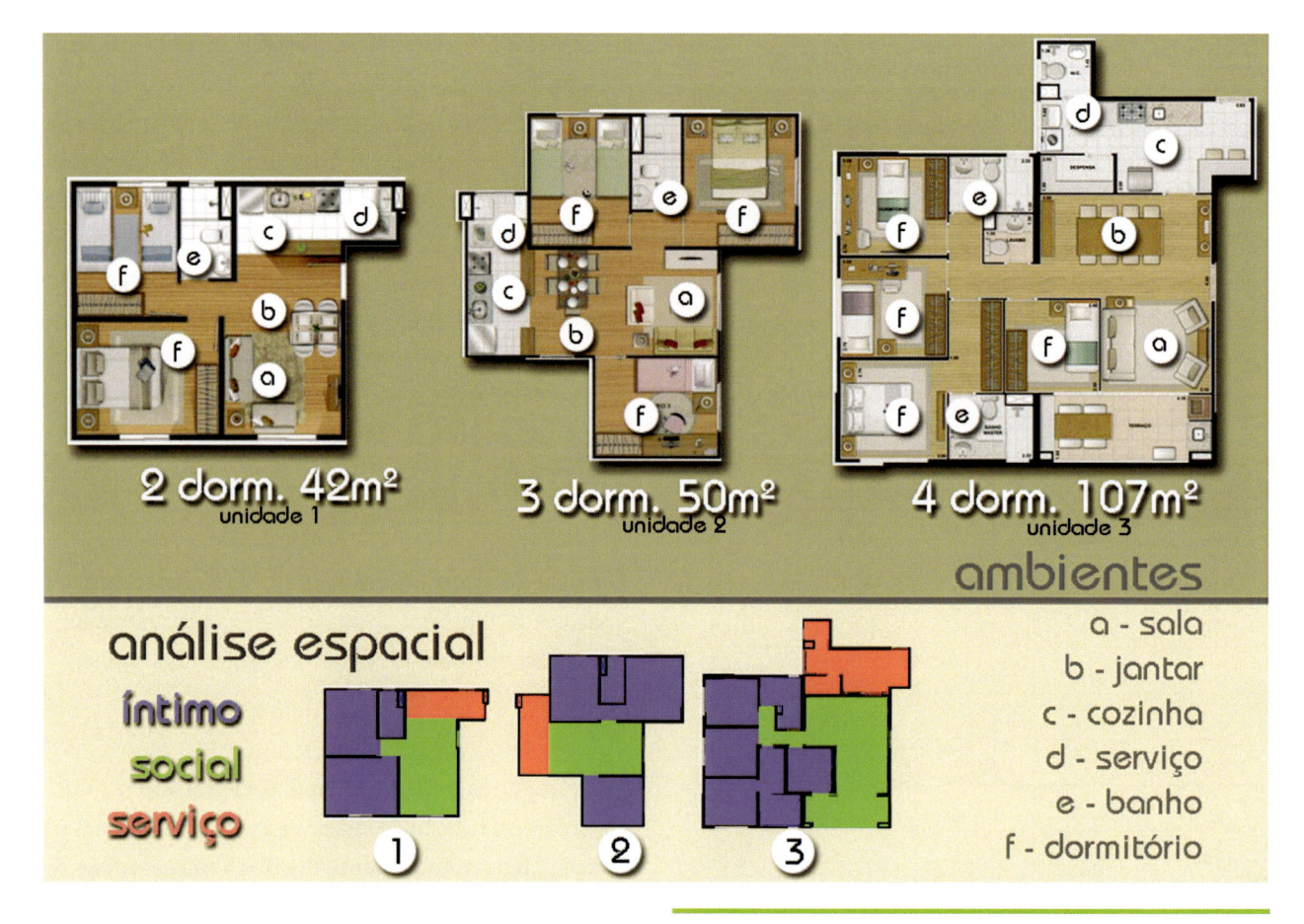

no público, mudaram substancialmente. Segundo, porque o desenvolvimento da tecnologia fez incluir novas dimensões ao conceito original da privacidade. Entretanto, se fizermos uma análise histórica da habitação, a noção mais intimamente ligada ao modelo tripartido de morar foi a da privacidade. Como apontado no Cap. 1, durante o século XIX, a casa se tornou um lugar mais privado, no qual se ampliou o senso de intimidade, identificando-a exclusivamente com a vida familiar (Rybczynski, 1996). A tripartite espacial, atrelada à monofuncionalidade e à estanqueidade dos cômodos, assegurava a tão desejada privacidade da família oitocentista.

> "Acompanhando as transformações sociais ocorridas nos últimos tempos, a noção da privacidade talvez tenha sido o aspecto que mais se transformou na sociedade"

Já na contemporaneidade, há uma grande alteração no senso de privacidade que pode ser definida como o controle seletivo do acesso ao espaço pessoal ou como a habilidade de indivíduos ou grupos de controlar a sua interação visual, auditiva e olfativa com os outros (Altman; Chemers, 1984). Portanto, a diversidade dos formatos familiares existentes no Brasil nas primeiras décadas do século XXI, de certa forma, coloca em xeque o modelo de apartamento proposto, com suas organizações espaciais baseadas em modelos tradicionais e de áreas reduzidas que não permitem uma adaptação aos possíveis desdobramentos do senso de privacidade.

Os *layouts* sugeridos na grande maioria dos apartamentos lançados pelo mercado imobiliário brasileiro e destinados à classe média repetem soluções em espaços invariáveis. A redução de área útil

5 Depois do tipo: ainda apartamento contemporâneo?

ESPAÇO MULTIFUNCIONAL

ESPAÇO MONOFUNCIONAL

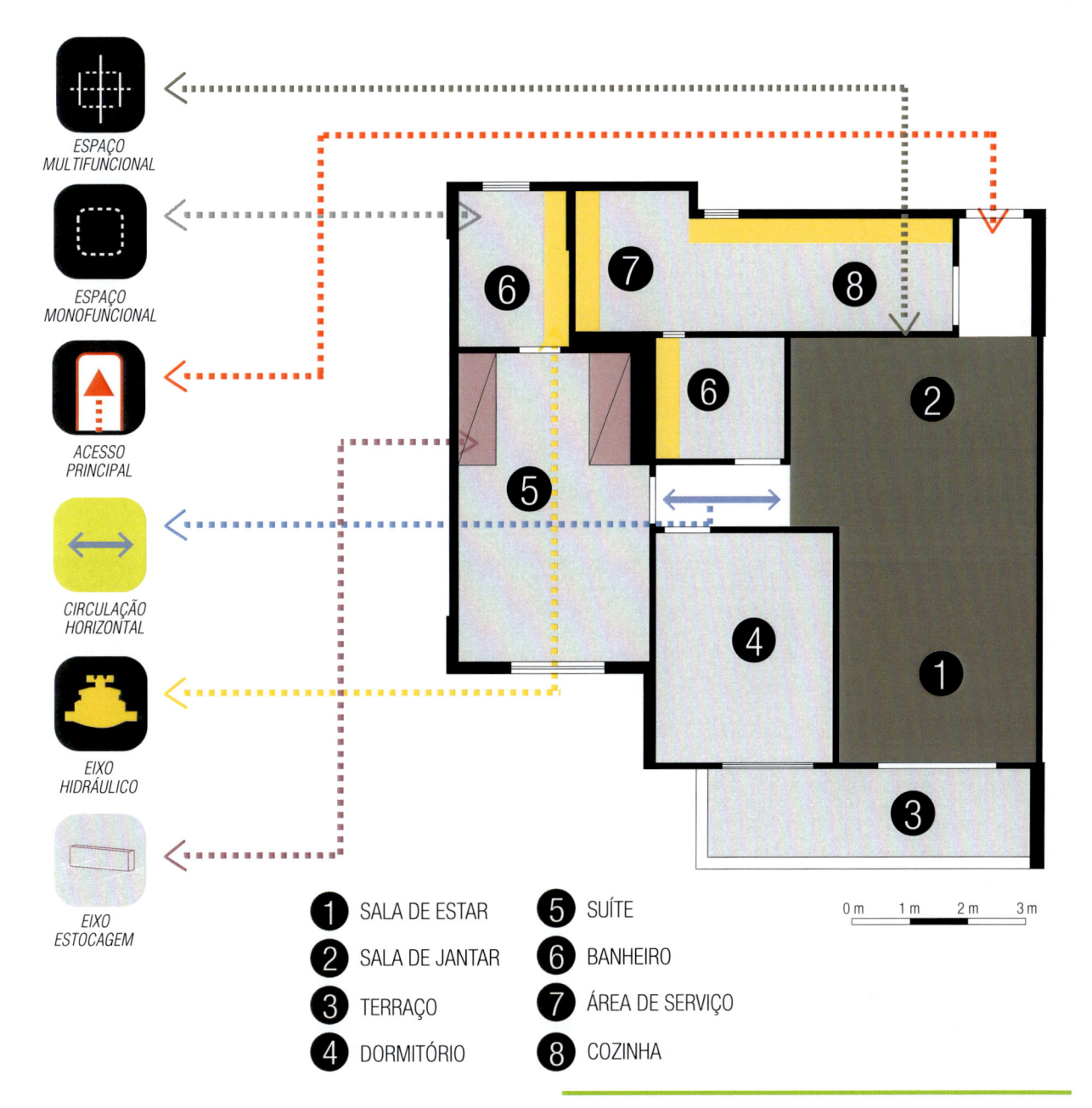

ACESSO PRINCIPAL

CIRCULAÇÃO HORIZONTAL

EIXO HIDRÁULICO

EIXO ESTOCAGEM

1. SALA DE ESTAR
2. SALA DE JANTAR
3. TERRAÇO
4. DORMITÓRIO
5. SUÍTE
6. BANHEIRO
7. ÁREA DE SERVIÇO
8. COZINHA

dos cômodos e a manutenção de uma organização espacial tradicional limitam a resolução das demandas espaciais por parte dos usuários. Demandas essas que podem estar associadas à praticidade, funcionalidade, flexibilidade, adaptabilidade e acessibilidade do espaço doméstico.

> "Os *layouts* sugeridos na grande maioria dos apartamentos lançados pelo mercado imobiliário brasileiro e destinados à classe média repetem soluções em espaços invariáveis"

Fig. 5.8 *Esquema gráfico da planta-tipo do edifício Art Nouveau, em Pinheiros. Tecnisa, 2002*

Fonte: baseado em Planeta Imóveis (<www.planetaimoveis.com>).

Por outro lado, pesquisas avaliativas pós-ocupacionais da modalidade identificam que a grande maioria dos apartamentos atendem ainda de maneira pouco satisfatória às novas demandas de seus usuários (Villa, 2008; Villa; Silva, 2011; Villa; Ornstein, 2010).

Conhecendo todo o processo histórico pelo qual a produção de edifícios de apartamento passou, a

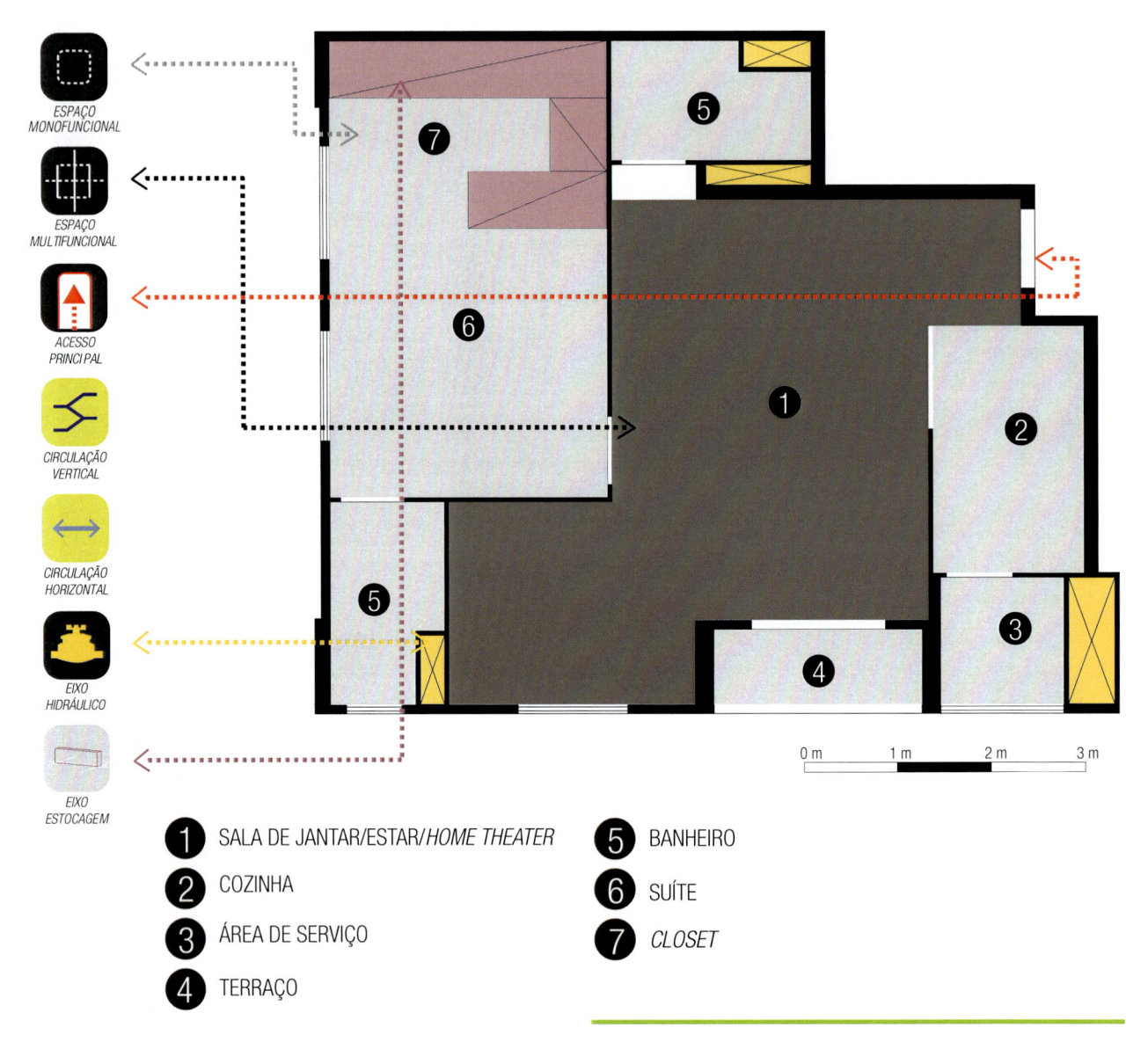

ESPAÇO MONOFUNCIONAL

ESPAÇO MULTIFUNCIONAL

ACESSO PRINCIPAL

CIRCULAÇÃO VERTICAL

CIRCULAÇÃO HORIZONTAL

EIXO HIDRÁULICO

EIXO ESTOCAGEM

① SALA DE JANTAR/ESTAR/*HOME THEATER*
② COZINHA
③ ÁREA DE SERVIÇO
④ TERRAÇO
⑤ BANHEIRO
⑥ SUÍTE
⑦ *CLOSET*

Fig. 5.9 *Esquema gráfico da planta-tipo do edifício New Way, na rua do Glicério, no centro. Brookfield, 2015*
Fonte: baseado em Brookfield (<http://br.brookfield.com/Empreendimento/Interna/SP/apartamento-residencial-centro-new-way>).

casa, que foi projetada para papéis, funções e modos de vida específicos, deveria atender de forma mais acentuada à diversidade contemporânea. Palco de manifestações sociais, o projeto residencial deveria acompanhar as evoluções do tempo. As pessoas mudam conforme o tempo passa e as alterações sociais, culturais e tecnológicas em curso demandam espaços habitacionais remodelados.

Perante a essa diversidade familiar, várias reflexões sobre o espaço doméstico contemporâneo podem ser tecidas. Partindo da ideia de que a casa é vista como o lugar próprio de um indivíduo e de sua família, simbolizando identidade, privacidade, proteção e isolamento do mundo exterior, seu ordenamento e princípios deveriam ser dinâmicos.

"O modelo das relações familiares é base para o ordenamento das relações, atitudes e comportamentos, e, consequentemente, os princípios de organização espacial da casa" (Griz; Amorim; Loureiro, 2008, p. 31). Essas mudanças na dinâmica demográfica brasileira, a partir das quais a diversidade familiar inicia seu processo de consolidação, fazem emergir uma análise sobre a produção do espaço doméstico. Variações na estrutura de valores de uma sociedade têm como consequência mudanças nos elementos programáticos e estruturais de seu espaço doméstico (Hanson, 1998).

> "Variações na estrutura de valores de uma sociedade têm como consequência mudanças nos elementos programáticos e estruturais de seu espaço doméstico (Hanson, 1998)"

5.5 O que o mercado ofereceu na década dos anos 2000?

Analisando a oferta de edifícios de apartamentos em São Paulo durante os anos 2000 a 2010, notou-se que a padronização de seus projetos aconteceu com maior ou menor intensidade dependendo da classe social a que se destinava.

Os empreendimentos mais caros experimentaram atender à diversidade familiar de seu público-alvo, num único edifício, tipologias habitacionais que variavam de um a quatro dormitórios, incluindo *duplex* e *lofts*. Também para as classes mais altas, notou-se apartamentos de dois, três e quatro dormitórios com maiores áreas, número de suítes e garagens, que, mesmo mantendo a tradicional estrutura setorial, apresentavam organizações mais complexas e fragmentadas, com maiores especializações (Figs. 5.10 e 5.11). Observou-se também, nesse mercado, a disposição de variadas organizações espaciais dos apartamentos que, no entanto, apenas agenciavam compartimentos, suprimindo-os e renomeando-os, sem alterá-los em sua essência.

> "Observou-se também a disposição de variadas organizações espaciais dos apartamentos que, no entanto, apenas agenciavam compartimentos, suprimindo-os e renomeando-os, sem alterá-los em sua essência"

No ano de 1990, a área útil média dos lançamentos de quatro dormitórios era de 209,53 m², que passou para 285,91 m² no mês de julho de 2002 (Embraesp, 1985-2017). Esse aumento pode estar associado ao fato de que a grande maioria desses empreendimentos, principalmente aqueles destinados aos mais ricos, dotou todos, ou quase todos, os seus dormitórios de banheiros. Essa atitude demonstrava outra tendência clara nas últimas décadas: o incremento da privacidade dentro do espaço doméstico.

> "Outra tendência clara nas últimas décadas: o incremento da privacidade dentro do espaço doméstico"

Nesse cenário, cada indivíduo possuía, via de regra, um espaço de isolamento dentro do apartamento. Isso se estendeu também ao espaço do casal, que recebeu banheiros e *closets* separados. No interior desses grandes apartamentos, foram criados domínios individuais, dotados de equipamentos também de uso individual – como os computadores, TVs, leitores de vídeo e telefones, que propiciavam conexões com o mundo externo –, e os equipamentos básicos para a higienização, realização de necessidades fisiológicas e cuidados com o próprio corpo. Foi proporcionalmente crescente o número de cômodos por zona em relação ao poder aquisitivo do morador e, consequentemente, a descrição dos mesmos se tornou mais especializada. Um exemplo é a progressão de cômodos no setor íntimo, que nos apartamentos menores iniciava-se como dormitório e, conforme sua área aumentava, seguia para suíte, dormitório principal e suíte máster. Quanto maior fosse a área, maior seria o número de cômodos e sua especialização.

Sobre a padronização no setor residencial vertical, Loureiro e Amorim (2005) escrevem que

> esta estrutura está presente em unidades habitacionais de diversos tamanhos e destinadas às mais diversas classes sociais, sugerindo a ocorrência de um genótipo de habitação, sendo a diferenciação entre classes definida pela complexidade do programa arquitetônico:

ESPAÇO
MONOFUNCIONAL

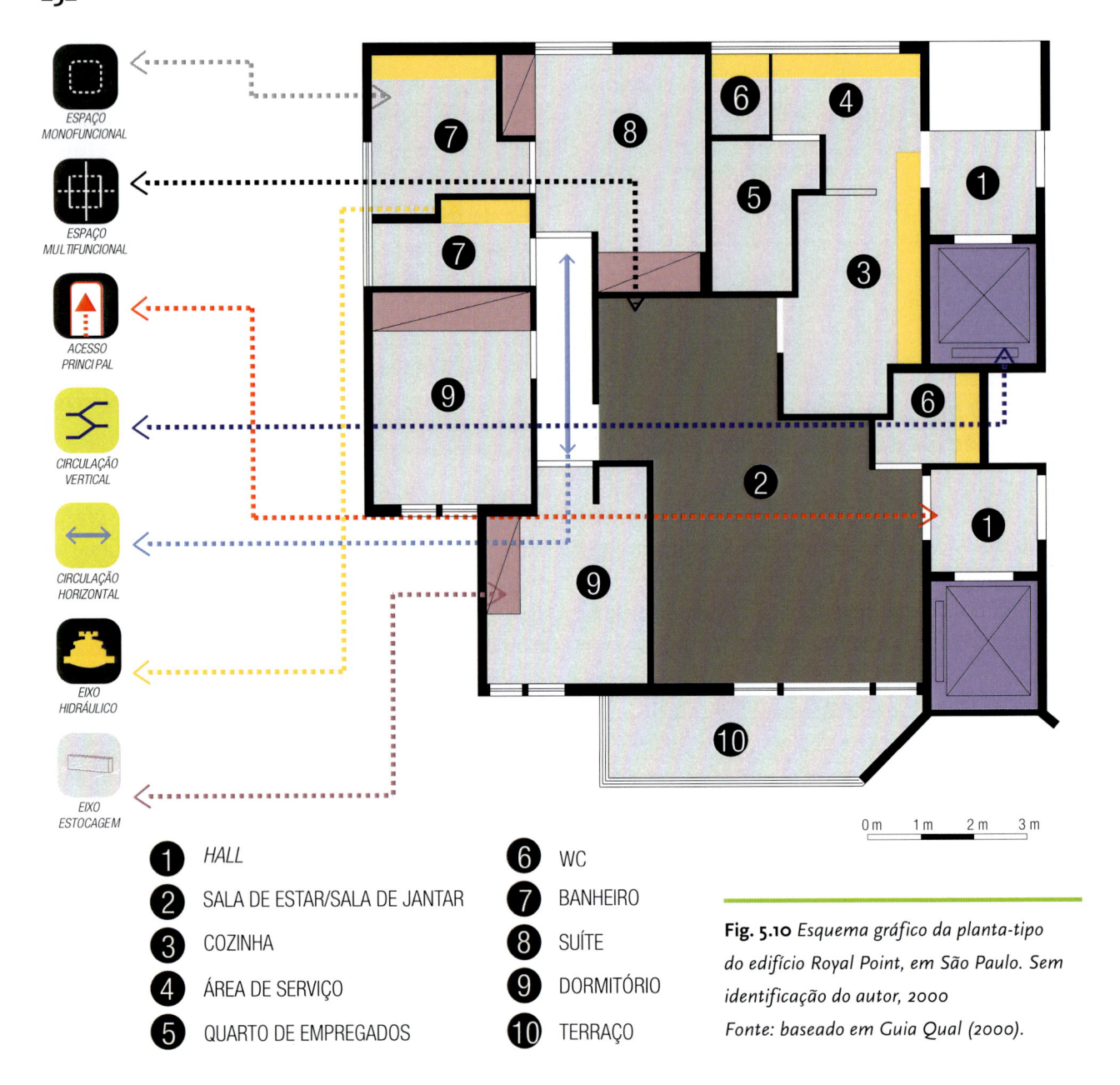

ESPAÇO
MULTIFUNCIONAL

ACESSO
PRINCIPAL

CIRCULAÇÃO
VERTICAL

CIRCULAÇÃO
HORIZONTAL

EIXO
HIDRÁULICO

EIXO
ESTOCAGEM

① HALL
② SALA DE ESTAR/SALA DE JANTAR
③ COZINHA
④ ÁREA DE SERVIÇO
⑤ QUARTO DE EMPREGADOS
⑥ WC
⑦ BANHEIRO
⑧ SUÍTE
⑨ DORMITÓRIO
⑩ TERRAÇO

Fig. 5.10 *Esquema gráfico da planta-tipo do edifício Royal Point, em São Paulo. Sem identificação do autor, 2000*
Fonte: baseado em Guia Qual (2000).

quanto mais alto o *status* social, mais longo é o texto que prescreve as propriedades arquitetônicas que se pretende obter.

Os autores também indicam que há uma intenção de especialização funcional dos cômodos nos apartamentos maiores, tanto com o aumento no número de ambientes em cada zona (social, íntima e serviço) quanto em sua descrição (Figs. 5.12 e 5.13). Sobre o aumento de áreas, nota-se, entre as classes mais ricas, certa recusa em usar áreas e serviços coletivos de seus prédios. Isso fez com que alguns serviços fossem incorporados ao apartamento, como é o caso das churrasqueiras, escritório, *home theater*, além dos vários *livings* e varandas que tentam reproduzir as áreas ajardinadas e de convívio do térreo.

Porém, os espaços coletivos continuaram a oferecer inúmeros serviços de lazer e culto ao corpo, atividades frequentemente realizadas em grupo. Aumentou-se também o número de vagas nas garagens, com alguns empreendimentos chegando a oferecer seis vagas, ou mais, por apartamento.

Essas adjetivações nos cômodos, frequentes nos apartamentos mais caros, sugeriam uma maior

5 Depois do tipo: ainda apartamento contemporâneo?

ESPAÇO MONOFUNCIONAL

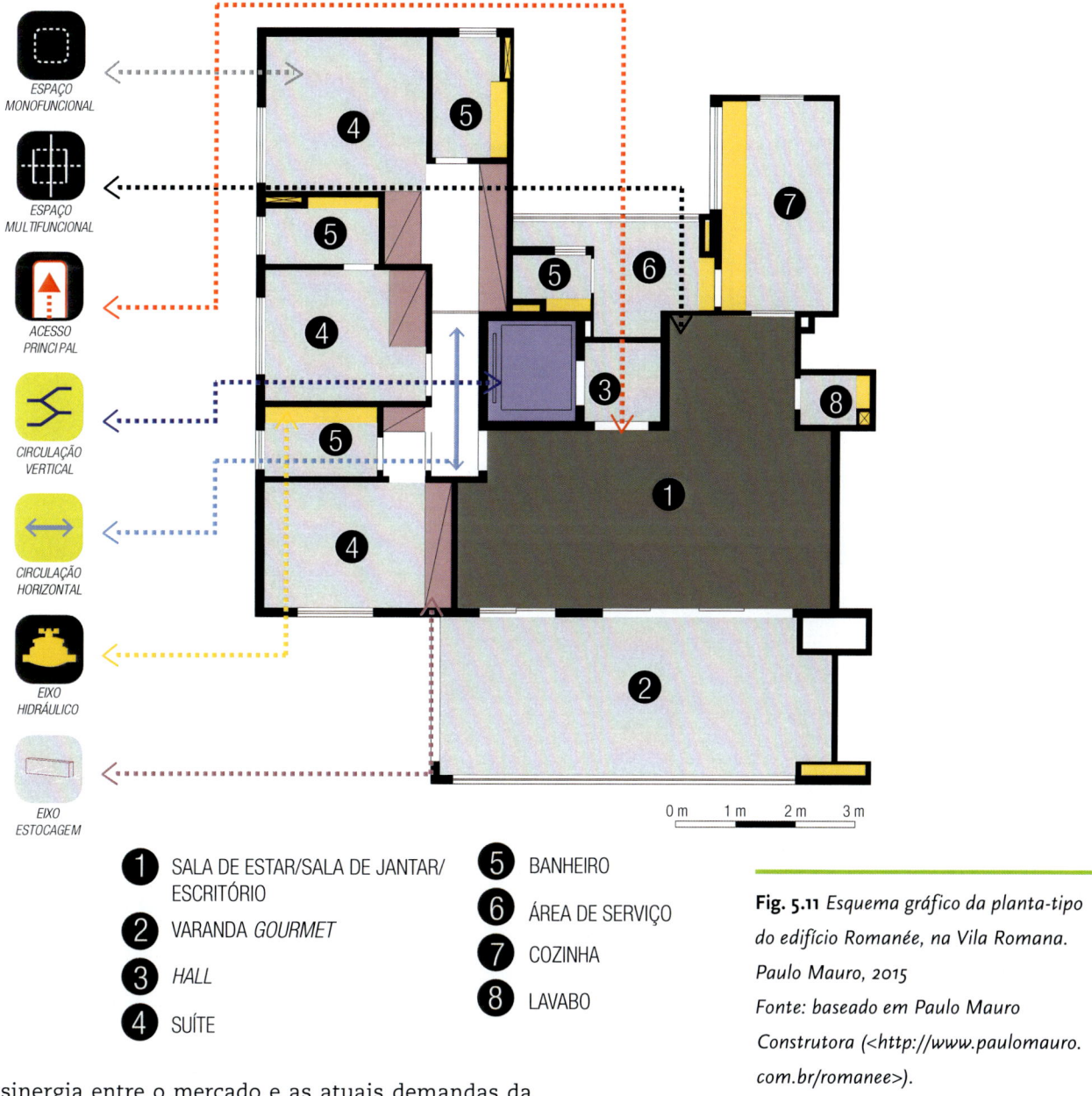

ESPAÇO MULTIFUNCIONAL

ACESSO PRINCIPAL

CIRCULAÇÃO VERTICAL

CIRCULAÇÃO HORIZONTAL

EIXO HIDRÁULICO

EIXO ESTOCAGEM

1. SALA DE ESTAR/SALA DE JANTAR/ESCRITÓRIO
2. VARANDA *GOURMET*
3. HALL
4. SUÍTE
5. BANHEIRO
6. ÁREA DE SERVIÇO
7. COZINHA
8. LAVABO

Fig. 5.11 *Esquema gráfico da planta-tipo do edifício Romanée, na Vila Romana. Paulo Mauro, 2015*
Fonte: baseado em Paulo Mauro Construtora (<http://www.paulomauro.com.br/romanee>).

sinergia entre o mercado e as atuais demandas da sociedade. Entretanto, tais atitudes não foram acompanhadas de reestruturações significativas no projeto arquitetônico, notadamente em sua organização espacial. Essas respostas se mostraram relativamente tímidas ante a diversidade de grupos domésticos percebidos no início do século XXI, principalmente aqueles que incluíam o idoso e/ou pessoas com dificuldades especiais.

> "As respostas projetuais se mostraram relativamente tímidas ante a diversidade de grupos domésticos percebidos no início do século XXI"

Porém, as cidades grandes e médias brasileiras não têm sido construídas por esses parcos exemplos de grandes apartamentos, reservados para os que mais podem. Nesse sentido, cabe um exame mais detalhado sobre a produção de apartamentos menores, destinados à classe média da sociedade. Assim, nos chama atenção a oscilação da produção de apartamentos de um e dois dormitórios de área com menos de 45 m² na cidade de São Paulo, que foi de 7,6% em 2009 para 37,78% em 2015, tendo quedas significativas nos anos de 2011 e 2013, atingindo 9,1% e 14,79%, respectivamente (Tab. 5.3). Seguindo

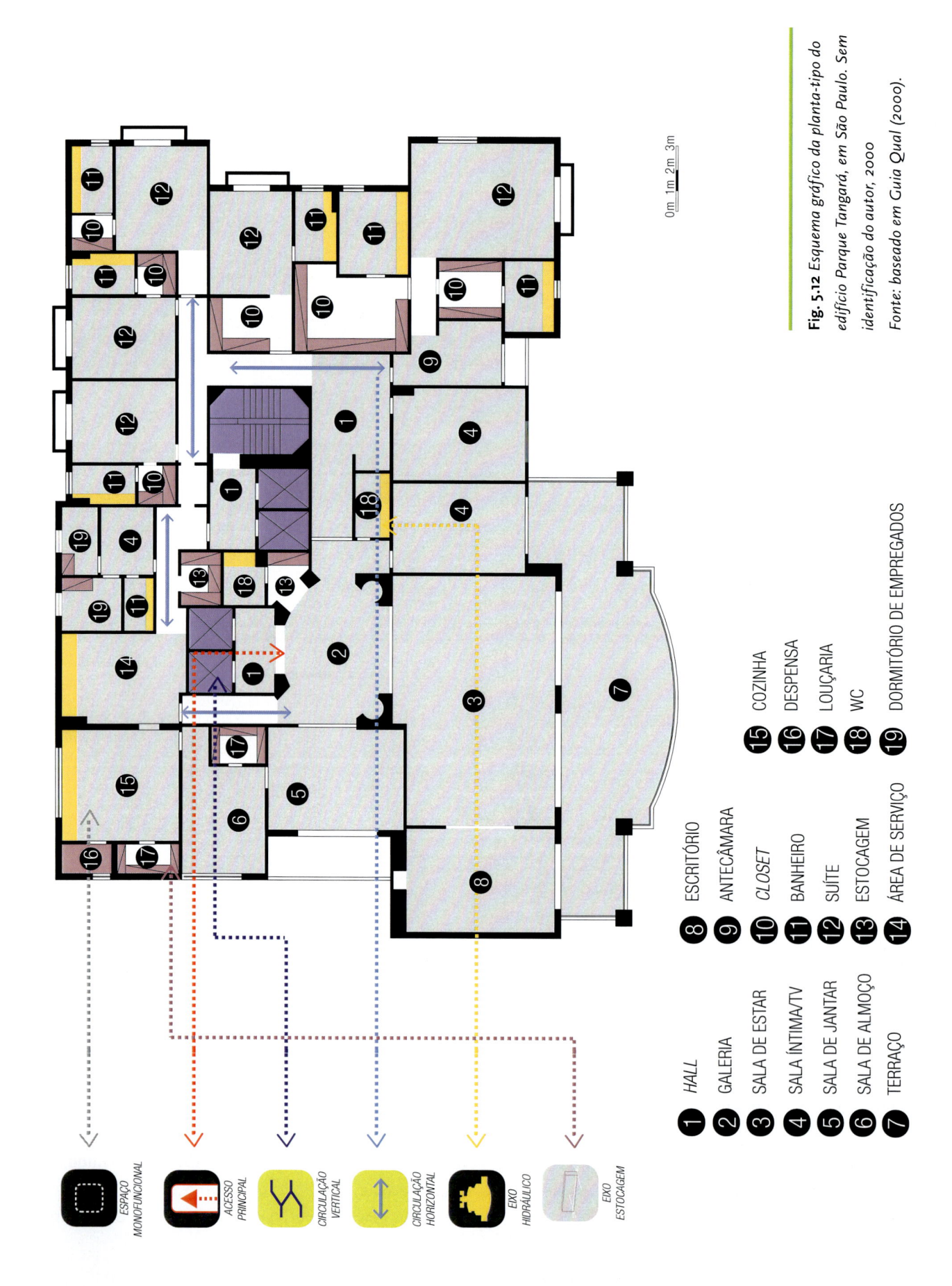

Fig. 5.12 *Esquema gráfico da planta-tipo do edifício Parque Tangará, em São Paulo. Sem identificação do autor, 2000.*
Fonte: baseado em Guia Qual (2000).

1. HALL
2. GALERIA
3. SALA DE ESTAR
4. SALA ÍNTIMA/TV
5. SALA DE JANTAR
6. SALA DE ALMOÇO
7. TERRAÇO
8. ESCRITÓRIO
9. ANTECÂMARA
10. *CLOSET*
11. BANHEIRO
12. SUÍTE
13. ESTOCAGEM
14. ÁREA DE SERVIÇO
15. COZINHA
16. DESPENSA
17. LOUÇARIA
18. WC
19. DORMITÓRIO DE EMPREGADOS

ESPAÇO MONOFUNCIONAL
ACESSO PRINCIPAL
CIRCULAÇÃO VERTICAL
CIRCULAÇÃO HORIZONTAL
EIXO HIDRÁULICO
EIXO ESTOCAGEM

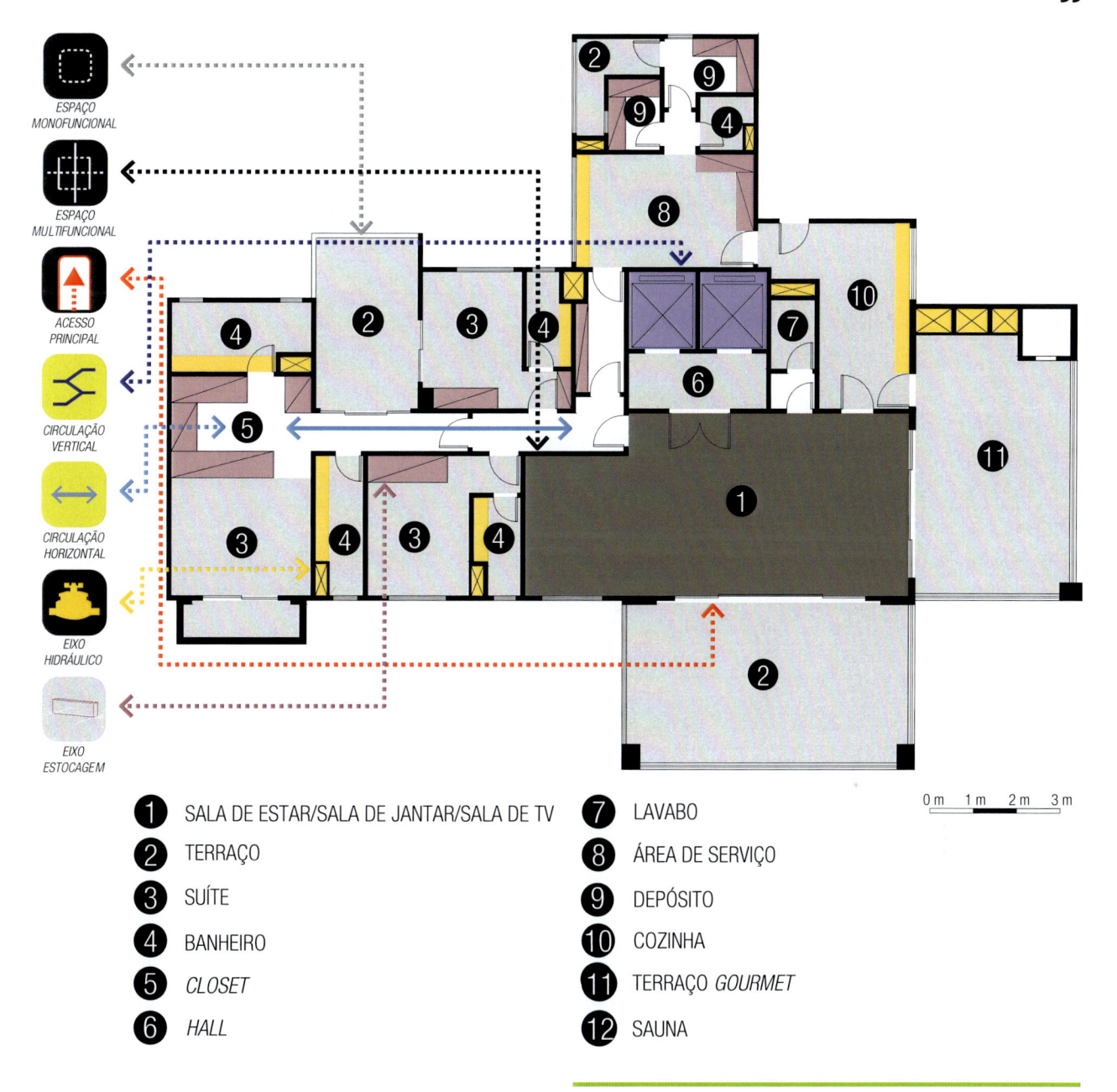

5 Depois do tipo: ainda apartamento contemporâneo?

ESPAÇO MONOFUNCIONAL
ESPAÇO MULTIFUNCIONAL
ACESSO PRINCIPAL
CIRCULAÇÃO VERTICAL
CIRCULAÇÃO HORIZONTAL
EIXO HIDRÁULICO
EIXO ESTOCAGEM

① SALA DE ESTAR/SALA DE JANTAR/SALA DE TV
② TERRAÇO
③ SUÍTE
④ BANHEIRO
⑤ *CLOSET*
⑥ *HALL*
⑦ LAVABO
⑧ ÁREA DE SERVIÇO
⑨ DEPÓSITO
⑩ COZINHA
⑪ TERRAÇO *GOURMET*
⑫ SAUNA

o caminho inverso, os apartamentos entre 45 m² a 65 m², ou seja, predominantemente tipologias de dois e três dormitórios, apresentaram produção quase constante durante o período de 2009 a 2015, com maior quantidade de lançamentos nos anos de 2011 e 2013, justamente os anos de baixa produção de apartamentos com um ou dois dormitórios. Analisando tais dados, podemos concluir que, para a grande maioria da população brasileira, morar em edifícios de apartamentos significa morar em espaços reduzidos e estandardizados (Tab. 5.4) (Figs. 5.14 e 5.15).

Fig. 5.13 *Esquema gráfico da planta-tipo do edifício Sophis Ibirapuera, em Moema, São Paulo. Itamar Berezin, 2014*
Fonte: baseado em Eztec (<http://www.eztec.com.br/imoveis/apartamento/sophis>).

"Para a grande maioria da população brasileira, morar em edifícios de apartamentos significa morar em espaços reduzidos e estandardizados"

Tab. 5.3 Lançamentos residenciais no município de São Paulo em unidades (2009--2012). Participação segmentada por faixa (m²) de área útil

Faixa (m²)	1º trim. 2009 (%)	1º trim. 2010 (%)	1º trim. 2011 (%)	1º trim. 2012 (%)
Menos de 45	7,6	12,2	9,1	16,0
Entre 46 e 65	36,3	43,3	41,6	39,9
Entre 66 e 85	23,0	29,0	25,5	19,6
Entre 86 e 130	19,1	12,4	14,6	19,0
Entre 131 e 180	6,1	0,5	7,5	1,6
Mais de 180	8,0	2,7	1,7	3,9
Total	100,0	100,0	100,0	100,0

Faixa (m²)	Nov. 2012 (%)	Nov. 2013 (%)	Nov. 2014 (%)	Nov. 2015 (%)
Menos de 45	34,47	14,79	31,28	37,78
Entre 46 e 65	35,02	47,33	28,76	44,49
Entre 66 e 85	17,06	15,05	19,08	10,42
Entre 86 e 130	8,54	15,65	11,01	2,87
Entre 131 e 180	2,21	3,88	4,98	2,61
Mais de 180	2,70	3,30	4,89	1,83
Total	100,0	100,0	100,0	100,0

Participação: MAIOR / MENOR

Fonte: Embraesp (1985-2017) e Secovi (2012).

Tab. 5.4 Evolução do número de unidades residenciais (apartamentos) lançadas no município de São Paulo, classificadas por número de dormitórios (2006-2016)

Ano	1 dorm. (%)	2 dorm. (%)	3 dorm. (%)	4 ou mais dorm. (%)
2006	3,88	28,01	30,26	37,85
2007	1,44	31,73	31,53	35,30
2008	4,45	33,36	37,95	24,24
2009	6,30	44,98	33,56	15,16
2010	11,48	48,51	31,84	8,17
2011	17,72	46,30	28,80	7,18
2012	17,29	49,61	23,00	10,10
2013	29,61	38,69	24,23	7,47
2014	33,16	41,91	20,41	4,52
2015	27,87	53,87	15,25	3,00
2016	15,48	59,78	20,60	4,14

Fonte: Embraesp (1985-2017).

Entretanto, no início dos anos 2000, destacaram-se alguns lançamentos de apartamentos de um dormitório dentro do quadro geral da cidade de São Paulo. Apresentavam quase sempre um aumento significativo de suas áreas úteis, acompanhado de uma supervalorização de suas áreas coletivas, tratadas como extensões necessárias do apartamento. Frequentemente destinado a uma parcela da sociedade que não se encaixava no formato de família nuclear – casais sem filhos recém-casados, solteiros, divorciados, viúvos ou viúvas –, tais apartamentos tendiam a abrigar moradores das faixas mais altas de renda.

> "No início dos anos 2000, destacaram-se alguns lançamentos de apartamentos de um dormitório dentro do quadro geral da cidade de São Paulo"

Alguns empreendimentos nos chamaram atenção por suas campanhas publicitárias requin-

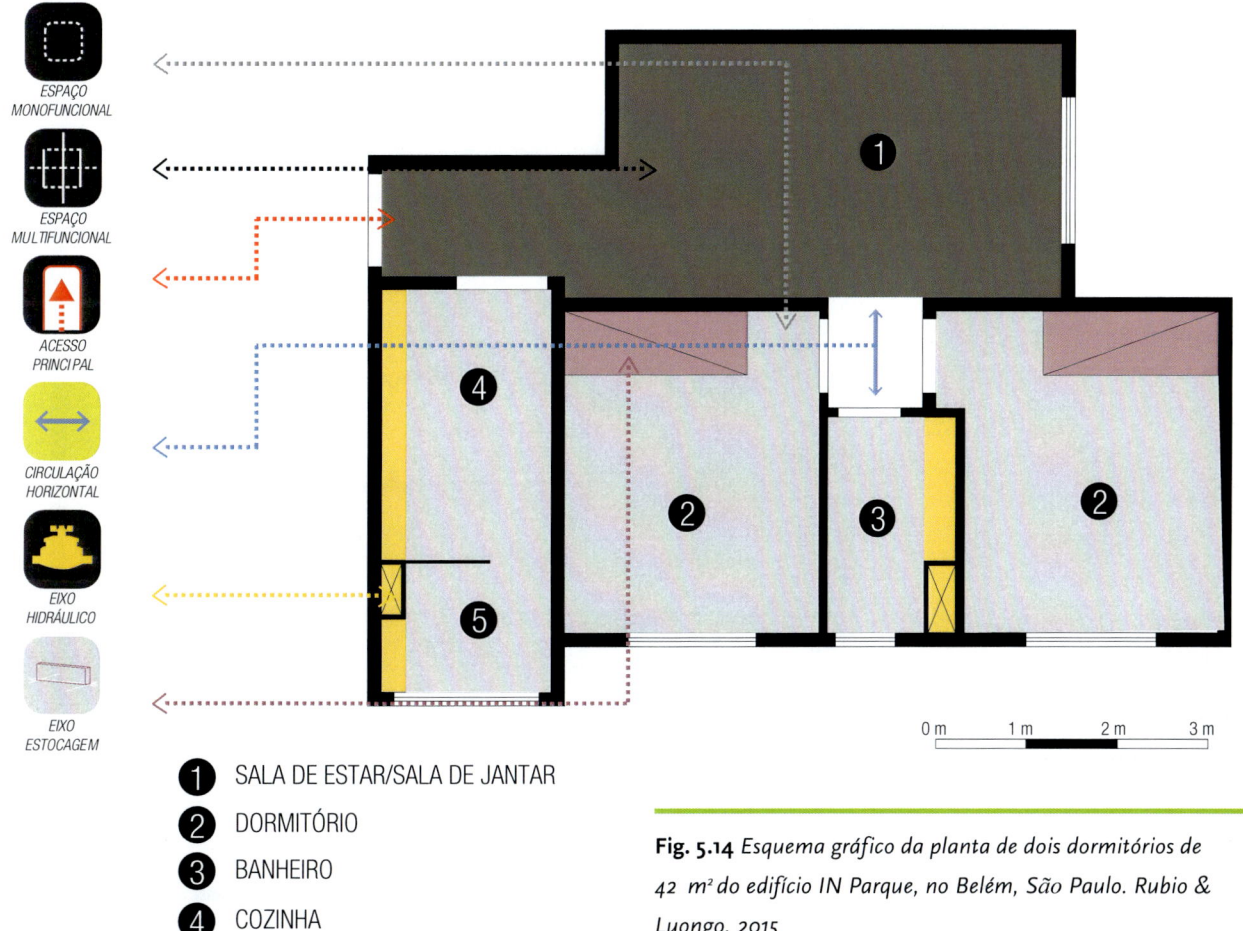

5 Depois do tipo: ainda apartamento contemporâneo?

ESPAÇO MONOFUNCIONAL

ESPAÇO MULTIFUNCIONAL

ACESSO PRINCIPAL

CIRCULAÇÃO HORIZONTAL

EIXO HIDRÁULICO

EIXO ESTOCAGEM

1. SALA DE ESTAR/SALA DE JANTAR
2. DORMITÓRIO
3. BANHEIRO
4. COZINHA
5. ÁREA DE SERVIÇO

Fig. 5.14 *Esquema gráfico da planta de dois dormitórios de 42 m² do edifício IN Parque, no Belém, São Paulo. Rubio & Luongo, 2015*
Fonte: baseado em Atua Construtora (<http://www.atuaconstrutora.com.br/in-parque-belem-klabin.atua>).

tadas e seus nomes: *e-apartments, Electra, Living Loft, OpenHouse Loft, Studio Home*. Tais projetos embasavam-se em um discurso que propunha suprir a exiguidade das áreas internas do apartamento através de um arsenal de equipamentos e serviços localizados nas áreas coletivas do edifício (Figs. 5.16 e 5.17).

Analisando o material publicitário desses apartamentos ditos "diferenciados", notamos, na proposta de utilização dos seus espaços internos, que acabavam por oferecer as mesmas soluções espaciais que os demais apartamentos de um ou dois dormitórios ditos "convencionais" lançados na cidade de São Paulo. Observamos que, apesar de haver certa sobreposição de atividades (entreter-se, trabalhar, receber convidados, estocar, dormir e preparar alimentos) num único cômodo de múltiplo uso e, ainda, a adoção de equipamentos móveis e com rodízios, que poderiam sugerir certa flexibilidade espacial, os modelos se repetem (Figs. 5.18 e 5.19).

Ante essas tentativas do mercado imobiliário de atender às demandas da sociedade, algumas reflexões podem ser feitas. Quais são as questões que se colocam na contemporaneidade, dado que o espaço doméstico deveria atender, de forma mais ampla, aos atuais e diversos modos de vida? Como tais projetos de apartamentos atendem às diversas ações cotidianas realizadas por seus usuários? A casa atual, na forma em que é tradicionalmente concebida e ofertada, atende às demandas de seus usuários? O dormitório é um local apenas para dormir? O escritório é o lugar ideal para se trabalhar? No banheiro passam-se apenas poucos minutos para se higienizar e realizar necessidades

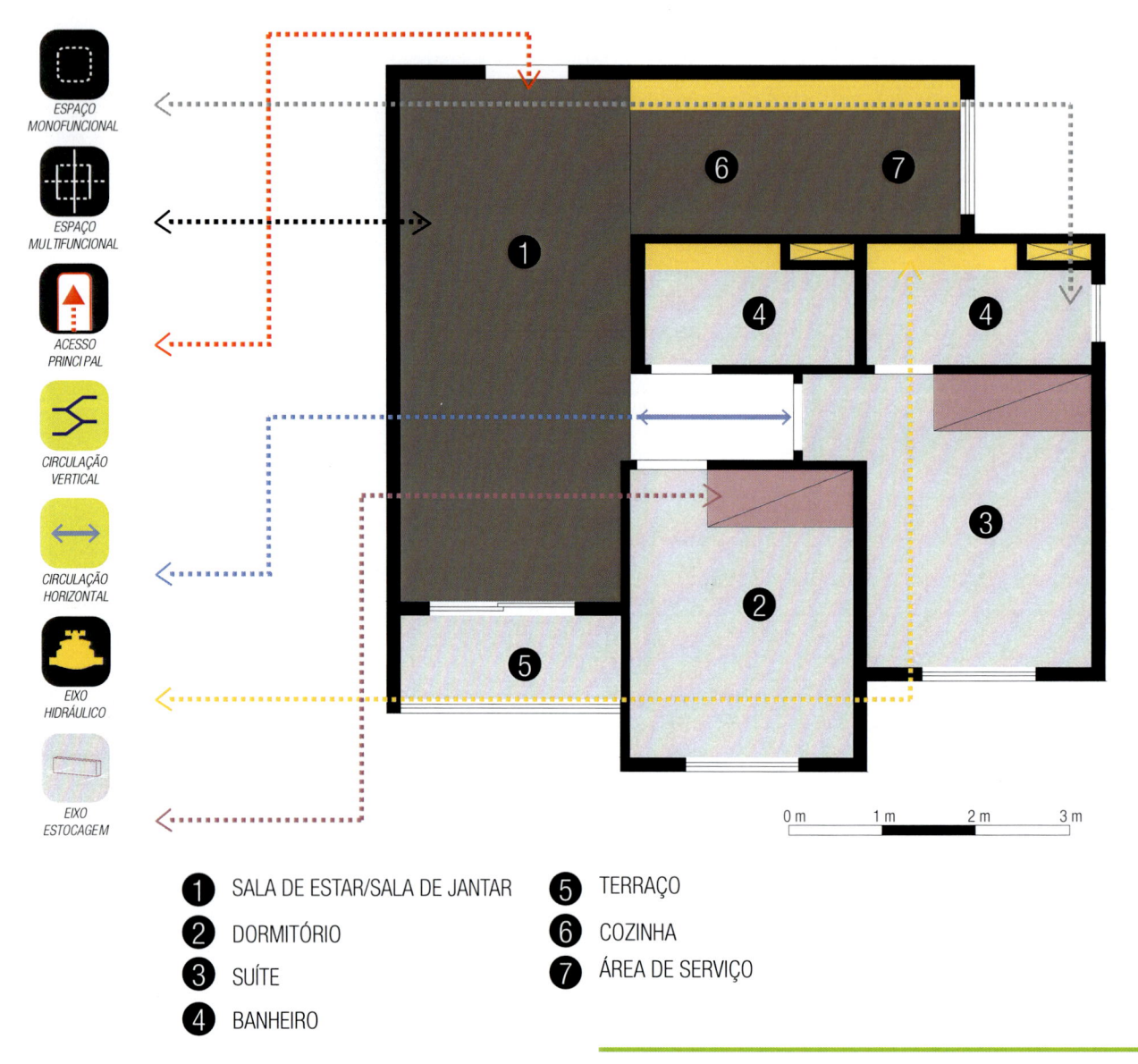

ESPAÇO MONOFUNCIONAL
ESPAÇO MULTIFUNCIONAL
ACESSO PRINCIPAL
CIRCULAÇÃO VERTICAL
CIRCULAÇÃO HORIZONTAL
EIXO HIDRÁULICO
EIXO ESTOCAGEM

① SALA DE ESTAR/SALA DE JANTAR
② DORMITÓRIO
③ SUÍTE
④ BANHEIRO
⑤ TERRAÇO
⑥ COZINHA
⑦ ÁREA DE SERVIÇO

fisiológicas? A cozinha e a área de serviço são espaços, por excelência, femininos? A sala é coletiva e o dormitório é privado? Qual é o lugar da privacidade e da individualidade diante das novas relações familiares, dos novos papéis sociais e, principalmente, da inserção de novas tecnologias de comunicação no espaço doméstico? Inúmeras questões podem ser indagadas sobre as relações entre os modos de vida dos usuários e seus espaços de morar.

Diante dessa diversidade, Coelho (2010) ressalta que, no interior da casa contemporânea, deve-se assumir cada vez mais a capacidade de adaptação e flexibilização dos vários espaços/ambientes/cenários. A habitação deve ser considerada como muito além do simples espaço de alojamento mínimo – que

Fig. 5.15 *Esquema gráfico da planta-tipo do edifício New In Spot, na Vila Prudente, São Paulo. Lisboa Arquitetura, 2016 Fonte: baseado em Econ Construtora (<http://econconstrutora.com.br/new-in-spot.econ>).*

atende às exigências fundamentais de higiene, saúde, fisiologia, segurança e espacialidade funcional –, mas também como lugar estimulante de trabalho não doméstico e de variadas opções de convívio e estar.

"Alguns empreendimentos do mercado continuaram, ao longo dos anos 2000, a oferecer as chamadas opções de plantas, com variações espaciais, muitas vezes, sutis"

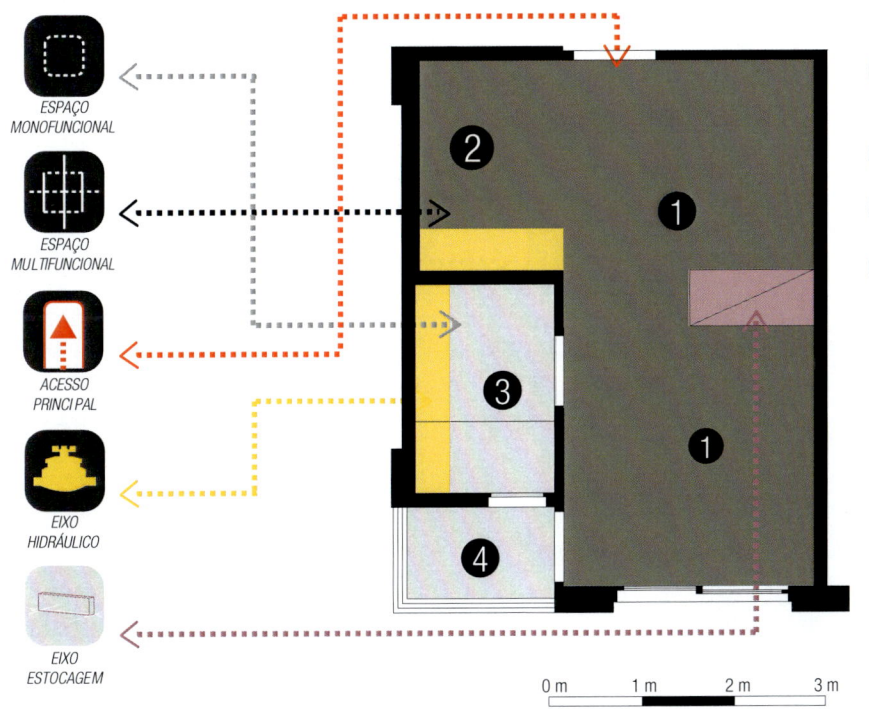

5   Depois do tipo: ainda apartamento contemporâneo?

ESPAÇO MONOFUNCIONAL
ESPAÇO MULTIFUNCIONAL
ACESSO PRINCIPAL
EIXO HIDRÁULICO
EIXO ESTOCAGEM

1. ESPAÇO DE DORMIR/ TRABALHAR/ ASSISTIR TV
2. COZINHA
3. BANHEIRO
4. TERRAÇO

Fig. 5.16 *Esquema gráfico da planta- -tipo de um apartamento simples do edifício Electra, na rua Otávio Tarquínio de Souza. Ricardo Barbosa Arquitetura, 2000*
Fonte: baseado em peça publicitária.

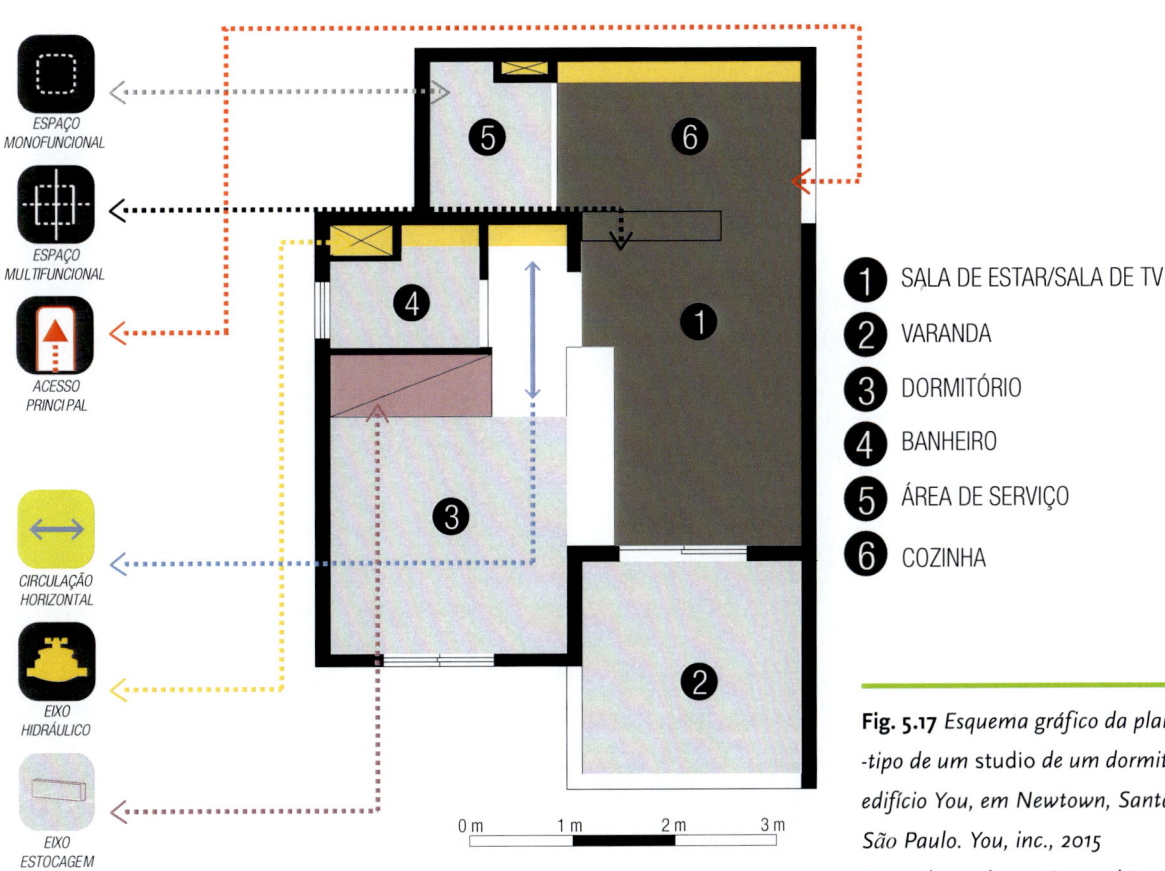

ESPAÇO MONOFUNCIONAL
ESPAÇO MULTIFUNCIONAL
ACESSO PRINCIPAL
CIRCULAÇÃO HORIZONTAL
EIXO HIDRÁULICO
EIXO ESTOCAGEM

1. SALA DE ESTAR/SALA DE TV
2. VARANDA
3. DORMITÓRIO
4. BANHEIRO
5. ÁREA DE SERVIÇO
6. COZINHA

Fig. 5.17 *Esquema gráfico da planta- -tipo de um studio de um dormitório do edifício You, em Newtown, Santa Cecília, São Paulo. You, inc., 2015*
Fonte: baseado em Concord Imóveis (<http://www.concordimoveis.com.br>).

morar em apartamento

(A) LAYOUT PARA O DIA

ESPAÇO MONOFUNCIONAL
ESPAÇO MULTIFUNCIONAL
ACESSO PRINCIPAL
EIXO HIDRÁULICO
EIXO ESTOCAGEM

❶ ESPAÇO DE ESTAR/TRABALHAR
❷ BOX
❸ LAVABO
❹ WC
❺ TERRAÇO
❻ COZINHA

LAYOUT PARA A NOITE

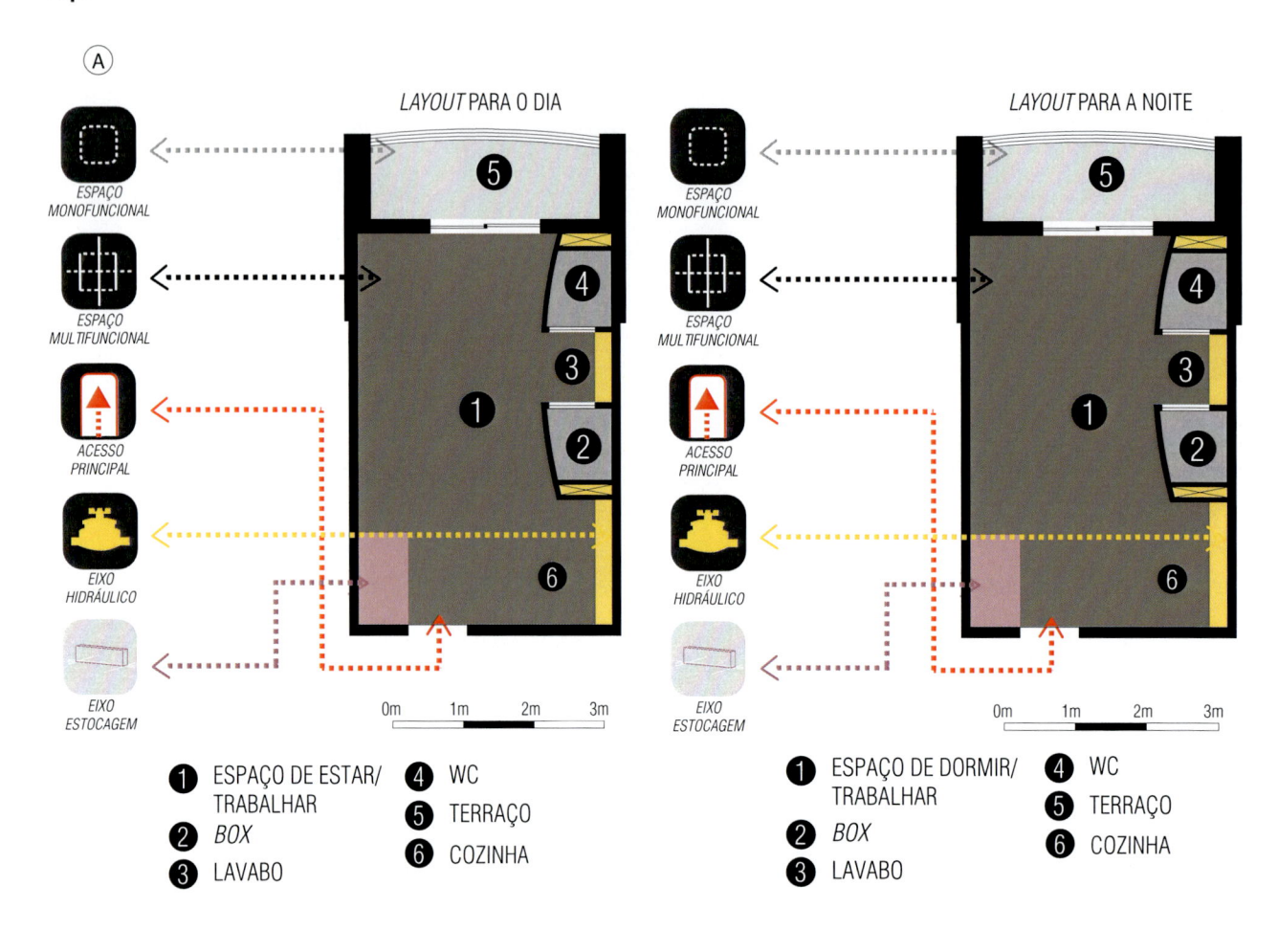

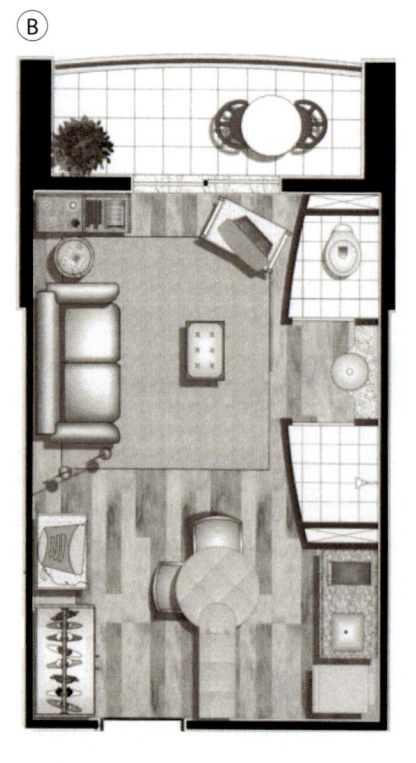

ESPAÇO MONOFUNCIONAL
ESPAÇO MULTIFUNCIONAL
ACESSO PRINCIPAL
EIXO HIDRÁULICO
EIXO ESTOCAGEM

❶ ESPAÇO DE DORMIR/TRABALHAR
❷ BOX
❸ LAVABO
❹ WC
❺ TERRAÇO
❻ COZINHA

(B) (C)

Fig. 5.18 Edifício Studio Home, na rua Bela Cintra: (A) esquema gráfico da planta dos apartamentos – proposta de layout para o dia e para a noite; (B) ilustração publicitária da proposta de layout para o dia; e (C) ilustração publicitária da proposta de layout para a noite. Paulo Lisboa, 2000
Fonte: peça publicitária.

5 Depois do tipo: ainda apartamento contemporâneo?

APARTAMENTO E-PERSONAL

1. SALA/DORMITÓRIO/ ESPAÇO DE GINÁSTICA
2. COZINHA
3. ÁREA DE SERVIÇO
4. TERRAÇO
5. BANHEIRO

ESPAÇO MONOFUNCIONAL
ESPAÇO MULTIFUNCIONAL
ACESSO PRINCIPAL
EIXO HIDRÁULICO

APARTAMENTO E-PROJECT

1. SALA/DORMITÓRIO/ ESCRITÓRIO
2. COZINHA
3. ÁREA DE SERVIÇO
4. TERRAÇO
5. BANHEIRO

ESPAÇO MONOFUNCIONAL
ESPAÇO MULTIFUNCIONAL
ACESSO PRINCIPAL
EIXO HIDRÁULICO
EIXO ESTOCAGEM

Fig. 5.19 *Edifício e-apartaments, na rua Alves Guimarães: (A) esquema gráfico da planta dos apartamentos e-project e e-personal; (B) ilustração publicitária da planta do apartamento e-project; e (C) ilustração publicitária da planta do apartamento e-personal. Sem identificação do autor, 2000. Fonte: peça publicitária.*

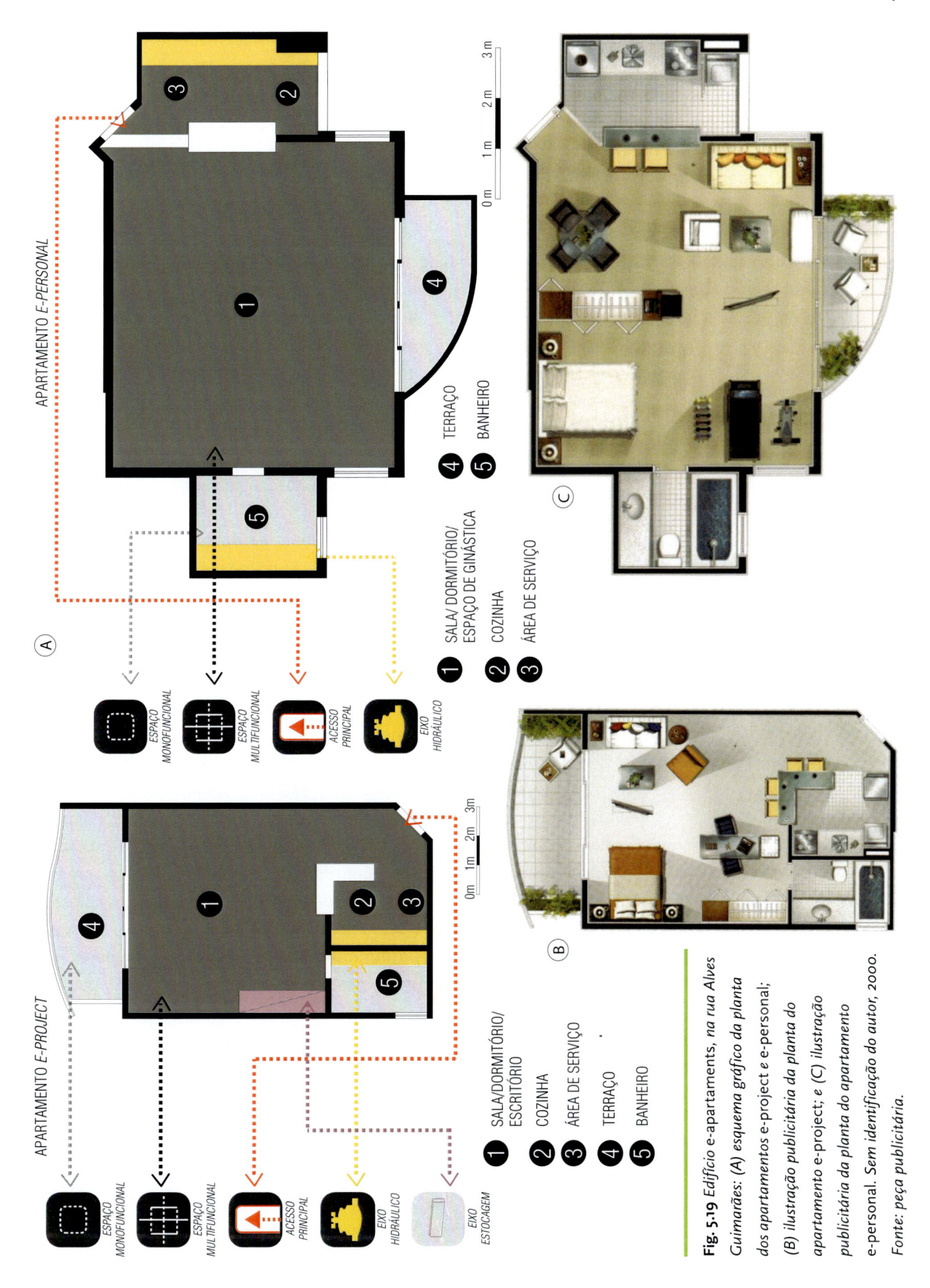

Na tentativa de responder a tais questionamentos, alguns empreendimentos do mercado continuaram, ao longo dos anos 2000, a oferecer as chamadas opções de plantas, com variações espaciais, muitas vezes, sutis, como analisado anteriormente. Uma tendência que foi observada nesses apartamentos, em especial naqueles destinados às classes mais ricas, foi a de se dotar um edifício de sistema estrutural capaz de abrigar plantas livres e, a partir daí, oferecer possibilidades de agenciamentos com um a três dormitórios. As variações e as possibilidades eram inúmeras, porém a lógica desses empreendimentos seguia o padrão das antigas opções de plantas: construída a configuração eleita, esta não se alterava mais, a não ser que uma reforma fosse realizada no apartamento posteriormente (Figs. 5.20 a 5.23).

Sobre a relação entre o espaço doméstico e as ações cotidianas realizadas nele, reflexões contemporâneas podem ser tecidas. O espaço doméstico tradicional funciona como uma espécie de palco das inúmeras ações cotidianas realizadas por seus moradores, assim como de suas apropriações – inúmeras sobreposições são realizadas em cômodos específicos. A sala, por exemplo, pode ser considerada como o espaço mais utilizado da casa, em que é exercido o maior número de atividades. Já o quarto, em muitos casos, deixa de ser um lugar tão privativo para se tornar mais coletivo, à medida que as relações familiares também se diluem, além de ser um espaço aberto ao mundo virtual. O banheiro, por sua vez, recebe cada vez mais ações relativas ao relaxamento, culto ao corpo e sexualidade. Há banheiros menos privativos e mais coletivos, abertos, menos exclusivos. Também a família está mais aberta aos diálogos, à vida alheia, ao mundo externo, mesmo que seja por meio de uma tela digital. O espaço da individualização por excelência, o dormitório, está relativizado no mundo das tecnologias portáteis. A privacidade também acompanha tais revoluções tecnológicas e procura um lugar no espaço doméstico. Já a cozinha passa a pertencer a todos e, por isso, abriu-se, estando mais equipada e prática. A empregada doméstica está em extinção e os afazeres da casa agora são de responsabilidade de todos os moradores. Os espaços domésticos deixam, aos poucos, de ter funções exclusivas: a sala não é somente espaço de convívio e contato social, o dormitório não é unicamente um universo privado, o banheiro não é voltado exclusivamente para o que é necessário e a cozinha, apenas para preparar alimentos (Fig. 5.24).

Sobre as funções domésticas no espaço residencial contemporâneo, Palermo (2009) ressalta a necessidade de que três dimensões sejam consideradas: (I) a dimensão físico-espacial – trata-se de sua estrutura urbana de inserção, propiciando contato social, abrigo e segurança; (II) a dimensão antropológica – trata-se da simbiose entre o morador e o plano físico do edifício; e (III) a dimensão funcional – referencial de propriedade e espaço privado, no qual a família expressa cultura, crenças e aspirações. Sobre a dimensão funcional do espaço habitável, pressupõem-se o atendimento programático e a adequação ao grupo residente, uma vez que tais atributos vão permitir que o homem desempenhe, em sua casa, as atividades de forma suficiente, segura e confortável (Palermo, 2009).

Diante das considerações feitas anteriormente, notadamente em relação à organização espacial dos apartamentos lançados pelo mercado imobiliário na cidade de São Paulo, chega-se ao final dos anos 2000 com um cenário bastante similar ao das décadas anteriores, salvo algumas exceções. Mesmo que o mercado imobiliário tenha se favorecido nessa época, com o aumento do poder aquisitivo, o acesso a crédito pela população de classe baixa e média e, portanto, a maior demanda para compra, observou-se, de forma geral, a diminuição da qualidade arquitetônica nos apartamentos, cada vez menores e estandardizados.

> "Chega-se ao final dos anos 2000 com um cenário bastante similar ao das décadas anteriores, salvo algumas exceções"

> "Observou-se, de forma geral, a diminuição da qualidade arquitetônica nos apartamentos, cada vez menores e estandardizados"

5 Depois do tipo: ainda apartamento contemporâneo?

Fig. 5.20 *Edifício São Paulo Fashion Hall, na Vila Madalena: (A) esquema gráfico da planta – proposta de apartamento conjugado e (B) layout do apartamento disponível em material de divulgação publicitária. Abyara, 2002. Fonte: baseado em Planeta Imóveis (<www.planetaimoveis.com>).*

1. SALA DE ESTAR/SALA DE JANTAR/BAR/ESCRITÓRIO
2. COZINHA
3. BANHEIRO
4. TERRAÇO
5. SUÍTE MASTER
6. *CLOSET*
7. ÁREA DE SERVIÇO
8. LAVABO

ESPAÇO MONOFUNCIONAL
ESPAÇO MULTIFUNCIONAL
ACESSO PRINCIPAL
CIRCULAÇÃO HORIZONTAL
EIXO HIDRÁULICO
EIXO ESTOCAGEM

morar em apartamento

1. SALA DE ESTAR/ SALA DE JANTAR
2. COZINHA
3. ÁREA DE SERVIÇO
4. DORMITÓRIO
5. SUÍTE
6. BANHEIRO
7. VARANDA

ESPAÇO MONOFUNCIONAL
ESPAÇO MULTIFUNCIONAL
ACESSO PRINCIPAL
EIXO HIDRÁULICO
EIXO ESTOCAGEM

Fig. 5.21 *Edifício São Paulo Fashion Hall, na Vila Madalena: (A) esquema gráfico da planta – proposta de apartamento elaborada pelo estilista Marcelo Sommer e (B) layout do apartamento disponível em material de divulgação publicitária.*
Abyara, 2002
Fonte: baseado em Planeta Imóveis (<www.planetaimoveis.com>).

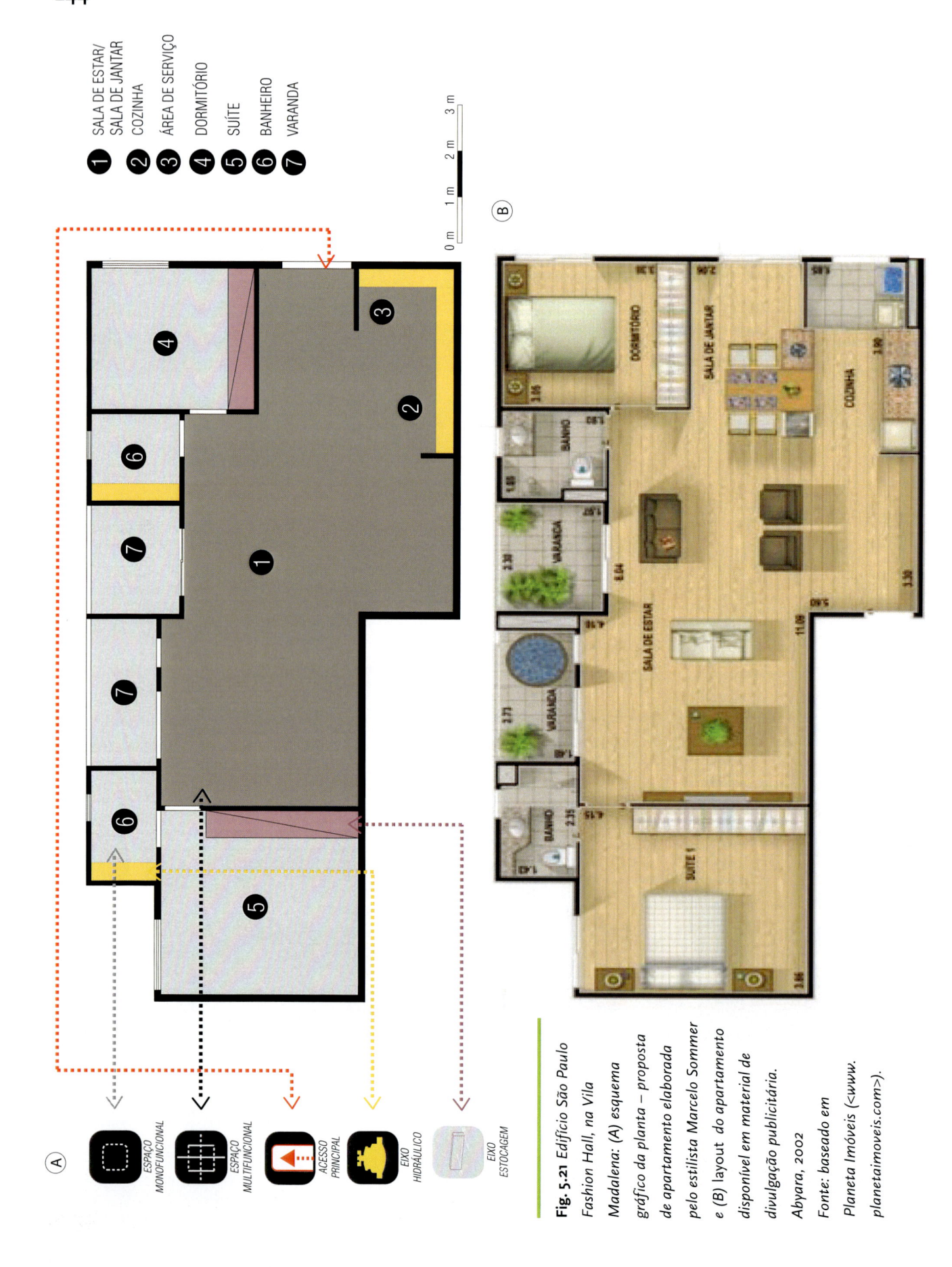

5 Depois do tipo: ainda apartamento contemporâneo?

Fig. 5.22 *Edifício São Paulo Fashion Hall, Vila Madalena:* (A) *esquema gráfico da planta — proposta de apartamento elaborada pelo estilista Fause Haten e* (B) *layout do apartamento disponível em material de divulgação publicitária. Abyara, 2002*

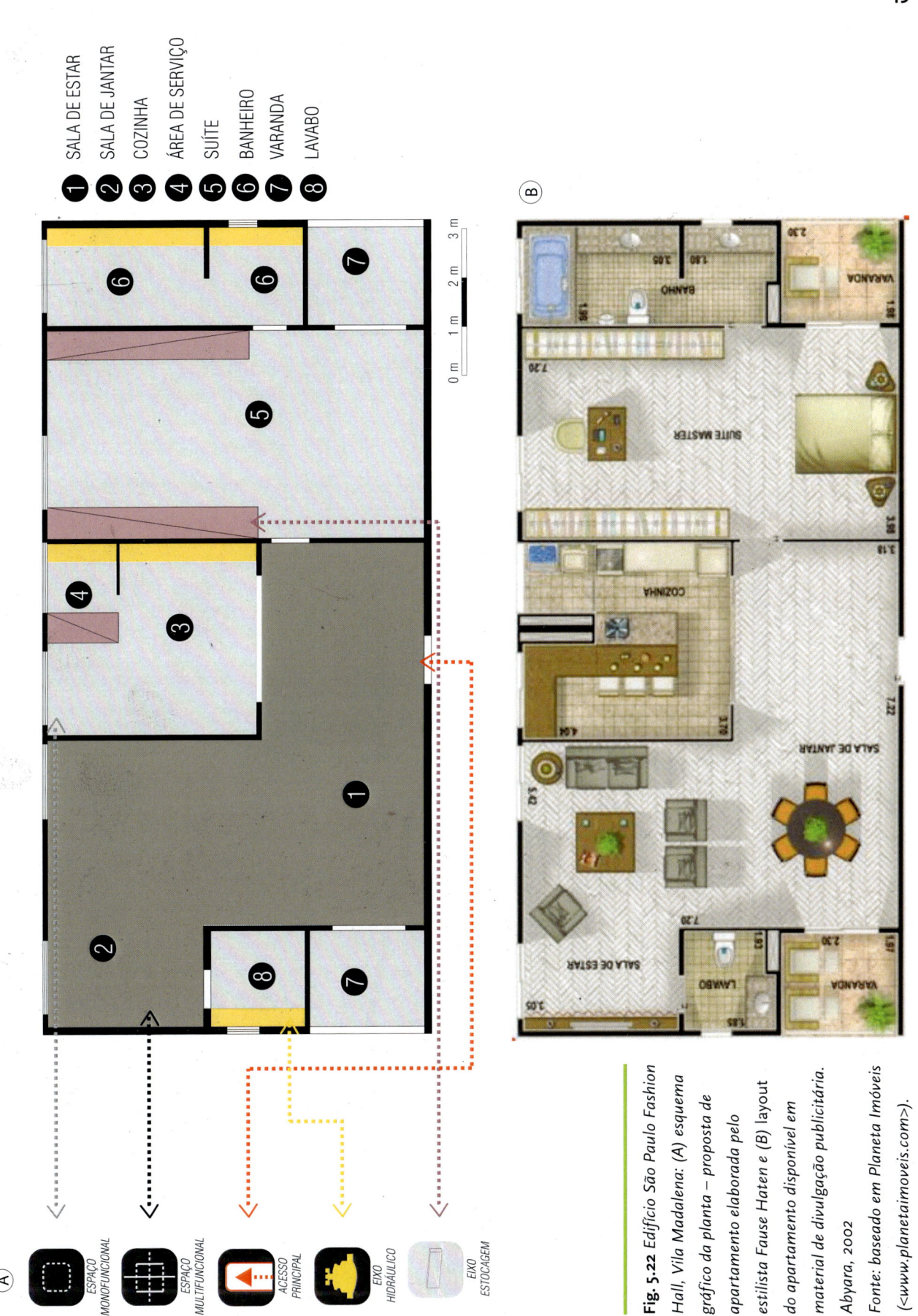

Fonte: baseado em Planeta Imóveis (<www.planetaimoveis.com>).

Legenda:
1. SALA DE ESTAR
2. SALA DE JANTAR
3. COZINHA
4. ÁREA DE SERVIÇO
5. SUÍTE
6. BANHEIRO
7. VARANDA
8. LAVABO

ESPAÇO MONOFUNCIONAL
ESPAÇO MULTIFUNCIONAL
ACESSO PRINCIPAL
EIXO HIDRÁULICO
EIXO ESTOCAGEM

morar em apartamento

1. SALA DE JANTAR/ SALA DE ESTAR/BAR
2. TERRAÇO
3. BANHEIRO
4. SUÍTE
5. DORMITÓRIO
6. COZINHA
7. ÁREA DE SERVIÇO
8. LAVABO
9. DESPENSA

ESPAÇO MONOFUNCIONAL
ESPAÇO MULTIFUNCIONAL
ACESSO PRINCIPAL
CIRCULAÇÃO HORIZONTAL
EIXO HIDRÁULICO
EIXO ESTOCAGEM

Fig. 5.23 *Edifício Azul, na rua Simpatia, Vila Madalena, São Paulo*: (A) esquema gráfico da planta da opção B e (B) layout do apartamento disponível em material de divulgação publicitária. Idea Zarvos, Isay Weinfeld, 2016

Fonte: baseado em Idea Zarvos (<http://www.ideazarvos.com.br/pt/empreendimento/azul>).

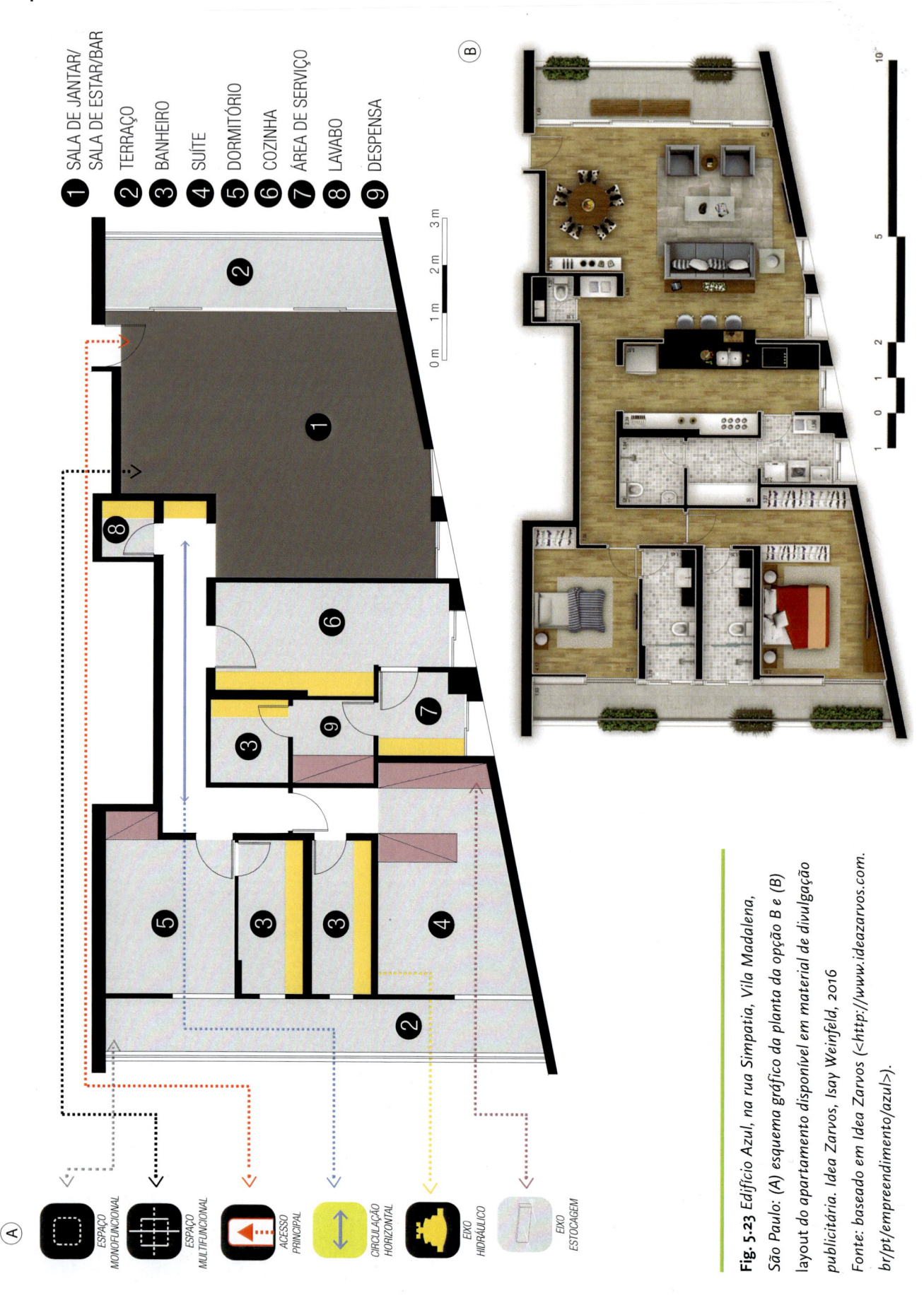

SOBREPOSIÇÃO DE AÇÕES NO ESPAÇO DOMÉSTICO
3 DORM. - 60M²

banho
- higienizar
- necessidades fisiológicas
- armazenar
- ler
- conviver
- lazer
- relaxar
- vestir

cozinha e área de serviço
- alimentar
- cozinhar
- lavar
- conviver
- armazenar
- trabalhar

dormitórios
- repousar
- conviver
- lazer
- trabalhar
- relaxar
- estudar
- armazenar
- vestir
- ler

sala
- conviver
- lazer
- trabalhar
- relaxar
- alimentar
- repousar
- estudar
- armazenar
- ler

Fig. 5.24 *Sobreposição de atividades no espaço doméstico – apartamento de três dormitórios, com 60 m²*
Fonte: baseado em Gafisa (<http://www.gafisa.com.br>).

Paralelamente, o fenômeno da supervalorização das esferas coletivas dos edifícios, já observado na década de 1990, acentuou-se nos anos 2000, na tentativa de compensar as perdas espaciais e arquitetônicas. Esse fenômeno foi bastante alicerçado e alavancado por estratégias de *marketing* e pela presença cada vez mais forte da publicidade e da propaganda no setor imobiliário residencial. Além disso, originalmente característica em empreendimentos mais caros, tal abordagem começou a ser utilizada de forma mais intensiva para empreendimentos destinados também às classes médias e baixas.

> "O fenômeno da supervalorização das esferas coletivas dos edifícios acentuou-se nos anos 2000, na tentativa de compensar perdas espaciais e arquitetônicas nos edifícios de apartamentos"

5.6 Publicidade × necessidades

Historicamente, a produção do mercado imobiliário brasileiro concentrada nos estratos sociais mais baixos foi inédita nesse início do século XXI. Indicadores atestavam seu crescimento; entretanto, tal produção não nos pareceu associar-se a preceitos inovadores de concepção e construção de seus empreendimentos. Observou-se a manutenção de padrões projetuais já conhecidos, em muitos casos potencializando seus aspectos negativos, como a redução de áreas úteis e a manutenção de modelos espaciais tripartidos, associadas à supervalorização das esferas coletivas dos empreendimentos.

Essa valorização da presença de equipamentos coletivos nos edifícios de apartamentos parece dever-se, principalmente, ao fato de que com a área útil da unidade menor, grande parte das atividades deixa de ser realizada dentro do apartamento para ser realizada fora dele, o que será percebido em empreendimentos destinados aos diferentes padrões sociais.

A partir dos anos 2000, além dos espaços de lazer tradicionais como piscinas, *playgrounds* e áreas verdes, vários empreendimentos começaram a contar com espaços específicos para outras atividades que anteriormente eram realizadas nos apartamentos de áreas maiores. Entre eles figuram-se o *lounge*, o espaço *gourmet*, o *space grill*, entre outros (Figs. 5.25 a 5.28). O *lounge* era descrito em alguns panfletos como um espaço para receber pessoas, trocar informações, ver e ser visto. Já o espaço *gourmet* era um local dotado de cozinha, sala de jantar e equipamentos destinados às reuniões gastronômicas dos moradores e seus convidados. O *space grill* era o local próprio para se grelhar alimentos, diretamente ligado ao espaço *gourmet*, entretanto, com sistemas de exaustão supostamente mais eficientes.

O *hall* de entrada tinha frequentemente pé-direito duplo e refinados materiais de acabamento, passando a ser chamado de *lobby* (Fig. 5.29). Notou-se também a presença, nesses empreendimentos, de *cyber* café, *business center*, *fitness center*, *spa*, entre outros, ressaltando-se que a maioria dos nomes designando esses espaços eram em inglês. Alguns desses equipamentos, longe de se constituírem como novidades, eram versões maquiadas dos antigos salões de festas, academias de ginásticas, *hall* de entrada e salas de repouso, presentes nos edifícios das décadas de 1980 e 1990.

Fig. 5.25 *Edifício Perfil Morumbi, em São Paulo: (A) ilustração do salão de festas e (B) ilustração do pizza grill. Abyara,*

5 Depois do tipo: ainda apartamento contemporâneo?

Fig. 5.26 *Edifício New Way, na rua do Glicério, no centro. Peças gráficas publicitárias: (A) salão de games e (B) piscina adulto noturna. Tegra, Candusso Arquitetos Associados, 2015 Fonte: Brookfield (<http://br.brookfield.com/Empreendimento/Interna/SP/apartamento-residencial-centro-new-way>).*

O requinte e a quantidade desses serviços coletivos se relacionavam, diretamente, como sempre, ao tamanho do bolso do morador. Acompanhando o fenômeno da propagação dos condomínios-clube, originalmente da década de 1990 e com forte atuação no mercado atual, a listagem de equipamentos de uso coletivo dos empreendimentos verticais lançados nos anos 2000 parecia não terminar (Figs. 5.30 e 5.31). A ênfase no estilo de viver dada aos empreendimentos destacava o papel e o valor comercial da presença de tais equipamentos nos edifícios. Uma gama ampla de equipamentos de uso coletivo parecia assegurar a viabilidade econômica dos empreendimentos, já que as unidades continuam apresentando os mesmos padrões espaciais de sempre. Essa ilusão de poder usufruir de tudo que lhe era oferecido e, portanto, ter acesso a uma vida melhor acabava favorecendo a decisão da compra do imóvel.

> "A ênfase no estilo de viver dada aos empreendimentos destacava o papel e o valor comercial da presença de tais equipamentos nos edifícios"

A presença desses novos equipamentos no espaço habitacional sugeria o suprimento de algumas demandas típicas da metrópole contemporânea. Uma delas pode estar associada à importância que o uso do tempo passou a ter na vida das pessoas, daí a crescente oferta de empreendimentos dotados de serviços típicos de hotelaria, como o *long stay*, um

Fig. 5.27 *Supervalorização dos espaços coletivos*
Fonte: Rossi Residencial (<http://www.rossiresidencial.com.br/>), Gafisa (<www.gafisa.com.br>) e MRV (<http://www.mrv.com.br/>).

Fig. 5.28 *Edifício Bosque Araucária, Jardim das Perdizes, São Paulo: (A) ilustração da portaria e (B) ilustração do espaço gourmet. Itamar Berezin, 2017*
Fonte: Tecnisa (<https://www.tecnisa.com.br/imoveis/sp/sao-paulo/apartamentos/bosque-araucaria/galeria/231/fotos/11125>).

5 Depois do tipo: ainda apartamento contemporâneo?

Fig. 5.29 *Peça gráfica publicitária do hall social do edifício Romanée, na Vila Romana. Paulo Mauro, 2015*
Fonte: Paulo Mauro Construtora (<http://www.paulomauro.com.br/romanee-vila-romana.html>).

Fig. 5.30 *Ilustração do lounge bar do edifício Augusta Hype Living, na Consolação, São Paulo. 2017*

Fig. 5.31 *Peça gráfica publicitária da churrasqueira e do forno de pizza do edifício Romanée, na Vila Romana. Paulo Mauro, 2015*
Fonte: Paulo Mauro Construtora (<http://www.paulomauro.com.br/romanee-vila-romana.html>).

tipo de *flat* destinado a grupos familiares pequenos, normalmente composto de dois ou três dormitórios (Fig. 5.32). No caso dos apartamentos convencionais, também se notou o aumento da quantidade de serviços dispostos pelo condomínio, desde aqueles domésticos, como lavar, passar e cozinhar, até atividades externas, como pequenas compras e pagamentos. Houve casos em que esses serviços se estendiam à vigilância dos filhos, à disposição de motorista, *personal trainer*, massagista e *entertainer*.

Outra demanda metropolitana estava associada à ideia de estresse provocado pela vida cotidiana, veiculada, principalmente, pelos meios de comunicação. Ela trazia subjacente a mensagem de que todos deveriam combater o problema, destinando alguns momentos do dia às atividades prazerosas e relaxantes. A resposta do mercado imobiliário a essa solicitação foi notada na forma de inserções de espaços destinados a massagens, terapias alternativas, atividades de culto ao corpo em áreas coletivas do edifício, geralmente dotadas de jardins planejados e espelhos d'água – o *feng shui*, por exemplo, tem sido largamente utilizado nessa década de 2000.

> "Uma gama ampla de equipamentos de uso coletivo parecia assegurar a viabilidade econômica dos empreendimentos, já que as unidades continuam apresentando os mesmos padrões espaciais de sempre"

Dado esse contexto, o mercado parece insistir na ideia de oferecer ao cliente não somente um espaço para sua moradia, mas um modo de vida desejável, ideal e feliz, na tentativa de suprir carências intangíveis. Essa parafernália de equipamentos e disponibilidades podia seduzir o comprador, principalmente por oferecer a ele uma possibilidade de viver uma vida diferente a partir da garantia do uso desses equipamentos. Ter uma vida saudável, praticar esportes diariamente, ter acesso a equipamentos anteriormente nunca usados e, principalmente, preencher a vida dos filhos com atividades diversas, e também saudáveis, parecia ser uma promessa de vida garantida a partir da compra (Fig. 5.33).

Quanto às classes mais baixas, entre os mais comuns argumentos publicitários estava a presença de áreas verdes, naquele momento como uma opção de lazer para a família. Essa estratégia pretendia oferecer, a uma população carente de espaços verdes e estressada pelo contato diário com os problemas da cidade média e grande, a imagem de um pequeno paraíso particular. Sobre essa questão, Wilheim escreveu que, ao examinar os projetos imobiliários que abundavam em nossos jornais, notou-se, durante os anos 2000, a predominância da cor verde: "oferece-se à venda a paisagem vista da janela – um parque longínquo ou o jardim, por vezes bem elaborado, que constituirá o verde privativo de quem pode" (Wilheim, 2008). Notou-se que essa valorização das áreas verdes, presente em empreendimentos destinados à classe alta, acabava sendo bastante utilizada para as demais classes.

De maneira geral, as propagandas de lançamentos dos edifícios de apartamentos produzidos em várias cidades no Brasil durante os anos 2000 enfatizam, principalmente, o bem-estar e uma maneira de viver considerada saudável, prática e moderna. O nome dos empreendimentos também remetia a tais conceitos de vida: São Paulo *Fashion Hall*, *Hype*, *The Dream*, *Soft Loft*, *Modus Vivendi* Jardins, *Grand Space*, e ainda havia os que remetiam ao *glamour* francês: *Port de la Rochelle*, *Le Grand Classique* etc. Tais referências não ultrapassavam o folheto de divulgação, já que as supostas novidades eram versões maquiadas de algumas atividades antigas e tradicionais, e o espaço da unidade em si, por sua vez, continuava o mesmo. Sobre isso, Alves (2009, p. 7) indicou que, "a partir da nomeação do produto, o imóvel torna-se outro, uma vez que é introduzido no universo mágico da publicidade, que suspende o tempo para contar outra narrativa do cotidiano".

> "As propagandas de lançamentos dos edifícios de apartamentos durante os anos 2000 enfatizam, principalmente, o bem-estar e uma maneira de viver considerada saudável, prática e moderna"

5 Depois do tipo: ainda apartamento contemporâneo?

ESPAÇO MONOFUNCIONAL

ESPAÇO MULTIFUNCIONAL

ACESSO PRINCIPAL

CIRCULAÇÃO HORIZONTAL

EIXO HIDRÁULICO

EIXO ESTOCAGEM

1. SALA DE ESTAR/ SALA DE JANTAR/TV
2. TERRAÇO
3. ESTOCAGEM
4. DORMITÓRIO
5. ESCRITÓRIO
6. BANHEIRO
7. COZINHA/ ÁREA DE SERVIÇO

0 m 1 m 2 m 3 m

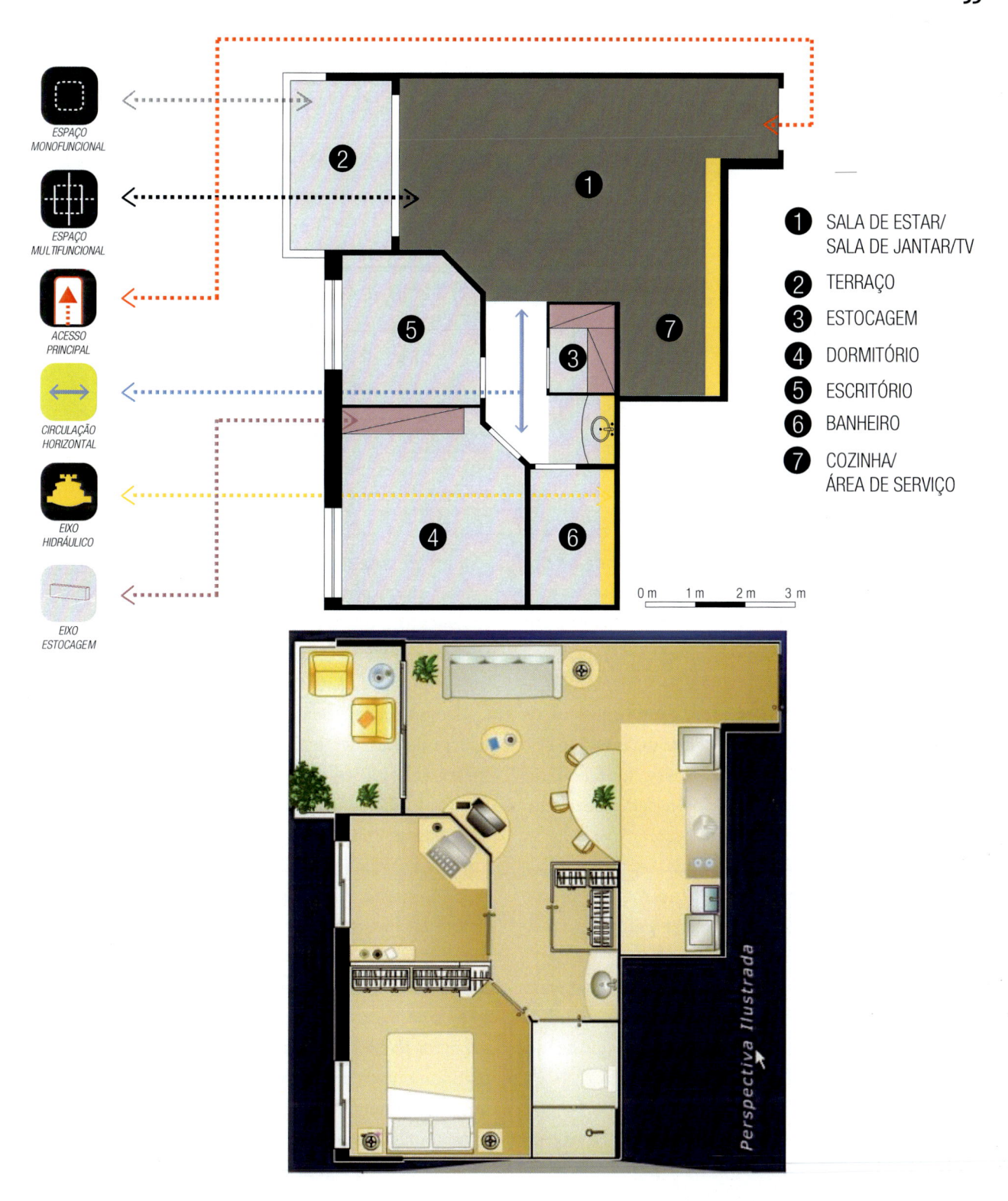

Perspectiva Ilustrada

Fig. 5.32 *Esquema gráfico da planta-tipo do Long Stay World Class, na Vila Olímpia. Collaço e Montaner, Cyrela, 2002*
Fonte: baseada em Cyrela (<https://www.cyrela.com.br/sp>).

Fig. 5.33 *Ilustração da área livre do edifício Rossi Atual Saúde, em São Paulo. Rossi, 2017*
Fonte: Rossi Residencial (<http://www.rossiresidencial.com.br>).

Ainda sobre o papel da publicidade e da propaganda na produção de edifícios de apartamentos nos anos 2000, percebe-se uma exacerbação das formas de comunicação, com a utilização de todos os recursos midiáticos disponíveis para alcançar o comprador em potencial. Os desejos dos consumidores eram explorados nas propagandas, nas quais imagens eram expostas na tentativa de associar-se a certos padrões de consumo. Nesse mercado, as imagens que eram expostas nos *folders* apresentavam móveis, objetos e estilos de decoração e de lazer entendidos como moda. Introduzia-se, no espaço e nos objetos, o prazer e o desejo, ao mesmo tempo que a consciência dos indivíduos se permitia manipular. Sobre esse fenômeno, Soares e Santana (2007, p. 278) indicaram que "o espaço torna-se a representação de uma possível ascensão social, vendida através do que ele, enquanto espaço-significado, possa parecer, simbolizar ou representar".

> "Nesse cenário, o ideal de morar, senso comum da sociedade brasileira, foi a base para o desenvolvimento de campanhas publicitárias no setor residencial"

Nesse cenário, o ideal de morar, senso comum da sociedade brasileira, foi a base para o desenvolvimento de campanhas publicitárias no setor residencial (Fig. 5.34). A realização do sonho de "morar bem" foi explorada como o objetivo central da compra. Essa praxe, anteriormente reservada a empreendimentos mais caros, mostrou-se presente em praticamente todos os lançamentos imobiliários no país, inclusive nos destinados às classes média e baixa.

Dessa forma, nas propagandas dos edifícios de apartamentos destinados às classes média e baixa, foram valorizados aspectos do modo de vida de uma família tradicional. O ideal de morar à forma e maneira das classes mais altas, que ainda se mantinha na sociedade brasileira, foi reforçada pela propaganda e pelo marketing dos apartamentos. O produto arquitetônico em si era pouco revelado, já que do ponto de vista de sua qualidade arquitetônica poucos eram os atributos positivos a se destacar. Em inúmeras campanhas e panfletos não havia divulgação da planta e dos aspectos técnicos e construtivos do edifício. Os poucos equipamentos de usos coletivos projetados para esses empreendimentos eram explorados ao máximo nas campanhas, assim como a segurança, a localização e a proximidade de algum equipamento relevante.

Sobre essa questão, Loureiro e Amorim (2005) reforçam que, "através dos atributos anunciados, expectativas em torno do morar são criadas e recriadas, o que vem, por sua vez, alimentar a formulação de programas arquitetônicos, bem como constituir uma certa cultura do morar".

5 Depois do tipo: ainda apartamento contemporâneo?

Fig. 5.34 *Imagens do habitar*
Fonte: Rossi Residencial (<http://www.rossiresidencial.com.br/>) e MRV (<http://www.mrv.com.br/>).

Os recursos de mídia utilizados nesses empreendimentos tentavam captar, cativar, seduzir e reter a atenção do consumidor que, habituado com a pasteurização e unificação dos modelos disponíveis, acabava se atendo aos discursos personalizados expressos nas imagens e frases dos meios publicitários. Sobre essas condutas, Soares e Santana (2007, p. 279) indicaram que "verdades são criadas, mas que não correspondem ao real e são sim cenários, que aguçam o imaginário, o sonho de uma família que se prepara, por vezes, durante a vida inteira, para 'começar uma nova vida' em uma casa, em um 'lugar único'".

5.7 Tipificação das formas e da inserção urbana

Analisando os modelos de implantação e de soluções formais dos edifícios de apartamentos destinados à classe média e frequentemente ofertados pelo mercado imobiliário paulistano durante os anos 2000, constatamos, nos aspectos programáticos e funcionais, sua padronização e baixa qualidade. A mesma similaridade observada na planta era constatada nas soluções de fachadas e em sua inserção urbana. Assim como nos panfletos publicitários, pouco se falava e se demonstrava sobre a planta do apartamento, raras eram as alusões à estética e à solução formal de implantação desses empreendimentos.

> "A mesma similaridade observada na planta era constatada nas soluções de fachadas e em sua inserção urbana"

Acompanhando a retórica de miniaturização, quase abstração, das características e aspectos adotados em edifícios mais caros, os edifícios mais baratos tentavam reproduzir os tão criticados neoclássicos de outrora. Dada a simplificação dos programas e dos sistemas construtivos adotados, a solução formal da grande maioria desses edifícios se restringia à utilização de cores em tons pastéis, faixas decoradas e alguns parcos beirais que simulavam tal filiação estilística, muitas vezes identificada somente nos textos das propagandas publicitárias (Fig. 5.35). Interessante notar que, mesmo nos edifícios de apartamentos mais caros edificados em São Paulo, as soluções formais acabavam resultando na padronização dos pavimentos e dos programas. Essas soluções decorriam da aplicação de materiais de revestimentos e da manutenção de padrões estéticos similares.

Sobre a relação dos edifícios de apartamentos com a cidade, Serapião (2004) criticou sua forma, escrevendo: "potencializada pela insegurança dos grandes centros, a ausência de gentileza desses projetos com o espaço urbano é gritante: altos muros, ausência de espaços semipúblicos ou mesmo de permeabilidade espacial, entre outros". Esse parece ter sido um problema de arquitetura que se relaciona com vários outros da cidade brasileira contemporânea: a cidade das ausências. Ausência de planejamento urbano, de legislações urbanas eficientes, de transportes coletivos em massa, de espaços públicos de qualidade, entre outros, mas, principalmente, de consumidores atentos e informados.

> "Percebeu-se cada vez mais comum a oferta de edifícios de apartamentos mais baratos na periferia das cidades, caracterizados pela padronização e miniaturização de seus programas, soluções formais e sua inserção urbana"

Fenômeno frequentemente associado às centralidades urbanas, a verticalização, percebida nos anos 2000, tem sido flagrada nas franjas das cidades de médio e grande porte brasileiras, principalmente em função do preço da terra e da fuga da cidade muitas vezes insegura e poluída. Esse fenômeno estava associado a empreendimentos mais caros, que funcionavam como condomínios autônomos, e aos mais baratos, excluídos da urbanidade. Nesse cenário, percebeu-se cada vez mais comum a oferta de edifícios de apartamentos mais baratos na periferia das cidades, caracterizados pela padronização e miniaturização de seus programas, soluções formais e sua inserção urbana.

Em relação aos aspectos mais ligados à inserção urbana e aos espaços de uso coletivo, Barros e Pina (2010) indicaram parâmetros projetuais como fatores para o projeto de habitação coletiva humanizada e destacaram que as necessidades humanas deveriam ser consideradas como pertencentes à esfera psicossocial e ambiental no universo da habitação coletiva, desde a escala da implantação até a escala da unidade habitacional. Incluíram, ainda nesses parâmetros, a vivacidade urbana, diferentes graus de privacidade e envolvimento comunitário, segurança, legibilidade, identidade, senso de proteção e estímulos sensoriais.

Sobre essa arquitetura que sucumbia às modas e aos padrões gerenciados por uma lógica hegemônica do mercado imobiliário, Rozestraten e Segall (2009, p. 191) sugeriam que

> tratavam-se muito mais da produção de imagem do que de espaço; muito mais de impacto visual imediato para um consumidor passivo do que de cultura espacial na acepção mais profunda e rica da palavra (não apenas conhecimento, mas humanização deste conhecimento); muito mais de quantidade do que de qualidade. Tal interpretação sugere que vivemos em um sistema de relações produtivas cuja lógica exige obsolescências aceleradas que desvalorizam a criação original, assim como a manutenção e longevidade do que se cria.

Vale ressaltar que a grande maioria das questões analisadas na produção de edifícios de apartamentos lançados pelo mercado imobiliário na cidade de São Paulo, durante os anos 2000, manteve-se muito similar nos anos que se sucederam. Sobre tal fenômeno contemporâneo, algumas considerações

5 Depois do tipo: ainda apartamento contemporâneo?

Fig. 5.35 *Monotonia arquitetônica*
Fonte: Rossi Residencial (<http://www.rossiresidencial.com.br/>) e MRV (<http://www.mrv.com.br/>).

podem ser feitas. De um lado, sabemos que processos falhos, tanto projetuais como executivos, predominam no setor da construção civil no Brasil. Também sabemos que a garantia da elevada qualidade habitacional está diretamente associada à qualidade do processo de projeto, que deve restaurar na produção imobiliária, entre outros aspectos, os valores artísticos e de humanização da arquitetura. Por outro lado, a qualidade ambiental e arquitetônica desses empreendimentos pode ser resgatada através do fortalecimento de processos projetuais que insiram o ser humano como elemento central de análise e soluções.

> "A verticalização poderia representar uma resposta positiva diante dos problemas habitacionais que nossas cidades enfrentam"

Novos padrões de consumo da emergente classe média brasileira deveriam estar associados ao aumento de sua qualidade de vida. A ampliação numérica que nosso país vivenciou, notadamente nos anos 2000, deveria estar direcionada para a sustentabilidade social, ambiental e econômica de seus moradores. A verticalização poderia representar uma resposta positiva diante dos problemas habitacionais que nossas cidades enfrentam, notadamente a cidade de São Paulo, se sua produção (projeto, construção e ocupação) fosse menos impactante do ponto de vista social, ambiental e econômico. Diversidade programática, flexibilidade espacial, sustentabilidade, gentileza urbana, integração social e regionalismo continuam sendo, entre outros, fatores fundamentais para essa mudança de patamar de qualidade.

5.8 Ainda apartamentos contemporâneos?

Não foi fácil convencer o paulistano a morar em apartamentos. Foram praticamente quatro décadas de esforços, no intuito de reverter na habitação coletiva verticalizada a velha imagem degradada e promíscua de cortiços, que abarrotavam os bairros na virada do século XIX para o século XX. Mesmo com todos os esforços de governos locais em buscar para São Paulo uma imagem de cidade haussmanniana, com suas remodelações e reformas, talvez a peça mais emblemática da Paris da *Belle Époque* – o apartamento – não alcançou nessas terras o mesmo significado europeu. Poucos foram os apartamentos produzidos nos anos 1910 e 1920 para as classes mais ricas da sociedade, que preferiam os palacetes. Inicialmente com programas simples, raramente para famílias nucleares, mas principalmente para pessoas sozinhas e pequenos grupos de solteiros, os apartamentos começaram a ganhar espaço no cenário habitacional paulistano com configurações muito similares aos quartos de hotéis e às hospedarias.

Desde suas origens na cidade de São Paulo, notamos que o controle da produção dos edifícios de apartamentos tem estado nas mãos de especuladores, principalmente a partir da Lei do Inquilinato. Sempre considerados como mercadoria, tais apartamentos chegaram ao final do século XX apresentando a mesma tipologia de tempos atrás, em áreas até 50% menores que as dos anos 1950. Esse "tipo", sob a alegação de ser um resultado projetual economicamente viável e que atendia às necessidades dos moradores, foi, nas últimas três décadas do século XX, comercializado em grande escala.

Os apartamentos elaborados por arquitetos de ateliê frequentemente oferecem a mesma organização espacial. Esse quadro se acentuou principalmente a partir dos anos 1970, quando se observou a especialização de uma chamada arquitetura comercial, subordinada, portanto, às regras de mercado. Segawa (1991, p. 63) observa: "[...] que a grande maioria de edifícios do gênero é medíocre, virtualmente transformando um juízo de origem preconceituosa num argumento irrefutável [...]".

A maior crítica à produção do mercado utiliza-se, sem dúvida, do fato de que tais apartamentos continuam oferecendo espaços internos muito semelhantes aos do século passado, para grupos familiares diversos e famílias nucleares totalmente transformadas.

5 Depois do tipo: ainda apartamento contemporâneo?

Talvez a principal alteração tenha sido a conquista da privacidade – o grupo familiar tem deixado de ser um grupo doméstico controlado por uma pessoa para ser um encontro de indivíduos e vidas individuais –, significando que o espaço doméstico tem de responder de outra forma a essas solicitações. De maneira geral, os agentes envolvidos na produção de apartamentos não respondem a tais mudanças comportamentais, privilegiando uma proposição que alia novidades, na instância coletiva, e tradicionalismo, na esfera privada do empreendimento.

> "De maneira geral, os agentes envolvidos na produção de apartamentos não respondem às mudanças comportamentais quando oferecem novidades, na instância coletiva, e tradicionalismo, na esfera privada do empreendimento"

A unidade habitacional reduzida teve que exportar muitas atividades, antes realizadas em seu interior, para o espaço coletivo dos edifícios e, nesse sentido, ao longo do tempo o mercado viu, na ênfase desses equipamentos coletivos, a venda de uma imagem. Modernidade, eficiência, praticidade e segurança compuseram a retórica do mercado nesses últimos 60 anos. Serapião (2000) indica que "nesse mar de projetos aprovados às centenas por ano, que pasteurizam o tecido urbano com trabalhos sem qualidade arquitetônica, imperam as paredes a 45° em planta, espaços reduzidos e descuidos primários com a insolação".

> "Criando coisas novas com conceitos velhos, o mercado, hoje, diz saber o que os clientes querem e precisam: uma arquitetura de fachada que estimula o gosto pela inovação constante, entretanto, sem alterações conceituais (Tramontano, 1998a)"

Criando coisas novas com conceitos velhos, o mercado, hoje, diz saber o que os clientes querem e precisam: uma arquitetura de fachada que estimula o gosto pela inovação constante, entretanto, sem alterações conceituais (Tramontano, 1998a). Essa receita garantida, que vende bem, pode realmente atender às novas demandas dos recentes modos de vida da sociedade? Vários são os indícios de que não, porém, o maior sinal de que tais apartamentos atendem minimamente às novas demandas da sociedade reside na insatisfação geral dos moradores, indicada pelo alto número de reformas que as unidades têm sofrido, recheando de trabalho os escritórios de decoração e arquitetura da cidade. Basta abrir qualquer revista de decoração ou arquitetura para se deparar com matérias que tentam resolver o problema da inadequação dos espaços construídos dessa modalidade habitacional. Como acomodar atividades como o trabalho em casa, o relaxamento, o culto ao corpo, além das necessidades individuais de cada membro da família, em espaços tão compartimentados, estanques e cada vez mais minúsculos?

> "Como acomodar atividades como o trabalho em casa, o relaxamento, o culto ao corpo, além das necessidades individuais de cada membro da família, em espaços tão compartimentados, estanques e cada vez mais minúsculos?"

Tais tendências têm sido explicitadas através dos jornais, revistas, documentários e teses sobre modos de vida. Entre inúmeros dados, destaca-se a grande sobreposição de funções no dormitório, por exemplo, no qual atividades como assistir TV, ler, receber amigos, relaxar e trabalhar são cada vez mais percebidas – assim como quase uma totalidade de pessoas atualmente possui computador ou algum equipamento com acesso à internet, mais frequentemente os celulares, em seus lares. Também se percebe a importância e necessidade de garantir individualidade aos dois membros de um casal, vendo-se com bons olhos o uso de *closets* e armários individuais, bem como espaços de trabalho separados. Já em relação aos banheiros, é crescente o número de pessoas que encaram o momento do banho como relaxamento além de higiene, notando-se cada vez mais a presença de equipamentos como banheiras e jardins internos, ampliando o tempo de permanência no espaço progressivamente. Já as cozinhas, atualmente, parecem ser os locais de convívio por excelência, dotadas de ilhas tecnológicas e equipamentos *gourmets*. Entretanto, verificamos que o ato de se alimentar tem sido estendido a outros espaços da casa, como à sala de jantar ou de TV e até mesmo aos dormitórios. As pessoas têm se alimentado também mais fora de casa, principalmente os *singles*, o que influi diretamente na presença da empregada doméstica.

> "A qualidade do projeto e, portanto, da própria habitação, de maneira geral, parece não ser o fator mais relevante disposto pelo mercado imobiliário"

No lado oposto a tais constatações, encontra-se a produção de edifícios de apartamentos pelo mercado imobiliário. Nota-se, a partir da leitura e da análise da evolução dessa modalidade habitacional, a transformação do apartamento – um bem imóvel e durável, de baixa descartabilidade – em produto imobiliário, especialmente a partir da década de 1980. Sob o argumento do amplo atendimento às demandas dos usuários, o mercado imobiliário, na figura de seus vários agentes, consagrou tipologias de morar baseadas em modelos convencionais e buscou criar necessidades a partir da supervalorização dos espaços de uso coletivo. Passou a vender imagem em vez de solução habitacional. Nesse sentido, a qualidade do projeto e, portanto, da própria habitação, de maneira geral, parece não ser o fator mais relevante disposto pelo mercado imobiliário.

O *modus operandi* desse mercado é a conversão de desejos em necessidades, por meio da incorporação mais intensiva da publicidade e da propaganda. Sob esse aspecto, nota-se que, assim como na mudança de paradigma do produto imobiliário (da localização estratégica para os planos de negócios), a propaganda também mudou sua ênfase, dos atributos físicos do imóvel (número e tamanho dos dormitórios, por exemplo) para os atributos subjetivos (como os estilos de vida).

Esse processo, que inclui a publicidade e a propaganda e seus agentes como ferramenta, muitas vezes se sobrepõe ao papel do arquiteto, desvalorizando o sentido mais amplo da arquitetura e relegando a esses profissionais o cuidado de questões mais cosméticas e acessórias. Embora a produção de apartamentos pertença à esfera da construção civil, cujo projeto espacial tem como especialista o arquiteto, a configuração do negócio imobiliário tem envolvido agentes de diversas especialidades, com a finalidade de produzir negócios altamente vendáveis e lucrativos. Dessa forma, a cadeia produtiva envolve setores tidos como mais importantes que o dos projetistas do empreendimento, como no caso da publicidade, na qual são investidos mais recursos do que no projeto arquitetônico.

O mercado imobiliário, por sua vez, apoia-se na lógica das pesquisas mercadológicas, que acabam por apresentar, na grande maioria das vezes, um quadro simplista das necessidades dos moradores, já que a formatação do produto imobiliário denominado apartamento possui uma relação subordinada à sua realização no mercado ou às suas vantagens comparativas em termos de venda.

A somatória desses fatores levou à fragilidade e à desvalorização do projeto arquitetônico nessa área. Logo, com essa lógica, todo o processo de projeto – que envolve concepção, desenvolvimento, coordenação e gestão – acontece, na maioria dos casos, de maneira precária, o que também contribui para a má qualidade espacial do empreendimento.

Habitar, no entanto, é um ato mais complexo que a simples compra e descarte de um produto. Como escreve Joaquín Arnau,

> a substância dos hábitos constitui a habitação. E a habitação é a função que propicia e decanta a arquitetura, como a visão na pintura, a audição na música, a leitura na poesia ou o movimento na dança, a habitação afina-se, magnifica-se, resplandece com a arquitetura, que é o esplendor da habitação. Diferente

dos outros hábitos, como os de ver ou ouvir, complexos mais concentrados num só dos sentidos, o hábito de habitar liga-se a todos eles. (Arnau, 2000 apud Coelho, 2006, p. 445).

A poética de Arnau demonstra, portanto, os valores essenciais da habitação, muitas vezes esquecidos nesse processo de produção imobiliária. Diante disso, pode-se inferir que a melhoria da qualidade habitacional, notadamente de edifícios de apartamentos, passa por uma valorização do projeto arquitetônico, além de uma gestão do processo que considera os interesses e as reais necessidades dos usuários finais. Existem desejos exasperados de novas formas de morar que, não acompanhados de novos conteúdos programáticos, podem resultar num formalismo que escapa à contemporaneidade.

GLOSSÁRIO

agentes do mercado imobiliário	Arquitetos e urbanistas, incorporadores, vendedores, construtores e profissionais da área de Marketing.
ambiente	Considerado por Bechtel (1997) como tudo o que nos rodeia. Moser e Weiss (2003) partem da definição de ambiente como o quadro de vida do indivíduo, algo que "rodeia, envolve, engole" (Ittelson, 1973).
ambiente construído	Todo o ambiente erigido, moldado ou adaptado pelo homem. São os artefatos humanos ou estruturas físicas realizadas pelo homem (Ornstein; Bruna; Roméro, 1995).
apartamento-tipo	Diz-se da unidade padrão de determinado edifício, o que exclui apartamento de cobertura, geralmente com área e características diferenciadas do apartamento-tipo (Figueiredo, 2005).
apartamento de cobertura	Apartamento do último andar de um edifício, construído sob a laje de cobertura (Figueiredo, 2005).
apartamento *duplex*	Apartamento com dois pavimentos (Figueiredo, 2005).
área comum	Área compartilhada por todos proprietários das unidades autônomas de um condomínio (Figueiredo, 2005).
área de construção	Soma das áreas, incluindo paredes e pisos, cobertos ou não, de todos os pavimentos de uma edificação (Figueiredo, 2005).
área edificada	Área total coberta de uma edificação. São excluídas apenas áreas de poços, vazios e algumas saliências (abas e marquises), com exceção da área do poço do elevador (ou de qualquer equipamento mecânico de transporte vertical), que deverá ser considerada no cálculo da área edificada de um único andar (Figueiredo, 2005).
área privativa	Área de um imóvel de uso privativo e exclusivo de seu proprietário ou morador, delimitada pela superfície externa das paredes (Figueiredo, 2005).
área total	Somatória da área privativa da unidade autônoma com a área comum de divisão proporcional entre os condôminos (Figueiredo, 2005).

? Glossário

área útil	Soma das áreas do piso dos compartimentos de um imóvel, sem contar a espessura das paredes.
briefing	Conjunto sintetizado de dados preparado por um grupo de profissionais do mercado, que apresentam características e atributos diferenciais que devem constar na elaboração do projeto.
butler service	Tipologia de apartamento com mais de dois dormitórios destinada a famílias nucleares no sistema *flat*, com disponibilidade de todos os serviços, similarmente a hotéis (serviço de limpeza, refeições, motoristas, *babysitter* etc.).
características tipológicas	Segundo Pedro (2000), as respostas que ocorrem com uma frequência elevada num determinado universo constituem as características tipológicas. No trabalho arquitetônico, podem ser definidas como o conjunto de elementos programáticos (ou arquiteturais) que constituem uma tipologia. Por exemplo, a tipologia de um apartamento com três dormitórios tem como características: sala, cozinha, área de serviços, banheiro, três dormitórios.
classe média	Categorização de classe média, segundo o IBGE (2014): alta classe média (renda familiar acima de R$ 5.000 por mês), média classe média (renda familiar de R$ 2.500 a R$ 5.000 por mês), baixa classe média (renda familiar de R$ 1.000 a R$ 2.500 por mês). Waldir Quadros, da Universidade Estadual de Campinas (Unicamp), ressalta que a sua definição de classe média não se restringe ao nível de renda. Pertencem à classe média indivíduos que ocupam cargos intermediários entre as categorias clássicas de divisão de trabalho – proprietários e operariado. Esse recorte inclui desde o *office boy* de uma empresa aos executivos assalariados.
compartimento	Compartimento de uma moradia é um espaço privado, ou um conjunto de espaços privados diretamente interligados, delimitado por paredes e com acesso através de vão (Pedro, 2000).
DINK	*Double Income, No Kids*. Caracteriza-se pelo grupo familiar com duplo rendimento, sem filhos.
edificação	Obra coberta destinada a abrigar atividade humana ou qualquer instalação, equipamento e material (Figueiredo, 2005).
edifício	Construção verticalizada composta por unidades destinadas a diversos fins, como residencial (apartamentos), comercial (escritórios), de hospedagem (*flats* e hotéis), entre outros (Figueiredo, 2005).
equipamentos de uso coletivo	São os equipamento disponíveis no edifício para uso dos moradores.
espaço	É uma zona da habitação destinada ao desenvolvimento de uma função.
espaço privado	É definido neste trabalho pela unidade do edifício (apartamento).
espaço semiprivado	É definido pela área de uso coletiva do edifício ou espaços de uso comum.
especialistas	Profissionais e agentes do mercado imobiliário.
função	Uma função compreende um conjunto de sistemas de atividades que constituem uma unidade mais generalizada do comportamento na habitação (Pedro, 2000).
habitabilidade	Segundo Bell et al. (1990 apud Ornstein; Bruna; Roméro, 1995), a capacidade do projeto ou ambiente construído de se adequar às necessidades dos habitantes ou usuários. Inicialmente, termo adotado no caso de ambientes residenciais, mas hoje condição extensiva a qualquer modalidade ambiental.
habitação	É a unidade em que se processa a vida de cada família, englobando a moradia e suas dependências. Compreende o conjunto de elementos urbanísticos para a sua configuração – rua, infraestrutura etc. (Pedro, 2000).
loft	Tipo de apartamento ou casa com planta diferenciada, onde os espaços são abertos e integrados. Expressa um estilo de viver prático e moderno. Geralmente *duplex*, a planta de um *loft* pode contemplar sala com pé-direito duplo, integrada à cozinha estilo americano, e com a suíte no mezanino (Figueiredo, 2005).

lugar	Ambiente que ganha significado através da ocupação ou apropriação humana. Conceito cultural fundamental para descrever as relações humanas no meio ambiente (Ornstein; Bruna; Roméro, 1995). A ideia de lugar envolve duas questões: uma ligada à noção do estar em relação com o meio ambiente – tudo que nos rodeia no globo terrestre, seja natural, construído, social ou cultural –, derivada da conceituação de local; e outra relativa à forma de compreensão e de entendimento do mundo pelo homem, conhecida por cognição. A definição de um lugar se dá por intermédio da inter-relação de três dimensões fundamentais de constituição, a saber: os elementos físicos que o constituem, os conceitos que fazemos dele e os usos e comportamentos que ele possibilita (Rheingantz; Alcântara; Del Rio, 2005).
moradia	É o conjunto dos espaços privados nucleares de cada habitação, confinado por um envolvente que o separa do ambiente exterior e do resto do edifício (Pedro, 2000).
morador (usuário)	Quem habita o espaço privado, unidade ou apartamento.
planta	Representação geométrica da projeção de um plano, da parte ou do todo de uma edificação.
privacidade	Segundo Bell et al. (1990 apud Ornstein; Bruna; Roméro, 1995), é o processo que determina os limites a partir dos quais as pessoas regulam suas interações com as demais. É este processo que, por sua vez, regula a territorialidade. Um amplo relato sobre a origem da noção da privacidade foi desenvolvido por Rybczynski (1996). Para Bechtel (1997), o conceito de privacidade acrescenta várias outras dimensões à territorialidade, ao se relacionar com sensações que não dependem necessariamente de fronteiras físicas. Tais sensações podem ser provocadas por estímulos sonoros, visuais e informacionais. Privacidade também se relaciona com o termo *espaço pessoal*, definido por Sommer (1973) como uma bolha invisível que as pessoas carregam à sua volta, e que registrariam a fronteira da territorialidade pessoal.
produto	De forma geral, um produto é uma espécie de compilação de diversos fatores (pt.wikipedia.org/wiki/Produto). Em Marketing, produto é algo que pode ser oferecido em um mercado para satisfazer a um desejo ou necessidade. Contudo, é muito mais do que apenas um objeto físico. É o pacote completo de benefícios ou satisfação que os compradores percebem que obterão se adquirirem o produto (pt.wikipedia.org/wiki/Produto-economia).
programação arquitetônica	Para Sanoff (1991), programação é um sistema de processamento de informações capaz de direcionar o projeto no atendimento das necessidades do usuário, cliente, projetista ou empreendedor. Para Van der Voordt et al. (1999 apud Van der Voordt; Van Wegen, 2005), programa é uma coleta ordenada de dados sobre as necessidades habitacionais e o desempenho requerido do lugar, do edifício e de seus ambientes e equipamentos.
projeto	Plano geral de uma edificação, reunindo plantas, cortes, elevação e detalhamento de cada uma das áreas de atuação na construção (arquitetura, elétrica, hidráulica, paisagismo, estrutural etc.).
tipo	Corresponde à construção de uma imagem descritiva de uma tipologia, constituindo uma unidade autonomizável e paradigmática. O tipo não constitui uma imagem que deve ser copiada, mas uma ideia que serve de modelo geral (Pedro, 2000). No nosso trabalho arquitetônico, é considerada a modalidade habitacional apartamento.
tipologia	Pedro (2000) define tipologia como as soluções em conjuntos que tenham características idênticas. No caso arquitetônico, resulta da ocorrência elevada da mesma combinação de várias características, por exemplo: apartamentos de dois dormitórios, três dormitórios, *lofts, duplex* etc.

REFERÊNCIAS BIBLIOGRÁFICAS

ABREU, M. *Evolução urbana do Rio de Janeiro.* Rio de Janeiro: Iplanrio/Zahar, 1992.

ALTMAN, I.; CHEMERS, M. *Culture and environment.* New York: Cambridge University Press, 1984.

ALVES, M. C. D. Publicidade imobiliária e suas construções retóricas. In: CONGRESSO BRASILEIRO DE CIÊNCIAS DA COMUNICAÇÃO (INTERCOM), 32., Curitiba. *Anais...* Curitiba (PR), 2009.

ANELLI, R. L. S. *Arquitetura e cidade na obra de Rino Levi.* 1995. Tese (Doutorado) – Faculdade de Arquitetura e Urbanismo, Universidade de São Paulo, São Paulo, 1995.

ANELLI, R. GUERRA, A. *Rino Levi*: arquitetura e cidade. São Paulo: Romano Guerra Editora, 2001.

ARANHA, M. B. C. *A obra de Rino Levi e a trajetória da arquitetura moderna no Brasil.* 2008. Tese (Doutorado) – Faculdade de Arquitetura e Urbanismo, Universidade de São Paulo, São Paulo, 2008.

ARIÈS, PH.; CHARTIER, R. (Org.). *História da vida privada*: da Renascença ao século das luzes. São Paulo: Companhia das Letras, 1991. v. 3.

ARRUDA, P. V.; COSTA, R. A. C. São Paulo nos anos 70. *Revista Cidade.* São Paulo, Departamento do Patrimônio Histórico/Secretaria Municipal de Cultura, ano II, n. 2, p. 44, 1995.

ATIQUE, F. *Notas sobre a constituição da Arquitetura Moderna Brasileira*: o caso do Edifício Esther. Monografia de disciplina, São Carlos: EESC/USP, p. 23, 2000.

ATIQUE, F. *Memória de um projeto moderno*: a idealização e a trajetória do Edifício Esther. 2002. Dissertação (Mestrado em Arquitetura e Urbanismo) – Escola de Engenharia de São Carlos, Universidade de São Paulo, São Carlos, 2002.

ATIQUE, F. Ensinando a morar: o Edifício Esther e os embates pela habitação vertical em São Paulo (1930--1962). *Risco: Revista de Pesquisa em Arquitetura e Urbanismo (Online)*, São Carlos, n. 2, p. 38-55, jul. 2005. Disponível em: <http://www.revistas.usp.br/risco/article/view/44628>. Acesso em: 10 mai. 2018.

ATIQUE, F.; TRAMONTANO, M. Reflexão sobre a evolução recente da habitação para população de baixa renda na região da cidade de São Paulo. *Relatório da Bolsa de Estudos FIPAI*. São Carlos: Fipai, 1996.

BARRETO, R.; PERISSINOTO, P. *Artacho Jurado, uma arquitetura cênica*. CD-ROM. São Paulo: Satmundi/Secretaria Estadual de Cultura, 1999.

BARROS, L. F. W.; ALVES, J. E. D.; CAVENAGHI, S. M. Novos arranjos domiciliares: condições socioeconômicas dos casais de dupla renda e sem filhos (DINC). In: ENCONTRO NACIONAL DE ESTUDOS POPULACIONAIS, 16., Caxambu. Anais... Caxambu (MG), 2008.

BARROS, R. R. M. P.; PINA, S. A. M. G. Uma abordagem de inspiração humanizadora para o projeto de habitação coletiva mais sustentável. *Associação Nacional de Tecnologia do Ambiente Construído*, Porto Alegre, v. 10, n. 3, p. 121-135, jul./set. 2010.

BECHTEL, R. *Environment and behavior*: an introduction. California: Sage, 1997.

BERDINI, P. *Walter Gropius*. Barcelona: Gustavo Gili, 1986.

BERQUÓ, E. Arranjos familiares no Brasil: uma visão demográfica. In: SCHWARCZ, L. M. (Org). *História da vida privada no Brasil*: contrastes da intimidade contemporânea, v. 4. São Paulo: Companhia das Letras, 1998.

BIDERMAN, F. et al. (Org.). *São Paulo 1994*. São Paulo: Fundação Seade, 1994.

BILAC, E. Convergências e divergências nas estruturas familiares no Brasil. *Revista Ciências Sociais Hoje*, São Paulo: Anpocs, 1991.

BLAKE, P. *Os grandes arquitetos*: Le Corbusier e o domínio da forma. Rio de Janeiro: Record, 1966.

BODY-GENDROT, S. Uma vida privada francesa segundo o modelo americano. In: PROST, A.; VINCENT, G. (Org.). *História da vida privada*: da Primeira Guerra aos nossos dias, v. 5. São Paulo: Companhia das Letras, 1991.

BOECHAT, R. *Copacabana Palace*: um hotel e sua história. Rio de Janeiro: Melhoramentos, 1998.

BOESIGER, W. *Le Corbusier*: 1910-1965. Barcelona: Gustavo Gili, 1971.

BONDUKI, N. *Origens da habitação social no Brasil*: arquitetura moderna, lei do inquilinato e difusão da casa própria. São Paulo: Estação Liberdade/Fapesp, 1998.

BRASIL. Ministério da Agricultura, Indústria e Comércio. *Recenseamento geral do Brasil*: estatística predial e domiciliária do Brasil. Realizado em 1 de setembro de 1920, v. IV, 6. parte. Rio de Janeiro, 1930.

BRUAND, Y. *Arquitetura contemporânea no Brasil*. São Paulo: Perspectiva, 1991.

BRUNO, E. S. *História e tradições da cidade de São Paulo*, v. 3. Rio de Janeiro: José Olympio, 1975.

BRUSCHINI, C. Estrutura familiar e trabalho na Grande São Paulo. *Cadernos de Pesquisa*. São Paulo, Fundação Carlos Chagas, n. 72, fev. 1990.

CAMARANO, A. A. Mulher idosa: suporte familiar ou agente de mudança? *Estudos avançados*. São Paulo, v. 17, n. 49, p. 35-63, set./dez. 2003. Disponível em: <https://dx.doi.org/10.1590/S0103-40142003000300004>. Acesso em: mar. 2008.

CARDOSO, A. L. O mercado imobiliário e a crise: o caso de São Paulo. In: RIBEIRO, L. C. de Q.; AZEVEDO, S. de. (Org.). *A crise da moradia nas grandes cidades*: da questão da habitação à reforma urbana. Rio de Janeiro: Editora UFRJ, 1996.

CARVALHO, A. A.; ALVES, J. E. D. Padrões de consumo dos arranjos familiares e das pessoas que moram sozinhas no Brasil e em Minas Gerais: uma análise de gênero e renda. In: SEMINÁRIO SOBRE ECONOMIA MINEIRA, 14., Diamantina. Anais... Diamantina (MG), 2010.

CARVALHO, A. A.; ALVES, J. E. D.; CAVENAGHI, S. M. Mudanças no padrão tradicional de família: um estudo sobre as pessoas sozinhas no Brasil entre 1987-2007. In: CONGRESSO LATINOAMERICANO DE SOCIOLOGIA – ALAS, 27., Buenos Aires. Anais... Buenos Aires, 2009.

CARVALHO, V. C. *Gênero e artefato*: o sistema doméstico na perspectiva da cultura material – São Paulo 1870-1920. São Paulo: Edusp/Fapesp, 2008.

CASTELLO-BRANCO, I. H. D. *Arquitetura no centro da cidade*: edifícios de uso coletivo, São Paulo: 1930-1950. 1988. Dissertação (Mestrado em Arquitetura e Urbanismo) – Faculdade de Arquitetura e Urbanismo, Universidade de São Paulo, São Paulo, 1988.

REFERÊNCIAS BIBLIOGRÁFICAS

CASTELLS, M. *O poder da identidade*. São Paulo: Paz e Terra, 1999.

CASTELO BRANCO, H. *Família*: indicadores sociais (1981--1987), v. 1. Rio de Janeiro: IBGE, 1989.

CHASTEL, A.; GUILLAUME, J. (Org.). *Architecture et vie sociale à la Renaissance. L'organisation intérieure des grandes demeures à la fin du Moyen Age et à la Renaissance*. Paris: Éditions Picard, 1994.

COCCARO, J. L. *Modernização urbano-industrial e arquitetura na cidade de São Paulo no período de 1960-1975*. 2000. Dissertação (Mestrado em Estruturas Ambientais Urbanas) – Faculdade de Arquitetura e Urbanismo, Universidade de São Paulo, São Paulo, 2000.

COELHO, A. B. *1984-2004: 20 anos a promover a construção de habitação social*. Lisboa: Instituto Nacional da Habitação, 2006.

COELHO, A. B. Cidade e habitação de interesse social. In: FABRICIO, M. M.; ORNSTEIN, S. W. (Org.). *Qualidade no projeto de edifícios*. São Carlos: Rima Editora/Antac, 2010.

COHEN, A.; FUKU, K. *Humanising the City?* – social contexts of urban life at the millenium. Edimburgh: Edimburgh University Press, 1993.

CONDURU, R. *Vital Brazil*. São Paulo: Cosac Naify, 2000.

CORREIA, T. B. *Pedra, plano e cotidiano operário no sertão*. Campinas: Papirus, 1998.

DA SILVA, L. O. A constituição das bases para a verticalização na cidade de São Paulo. *Arquitextos*. São Paulo, v. 7, n. 080, jan. 2007. Disponível em: <http://www.vitruvius.com.br/revistas/read/arquitextos/07.080/280>.

DANTAS, F. Classe C vai demandar 10 milhões de imóveis. *O Estado de S. Paulo*, 2010. Disponível em: <http://economia.estadao.com.br/noticias/geral,classe-c-vai-demandar-10-milhoes-de-imoveis,533383>.

DELARISSE, K. F. *Evolução recente da habitação contemporânea na cidade de São Paulo*: principais tipologias. Relatório final de iniciação científica. São Carlos: EESC/USP/CNPq-Pibic, jul. 2001.

D'HAUCOURT, G. *A vida na Idade Média*. São Paulo: Martins Fontes, 1994.

ELEB-VIDAL, M. *L'invention de l'habitation moderne*: Paris 1880-1914. Paris: Hazan, 1995.

EMBRAESP – EMPRESA BRASILEIRA DE ESTUDOS DE PATRIMÔNIO. *Relatório anual*: informativo imobiliário. São Paulo, 1988.

EMBRAESP – EMPRESA BRASILEIRA DE ESTUDOS DO PATRIMÔNIO. *Relatórios mensais e anuais*. São Paulo, 1985-2017.

FARGE, A. Famílias: a honra e o sigilo. In: CHARTIER, R. (Org.). *História da vida privada*: da Renascença ao século das luzes, v. 3. São Paulo: Companhia das Letras, 1991.

FARIAS, A. et al. *A arquitetura de Ruy Ohtake*. São Paulo: Celeste/Grupo Aché, 1994.

FERRAZ, M. C.; PUNTONI, A.; PIRONDI, C.; LATORRACA, G.; ARTIGAS, R. (Org.). *Vilanova Artigas*. Série Arquitetos Brasileiros. São Paulo: Fundação Vilanova Artigas/Instituto Lina Bo e P. M. Bardi, 1997.

FICHER, S. Edifícios altos no Brasil. *Espaços e Debates – Cidades Brasileiras Século XX: Revista de Estudos Regionais Urbanos*, São Paulo, n. 37, p. 61-76, 1994.

FIGUEIREDO, T. *Dicionário do mercado imobiliário*. São Paulo: Cyrela/Brazil Realty, 2005.

FRAMPTON, K. *História crítica da arquitetura moderna*. São Paulo: Martins Fontes, 1997.

FRÚGOLI, H. *Centralidade em São Paulo*: trajetórias, conflitos e negociações na metrópole. São Paulo: Cortez/Edusp, 2000.

FUKUI, L. Família: conceitos, transformações nas últimas décadas e paradigmas. In: PALMA E SILVA, L. A.; STANISCI, S. A.; BACCHETTO, S. (Org.). *Famílias*: aspectos conceituais e questões metodológicas em projetos. São Paulo: Fundap, 1998.

GALESI, R.; CAMPOS NETO, C. M. Edifício Japurá: pioneiro na aplicação do conceito de "unité d'habitation" de Le Corbusier no Brasil. *Arquitextos*. São Paulo, ano 03, n. 031.02, dez. 2002. Disponível em: <http://www.vitruvius.com.br/revistas/read/arquitextos/03.031/724>.

GALVÃO, W. J. F. *COPAN/SP: a trajetória de um mega empreendimento, da concepção ao uso*. 2007. Dissertação (Mestrado em Tecnologia da Arquitetura) – Faculdade de Arquitetura e Urbanismo, Universidade de São Paulo, São Paulo, 2007.

GAMA, L. H. *Nos bares da vida*: produção cultural e sociabilidade em São Paulo – 1940 e 1950. São Paulo: Senac, 1998.

GARCIA, L. S.; RODARTE, M. M. S.; COSTA, P. L. Emancipação feminina e novos arranjos familiares nas regiões metropolitanas brasileiras entre as décadas de 1990 e 2000. In: ENCONTRO NACIONAL DE ESTUDOS POPULACIONAIS, 14., Caxambu. *Anais...* Caxambu (MG), 2004.

GOLDANI, A. M. Família, gênero e políticas: famílias brasileiras nos anos 90 e seus desafios como fator de proteção. *Revista Brasileira de Estudos de População*, São Paulo, v. 19, n. 1, jan./jun. 2002.

GRIZ, C.; AMORIM, L. M. E.; LOUREIRO, C. A família e a casa: papai ainda sabe tudo? *Cadernos de Arquitetura e Urbanismo*, Minas Gerais, v. 15, n. 16, 2008.

GUERRAND, R. H. Espaços privados. In: PERROT, M. (Org.). *História da vida privada*: da Revolução Francesa à Primeira Guerra, v. 4. São Paulo: Companhia das Letras, 1992.

HANSON, J. *Decoding for homes and houses*. Cambridge: Cambridge University Press, 1998.

HOBSBAWM, E. J. *A era das revoluções*: 1789-1841. São Paulo: Paz e Terra, 1985.

HOMEM, M. C. N. *Higienópolis*: grandeza e decadência de um bairro paulistano. São Paulo: PMSP/Departamento do Patrimônio Histórico/Divisão do Arquivo Histórico, 1980.

HOMEM, M. C. N. *O palacete paulistano*: 1867-1918. São Paulo: Martins Fontes, 1996.

HOYLER, T. *Incorporação imobiliária e intermediação de interesses em São Paulo*. 2014. Dissertação (Mestrado em Ciência Política) - Faculdade de Filosofia, Letras e Ciências Humanas, Universidade de São Paulo, São Paulo, 2014.

IBGE - INSTITUTO BRASILEIRO DE GEOGRAFIA E ESTATÍSTICA. *Censo demográfico de 1940*. Rio de Janeiro, 1940.

IBGE - INSTITUTO BRASILEIRO DE GEOGRAFIA E ESTATÍSTICA. *Censo demográfico de 1950*. Rio de Janeiro, 1950.

IBGE - INSTITUTO BRASILEIRO DE GEOGRAFIA E ESTATÍSTICA. *Censo demográfico de 1960*. Rio de Janeiro, 1960.

IBGE - INSTITUTO BRASILEIRO DE GEOGRAFIA E ESTATÍSTICA. *Pesquisa nacional por amostra de domicílios (PNAD)*: estatísticas e levantamentos de dados sobre domicílios e seus moradores na cidade de São Paulo, Região Metropolitana, 1993. São Paulo, 1993.

IBGE - INSTITUTO BRASILEIRO DE GEOGRAFIA E ESTATÍSTICA. *Pesquisa nacional por amostra de domicílios (PNAD)*: pesquisa de condições de vida, 1994. São Paulo: Fundação Seade, 1994.

IBGE - INSTITUTO BRASILEIRO DE GEOGRAFIA E ESTATÍSTICA. *Contagem de população de meio de década*. Rio de Janeiro, 1995.

IBGE - INSTITUTO BRASILEIRO DE GEOGRAFIA E ESTATÍSTICA. Ministério do Planejamento, Orçamento e Gestão. *Síntese de indicadores sociais de 2008*. Rio de Janeiro, 2009a.

IBGE - INSTITUTO BRASILEIRO DE GEOGRAFIA E ESTATÍSTICA. *Pesquisa nacional por amostra de domicílios (PNAD)*. Rio de Janeiro, 2009b.

IBGE - INSTITUTO BRASILEIRO DE GEOGRAFIA E ESTATÍSTICA. *Estudos e pesquisas: informação demográfica e socioeconômica*, n. 27. Síntese de indicadores sociais: uma análise das condições de vida da população brasileira, 2010. Rio de Janeiro, 2010a.

IBGE - INSTITUTO BRASILEIRO DE GEOGRAFIA E ESTATÍSTICA. *Pesquisa nacional por amostra de domicílios (PNAD)*: síntese de indicadores sociais, 2009. Rio de Janeiro, 2010b.

IBGE - INSTITUTO BRASILEIRO DE GEOGRAFIA E ESTATÍSTICA. *Pesquisa nacional por amostra de domicílios (PNAD)*. Rio de Janeiro, 2014.

IBGE - INSTITUTO BRASILEIRO DE GEOGRAFIA E ESTATÍSTICA. *Projeção da população do Brasil*. Rio de Janeiro, 2015.

IPEA - INSTITUTO DE PESQUISA ECONÔMICA APLICADA. *Pesquisa nacional por amostra de domicílios (PNAD) 2014*: breves análises, n. 22. Brasília, 2015.

ITTELSON, W. H. Environment perception and contemporary perceptual theory. In: ITTELSON, W. H. (Ed.). *Environment and cognition*. New York: Seminar Press, 1973.

KOGURUMA, P. A Paulicéia em formação: representações da cidade cosmopolita e o imaginário da modernidade ao final do século XIX e início do XX. In: SEMINÁRIO DE HISTÓRIA DA CIDADE E DO URBANISMO, 6., Natal. *Anais...* Natal (RN), 2000.

KOPP, A. *Quando o moderno não era um estilo e sim uma causa*. São Paulo: Nobel/Edusp, 1990.

KREBS, D. A Cidade Ideal: São Paulo na década de 1950. In: SEMINÁRIO DE HISTÓRIA DA CIDADE E DO URBANISMO, 6., Natal. *Anais...* Natal (RN), 2000.

LAMOUNIER, B. SOUZA, A. *A classe média brasileira*: ambições, valores e projetos de sociedade. Rio de Janeiro/Brasília: Elsevier/CNI, 2010.

LEME, M. S. *O pensamento industrial no Brasil*: 1919-1945. 1977. Dissertação (Mestrado em História Econômica)

REFERÊNCIAS BIBLIOGRÁFICAS

– Faculdade de Filosofia, Letras e Ciências Humanas, Universidade de São Paulo, São Paulo, 1977.

LEMOS, C. A. C. *Cozinhas, etc*. São Paulo: Perspectiva, 1978.

LEMOS, C. A. C. *Arquitetura brasileira*. São Paulo: Melhoramentos/Edusp, 1979.

LEMOS, C. A. C. *Alvenaria burguesa*. São Paulo: Nobel, 1989a.

LEMOS, C. A. C. *História da casa brasileira*. São Paulo: Contexto, 1989b.

LEMOS, C. A. C. Edifícios residenciais em São Paulo: da sobriedade à personalização. *Revista Projeto*, São Paulo, n. 133, p. 57-58, 1990.

LEMOS, C. A. C. *A República ensina a morar (melhor)*. São Paulo: Hucitec, 1999a.

LEMOS, C. A. C. *Casa paulista: história das moradias anteriores ao ecletismo trazido pelo café*. São Paulo: Edusp, 1999b.

LEONE, E. T.; MAIA, A. G.; BALTAR, P. E. Mudanças na composição das famílias e impactos sobre a redução da pobreza no Brasil. *Economia e Sociedade*, Campinas, v. 19, n. 1, p. 59-77, abr. 2010.

LEVI, R. A arquitetura moderna: a arquitetura e a estética das cidades. *Revista Construção Moderna*, São Paulo, fev.-jul. 1926.

LOUREIRO, C.; AMORIM, L. Dize-me teu nome, tua altura e onde moras e te direi quem és: estratégias de marketing e a criação da casa ideal – parte 1 e parte 2. *Arquitextos*. São Paulo, ano 05, n. 058.06, mar. 2005. Disponível em: <http://www.vitruvius.com.br/revistas/read/arquitextos/05.058/490>.

MACEDO, S. S. *Higienópolis e arredores*: processo de mutação de paisagem urbana. São Paulo: Pini/Edusp, 1987.

MACEDO, S. S. Verticalização na cidade de São Paulo. *Seminário Metrópoles Latino-Americanas*, São Paulo, v. 2, p. 9-20, 1991a.

MACEDO, S. S. O processo de verticalização e a paisagem da cidade. *Sinopses*, São Paulo, v. 15, p. 70, jun. 1991b.

MACHADO, L. G. *Rino Levi e a renovação da arquitetura brasileira*. 1992. Tese (Doutorado) – Faculdade de Arquitetura e Urbanismo, Universidade de São Paulo, São Paulo, 1992.

MARINS, P. C. G. Habitação e vizinhança: limites da privacidade no surgimento das metrópoles brasileiras. In: NOVAIS, F. A.; SEVCENKO, N. (Org.). *História da vida privada no Brasil*: República: da Belle Époque à era do rádio, v. 3. São Paulo: Companhia das Letras, 1998.

MENDONÇA, D. X. *Arquitetura metropolitana São Paulo década de 50*: análise de 4 edifícios Copan; Sede do Jornal O Estado de S. Paulo; Itália; Conjunto Nacional. 1999. Dissertação (Mestrado em Arquitetura e Urbanismo) – Escola de Engenharia de São Carlos, Universidade de São Paulo, São Carlos, 1999.

MEYER, R. *Metrópole e urbanismo*: São Paulo anos 50. 1991. Tese (Doutorado) – Faculdade de Arquitetura e Urbanismo, Universidade de São Paulo, São Paulo, 1991.

MONTCLOS, J-M. P. Logis et appartements jumelés dans l'architecture française. In: CHASTEL, A.; GUILLAUME, J. (Org.). *Architecture et vie sociale à la Renaissance. L'organisation intérieure des grandes demeures à la fin du Moyen Age et à la Renaissance*. Paris: Éditions Picard, 1994.

MOSER, G.; WEISS, K. (Org.). *Espaces de vie*: aspects de la relation homme-environnement. Paris: Armand Colin, 2003.

NOVAIS, F. A. MELLO, J. M. C. Capitalismo tardio e sociabilidade moderna. In: SCHWARCZ, L. M. (Org.). *História da vida privada no Brasil*: contrastes da intimidade contemporânea, v. 4. São Paulo: Companhia das Letras, 1998.

NOVAIS, F.; SEVCENKO, N. *História da vida privada no Brasil*: República: da Belle Époque à era do rádio, v. 3. São Paulo: Companhia das Letras, 1998.

ORNSTEIN, S.; BRUNA, G.; ROMÉRO, M. *Ambiente construído e comportamento*. São Paulo: Nobel/FAUUSP/Fupam, 1995.

PALERMO, C. *A sustentabilidade social do habitar*. Florianópolis: Edição da autora, 2009.

PATARRA, N. Rumo a um novo perfil demográfico. *Revista São Paulo em Perspectiva*, São Paulo, v. 4, n. 2, out./dez. 1988.

PEDRO, J. B. *Definição e avaliação da qualidade arquitectónica habitacional*. 2000. Tese (Doutorado) – Faculdade de Arquitetura da Universidade do Porto, Universidade do Porto, Porto, 2000.

PEREIRA, L. A. *Memória urbana*: a Grande São Paulo até 1940. São Paulo: Ateliê Editorial, 2000.

PERROT, M. Maneiras de morar. In: PERROT, M. (Org.). *História da vida privada*: da Revolução Francesa à Primeira Guerra, v. 4. São Paulo: Companhia das Letras, 1991a.

PERROT, M. Outrora, em outro lugar. In: PERROT, M. (Org.). *História da vida privada*: da Revolução Francesa à Primeira Guerra, v. 4. São Paulo: Companhia das Letras, 1991b.

PERUCCHI, J.; BEIRÃO, A. M. Novos arranjos familiares: paternidade, parentalidade e relações de gênero sob o olhar de mulheres chefes de família. *Psic. clin.*, Rio de Janeiro, v. 19, n. 2, p. 57-69, dez. 2007.

PINHEIRO, E. P. A "haussmannização" e sua difusão como modelo urbano no Brasil. In: SEMINÁRIO DE HISTÓRIA DA CIDADE E DO URBANISMO, 5., Campinas. Anais... Campinas (SP), 1998.

PINHEIRO, M. L. B. Arquitetura residencial verticalizada em São Paulo nas décadas de 1930 e 1940. *Anais do Museu Paulista: história e cultura material*, São Paulo, v. 16, n. 1, jan./jun., 2008.

REIS FILHO, N. G. *Quadro da arquitetura no Brasil*. São Paulo: Perspectiva, 1970.

RELATÓRIO ANUAL DA CONSTRUTORA E IMOBILIÁRIA MONÇÕES. *Folheto de divulgação*. São Paulo: Arquivo Municipal, 1954.

REQUENA, C. A. J. *Habitação e novas mídias*: pensamento virtual e concepção arquitetônica. Plano de pesquisa apresentado à FAPESP. São Carlos: EESC/USP, 2002.

REQUENA, C. A. J. *Habitar híbrido*: interatividade e experiência na era da cibercultura. 2007. Dissertação (Mestrado em Teoria e História da Arquitetura e do Urbanismo) – Escola de Engenharia de São Carlos, Universidade de São Paulo, São Carlos, 2007.

RHEINGANTZ, P. A.; ALCÂNTARA, D.; DEL RIO, V. A influência do projeto na qualidade do lugar; percepção da qualidade em áreas residenciais no Rio de Janeiro. *Sociedade e Território: Revista de Estudos Urbanos e Regionais*, Rio de Janeiro, n. 39, p. 100-118, dez. 2005.

ROCHA, P. M. *Mendes da Rocha*. Lisboa: Gustavo Gili, 1996.

ROSSETTO, R. *Produção imobiliária e tipologias residenciais modernas. São Paulo – 1945/1964*. 2002. Tese (Doutorado) – Faculdade de Arquitetura e Urbanismo, Universidade de São Paulo, São Paulo, 2002.

ROUX, S. *La maison dans l'histoire*. Paris: Albin Michel, 1976.

ROZESTRATEN, A. S.; SEGALL, M. L. Considerações sobre a arquitetura e suas relações com a qualidade do ambiente construído e a gestão do processo de projeto. In: SIMPÓSIO BRASILEIRO DE QUALIDADE DO PROJETO NO AMBIENTE CONSTRUÍDO, 9., São Carlos. Anais... São Carlos (SP), 2009.

RYBCZYNSKI, W. *Casa*: pequena história de uma ideia. Rio de Janeiro: Record, 1996.

SAAB, W. G. L. GIMENEZ, L. C. P. Flats, apart-hotéis ou hotéis-residência: caracterização e desempenho no Brasil e no município de São Paulo. *BNDES Setorial*, Rio de Janeiro, n. 14, p. 137-157, set. 2001.

SAIA, L. *Morada paulista*. São Paulo: Perspectiva, 1978.

SAMPAIO, M. R. A. O papel da iniciativa privada na formação da periferia paulistana. *Espaço e Debates*, São Paulo, ano 14, n. 37, 1994.

SAMPAIO, M. R. A. A promoção privada da habitação econômica e a arquitetura moderna em São Paulo, 1930/1964. In: SEMINÁRIO DE HISTÓRIA DA CIDADE E DO URBANISMO, 5., Campinas. Anais... Campinas (SP), 1998.

SANOFF, H. *Visual research methods in design*. New York: Van Nostrand Reinhold, 1991.

SÃO PAULO (Estado). *PCV – Pesquisa de Condições de Vida*. Especial Viver em São Paulo, 1999. Disponível em: <http://catalogo.governoaberto.sp.gov.br/dataset/104-pesquisa-de-condicoes-de-vida-pcv>.

SECOVI – SINDICATO DA HABITAÇÃO. *Balanço do mercado imobiliário, 1º trimestre de 2012*. São Paulo, 2012.

SEGAWA, H. Obviedade e mediocridade. *Revista Projeto*, n. 141, p. 63. São Paulo: Pini, 1991.

SEGAWA, H. *Arquiteturas no Brasil 1900-1990*. São Paulo: Edusp, 1998.

SEGAWA, H. *Prelúdio da metrópole*: Arquitetura e Urbanismo em São Paulo na passagem do século XIX ao XX. São Paulo: Ateliê Editorial, 2000.

SEGRE, R. Documento Ruy Ohtake. *Revista A&U*, n. 61, p. 61-70. São Paulo: Pini, 1995.

SERAPIÃO, F. O edifício invisível e a cidade inexistente. *Revista Projeto*, n. 241. São Paulo: Pini, 2000.

SERAPIÃO, F. Os edifícios-fantasmas e seus ornamentos delinquentes. *Revista Projeto Design*, n. 290. São Paulo: Pini, abr. 2004.

SEVCENKO, N. *Orfeu extático na metrópole*. São Paulo: Companhia das Letras, 1992.

SEVCENKO, N. A capital irradiante: técnica, ritmos e ritos do Rio. In: NOVAIS, F. A.; SEVCENKO, N. (Org.). *História da vida privada no Brasil*: República: da Belle Époque à era do rádio, v. 3. São Paulo: Companhia das Letras, 1998.

REFERÊNCIAS BIBLIOGRÁFICAS

SHIMBO, L. Z. *Habitação Social, Habitação de Mercado*: a confluência entre Estado, empresas construtoras e capital financeiro. 2010. Tese (Doutorado) – Escola de Engenharia de São Carlos, Universidade de São Paulo, São Carlos, 2010.

SILVA, J. L. M. *Cozinha modelo*: o impacto do gás e da eletricidade na casa paulistana (1870-1930). São Paulo: Edusp, 2008.

SOARES, J. C.; SANTANA, G. V. Hipercidades, consumo e habitação: da necessidade de habitar ao desejo de morar. *Estudos e Pesquisa em Psicologia*, Rio de Janeiro, v. 7, n. 2, p. 271-281, ago. 2007.

SOMEKH, N. A (des)verticalização de São Paulo e o plano diretor da cidade. *Revista da pós-graduação em Arquitetura e Urbanismo da FAU/USP*, São Paulo, n. 2, p. 79, 1992.

SOMEKH, N. *A cidade vertical e o urbanismo modernizador*: São Paulo 1920-1939. São Paulo: Nobel/Edusp/Fapesp, 1997.

SOMMER, R. *Espaço pessoal*. São Paulo: Editora Pedagógica e Universitária/Edusp, 1973.

SOUZA, A. G. (Org.) *Habitar contemporâneo*: novas questões no Brasil dos anos 1990. Salvador: FAUFBA/Lab-Habitar, 1997.

SOUZA, M. A. A. *A identidade da metrópole*: a verticalização em São Paulo. São Paulo: Hucitec/Edusp, 1994.

STRAUSS, C. L. *Tristes trópicos*. São Paulo: Companhia das Letras, 1996.

TASCHNER, S. P. Família, habitação e dinâmica populacional no Brasil atual: notas muito preliminares. In: SOUZA, A. G. (Org.). *Habitar contemporâneo*: novas questões no Brasil dos anos 90. Salvador: UFBA/FAUFBA/LAB-Habitar, 1997.

TOLEDO, B. L. *São Paulo*: três cidades em um século. São Paulo: Duas Cidades, 1983.

TRAMONTANO, M. *Habitação moderna*: a construção de um conceito. São Carlos: EESC/USP, 1993.

TRAMONTANO, M. *Habitações, metrópoles e modos de vida*: por uma reflexão sobre a habitação contemporânea. 3o. Prêmio Jovens Arquitetos, categoria "Ensaio Crítico". São Paulo: Instituto dos Arquitetos do Brasil/Museu da Casa Brasileira, 1998a. Disponível em: <http://www.nomads.usp.br/site/livraria/livraria_artigos_online01.htm>. Acesso em: 20 fev. 2016.

TRAMONTANO, M. *Novos modos de vida, novos espaços de morar*: Paris, São Paulo, Tokyo. 1998. Tese (Doutorado) – Faculdade de Arquitetura e Urbanismo, Universidade de São Paulo, São Paulo, 1998b.

VAN DER VOORDT, T. J. M.; VAN WEGEN, H. B. R. *Architecture in use*: an introduction to the programming, design and evaluation of buildings. Oxford: Elsevier, 2005.

VAZ, L. F. *Uma história da habitação coletiva na cidade do Rio de Janeiro*: estudo da modernidade através da moradia. 1994. Tese (Doutorado) – Faculdade de Arquitetura e Urbanismo, Universidade de São Paulo, São Paulo, 1994.

VILLA, S. B. *Apartamento metropolitano*: habitações e modos de vida na cidade de São Paulo. 2002. Tese (Mestrado em Arquitetura e Urbanismo) – Escola de Engenharia de São Carlos/Faculdade de Arquitetura e Urbanismo, Universidade de São Paulo, São Carlos, 2002.

VILLA, S. B. *Morar em apartamentos*: a produção dos espaços privados e semi-privados nos apartamentos ofertados pelo mercado imobiliário no século XXI – São Paulo e Ribeirão Preto. Critérios para avaliação pós-ocupação. 2008. Tese (Doutorado) – Faculdade de Arquitetura e Urbanismo, Universidade de São Paulo, São Paulo, 2008.

VILLA, S. B.; ORNSTEIN, S. W. Projetar apartamentos com vistas à qualidade arquitetônica a partir dos resultados da avaliação pós-ocupação (APO). *Gestão & Tecnologia de Projetos*, São Paulo, v. 5, p. 35-60, 2010.

VILLA, S. B.; SILVA, L. A. Avaliando a qualidade espacial e o modo de vida em edifícios de apartamentos: o caso do Edifício Ouro Preto em Uberlândia. In: II SIMPÓSIO BRASILEIRO DA QUALIDADE DO PROJETO NO AMBIENTE CONSTRUÍDO (SBQP) e X WORKSHOP BRASILEIRO DE GESTÃO DO PROCESSO DE PROJETO NA CONSTRUÇÃO DE EDIFÍCIOS, Rio de Janeiro. Anais... Rio de Janeiro (RJ), 2011.

WADDY, P. The roman apartment from the Sixteenth to the Seventeenth Century. In: CHASTEL, A.; GUILLAUME, J. (Org.). *La maison de ville à la renaissance*. Paris: Éditions Picard, 1983.

WILHEIM, J. Mão escondida projeta arquitetura medíocre. *Minha Cidade, São Paulo*, São Paulo, ano 08, n. 096.04, Vitruvius, jul. 2008. Disponível em: <http://www.vitruvius.com.br/revistas/read/minhacidade/08.096/1883>. Acesso em: 25 jun. 2010.

WOLFF, S. F. S. *Jardim América*: o primeiro bairro-jardim de São Paulo e sua arquitetura. São Paulo: Edusp/Imprensa Oficial do Estado de São Paulo, 2001.

XAVIER, A.; LEMOS; A. C.; CORONA, E. *Arquitetura moderna paulistana*. São Paulo: Pini, 1983.

ZEIN, R. V. Uma pedra no caminho... *Revista A&U*, n. 17, p. 54-55. São Paulo: Pini, 1988.

PERIÓDICOS

GUIA QUAL. São Paulo, números diversos.

JORNAL CORREIO DA MANHÃ. Artigos sobre apartamentos.

JORNAL FOLHA DE S.PAULO. Artigos sobre apartamentos.

JORNAL O ESTADO DE SÃO PAULO. Artigos sobre apartamentos.

REVISTA A&U. São Paulo: Pini, números diversos.

REVISTA ACRÓPOLE. São Paulo, números diversos.

REVISTA DE ENGENHARIA DO MACKENZIE. Números diversos.

REVISTA HABITAT. Números diversos.

REVISTA ISTO É. Números diversos.

REVISTA MÓDULO. Números diversos.

REVISTA PROJETO. São Paulo: Arco Editorial, números diversos.

REVISTA STYLE. Números diversos.

REVISTA VEJA

A cidade em casa: especial computador, *Revista Veja*, p. 108-113, dez. 1995.

Bloco do eu sozinho. *Revista Veja*, p. 56-58, 24 abr. 1996.

Floresta de Antenas. *Revista Veja*, p. 130-132, 15 nov. 1995.

O brasileiro segundo ele mesmo. *Revista Veja*, p. 48-57, 10 jan. 1996.

O mundo chegando ao micro. *Revista Veja*, p. 61, 10 maio 1995.

O telefone faz o mundo encolher. *Revista Veja*, p. 116-120, 6 dez. 1995.

Planeta Teen. *Revista Veja*, p. 106-113, 14 abr. 1995.

REVISTA VEJINHA-SP. Números diversos.

SITES

www.abyara.com.br
www.cyrella.com.br
www.eesc.sc.usp.br/nomads
www.emplasa.sp.gov.br
www.gafisa.com.br
www.ibge.gov.br
www.planetaimoveis.com.br
www.prodam.sp.gov.br
www.seade.gov.br
www.tecnisa.com.br

ARQUIVOS PÚBLICOS E PARTICULARES PESQUISADOS

- Arquivos do Jornal Folha de S.Paulo.
- Arquivos FAU/USP – Faculdade de Arquitetura e Urbanismo da Universidade de São Paulo.
- Arquivo Histórico Municipal da cidade de São Paulo.
- Embraesp – Empresa Brasileira de Estudos Sobre o Patrimônio.
- IBGE – Instituto Brasileiro de Geografia e Estatística da cidade de São Paulo.
- Seade – Fundação Sistema Estadual de Análise de Dados da cidade de São Paulo.
- Sempla – Secretaria Municipal de Planejamento – São Paulo.